港澳台侨学生通识教育课程系列教材

大学与青年发展

朱银端　主编

清華大學出版社
北　京

内容简介

本书以大学与青年发展为主题，阐述了认识大学、人生哲学、学习发展、人格培养、道德修养、法治意识、爱国主义与构建人类命运共同体等八个方面的内容，旨在帮助大学生学习人生哲学，确立人生价值，提高学习能力，培养实践能力，加强道德修养，认识中国法治，践行爱国主义与理解人类命运共同体，并努力把自己培养成为全面发展的人。本书依据港澳台侨学生的文化背景、学习基础、阅读习惯等编写，内容深入浅出、通俗易懂、简明扼要。

本书既可以作为高等院校通识教育的选用教材，也可以作为广大读者了解大学与青年发展的参考书。

图书在版编目(CIP)数据

大学与青年发展 / 朱银端主编. —北京：清华大学出版社，2022.1 (2024.9 重印)
港澳台侨学生通识教育课程系列教材
ISBN 978-7-302-59672-1

I. ①大… II. ①朱… III. ①大学生－道德修养－教材 IV. ①G641.6

中国版本图书馆 CIP 数据核字(2021)第 264814 号

责任编辑：王　定
封面设计：周晓亮
版式设计：思创景点
责任校对：马遥遥
责任印制：沈　露

出版发行：清华大学出版社
网　　址：https://www.tup.com.cn, https://www.wqxuetang.com
地　　址：北京清华大学学研大厦 A 座　　**邮　　编**：100084
社 总 机：010-83470000　　**邮　　购**：010-62786544
投稿与读者服务：010-62776969，c-service@tup.tsinghua.edu.cn
质 量 反 馈：010-62772015，zhiliang@tup.tsinghua.edu.cn
印 装 者：天津安泰印刷有限公司
经　　销：全国新华书店
开　　本：185mm×260mm　　**印　　张**：18.75　　**字　　数**：326 千字
版　　次：2022 年 2 月第 1 版　　**印　　次**：2024 年 9 月第 3 次印刷
定　　价：69.80 元

产品编号：083234-02

港澳台侨学生通识教育课程系列教材编委会

总　序

通识教育，旨在为受教育者在现代多元化的社会中提供一种通行于不同人群之间的知识和价值观。通识教育是当今大学教育的发展趋势，国家“十三五”规划纲要也提出，要提升大学创新人才培养能力，实行通识教育与专业教育相结合的培养制度。在大学中推行通识教育，已经成为我国教育界新的共识。

作为以“面向海外、面向港澳台”为办学方针，以“为侨服务、传播中华文化”为办学宗旨的华侨高等学府，华侨大学既肩负着为社会主义事业培养合格建设者和可靠接班人的任务，也肩负着为港澳台侨经济社会发展培养优秀人才的使命。学校始终高度重视港澳台侨学生通识教育工作，坚持因事而化、因时而进、因势而新，努力建设港澳台侨学生真心喜爱、终身受益的通识教育课程，开展港澳台侨学生喜闻乐见的通识教育社会实践活动，引导他们珍惜韶华、脚踏实地，扣好人生的第一粒扣子。2012 年 7 月，华侨大学成立了通识教育学院，其后应邀加入了“中国大学通识教育联盟”，以探索构建具有侨校特色的全方位、多类型、多层次的通识教育体系。

教材是学生在学校获得系统知识的主要材料，也是教师进行教学的主要依据。编制一套符合港澳台侨学生知识背景、尊重不同港澳台侨学生群体差异、满足港澳台侨学生成长需要的通识教育课程系列教材，对于提高港澳台侨学生教育教学质量，增强港澳台侨学生文化认同感、民族自豪感，完善港澳台侨学生人格和道德品质，提升港澳台侨学生的可持续发展能力等方面都具有十分重要的意义。

基于这样的初衷和认识，我们组织相关教师，开展“港澳台侨学生通识教育课程系列教材”编写工作，希望通过全体教师的努力，推动学校港澳台侨学生教育和培养工作迈上新的台阶。

本套教材包括《大学与青年发展》《中国传统文化概论》《当代世界与中国》《中国百年复兴之路》《特别行政区基本法》《法律基础》6 本。教材风格统一、图文并茂，体例新颖独特，内容与时俱进，在主要知识点之外，还辅以课外延伸、知识小贴士、阅读链接、热点聚焦、推荐阅读(含图书、视频、影音资料等)、思考和研讨等板块，鼓励学生开展独立思考，既保证了知识的广度和深度，也适当体现了地域文化特色和侨校特色，既突出了思想品德教育的人文性和思想性，也增强了时代感和吸引力。

教材易成，但通识教育任重道远。编著港澳台侨学生通识教育课程教材是学校港澳台侨学生教育培养工作的一次有益探索和尝试，我们希望系列教材投入使用之后，能够真正发挥出促进通识教育课程教学更有温度、思想引领更有力度、立德树人更有效度的作用，希望系列教材能够深受广大港澳台侨学生的欢迎和喜爱，通过系列教材的学习，获得知识的力量、智慧的启迪和心灵的陶冶。我们也希望系列教材的问世，能够为我国港澳台侨学生教育和培养工作带来有价值的借鉴和启示，希望我们的探索和努力能够得到业内同仁的鼓励和指导。

是为序。

华侨大学党委书记 徐西鹏

2020年9月1日

前　言

习近平总书记在全国教育大会上指出，要坚持扎根中国大地办教育。扎根中国、融通中外，发展具有中国特色、世界水平的现代教育，指明了中国教育现代化的发展路径。

一、背景与意义

从时代意义角度来看，当前，中国教育现代化进入新时代，迎来了新发展。本书契合了新时代中国教育发展的远景目标。根据这一远景目标，中国教育向着“具有中国特色、世界水平的现代教育”的目标阔步前行。“栽下梧桐树，引得凤凰来。”随着中国经济社会的发展，教育质量整体的提升，中国高校的港澳台侨学生也越来越多。伴随着中国在世界教育话语体系中起到越来越关键的作用，教育成为中国走向世界舞台的桥梁，向世界传递中国声音，贡献中国智慧。

从教育目标角度来看，教育是为国家发展提供人力资源的基础和保障。高校是创新人才培养和国际人才交流的重镇，中国高校在不断优化教育和管理服务水平的过程中，也加强了港澳台侨人才的培养。本书的创作是为适应新时代教育发展要求，围绕国家人才教育的目标，根据国家教材的质量标准与要求，根据港澳台侨学生的实际需要而构建的教学内容体系。

从面向对象角度来看，本书主要面向港澳台侨学生。本书以马克思主义理论为指导，明确了面向港澳台侨学生的培养目标，深入分析了人生观、价值观、世界观、道德观、法治观和人格发展等理论，以理论指导港澳台侨学生在知识、能力、技能和素质等方面取得实质性进步，促进港澳台侨学生形成对中华传统文化的认知与理解，形成对中华文化的认同，坚定对实现中华民族伟大复兴中国梦的信心，进而在培养港澳台侨学生对中华传统文化的文化认同的基础上，培养其民族认同、国家认同，使之成为中国特色社会主义建设事业的支持者、参与者和贡献者。

从实践意义角度来看，本书是学校的港澳台侨学生通识教育建设计划的落实成果之一。本书的创作以“大学与青年发展”为主线，把握了港澳台侨学生的教育目标和成长规律，旨在通过教育教学引导港澳台侨学生认识大学与人的全面发展的价值，引导港澳台侨学生正确认识世界与人生，正确认识中国和国际的关系，正确认识人格发展和自我超越，正确认识理想和现实，从而自觉提高思想水平、道德素养、学习能力、法治意识等综合素养。

从国家一流课程建设角度来看，本书的创作，在国家一流课程建设中发挥了积极的作用。同名课程先后获得首届国家一流本科课程、福建省级一流本科课程(港澳台学生国情教育专项)和华侨大学精品在线开放课程的立项资助。在新一轮精品在线开放课程的教学改革实践中，将着重考虑处理好三个方面的问题：第一，加深港澳台侨学生对中华民族优秀传统文化和当代文化的认识，开展研究型教学；第二，加强对港澳台侨学生的文化认同的教育和研究，加强对港澳台侨学生的民族意识、国家意识的培养；第三，加强国际化和现代化的教育，进一步优化教学模式，用通俗易懂的语言阐述中国智慧和中国精神，对原理和方法用生动的中国故事加以解析。

二、本书特色及读者对象

本书的主要特色如下。

- 以培养国际化人才为目标。本书根据社会对国际化人才的需求，贯彻终身学习的理念，落实通识教育的精神，注重人文素养和科学素养的结合，注重中西方哲学思想的融合，注重理论与案例的结合。
- 知识深度适当。本书的使用对象是本科阶段的港澳台侨和来华留学生，基于这些学生的知识背景、教育背景、文化背景、语言背景等，本书摒弃抽象的理论，在理论深度上保持适中，力求理论知识简明易懂，书中穿插了大量的案例分析，方便学生的学习和理解。
- 实用性较强。本书尽量结合港澳台侨和来华留学生的实际情况对理论知识加以阐述，同时配有案例分析，体现实用性。
- 教学资源共享。本书配有慕课教学资源(即精品在线开放课程)和教学课件等，便于教师组织教学，学生课堂学习和课后复习。

三、致谢

本书得以顺利出版，在此特别感谢清华大学张再兴教授的指导和帮助！编者在清华大学做访问学者期间，得到了张教授的精心指导，师恩难忘。在本书即将出版之际，张教授又审阅了本书内容，提出了具体的指导意见。

本书获得华侨大学教材建设立项资助，感谢华侨大学校领导徐西鹏、吴剑平、王丽霞、王秀勇、吴季怀对港澳台侨学生通识教育教学和教材建设的重视！感谢李勇泉、陈海蛟、曾志兴、许斗斗、高炳亮、曹文宏、陈捷、张宇、林怀艺、王辉、骆文伟、刘艳、陈安邦、周永恒、邓娟、吕毅辉、韩圣兰、张雪琪、洪谊雅、关浩淳、黄孔雀、陈俊源、董艺乐、罗雪梅、霍琰、吴楠、吴勇锋、王蕾等(排名不分先后)老师对本书各项工作提供的无私帮助！感谢本书编写人员魏丹、刘金花的倾力协作以及其他参与人员的努力和贡献！感谢浙江大学马建青教授的无私帮助！感谢清华大学出版社编辑们的指导和辛勤付出！本书参阅了大量国内外文献资料和相关网络材料，在此向相关的专家、学者表示衷心的感谢！

由于作者水平有限，本书难免有疏漏之处，欢迎广大读者对本书提出修改意见和建议，以便再版修正以满足新时代通识教育教材建设的发展需要。

本书提供配套慕课课程、教学课件、教学大纲、电子教案、习题及参考答案等教学资源，读者可扫下方二维码获取。

慕课课程　　教学课件　　教学大纲　　电子教案　　习题及参考答案

编　者

2021 年 11 月

目 录

第一章
认 识 大 学

大学，是一种历史悠久的社会文化机构，是社会文明建立、发展、变革的重要辐射源。大学时期是青年从家庭走向社会，创造未来的关键阶段。人生理想将在这里初步确立，未来的发展将在这里奠基，新的美好生活将在这里开始。当青年跨入大学门槛、规划未来发展蓝图时，有必要理解大学的起源与发展、内涵与职能、教育与学习等。

◎ 本章主要内容

一、大学的发展

二、大学的内涵与职能

三、大学的教育与学习

◎ 教学目标

了解大学的发展、内涵、职能，理解大学对青年发展的意义和要求。

第一节　大学的发展

大学是一个历史的概念，在不同的时代以及同一时代的不同社会经济条件中，大学表现为不同的形态与模式。本节的主要内容有两个方面：一是外国大学的起源与发展；二是中国大学的起源与发展。

本节教学目标：系统地认识大学的起源与发展的特点及历史演进。

一、外国大学的发展

下面主要介绍外国古代大学、外国近代大学和外国现代大学的起源与发展情况。

(一) 外国古代大学

四大文明古国古巴比伦、古埃及、古印度和古中国是人类文明的发源地，也是高等教育的发祥地。在外国古代大学中，古埃及、古印度都有一批高等教育性质的教育机构。古希腊、罗马、拜占廷及阿拉伯国家都建立了较完善和发达的高等教育体制。虽然许多教育史家把上述地方的高等学府也称为大学，但严格地说，它们不是真正意义上的大学。

(二) 外国近代大学

近代大学起源于十二三世纪的欧洲中世纪大学，大学与大教堂和议会一样，都是中世纪的产物。[①]中世纪时期[②]的大学有两类：第一类是以博洛尼亚大学为代表的学生大学。第二类是以巴黎大学为代表的先生大学。1088 年，意大利建立了第一所正规大学——博洛尼亚大学，它是欧洲最著名的罗马法研究中心(被称为母大学，是一所学生大学[③])。随后，欧洲各地相继出现了大学。巴黎大学是由巴黎圣母院的附属学校演变而来，1200 年法国国王承认巴黎大学的学者具有合法的牧

① 刘海峰. 高等教育史[M]. 北京：高等教育出版社，2010：259.

② 中世纪时期，指 5 世纪后期到 15 世纪中期，是欧洲历史三大传统划分(古典时代、中世纪、近现代)的一个中间时期。中世纪始于 476 年西罗马帝国的灭亡，终于 1453 年东罗马帝国的灭亡，最终融入文艺复兴运动和大航海时代(地理大发现)中。中世纪时期自身也分为前、中、后期三个阶段。

③ 学生大学：以博洛尼亚大学为代表的“学生大学”，来自不同城邦国家或地区的学生聚居在大学附近的宿舍，他们模仿自治城市的行会制度，创建了学生行会或教师行会。学生行会逐渐演变为教学活动的场所，学生出资聘请教师辅导，教师依靠学生的学费生活，因此，教师在课程安排、授课时间、教学方式等方面接受学生的管理。

师资格，有司法豁免权(巴黎大学是第二所大学，是一所先生大学[①])。

(三) 外国现代大学

1. 现代大学的起源

现代大学起源于19世纪初，现代大学是启蒙运动后，以德国的洪堡(Wilhelm von Humboldt，1767—1835)创办的柏林大学为代表的新型大学。1809年，德国柏林大学的创立[②]，标志着现代意义上的大学的诞生。

2. 现代大学的思想影响

柏林大学作为19世纪现代大学的代表，其成就主要有三个方面：

(1) 倡导大学的学术自由思想。表现为教师的研究自由、教师的教学自由、学生的学习自由。

(2) 实现现代大学的教学与科研的统一。科学研究第一次成为大学职能。

(3) 推行现代大学的管理制度和教授治校制度。柏林大学在组织管理制度方面，是由教授管理大学，实行的是讲座制和教授治校制度。柏林大学的现代教育理念和模式对世界各国大学的影响深远。“通过洪堡的改革，高等学校获得了基本上至今仍行之有效的形式和内容。”[③]柏林大学和法国近代高等教育模式共同构成欧洲近代高等教育两大模式，不仅影响着欧洲高等教育近代化，而且还影响到世界其他各国。柏林大学推动了德国科学事业的发展，19世纪初到20世纪初的德国成为世界科学的中心。柏林大学思想对世界高等教育也产生了深远的影响，为近代大学的形成奠定了基础。[④]

3. 现代大学的职能

现代大学与中世纪大学的根本区别在于大学职能的转变。中世纪大学是传授

---

① 先生大学：以巴黎大学为代表的“先生大学”，在这类大学中，按学科组成教授会。教授会(faculty)也译成学科、院、系，是实施专业教育的教学组织单位，教师对学生拥有权威，教师拥有权力设置课程、制定大纲、组织考试。14世纪，大学一般都有文学教授会、法学教授会、神学教授会、医学教授会(即四个学院)。

② 1806年，普鲁士在普法战争中败北，德国著名的哈勒大学被拿破仑占领。哈勒大学教授请愿团向普鲁士国王威廉三世呼吁重建该大学，获得了普鲁士国王的支持，说“国家在物力上的损失，必须以精神的力量来重新获得”。1809年，普鲁士内政部增设“文化教育司”，将在罗马担任其外交代表的洪堡召回国内担任该司司长，筹建了柏林大学。根据洪堡的理念，现代的大学应该是知识的总合，教学与研究同时在大学内进行，而且提倡学术自由，大学完全以知识学术为最终目的，并非培养务实型人才。

③ 姚小平. 人文研究和语言研究[M]. 北京：外语教学与研究出版社，1995：59.

④ 黄福涛. 外国高等教育史[M]. 上海：上海教育出版社，2003：124.

已有知识的场所，将研究和发现知识排斥在大学之外，现代大学则将科学研究作为自己的主要职能，将增扩人类的知识和培养科学工作者作为主要任务，推崇学术自由和教学与研究的统一。现代大学从欧洲中世纪大学、英国大学、德国大学再到美国大学逐渐演化过来。无论哪一个时代的大学都是以前大学的创造性继承，而不是否定。到了 20 世纪 30 年代，在美国大学的先驱弗莱克斯纳(Abraham Flexner，1866—1959)的努力下，英国和德国大学的传统在美国得到了发扬，美国大学的理念则发展为人才培养、科学研究和社会服务①。

4. 现代大学的成就

美国高等教育作为 20 世纪现代大学代表，其成就主要有三个方面。

(1) 美国发展了研究型大学。把源于德国的研究型大学传统进一步发展，形成普林斯顿大学等研究型大学，这些研究型大学的发展成就显著，使 20 世纪的美国高等教育的科研创新能力和办学水平，均位居世界前列。

(2) 美国确立了大学的社会服务职能。1862 年，美国国会通过的《莫里尔法案》，大批遵循实用及面向大众原则的赠地学院后来发展成为美国的著名大学，如麻省理工学院、威斯康星大学等。威斯康星思想②强调大学与社会的联系，凸显高等教育服务社会的功能，使高等教育得到了改造和发展。

(3) 美国构建了完备的现代高等教育体系。20 世纪后，美国迅速发展成为世界上经济最发达的国家，建立起世界上最发达的高等教育系统。第二次世界大战前，美国高等教育体系就形成了完整的三级结构：第一级结构为两年制社区学院，毕业后可获得副学士学位；第二级结构为四年制综合大学和专业学院，毕业后可获得学士学位；第三级结构为研究院和高级专业教育，研究生依据其学习年限与水平，毕业后可获得对应的硕士学位、博士学位③。

二、中国大学的发展

中国是一个历史悠久的国家，中国的教育有着悠久的历史。下面主要介绍中国古代大学、中国近代大学和中国现代大学的起源与发展。

---

① 赵明. 大学的逻辑[J]. 中国大学教学，2006(3)：31-33.

② 威斯康星思想：美国威斯康星大学校长查尔斯·范·海斯(Charles Van Hise，1857—1918)在 20 世纪初期提出的著名的办学思想——把大学送到人民中间。

③ 刘海峰. 高等教育史[M]. 北京：高等教育出版社，2010：259.

(一) 中国古代大学

1. 夏商时期官学雏形

夏商时期是中国古代高等教育或古代大学教育的起源时期[①]。夏代设有“大学”，商代设有“瞽宗[②]”，这两者是奴隶主贵族子弟学习射箭和礼乐的地方。商代贵族重视教育，设立贵族学校，教师是由国家职官担任，教育内容包括有宗教、伦理、军事和一般文化知识。这些是中国最早的官学雏型。

2. 西周时期官学兴起

官学即国家主办的学校，由奴隶主贵族建立专门管理学校的机构和官职。西周官学继承商代的教育制度，西周初期学校以习武为主，后来形成了具有当时世界先进水平的六艺教育，建立了典型的政教合一的奴隶制官学体系。西周时期虽然科学技术有很大的进展，如天文、历法、医药、建筑、冶炼、机械制造等，但贵族奉行“德成而上，艺成而下”的原则，认为学习科学技术是同贵族身份不相称的，并不重视科技教育。科技的传授是由专门事务官世代相继成为“世业”。学校教育与“世业”并行是西周时期的教育特点[③]。

3. 春秋时期私学开启

春秋时期封建经济不断发展，部分贵族向封建地主转化，士阶层兴起，贵族的官学逐渐衰废，私人讲学开启。孔子办私学，招弟子三千，编纂和校订了《诗》《书》《礼》《乐》《易》《春秋》并作为教学内容。《论语·为政篇》载“吾十有五而志于学，三十而立，四十而不惑，五十而知天命，六十而耳顺，七十而从心所欲，不逾矩”。这里的“学”，指的是“大学之道”，即“大学之道，在明明德，在亲民，在止于至善”。

4. 战国时期学派纷呈

稷下学宫是一所集讲学、著述、育才活动为一体并兼有咨政议政作用的高等学府，体现了私学的性质。稷下学宫是由“养士制度”演变而成的教育机构，保持了尊重士人讲学的传统，教学与学术拥有相当的独立和自由。稷下学宫包容百家，来者不拒，欢迎游学，来去自由，学术论辩相互争鸣、相互吸取，渐渐成了

---

① 曲士培. 中国大学教育发展史[M]. 太原：山西教育出版社，1996：4.

② 瞽宗是商代大学的名称。瞽宗是当时贵族子弟学习礼乐的学校。当时大学以乐教为主，乐教的教师也就是乐师，乐师在大学中祀其先祖为乐祖，大学也就成为乐师的宗庙，故称瞽宗。

③ 孟宪承，等. 中国古代教育史资料[M]. 北京：人民教育出版社，1961：123.

战国时期诸子百家荟萃的中心，儒家、墨家、法家、名家、阴阳五行家、纵横家、道家、兵家等学术流派纷呈，由此出现了中国历史上前所未有的百家争鸣的局面。

5. 两汉以后太学盛衰

西汉时期以来太学曾多达三万余人，盛况空前[①]。汉代贵族子弟在十五岁就进太学，学儒家经术和大学之道。《白虎通·辟雍[②]篇》有载："十五成童志明，入大学，学经术。"汉代太学延续到三国、魏晋、南北朝。由于战乱和社会动荡，太学教育发展缓慢，到魏晋南北朝时期，太学教育呈衰落的态势。不过，期间专科教育开始发展，设实用学科包括有算学、文学、律学、医学等，促进了大学教育的发展。

6. 唐朝时期官学普及

唐朝是当时世界经济文化交往的中心，唐朝由于经济发达，文化在当时处于世界领先的地位，与世界许多国家的文化交流非常频繁，日本、新罗、波斯、高丽等国家派遣很多留学生来长安学习，东亚多国也派遣其贵族子弟来唐入学，将儒家文化传播至中国之外。唐朝同阿拉伯地区友好往来，伊斯兰教、绿宝石、胡椒等传入中国。在开元时期和天宝时期，大量的外国人及周边少数民族来到长安，长期与汉人杂居，相互习染，唐朝的社会风气出现了胡化，但唐朝不但没有禁止，反而积极吸纳外来文化的精华，将"胡风夷俗"融入中华文明，大唐盛世创造出了绚丽多彩的盛唐文化[③]。

唐朝时期学校以官学为主，中央设立国子监，国子监下设六学(国子监、太学、四门学、律学、书学、算学)，招收贵族官僚子弟，也招收少量平民子弟。由博士与助教授课，学生称"生徒"。按生徒家中官位的高低分级招收。国子学、太学、四门学传授儒学经典。唐朝教育普及到了庶民，削弱了传统世族的特权，科举制度[④]在唐朝逐渐进入了完备期，科举制使平民得以晋升，使世族、门第的特权得到消融，从而加强了唐朝的行政管理力量，扩大了唐朝政权的社会基础。

7. 宋元明清书院兴盛

书院是中国历史上独具特色的文化教育组织。书院萌芽、肇始于唐代，定型

---

① 毕诚. 中国古代高等教育若干问题初探[J]. 黑龙江高教研究，1984(4)：87-90.

② 辟雍：东汉以后的历代皆有辟雍，作为尊儒学、行典礼的场所，除北宋末年为太学之预备学校(亦称"外学")外，均为行乡饮、大射或祭祀之礼的地方。

③ 朱绍侯. 中国古代史[M]. 福州：福建人民出版社，2010：130.

④ 在唐代的科举制度中，有明经和进士两科。明经科主要考试儒家经典，难度较低。进士科主要考诗赋和政论，难度较高，但其主要为高官晋身之阶。明经科的录取率约为十分之一二，进士科不过百分之一二。

和兴盛于宋代，普及于明清，鼎盛于清代，清代的书院遍及城乡，达四千多所。书院在清末因改制而退出历史舞台。

宋元时期著名的书院有白鹿洞书院、岳麓书院、应天府书院、嵩阳书院、石鼓书院、茅山书院等，这些书院的教学活动多样，如聚徒讲授、学术研究、祭祀、藏书等。“要知我国书院的程度，足可以比外国的大学研究院。譬如南菁书院，它所出版的书籍等于外国博士所做的论文。”[①]

明朝时期最著名的东林书院，是北宋理学家程颢、程颐嫡传高弟、知名学者杨时讲学的地方。1604 年，顾宪成等人修复东林书院并聚众讲学，倡导“读书、讲学、爱国”的精神，顾宪成撰写的名联“风声雨声读书声声声入耳，家事国事天下事事事在心”，对中国传统文化思想发展的影响极大。

清朝康乾时期的大学虽然获得了一定发展，但总体上是逐渐衰落的。清政府对大学实行严格控制，不许学生议政和对教师的讲授提出不同意见、禁毁书院、销毁不利于统治的书籍等，大学沦为科举制度的附庸。清末，西方文化的传入，中国封建教育逐渐被西方近代教育冲击和取代。

(二) 中国近代大学

中国大学的起源是北洋大学堂，当年中国在中日甲午海战中惨败后，变法之声顿起，天津中西学堂改办为北洋大学堂，标志着中国近代第一所大学诞生。[②]鸦片战争后，中国沦为了半殖民地半封建社会，在西方先进科学技术和文化的冲击下，中国传统大学陷入危机。为此，中国开始改革传统教育制度，揭开了中国近代大学教育的序幕。

创办洋务学堂，这是中国第一次现代意义的教育改革。京师同文馆、福建船政学堂、天津西医学堂等洋务学堂，教学采用班级授课制度，教学外语、数学和化学等科目，培养翻译、技术、水陆军事等方面人才。由于管理落后、观念保守、官员腐败及帝国主义的遏制等因素，洋务学堂注重“学以致用”并未引领中国走向富强。尽管如此，洋务学堂在其四十年发展历程中还是作出了历史的贡献，更新了陈旧的教育思想，培养了中国最早的科技人才和外语人才，对清末的戊戌维新和科举制废除等重要变革，都产生了积极的影响。

北京大学是中国现代大学的里程碑。1916 年，蔡元培对北京大学进行全面改

---

① 胡适. 书院制史略[J]. 东方杂志，1924，21(3)：1.

② 周益斌. 论我国现代大学的起源——从太学、大学和书院的关系说起[J]. 高等理科教育，2014(1)：121-125.

革，明确了办学原则是“思想自由，兼容并包”；明确了大学职能是“研究高深学问”；改革了教学体制，改年级制为选科制以发展学生个性，文理沟通。1920年，北京大学招收女学生，开中国的公立大学男女同校之先。同年蔡元培在北京大学推行教授治校、民主管理的制度，设立了评议会，将其作为学校最高权力机关和立法机关，评议员由教授选出。后来又在各学系设立教授会。随后又设立北京大学的行政会议、教务会议、总务处等。

国立西南联合大学建成一所具有世界先进水平的大学。抗日战争期间，为保存大学的实力和文化，中国很多大学西迁到四川、云南、贵州等地，其中最著名的是西南联合大学(1937—1946年)，国立北京大学、国立清华大学、私立南开大学组成国立长沙临时大学，西迁至昆明，改名为“国立西南联合大学”。在极其艰苦的条件下，西南联大培养了一大批举世闻名的学者，杨振宁、李政道获诺贝尔物理学奖；邓稼先等六人获“两弹一星”功勋奖章(获奖章者一共有23人[①])，黄昆等三人获中华人民共和国国家最高科学技术奖，90人成为中国科学院、中国工程院院士(含外籍院士)。有美国学者评论说西南联大是中国最具政治活力的一所大学，在不到半个世纪以前，就能产生一所具有世界先进水平的大学，这所大学的遗产是属于全人类的。

抗日战争胜利后，中国政府对大学教育进行了恢复和重建。19世纪末，传教士把办得好的书院和教会中学合并，改制为大学，教会大学兴起。1915年“新文化运动”和1925年“收回教育权”运动，中国政府对教会学校实行改革。中华人民共和国成立后，伴随着院系调整，教会大学成为历史。

【阅读链接1-1】

记忆中的西南联合大学

据统计，西南联合大学有177名教授(包括少数副教授)，占全校教职工的22.3%。教授所占的比例，比当时美国麻省理工学院还高(该校为 22%)。周锦荪是西南联合大学云南校友会副会长。周锦荪回忆说，昆明多雨，一次，经济系教授陈岱孙上课时，因雨声太大，学生根本听不到教师讲课，陈教授无奈便在黑板上写了“下课赏雨”。此段趣事在联大广为流传，并笑称“正所谓风声、雨声、读书声，声声入耳”。“教室如此，宿舍更不用提了。”周锦荪回忆，

① “两弹一星”功勋奖章获得者(23人)：于敏、王大珩、王希季、朱光亚、孙家栋、任新民、吴自良、陈芳允、陈能宽、杨嘉墀、周光召、钱学森、屠守锷、黄纬禄、程开甲、彭桓武、王淦昌、邓稼先、赵九章、姚桐斌、钱骥、钱三强、郭永怀。

宿舍虽是土坯墙，却是茅草顶。每到外面下大雨，屋内就下小雨，这时候睡在上铺的人只得取脸盆、油布四处接雨。下完雨，宿舍里就变得泥泞不堪，甚至长起了杂草，学生们的鞋子往往穿一个雨季就烂了。同学们诙谐地称鞋底磨穿了是“脚踏实地”，鞋尖鞋跟通洞叫做“空前绝后”。

“住得差，吃得也差。”昆明市教育研究所的退休老干部彭国涛是1940年考入西南联大外文系的学生。他回忆说，联大学生食堂不仅伙食质量极差，且很长一段时间每天只能吃两顿饭，上午10点和下午4点各吃一餐。很多学生因无钱购买早点，肚子又饿，甚至没力气去上头两堂课。“尽管当时处在抗战阶段，物价飞涨，生活非常艰难，但从没有听说学生因为贫穷而辍学。”周锦荪说。

当时联大没有教师宿舍，有的教授为了躲避日军空袭，且图个便宜房租，便迁到郊区居住，有的甚至住到了50多里外的呈贡。由于住得分散，当时流传着一句话：“昆明有多大，西南联大就有多大。”由于薪金不足糊口，联大的教授们不得不想出各种办法筹措口粮。彭国涛听说，当时在联大社会科学系任教的费孝通卖起了大碗茶，吴大猷教授则去菜市场捡牛骨头回家给妻子熬汤治病。

“西南联大的老师们有很多是在抗战前和抗战期间放弃了国外高薪聘请和优越的工作条件回到祖国，为的是救国救亡、振兴中华、培育人才回来的，心甘情愿一箪食一瓢饮搞好研究，教好学。”彭国涛说。费孝通先生这样说道：“生活里边有个东西，比其他东西都重要，那就是‘匹夫不可夺志’的‘志’。知识分子心里总要有个着落，有个寄托。”

(资料来源：https://news.sina.com.cn/c/p/2005-08-15/02537496033.shtml，作者有删减)

(三) 中国现代大学

1949年10月1日，中华人民共和国成立。11月1日，中央人民政府教育部成立。12月23日至31日，召开新中国第一次全国教育工作会议，确立了以老解放区新教育经验为基础、吸收旧教育某些有用经验、借助苏联经验、建设新民主主义教育的政策基点。新中国废除了半殖民地半封建社会的旧中国教育制度体系，中国政府接管旧中国的公立高等学校；接收外国津贴学校和教会大学，收回教育主权；接办和管理私立高等学校，将私立改为公立。新中国迅速完成了对旧中国教育制度的坚决改造，建立中国高等教育制度，创办新型的高等学校，向工农敞开教育之门，保障广大人民群众受教育的基本权利。1952年，教育部根据“以培养工业建设人才和师资为重点，发展专门学院，整顿和加强综合大学”的方针，在全国范围内进行了高等学校院系调整，同时新建钢铁、地质、航空、矿业、水利等专门学院。到1957年，全国共有高等学校229所，其中，综合大学17所、工业院校 44 所、师范院校 58 所……基本上改变了旧中国高等教育文重工轻、师范缺乏的状况，为国家培养了一大批经济建设所急需的专门人才，对新中国的工业化建设起到了巨大的推动作用。

1956 年，以中国共产党的八大为标志，党领导全国人民有步骤地实现了从新民主主义到社会主义的转变。新民主主义教育方针转成社会主义教育方针，国家兴办社会主义教育事业，创建社会主义高等教育制度，探索社会主义高等教育的发展道路。1961 年，党中央颁布《高校六十条》，对高等学校建设过程中的问题进行充实提高，提出了高等学校教育的任务和培养目标，进一步明确了高等学校的办学方向和具体路径，使高等学校有了健康发展的依据，对我国高等教育事业的发展起到了重要作用。

1978 年 12 月，中国共产党召开的党的十一届三中全会，实现了新中国成立以来党的历史上具有深远意义的伟大转折，开启了改革开放和社会主义现代化的伟大征程。改革开放新时期的高等教育改革和发展翻开新的一页。1977 年，中国恢复全国普通高等学校统一招生考试制度，27.3 万名青年考入大学，1978 年，考入大学的新生增至 40.2 万人。进入新时期，中国对在“文化大革命”中受到冲击和破坏的高等教育进行拨乱反正，恢复和发展高等教育事业，明确了高等教育的基本任务、培养目标和管理制度；建立研究生教育和学位制度、试办博士后科研流动站；重视马克思主义[①]理论课教育、高等学校的科学研究工作；加强教师队伍建设与教师的职称评定等；开启高等教育国际交流与合作，派遣出国留学人员，接受和培养外国留学人员，派遣中国专家、学者出国任教、讲学，聘请外国专家和教师来华任教、讲学；参加国际学术会议与在国内举办国际学术会议等。

1982 年，党的十二大把教育作为实现 20 年国民经济翻两番的重要保证，首次把教育放在现代化建设战略重点位置。1983 年，邓小平同志提出“教育要面向现代化，面向世界，面向未来”的战略思路，为开辟中国特色社会主义教育发展道路定下了重要基调。

1998 年，全国普通高等学校开始扩招，1998 年招生 108 万，1999 年招生 159 万人，2002 年招生 320 万人，2002 年全国普通高等学校的毛入学率 15%，正式进入大众化阶段。此后，这一数字仍大跨步增长，2010 年毛入学率达到 26.5%，2018

① 马克思主义，是关于全世界无产阶级和全人类彻底解放的学说。它由马克思主义哲学、马克思主义政治经济学和科学社会主义三大部分组成，是马克思、恩格斯在批判地继承和吸收人类关于自然科学、思维科学、社会科学优秀成果的基础上于 19 世纪 40 年代创立的，并在实践中不断地丰富、发展和完善的无产阶级思想的科学体系。

年毛入学达到48.1%，显示中国高等教育向普及化阶段快速迈进。

为适应中国高等教育快速发展，中国开启了“共建、调整、合作、合并”的教育管理体制改革，使高等教育走向了“三级办学、两级管理、以省为主”的发展路径，调动了中央、地方及社会各方面参与办学的积极性，教育质量和办学效益大幅提升。

为迎接世界新技术革命和日益激烈的国际竞争，1992年国家提出“要面向21世纪，重点办好一批(100所)高等院校”(“211工程”)，以带动整个高等教育发展。1998年又决定重点支持国内部分高校创建世界一流大学和高水平大学(“985工程”)，推动高等教育向世界一流挺进。通过制定人才培养标准、推进专业综合改革、推进优质资源建设共享、强化实践教学、提高教师教学能力等系列提质工程的实施，中国高等教育由精英教育向大众化教育转型、由外延式发展模式向内涵式发展模式转型、由传统的计划管理向现代的教育治理转型的关键举措，推动了高等教育质量大幅跃升。

党的十八大以来，深化教育领域综合改革，推进教育治理现代化法治化，随着一批标志性、引领性改革举措的颁布和实施，中国高等教育发展走上了快车道。

2014年5月，习近平总书记在北京大学考察时强调，“办好中国的世界一流大学，必须有中国特色”“我们要认真吸收世界上先进的办学治学经验，更要遵循教育规律，扎根中国大地办大学”。2016年12月，全国高校思想政治工作会议召开，习近平总书记在会上强调，要坚持把立德树人作为中心环节，把思想政治工作贯穿教育教学全过程，实现全程育人、全方位育人，努力开创我国高等教育事业发展新局面。这些重要思想和论述成为今后中国高等教育办学的基本遵循。

2014年9月，《国务院关于深化考试招生制度改革的实施意见》发布，开启了自1977年恢复高考以来力度最大的一轮高考改革，分类考试、综合评价、多元录取，破除“一考定终身”“唯分数论”，从育分到育人，着眼于人的终身发展。

2015年，国务院印发《统筹推进世界一流大学和一流学科建设总体方案》(以下简称《总体方案》)，提出：到2020年，若干所大学和一批学科进入世界一流行列，若干学科进入世界一流学科前列；到本世纪中叶，一流大学和一流学科的数量和实力进入世界前列，基本建成高等教育强国。2017年，《统筹推进世界一流大学和一流学科建设实施办法(暂行)》(以下简称《实施办法》)发布。《总体方案》和《实施办法》的发布将推动中国实现从高等教育大国到高等教育强国的历史性跨越。

2018 年党中央召开新时代首次全国教育大会(改革开放以来第五次全国教育会议)，习近平总书记在会上作重要讲话，强调新时代新形势，改革开放和社会主义现代化建设、促进人的全面发展和社会全面进步对教育和学习提出了新的更高的要求；强调教育是国之大计、党之大计，必须加强党对教育工作的全面领导，坚持立德树人，围绕党的教育方针，既坚持一脉相承，又根据新时代新要求作出重要拓展，要求培养德智体美劳全面发展的社会主义建设者和接班人，重申加快推进教育现代化、建设教育强国、办好人民满意教育的总体要求。

党的十八大以来，中国高等教育快速发展，成绩斐然。2020 年，全国共有普通高校 2738 所。其中，本科院校 1270 所(含本科层次职业学校 21 所)；高职(专科)院校1468所。各种形式的高等教育在学总规模4183万人，高等教育毛入学率 54.4%①，规模居世界第一。除了规模发展取得巨大成就，高等教育内涵建设成果显著。中国高校以不到全国 10%的研发人员、不到全国 8%的研发经费，承担了全国 60%以上的基础研究；承担了 60%以上的重大科研任务；建设了 60%的国家重点实验室；获得了 60%以上的三大国家科技奖励。在服务国家重大战略上，高校发挥自身在人文交流、资源共享、创新合作等方面的独特作用，作出了突出贡献。

中国高等教育从规模很小到成为世界第一，从扩招提质到全面内涵发展，从培养输送经济建设人才到攀登世界科研高峰、服务经济社会发展、传承文化创新，中国高等教育成就辉煌，已构建起基本完善的中国特色社会主义现代化教育体系，走出了一条具有中国特色的现代化发展道路。②③

第二节　大学的内涵与职能

大学是一个内涵丰富的概念，有广义和狭义之分。随着社会发展，大学的职能被拓展为三大主要职能：承担教学、科学研究与社会服务。本节的主要内容有以下两个方面：一是大学的内涵；二是大学的职能。

本节教学目标：系统地认识大学的内涵，全面地认识现代大学的主要职能。

---

① 教育部发展规划司. 2020 年全国教育事业统计主要结果[OL/BE]. http://www.moe.gov.cn/jyb_xwfb/gzdt_ gzdt/s5987/202103/t20210301_516062.html。

② 郝维谦，等. 中华人民共和国高等教育史[M]. 北京：新世界出版社，2011：1-2.

③ 董鲁皖龙. 扎根中国大地 奋进强国征程——新中国 70 年高等教育改革发展历程[N]. 中国教育报，2019-09-22(第 1 版).

一、大学的内涵

下面，我们来了解一下“大学”的定义与特征。

(一) 大学的定义

《简明不列颠百科全书》对大学的界定。大学是高等学府，通常包括一所文理学院、研究生院和专业学院，有权授予各学科领域的学位。但高等学校类型只具有形式上的意义，有一些世界顶级大学并不叫大学(University)，而是称为学院(Institute)，如麻省理工学院(Massachusetts Institute of Technology)、加州理工学院(California Institute of Technology)。《现代汉语词典》对大学的界定：大学是指实施高等教育学校的一种，包括综合大学和专科大学、学院。①大学，一般指综合性大学。本书采用的是广义的大学概念，与“高等学校”的概念相同，包括所有层次、类型、规模的高等学校，以及高等专科学校。

国务院发布的《普通高等学校设置条例》(2002 修订稿)对大学的界定是，将大学、独立设置的学院、高等专科学校都列为高等学校。该条例第六条规定，普通高等学校应具备下列条件方可被称为“大学”：

(1) 实施本科及本科以上教育，培养本科及本科以上专门人才。

(2) 在社会科学、人文科学、理科、工科、农科、医科、商科等 7 大学科门类中，至少拥有其中 3 个以上学科门类作为主要学科；每个主要学科门类中的本科专业至少能覆盖该学科门类 3 个以上的一级学科；学校的本科专业总数至少在 20 个以上，其中每个主要学科门类的本科专业数或者在校生数一般均不低于学校本科专业总数或者在校生总数的 15%。

(3) 具有较强的教学、科学研究力量和较高的教学、科学研究水平，应具有研究生培养资格，至少具有 10 个硕士点或者 1 个博士点；至少设有 3 个省部级以上的并具有经费支持的重点实验室或重点学科；至少承担 20 项国家级科研项目和课题(包括教育部级科研项目和课题)，或至少有 20 项获得国家级奖励的科研成果(包括教育部级奖励的科研成果)；年度科研经费，以理工农医类为主的学校至少应有 2000 万元，以人文社会科学为主的学校至少应有 300 万元。

(4) 全日制本科以上在校生规模应在 8000 人以上，但少数民族地区或边远省份及有特殊需要的，经国务院教育行政部门批准，可以不受此限。

① 中国社会科学院语言研究所词典室. 现代汉语词典(第 7 版)[M]. 北京：商务印书馆，2016：167.

【阅读链接 1–2】

大学校长谈大学

柏林大学的校长施莱尔马赫(Ernst Schleiermacher，1768—1843)谈大学：

“大学唤起科学的观念，并循此观念进入其选定的知识领域，使其能够本能地用科学的目光看待一切知识；不是孤立地、而是在相互的联系中探索具体的现象，不使之须臾脱离与知识整体和全体的关联；学会在思维中运用科学的基本法则，并进而养成独立研究、发现和阐述问题的能力。”

哈佛大学的校长博克(Derek Bok，1930—)谈大学：

“有两个事物总是新的，这就是青春和对知识的追求，这也正是一个大学所关系的。”“只有大学或类似的学术机构能够发现为提出创造性解决办法作基础的知识，只有大学能够教育出永远作出批判性决定的人。”

清华大学的校长梅贻琦(1889—1962)谈大学：

“就其所在地言之，大学俨然为一方教化之重镇，而就其声教所暨者言之，则充其极可以为国家文化之中心，可以为国际思潮交流与朝宗之汇点。”“所谓大学者，非谓有大楼之谓也，有大师之谓也。”

北京大学的校长蔡元培(1868—1940)谈大学：

“大学者，‘囊括大典，网罗众家’之学府也。”“大学者，研究高深学问者。”

浙江大学的校长竺可桢(1890—1974)谈大学：

“大学的最大目标是在蕲求真理。”“教授是大学的灵魂。”

香港中文大学的校长金耀基(1935—)谈大学：

“学生在大学里，实际上是学四种东西，一是学怎样读书：learn to learn；二是学怎样做事：learn to do；三是学怎样与人相处：learn to together；最后是学怎样做人：learn to be。”

复旦大学的校长杨福家(1936—)谈大学：

“大学不仅仅是客观物质的存在，更是一种文化存在和精神存在。大学的物质存在很简单，包括仪器、设备、大楼等等。然而，大学之所以称之为大学，关键在于它的文化存在和精神存在。大学文化是追求真理的文化，是严谨求实的文化，是追求理想和人生抱负的文化，是崇尚学术自由的文化，是提倡理论联系实际的文化，是崇尚道德的文化，是大度包容的文化，是具有强烈批判精神的文化。”

(资料来源：朱彤. 21 世纪的大学是什么样的——世界名校校长谈大学教育[J]. 今日中国(中文版)，1998(12) .)

(二) 大学的特征

现代大学的特征是什么？大学的特征主要包括：大学有大师，大学有大业，大学有大度，大学有大雅①②。

(1) 大学有大师。即大学要有师德高尚、造诣精深、诲人不倦的高素质、高水平的教师队伍。梅贻琦在清华大学校长就职演讲中提出“所谓大学者，非谓有大楼之谓也，有大师之谓也。”梅贻琦校长千方百计地广招人才，使清华园内人才济济，群星灿烂，有效地推动了清华学术和中国教育的进步和发展。这些阐述都体现了教师对大学的重要性。值得一提的是，除了强调大学应该拥有大师的意义外，也不能忽略大学在培养和造就大师方面的责任和义务。1947 年，“二战”英雄艾森豪威尔应哥伦比亚大学的聘请担任校长。艾森豪威尔在教授们为他举行的欢迎会上说客气话，表示对会见哥伦比亚大学的“雇员”们感到万分荣幸。这时，著名物理学教授、后来成为诺贝尔奖得主的拉比教授站了起来，自负却又不失风度地说：“先生，教授们不是哥伦比亚大学的‘雇员’，教授就是哥伦比亚大学。”

(2) 大学有大业。即大学要有校舍充足、设施先进、资料丰富的优质资源。大学需要优秀的师资，亦不能缺乏必要的办学条件。教室、图书馆、实验楼、运动场馆、宿舍与食堂等基础设施的不完善，会影响教育教学质量，妨碍学校的改革、发展和稳定。根据大学有“大业”的重要性，教育部对大学办学条件(包括校园与校舍面积)有一些硬性的规定，大学的基本办学条件被纳入本科教学评估的指标体系。1999 年，中国开始逐渐扩大高等教育规模，高等教育得以快速发展。1998 年中国高等教育的毛入学率仅为 9.8%，2016 年教育部发布的《中国高等教育质量报告》指出 2015 年在校生规模达 3700 万人，毛入学率为 40%，高于全球平均水平。在高校扩招的背景下，我们有必要不断完善大学办学条件，但也应防止部分大学盲目征地、超大规模地扩建校园。

(3) 大学有大度。即大学要有囊括大典、海纳百家、学术自由的文化涵养。大学的英文 University 来自拉丁文名词 Universitas，意思是“整体”“社会”“世界”“宇宙”。因此，大学从词源上就已经蕴含了包容万象的特性。这种包容性在大学数百年历史中不断发展丰富，使大学成了一块包容不同学派、观点、人才，能够自由开展各种学术研究和探讨的领地。蔡元培先生有言：“大学者，‘囊括大典，网罗众家’之学府也。”“循思想自由原则，取兼容并包主义。”蔡元培改革下的北

---

① 杨德广. 加强形势任务教育 增强当代大学生的使命感和责任感[J]. 中国高教研究，2005(6)：9-11.

② 杨德广. 中国高等教育办学理念的八大转变[J]. 北京大学教育评论，2008(2)：105-117.

京大学不仅包容了旧学代表和拖长辫、着异服的前清遗老，更包容了传播新文化、新思想的进步青年教授。在全球化时代，21 世纪的大学更应当有开阔的学术视野和开放包容的胸怀，摒弃门户之见，在“百花齐放、百家争鸣”的自由环境下，加强交流合作，推进协同创新。在自由、开放、包容的环境下，要让不同的学术思想相互碰撞，激荡出新的智慧。

(4) 大学有大雅。即大学要有追求真理、校园文明、美化人生的学习氛围。大学是崇尚学术、追求真理的精神家园，青年们在这里可以充分发挥想象力和创造力，并开展相关研究。校园文明是校园文化积极进步的价值取向，最高表现是大学精神。大学精神，实质上是大学人的精神，是一所大学整体面貌、水平、特色、凝聚力、感染力和号召力的综合反映，是学校师生的需求、理想、信念、情操、行为、价值和道德水平高低的标志，是一所大学的支柱和灵魂。哈佛大学的精神核心是“为增长才干走进来，为服务社会走进去”；斯坦福大学的精神核心是“让自由之风吹拂”；北京大学的精神核心是“爱国、进步、民主、科学”；清华大学的精神核心是“自强不息、厚德载物”；中山大学的精神核心是“博学、审问、慎思、明辨、笃行”。

二、大学的职能

大学的职能，即大学在历史发展中根据社会需要长期发挥的作用或履行的职责。下面，阐述大学职能的历史演进、现代大学的主要职能。

(一) 大学职能的演进

大学的职能是随着社会的发展而不断拓展的。一般认为，现代大学主要承担教学、科学研究与社会服务的职能。

1. 第一阶段

大学职能从“教学职能”到“教学与科研职能的统一”的演进。19 世纪前，大学的职能主要是教学，即传播知识和培养人才。19 世纪后，大学的职能将教学与科研职能统一起来。工业革命在西方兴起，德国为了在工业发展上赶上英国和法国，将大学作为进行技术革新的力量。在这样的背景下，1810 年洪堡创立柏林大学，将教学与科研职能统一起来。他提出，大学不仅要保存和传递知识，同时还要肩负起发展科学、创造新知识的职能，他还认为大学教育的任务包括了引导学生从事研究。

2. 第二阶段

大学职能进一步增加了“社会服务职能”。德国大学的模式对美国影响深远。19世纪中期，美国大学在教学职能与科研职能上，进一步增加了社会服务职能。美国根据本国的国情，借鉴德国大学模式并进一步发展了大学的职能。哈佛大学的校长埃利奥特(C. W. Eliot，1834—1926)对威斯康星大学的校长查尔斯·范·海斯把“大学送到了人民中间”的思想极为赞赏。1862年，美国通过了《雷莫尔法案》(Morrill Land-Grant Act)，该法案提出，国会以赠地形式创办农业工学院，发展农业与工程技术教育，培养工农业方面的人才。该法案使得美国的大学与社会经济发展紧密结合在一起，开创了大学直接为社会发展服务的先河。大学服务社会职能的出现，使大学走出象牙塔，更深入和广泛地融入社会生产和社会生活。

3. 第三阶段

大学职能的多元与共识。随着社会的发展和科学的进步，世界各国很多学者提出了更多的大学职能，主要有三种职能：

(1) 与生产相关的大学职能(培养精英的职能、职业培训职能、研究职能、服务职能)。

(2) 与消费相关的大学职能(普通教育职能、在校园中养成社区生活方式的职能、监护职能、行为引导职能)。

(3) 与公民相关的大学职能(社会化职能、评价职能、补救和矫正职能、批判的职能)①。

大学职能的新发展体现了人们对大学的期待，希望大学可以成为社会的良心等。虽然大学的职能如此多元化，但教学、科学研究与社会服务这三个职能仍然是现代大学的主要职能，并且已经成为一个共识。

(二) 大学职能的内涵

大学的核心价值，在于培养和造就人才，探索和发现知识，服务和贡献社会，承继和发扬文明。为了实现大学的使命，大学需要在理念、制度、组织和办学方式上不断创新，以适应社会变迁、知识革命及其所带来的人才培养模式等方面的巨大变化。大学职能主要有5个方面：一是培养人才的职能；二是科学研究的职能；三是服务社会的职能；四是文化传承与创新的职能；五是国际交流合作的职能。2017年，中共中央、国务院印发了《关于加强和改进新形势下高校思想政治

① 刘宝存. 大学理念的传统与变革[M]. 北京：教育科学出版社，2004：74.

工作的意见》，强调高校肩负着人才培养、科学研究、社会服务、文化传承与创新、国际交流合作的重要使命。

1. 培养人才的职能

创新是国家发展的根本，也是大学成功的关键。创新是各个研究型大学的共同特征。以世界一流为建设目标的研究型大学，都在努力走创新之路；世界顶尖的研究型大学要保持其领先地位，也必须坚持不断创新。之所以首先强调研究型大学的理念和制度创新，在于通过观念变革，促进大学创建最适合学术发展的思想文化环境和制度环境，更好更快地促进人类思想的进步、知识的增长、科学技术的发展，即实现研究型大学的学术创新。

培养创新人才要凭借先进的大学理念和制度。德国研究型大学在 19 世纪后期成为世界科学技术的领导者和国际学术与高等教育的中心，美国研究型大学则在 20 世纪以后使美国的科学技术和学术研究走在世界前列。在当今的知识经济时代，研究型大学的创新更为活跃。自 20 世纪 80 年代以来，发达国家为回应世界范围内日益激烈的经济竞争，迫切希望研究型大学在科技创新与技术转化方面发挥更重要的作用。以斯坦福大学、麻省理工学院等世界名校为代表的研究型大学正是在这一背景下，首创性地开办了大学科技园区。这不仅缩小了基础研究与应用研究之间的距离，而且引领了新一轮科技革命的浪潮，不少研究型大学在此过程中形成了创业型大学(Entrepreneurial University)的新模式。

培养创新人才要具有自己国家和民族文化的特色。创新是研究型大学所共同具备的普遍特征。无论是 19 世纪的德国，还是 20 世纪的美国，或是今天的欧洲，其研究型大学崛起和成长道路是有所不同的，都具有各自国家和民族的特色。中国有古老的文明和悠久的文化传统，对教育极为重视。当前中国研究型大学建设，不仅是中华文化复兴的关键环节之一，本质上也是中华民族伟大复兴的重要组成部分。研究型大学必须从自己的文化基础出发，既要努力继承传统文化中的积极方面，又要注意摒弃其中的消极因素，既要积极学习借鉴发达国家教育发展的经验，又不能照搬西方研究型大学的发展模式，而必须通过创新来探索具有中国特色的发展道路。改革开放以来，中国高等教育以前所未有的速度增长。2020 年全国共有普通高校 2738 所。中国高等教育的在学规模 4183 万人，高等教育毛入学率 54.4%。[①]高等教育在快速发展中也产生和面临着众多的问题和深层次的矛盾。因此，党和政府提出必须更好实施科教兴国战略、人才强国战略、可持续发展战

① 教育部发展规划司. 2020 年全国教育事业统计主要结果[N]. 中国教师报，2021-03-03(第 2 版).

略，着力把握发展规律、创新发展理念、转变发展方式、破解发展难题，提高发展质量和效益，实现又好又快发展，特别提出了着力“提高高等教育质量”以及转变教育观念、深化教育改革等要求。①

2. 科学研究的职能

发展科学研究是大学的重要职能。大学是推动国家创新和科技发展的核心力量。大学的科学研究主要包括基础研究②和应用研究③两种类型。大学里开展的基础研究和应用研究是培养人才的重要载体，也是科技技术进步的驱动力。其中，基础研究是技术创新的根本驱动力，是应用研究的催化剂。时至今日，大学已成为世界各国知识研发和创新的中心，将科研成果转化为生产力的重要力量。统计表明，迄今为止影响人类生活方式的重大科技成果有百分之七十是源于高校。高校以人才优势、科研优势、科技成果优势和信息优势为区域经济发展提供了强有力的支持④。

发展科学研究要依靠国家创新与科技政策的大力支持。邓小平同志强调高等学校既是教育中心也应该成为研究中心；高等院校特别是重点高等院校，应当是科研的一个重要方面军。高校发展科学研究要基础理论研究和应用研究、开发研究并重，要重视哲学社会科学的研究。哲学社会科学同自然科学一样重要，决不能忽视基础理论的研究。大学作为科学研究的重要地位得以确立。此后，国家通过设置各类研究基金、组织实施国家重点实验室计划、实施国家重点基础研究发展规划等，支持大学科学研究工作。2016 年《国家创新驱动发展战略纲要》指出，要加强基础研究的前瞻布局，加大对空间、海洋、网络、核、材料、能源、信息、生命等领域重大基础研究和战略高技术攻关力度，实现关键核心技术安全、自主、可控；要引导大学加强基础研究和追求学术卓越，组建跨学科、综合交叉的科研团队，形成一批优势学科集群和高水平科技创新基地，建立创新能力评估基础上的绩效拨款制度，系统提升人才培养、学科建设、科技研发三位一体的创新水平；要增强原始创新能力和服务经济社会发展能力，推动一批高水平大学和学科进入世界一流行列或前列。

---

① 顾秉林，王大中，汪劲松，等. 创新性实践教育——基于高水平学科建设的创新人才培养之路[J]. 清华大学教育研究，2010(1)：1-5.

② 基础研究：指的是为获得关于现象和可观察事实的基本原理及新知识而进行的实验性和理论性研究，它不以任何专门或特定的应用或使用为目的。

③ 应用研究：指的是为获得新知识而进行的创造性的研究，主要是针对某一特定的实际目的或目标。

④ 马连湘. 大学与区域经济社会发展的良性互动[J]. 中国高等教育，2007(11)：50-52.

发展科学研究要大力弘扬创新精神，建设有中国特色的大学创新文化。当今时代，文化越来越成为民族凝聚力和创造力的重要源泉，越来越成为综合国力竞争的重要因素。国家如此，大学也不例外。我们建设高水平的研究型大学，尤其要融合中国传统和西方现代大学的理念，把尊重个人首创精神与强调国家意识、集体精神结合起来，培育以人为本、尊重学术的自由探索精神；把学习、继承与批判、扬弃结合起来，形成崇尚创新、勇于进取的学术氛围。要努力营造不畏风险又宽容失败的学术环境，创建兼容并包、和谐民主的学术文化。当前特别要克服在创新方面的形式主义、急功近利与浮躁情绪，真正沉下心来思考问题。

发展科学研究要推进制度创新，努力探索中国特色研究型大学的发展规律。清华大学在创办之初就提出，现在中国所谓新教育，大都抄袭欧美各国，欲谋自动，必须本中国文化精神，悉心研究。当时成立的清华研究院集中了王国维、梁启超、赵元任、陈寅恪等一批学术大师，创立了“中西融会、古今贯通”的清华学派，既重视吸收欧美日本等国际学术前沿的积极成果，又结合中国实际研究新资料、提出新问题、采用新方法。它不同于西方的大学教育模式，更强调学习与研究的结合，是一种难得的制度创新。今天，在学术结构、学科发展、管理体制、激励机制等许多方面的探索，还有许多问题要认真研究、解决。

发展科学研究要进一步实施人才强校的战略，加强人才培养与引进，全面提升教师队伍的水平。大力培养和引进具有世界水平的学术大师，形成有能力推进学科发展和学术创新的教师队伍。要完善研究型大学人才培养体系，致力于培养拔尖创新人才。要全面提高人才培养的质量，包括学生的学术水平与素养，也包括学生的社会意识与责任感，还包括学生在特定领域与岗位上创造性运用知识、造福社会的能力。要大力提高筹资能力，为学校发展提供更好的物质条件。无论从世界高等教育的发展历史，还是从中国大学的成长进程看，在继承传统的基础上不断创新，是大学成功的不二法门。研究型大学必须把创新作为自己的不懈追求，努力建设大学的创新文化，不断树立高标准，超越过去、超越自我，自强不息、追求卓越，真正实现大学的理念创新、制度创新和学术创新。①

3. 服务社会的职能

大学的服务社会具有重要的意义。大学服务社会有利于建立一个了解外部世界的窗口，不断获得来自社会的反馈信息，为培养人才和进行科学研究指明方向。同时，大学服务社会职能的发展有利于公众和社会对大学有更多了解，从而从资

① 顾秉林. 创新是研究型大学的成功之道[N]. 中国教育报，2007-11-19(第6版).

金等方面支持大学的发展。大学服务社会不仅是社会发展的需要，也是大学自身发展的内在要求。

大学服务社会需要以人才培养和科学研究为基础。“高等学校三个职能的产生与发展，是有规律的。先有培养人才，再有发展科学，再有为社会服务。它的重要性也跟产生的顺序一致，产生的顺序也就是它重要性的顺序。”[①]从高等职业技术学院到教学型大学，再到顶尖级研究型大学，大学在培养目标、培养内容、规模等方面表现出巨大的差异性。不同层次、不同类型的大学承担着不同层次、不同类型的社会责任。从大学服务社会的内容看，教师个体运用自己的知识和才能为社会提供多样化的服务：如作为专家为政府的重大决策提供咨询；作为顾问为企业技术革新提供技术指导等。大学以学校或校内各系科为单位提供社会服务：如大学开展成人教育和继续教育；大学向社会开放图书馆、实验室、体育场馆等基础设施；以一个或数个大学为中心聚集一批先进的企业，使科研与生产紧密结合，使许多新技术不断从大学的实验室进入工厂，代表性的有“斯坦福+硅谷”模式。大学的社会服务职能是有限的。大学虽被誉为“服务站”，但是，“大学不是风向标，不能什么流行就迎合什么”[②]。大学不应该沉迷于功利主义而忘记自己的理性追求和根本使命，大学有自己的边界，必须保持相对独立性，应该与社会保持适当的距离。

4. 文化传承与创新的职能

中华文明源远流长，孕育了中华民族的宝贵精神品格，培育了中国人民的崇高价值追求。自强不息、厚德载物的思想，支撑着中华民族生生不息、薪火相传，今天依然是我们推进改革开放和社会主义现代化建设的强大精神力量。中华优秀传统文化是中华民族的精神命脉，是社会主义核心价值观的重要源泉，是我们在世界文化中站稳脚跟的根基。实现中华民族伟大复兴的中国梦，既包括器物层面的赶超、制度体系的完善，也离不开中华文化的发展繁荣，离不开中华文化的传承与创新。

2011 年，胡锦涛在庆祝清华大学建校 100 周年大会上发表重要讲话，将文化传承与创新作为高等教育的一个新职能提出来，确认了大学的文化传承与创新的

---

① 中国高等教育学会. 改革开放 30 年中国高等教育发展经验专题研究[M]. 北京：教育科学出版社，2008：752.

② [美]亚伯拉罕・弗莱克斯纳. 现代大学论——美英德大学研究[M]. 徐辉，等译. 杭州：浙江教育出版社，2001：3.

职能。胡锦涛表示，推动经济社会又好又快发展，实现中华民族伟大复兴，科技是关键，人才是核心，教育是基础。不断提高质量，是高等教育的生命线，必须始终贯穿高等学校人才培养、科学研究、社会服务、文化传承创新各项工作之中。必须大力提升人才培养水平，坚持把促进学生健康成长作为学校一切工作的出发点和落脚点，全面贯彻党的教育方针，努力培养德智体美全面发展的社会主义建设者和接班人；必须大力增强科学研究能力，积极适应经济社会发展重大需求，积极提升原始创新、集成创新和引进消化吸收再创新能力，努力为建设创新型国家做出积极贡献；必须大力服务经济社会发展，自觉参与推动战略性新兴产业加快发展，自觉参与推动区域协调发展，自觉参与推动学习型社会建设，为社会提供形式多样的教育服务；必须大力推进文化传承创新，积极发挥文化育人作用，加强社会主义核心价值体系建设，积极开展对外文化交流。[①]

5. 国际交流合作的职能

大学自诞生起就具有国际交流合作的功能。一方面，知识的产生和传播跨越国家边界；另一方面，国际竞争是各国发展高等教育的外在动力。在世界各国大学的历史演进中，大学作为组织具有跨越地理、国家或社会界限的属性不断发展和深化。2017 年，习近平指出，“教育是国家发展进步的重要推动力，也是促进各国人民交流合作的重要纽带”[②]。习近平进一步把国际交流合作作为大学的第五项职能，是大学建设理念的创新和发展，对于扎根中国办大学，对于加快建设世界一流大学和一流学科，提高我国高等教育发展水平，增强国家核心竞争力，具有十分重要的指导意义。国际交流合作被确定为高校职能，这个职能定位不仅回归了大学本源，而且回应了实现中华民族伟大复兴和进一步推动构建人类命运共同体的时代要求。

中国高校应勇担国家使命，树立全球视野，深化国际交流合作，搭建深化人文交流、促进多样文明交流互鉴的桥梁纽带，以科教融合和文教融合并举的方式，为构建人类命运共同体贡献智慧和力量。[③]

高校国际交流合作要统筹国内国际两个大局[④]。独特的文化传统、历史命运和基本国情，决定了我们必然要走适合自己特点的发展道路，扎根中国大地办学，

---

① http://www.chinanews.com/edu/2011/04-24/2993872.shtml.

② 习近平同俄罗斯总统普京分别向深圳北理莫斯科大学开学典礼致贺辞[N]. 人民日报，2017-09-14(第 1 版).

③ 郦金梁. 疫情防控常态化 高校国际交流合作面临新任务[N]. 光明日报，2020-08-27(第 5 版).

④ 郝平. 统筹国内国际两个大局 做好教育对外开放工作[J]. 求是，2016(18).

努力办出具有中国特色、世界水平的现代教育。在学习借鉴世界文明成果与办学治校经验的过程中，坚持取长补短、择善而从；坚持中国特色，从不同文明中寻求智慧，保持对自身文化的自信、耐力、定力。高校国际交流合作要协同创新。一方面，加强高端引领，引进世界一流大学和特色学科，开展高水平人才联合培养和科学联合攻关，促进高校科技国际协同创新，加快高水平师资队伍建设，助推中国一流大学和一流学科建设，提升我国教育实力和创新能力。另一方面，以教育走出去为重点，加强统筹谋划，扩大与发展中国家教育合作交流，稳步推进境外办学。

高校国际交流合作要积极参与全球教育治理行动①。中国要积极承担国际责任，主动参与国际教育规则和标准制定。中国参与了联合国教科文组织《2030 年教育行动框架》的制定，促进与推动包容、公平的优质教育和全民终身学习。中国同教科文组织合作设立中国-联合国教科文组织援非信托基金，积极参与多边教育行动和教育国际援助，派遣志愿者和教师，提供必要的政府奖学金等，帮助发展中国家培养和培训专门人才。中国要发挥教育在“一带一路”建设中的重要作用，通过高校国际交流合作，推进民心相通，提供人才支撑，为实现共同发展和合作共赢发挥积极作用。

第三节　大学的教育与学习

大学教育是建立在通识教育和专业教育的基础上，培养人才的系统性活动。本节的主要内容有两个方面：一是大学的教育；二是大学的学习。

本节教学目标：系统地认识与了解大学教育理念，认识大学对青年发展的意义，明确大学对青年发展的要求。

一、大学的教育

立德树人是教育的根本任务。“培养什么人、怎样培养人、为谁培养人？”是教育事业发展中必须解决好的根本问题。

(一) 大学的教育理念

大学教育，是建立在通识教育和专业教育的基础上培养人才的系统性活动。

① 郝平. 统筹国内国际两个大局 做好教育对外开放工作[J]. 求是，2016(18).

在现代高等教育发展的历程中，大学教育理念大致经历了以下三个过程。

1. 大学教育从综合性教育到专业性教育

现代的大学教育起源于中世纪大学，中世纪大学实施的是一种未经门类化和专业化的综合性教育。到了十七八世纪，由于科学和技术的发展，社会分工加快，学科不断分化。为了提高劳动生产率，工业社会将统一的生产过程划分为一道道不同的工序和一个个不同的分工。大学作为培养人才的机构，基于学科和社会分工情况，在大学开设各种“专业”，教师和学生在一定的专业里工作或学习。

2. 大学教育从专业性教育到通识性教育

18 世纪以来的工业革命带来的生产分工日趋精细，导致了的狭隘专业化，很快发展为教育的狭隘专业化，并在 20 世纪前苏联的大学教育中达到了登峰造极的地步，因此受到一些批评。1852 年英国红衣主教纽曼在《大学的理念》中指出，大学应该是“大而全的宇宙”，其传授和研究的知识应该具有整体性、普遍性。但是，19 世纪中叶开始，美国一些大学实行了自由选课制，即让学生任意选修自己感兴趣的科目，不设主修课。结果造成了知识凌乱和思维肤浅的弊端。此后，选修制度被改革，大学开始设置共同修读的课程，从人文社科和自然科学领域中修读基础性课程，选修一定的学分，于是，就有了通识教育。

3. 大学教育注重通识教育与专业教育的有机统一

21 世纪是科技创造性融合的时代，交叉学科的出现以及技术本身涉及伦理、社会传统、经济、艺术等相关问题，客观上要求大学对人才培养必须加强综合性，使学生具有宽厚的基础、较强的能力和良好的素质，在身心和专业方面得到均衡发展的同时，具有综合思考问题和解决问题的能力。通识教育的目的，不在于专业知识与技能的训练，而是在于培养积极参与社会生活的、有社会责任感的、全面发展的社会的人和国家的公民，其目的在于培养“全人”。

(二) 大学的教育目标

教育是立德树人的事业。[①]立德树人是教育的本质要求，是教育的根本使命、根本任务。

1. 立德树人的传统理念

立德树人是中国传统思想，大学是传承立德树人的思想和理念的关键地方。

---

① 本书编写组. 习近平总书记教育重要论述讲义[M]. 北京：高等教育出版社，2020：45.

立德树人的思想源自于中华民族重视德育和志向高尚的传统。立德树人的思想，体现在许多中国古典著作中，如《大学》《管子》《左传》《群书治要》等。

《左传》载“太上有立德，其次有立功，其次有立言，虽久不废，此之谓不朽”。意思是，人生最高的境界是立德有德、实现道德理想，其次是事业追求、建功立业，再次是有知识、有思想、著书立说。立德、立功、立言，为中国传统的“三不朽”(人生不朽的表现)。把“立德”摆在第一位，是因为万事从做人开始。《管子》说“一年之计，莫如树谷；十年之计，莫如树木；终身之计，莫如树人”。这段话说明先贤已充分认识到培养人才是长远之计。[①]

《大学》是一篇论述儒家修身齐家治国平天下的思想理论，是中国教育理论的重要著作。《大学》提出的“三纲领”(明明德、亲民、止于至善)[②]和“八条目”(格物、致知、诚意、正心、修身、齐家、治国、平天下)。《大学》以修身为核心，格物、致知、诚意、正心为修身的方法，强调修身是齐家治国平天下的前提，修身与齐家治国平天下的统一性。强调人的修身养性不只是内省的过程，更是培养道德品性，完善人格的过程。格物、致知是穷究事理，增长知识和智慧，以达到至善的境界。最深刻的是做人要正心，正心就是保持内心的中正，谨守天性中的良知，不被个人的好恶所左右，不受个人感情、自私的欲望所支配，就是把握好自己的情志、心态，以保持美好的心灵。

《群书治要》[③]是唐太宗贞观五年编辑成书。它涵盖儒家、道家、墨家、法家、兵家、杂家等思想流派内容，集修身、齐家、治国、平天下之精要。它不仅辑录了经史百家中有关中国古代治国安邦、匡政利民的治道思想，同时撷取了有关治

① 赵新法. 立德树人——教育的根本任务[N]. 山东教育报，2012-12-27(综合版).

② 明明德(章明德行)，亲民(更新民风)，止于至善(达成和维持最完善、圆满的境界)。

③ 《群书治要》是中华优秀传统文化典籍中的精华，是中国古代治国理政的重要宝典。它是唐太宗令魏征、虞世南、褚遂良及萧德言等人，于贞观五年编辑成书。该书以“务乎政术，存乎劝诫”为宗旨，取材于六经、四史、诸子百家，自14000多部、89000多卷古籍中，“采摭群书，剪截淫放”，撷取65种，50余万言，涵盖了儒家、道家、墨家、法家、兵家、杂家等思想流派内容，集修身、齐家、治国、平天下之精要。魏征在《群书治要》序中说：“爰自六经，讫乎诸子；上始五帝，下尽晋年。凡为五帙，合五十卷，本求治要，故以《治要》为名。”《群书治要》不仅辑录了经史百家中有关中国古代治国安邦、匡政利民的治道思想，同时也撷取了有关治学的精彩论述，从中我们得以探究中国古人的治学之道。《群书治要》共选录了60多部经典，其中《尸子》《申子》《傅子》《典论》《体论》《典语》《昌言》《政要论》《时务论》《袁子正书》《桓子新论》《崔寔政论》《刘廙政论》《蒋子万机论》等14部在唐代以后散佚，后世学者正是凭借《群书治要》才完成以上文献的辑佚，这在体现《群书治要》独特文献价值的同时，充分展现了治学过程中通过“述而不作”而成就经典道义的传承。

学的精彩论述，从中得以探究治学之道[①]——学者唯有磨砺自身意志德行才能抓住学问之根本、立乎其大者。唯有研读经典才能领会古圣先贤治世治学的生命智慧。唯有秉持古圣先贤的治世治学的智慧，才能使学进、使德修、使家齐、使国治。[②]

2. 立德树人的当代理念

习近平总书记指出，高校立身之本在于立德树人。立德树人的当代理念主要有以下两个方面。

(1) 德育首位的根本理念。德是做人的根本，是一个人的根基。“德为才之帅。”在当今开放的国际环境和多元的文化环境中，青年学生正处于世界观、人生观、价值观形成的关键期，德育首位具有重要性和紧迫性。我们要把社会主义核心价值体系融入教育全过程，把理想信念教育作为德育的核心，把弘扬以爱国主义为核心的民族精神和以改革创新为核心的时代精神作为德育的重要内容，引导和教育学生自觉践行社会主义核心价值体系。我们要把德育渗透于教育教学的各个环节，贯穿于学校教育、家庭教育和社会教育的各个方面。学校德育格局要从课程德育、社会实践和学校文化三个方面进行建构。要创新德育形式，丰富德育内容，不断提高德育工作的吸引力和感染力，增强德育工作的针对性和实效性。

(2) 育德和育才的辩证理念。大学是立德树人、培养人才的地方，是青年人学习知识、增长才干、放飞梦想的地方。人才培养是育人和育才相统一的过程，育人是本。人无德不立，育人的根本在于立德，这是人才培养的辩证法。尽管古今中外教育思想流派繁多，但是培养社会发展所需要的人是有共识的。培养社会发展所需要的人，具体是培养社会发展、知识积累、文化传承、国家存续、制度运行所要求的人。大学人才培养体系，涉及学科体系、教学体系、教材体系、管理体系等，而贯通其中的是思想政治工作体系。“才者，德之资也；德者，才之帅也。”我们要把立德树人的成效作为检验学校一切工作的根本标准，真正做到以文化人、以德育人，不断提高学生思想水平、政治觉悟、道德品质、文化素养，做到明大德、守公德、严私德。要把立德树人内化到大学建设和管理各领域、各方面、各环节，做到以树人为核心，以立德为根本。[③]

---

① “夫学，身之砺砥也”意思是治学首先立足于对自身德行的磨砺。“君子学以致其道”意思是治学关键是致力于对经典道义的传承。“学正乃得义”意思是治学最终落脚于对社会道德的教化。

② 喻新捷.《群书治要》的治学之道[N]. 学习时报，2020-06-10.

③ 习近平在北京大学师生座谈会上的讲话[N]. 人民日报，2018-05-03(第1版).

3. 立德树人的当代要求

立德树人的要求至少要基于以下三个方面。

(1) 立德树人必须促进人的全面发展。人的全面发展是人类的崇高追求，是人的发展和社会发展的的最高目标。教育作为实现人的全面发展的重要途径，必须以学生为本，关注学生的全面发展、和谐发展、持续发展、终身发展和健康成长。在坚持德育为先的同时，全面加强和改进智育、体育、美育、劳动教育。全面实施素质教育，坚持文化知识学习与思想品德修养的统一、理论学习与社会实践的统一、全面发展与个性发展的统一，促进德育、智育、体育、美育、劳动教育的有机融合，着力培养学生的社会责任感、创新精神和实践能力，提高学生综合素质，使之成为德智体美劳全面发展的社会主义建设者和接班人。

(2) 立德树人必须培育学生健全人格。教育是塑造人的灵魂的伟大事业，是心灵与心灵的沟通，灵魂与灵魂的交融，人格与人格的对话。要培养学生积极的心理品质和乐观向上的品格，学会创造幸福，分享快乐。教育要关注学生的内心世界，塑造学生纯真完美的心灵。要认真发掘学科中所蕴含的健全人格教育资源，将显性教育与隐性教育结合起来，使学生在获取知识的同时，得到人格的滋养与涵育。要高度重视对学生的人文关怀，营造良好的师生关系、同学关系，为培育学生健全人格提供良好氛围。教育要焕发学生的生命活力，把学生发展从知识层面提升到生命发展层次。要加强学生心理辅导，注重对学习困难学生、贫困家庭学生等特殊群体学生的关怀和帮助。

(3) 立德树人要求致力于培养有用之才。作为一种培养和造就人才的崇高事业，满足每个人的个性需要和期望是教育的最高境界。党的十八大报告中提出，要把每个学生都培养成为有用之才，是对教育人才观、质量关的科学阐释，是我们的教育理想。这就要求我们，要尊重教育的规律，要尊重学生身心发展的规律，因材施教，为每个学生提供适合的教育、公平的机会，满足每个学生的学习需要，促进每个学生的发展，使每个不同家庭背景、不同智力水平、不同性格的学生潜能都得到充分的发展，促进人人能够成才。

(三) 大学的教育模式

1. 通识教育与专业教育的关系

大学教育是由通识教育和专业教育两个领域构成的教育共同体。专业教育(Specialty Education)是指根据一定历史时期的学科发展和行业分工的要求，将学业分成一定门类对学生实施的教育[1]。通识教育是关于人的生活的各个领域的知识和技能的教育，是对非专业性的、非职业性的、非功利性的基本知识、技能和态度的教育。通识教育(General Education)也译博雅教育或通才教育。通识教育强调加强文理渗透，使理工科学生能够普遍地掌握人文知识，使文科学生具有科学知识的武装，以扩大全部学生的知识面。“通”并非让一个人什么都知道，而是融会贯通的通，通就是打破不同学科的森严壁垒，促进我们从多维视角看问题，促交流、增理解、成共识、达合作。

通识教育与专业教育的关系具有统一性和差异性。

(1) 统一性是指通识教育和专业教育相结合的客观需要。一是社会发展所带来知识体系的分化，大学设置和开展专业教育具有存在的合理性和必需性；二是终生从事一种工作的时代成为历史，知识更新周期缩短也要求大学教育要着眼于给学生打下宽厚基础，使其适应社会发展、职业变更等。因此，大学教育应该是专业教育和通识教育相结合的整体性教育。

(2) 差异性是指通识教育与专业化教育是有差异的，前者主要关注学生作为一个有责任感的人和公民的生活需要，后者则给予学生某种职业能力训练。两者有区别，但并非相互对立和割裂[2]。本质上，这种区别是对“教育”的不同理解。通识教育重在“育”而非“教”。通识教育没有专业的硬性划分，它提供的选择是多样化的。学生通过多样化的选择而得到了顺其自然的自由成长。通识教育是一种人文教育，它超越功利性与实用性。要以大学问家、大思想家为榜样，因为他们身上有着独立人格与独立思考的可贵品质，这正是通识教育的追求。因为教育不是车间里的生产流水线制造出来的同一个模式和思维，通识教育是要孕育出真正的人而非产品，要挖掘出不同个体身上的潜质与精神气质。

2. 大学通识教育的思想

大学实行通识教育的原因是在于避免培养出片面发展的人、单向度的人，缺乏通识的人，思维定势的人和思想僵化的人。在中国，关于通识教育很早就有，经典著作中多有阐述。《易经》主张“君子多识前言往行”。《中庸》主张做学问应“博学之，审问之，慎思之，明辨之，笃行之”。《论衡》主张“博览古今为通人”“读书千篇以上，万卷以下，弘扬雅言，审定文牍，以教授为师者，通人也”“通人胸中怀百家之言”。上述，博览群书，知自然人文，知古今之事。博

① 陈向明. 从北大“元培计划”看通识教育与专业教育的关系[J]. 北京大学教育评论，2006(3)：71-85.

② 顾明远，等. 教育大辞典(增订合编本)[M]. 上海：上海教育出版社，1998：1555.

学多识，融会贯通，通情达理，通权达变，兼备多种才能的人。在西方，对通识教育的主张有很多，亚里士多德、纽曼等人阐述了他们的观点。亚里士多德(Aristotle，前384—前 322)主张自由人教育，他的对话式、散步式、讨论式、多学科教育，被称为吕克昂式“逍遥学派”。到 19 世纪，现代高等教育思想家纽曼(Henry Newman，1801—1890)倡导博雅教育，主张培养博学多才、行为优雅的人[①]。欧美学者有感于现代大学的学术分科太过于专门、知识被严重割裂，创建了通识教育，目的是培养学生能对知识融会贯通，能独立思考，最终培养出完全的人或完整的人。到 20 世纪，通识教育为世界各国大学普遍接受。通识教育成为了欧美大学必修科目。通识教育是把学生培养成崇尚科学和民主，追求真理和正义，尊重他人，善于沟通并能“仰望星空”的人才。西方现代大学贯彻和践行民主、科学、真理、正义、自由、宽容的大学精神，这种大学精神以大学体制来实现，也是以通识教育的课程体系来实现的。

3. 大学通识教育的实践

随着改革开放，中国通识教育在相当程度上整合多样性的现代教育理念和模式的同时，赋予通识教育以中国传统文化内涵，既体现时代性又保持民族性，把现代科学技术与中国传统的文化典籍结合起来，把现代信息文明与中华优秀文化统一起来。无论是国外与通识教育相关的博雅教育、全人教育、自由教育、能力拓展训练等教育方式，还是中国的素质教育、全面发展教育(包括德育、智育、体育、美育、劳动教育等)以及爱国主义教育、集体主义教育、社会主义教育等思想政治教育；或者是立德树人的德才兼备的人才教育；或者传统文化教育等，都能涵盖在通识教育的范畴之中。

通识教育的制度化。目前通识教育和专业教育相结合的培养制度是基本成熟的[②]。

(1) 有完善的学校内部治理结构(包括建设一流师资队伍，目的是用新理论、新知识、新技术更新教学内容，完善高等教育质量保障体系)。

(2) 有高等教育分类管理和高等学校综合改革(包括有优化学科专业布局，改革人才培养机制，实行学术人才和应用人才分类、通识教育和专业教育相结合的培养制度)。

(3) 有进一步强化的实践教学(包括着力培养学生创意创新创业能力；全面提

① 岳英. 纽曼的大学理想及其与现实间的冲突[J]. 高等教育研究，2014(5)：90-95.

② 国家发展与改革委员会. 中华人民共和国国民经济和社会发展第十三个五年规划纲要辅导读本[M]. 北京：人民出版社，2016：480.

高高校创新能力，统筹推进世界一流大学和一流学科建设)。

(4) 有完善的规定学生跨专业、跨学科选课制度(目的是禁止选与本专业相重复或相关相近的课程)。上述四个方面，从制度上保证了学生课程结构的合理性，使知识结构趋于合理。

【阅读链接 1-3】

通识教育的典型模式

1. 哈佛大学的通识教育

哈佛大学的通识教育模式影响非常大。我国高校在进行通识教育教学改革时，在很大程度上把哈佛模式作为参照的样本。哈佛大学现在实行的课程方案是2007年由哈佛大学前任校长劳伦斯·萨默斯推动改革的。在这次课程改革中，通识教育核心课程体系包括八个部分：美学的和阐释的理解，文化和信仰，实证和数学推理，道德推理，生命系统科学，宇宙物理科学，世界社会，世界中的美国。每一模块下设若干课程。学生需要在大学前两年修习这些核心课程，第三年、第四年进入到专业学习。

2. 圣约翰学院的通识教育

圣约翰学院创办于1696年，是美国一所历史悠久的四年制文理学院。该学院在通识教育模式上采取的是“名著课程型”模式。学院开设课程有：四年语言课(希腊语和法语)，四年数学课，四年交叉学科研究，三年实验课(生物、物理和化学)，一年音乐课，两个为期八周的训诫课[①]。名著课程都要求学生必修，要求学生阅读和探讨西方文明史上对哲学、神学、音乐、诗歌等有着杰出贡献的学者的原始著作。该学院没有像大多数高校那样成立专业学院，而是对学生实行统一的培养方案。所有学生在毕业时都被授予文学学士学位。所有的教师都可以成为导师，没有职称评审和发表论文的要求，其主要责任就是教学。教学中采用小班教学，课堂教学以讨论为核心。

3. 浙江大学的通识教育

2008年，浙江大学创办了本科生院，打破了按照专业学院招生培养的传统模式，按照大类(理、工、农、医、人文、社科六大类)招生和培养学生。学生入学时不分专业，前两年在理科、工科、人文等平台进行基础培养，修习通识课程和大类必修课、大类专业基础课；学生在大学一年级的第二学期末预选专业，在第三学年，按照所选专业被分到各专业学院，按照学科专业进行培养管理。

---

① 张家勇. 美国圣约翰学院通识教育实践模式[J]. 大学(学术版)，2011(7)：84-89.

4. 复旦大学的通识教育

2005 年，复旦大学成立了“复旦学院”，全面推行通识教育。复旦学院下设有志德书院、腾飞书院、克卿书院、任重书院四个教学机构。按照其培养方案，本科新生被分散安排进复旦学院的四个书院中接受一年的通识教育。一年后，学生进入各自院系进行专业课学习。复旦学院的通识教育核心课程包含六大模块:“文史经典与文化传承”“哲学智慧与批判性思维”“文明对话与世界视野”“科技进步与科学精神”“生态环境与生命关怀”“艺术创作与审美体验”。其教学形式是讨论，以小班教学为主，每班人数不多于 20 人，每次不少于 2 学时，每个学生每学期至少应参加一次讨论。复旦学院的通识教育目的是培养学生的健全人格，使学生能成为视野开阔、独立思考、具有批判思维的人才。

(资料来源：北航高研院通识教育研究课题组. 转型中国的大学通识教育——比较、评估与展望[M]. 杭州：浙江大学出版社，2013.)

二、大学的学习

大学的学习意义，在于引导和促进青年的全面发展。大学学习要学会适应、学会学习、学会发展。

(一) 大学的学习意义

大学的学习意义，主要有以下三个方面。

1. 文化视野的开阔

大学文化是人类文化的历史积淀和外部环境深刻影响的结果。大学文化主要是以大学领导、教师、学生和管理人员为主体的大学人在长期的办学实践中的积淀和创造的。其中，最主要的是由具有人格魅力、学术造诣深厚、善于治学育人的学术大师和具有远见卓识、独到办学理念、善于科学管理的优秀校长创造的。实践证明，学术大师和优秀校长是大学文化人格化的象征。同时，专业和学术是大学文化的本质特征，大学着眼于未来和探究真理，以理性和学术价值为价值，具有高度分权的有机体；大学在学术的自由探索下，享有较高的自治权力，大学组织内部松散的结合正是其生存和发展的重要条件。

大学文化可以融合世界文化。在高等教育国际化的趋势下，世界各国学生有机会融入不同文化环境中学习和发展。不同语言、不同生活方式、不同价值观念、不同国籍、不同信仰的师生，在大学校园中学习、交流和沟通，相互影响、彼此融合。文化的国际视野对青年发展是具有重要的价值的。越来愈多的青年走出熟悉的生活空间和环境，行万里路，读万卷书。大学作为教师与学生的学习共同体，大学教育环境为师生学习共同体搭建了跨文化交流的平台，多样化群体带来多样化文化。使不同专长的教师之间有交流与对话，使师生之间有交流和互动，使不同专业背景的同学间有交流和互动。在大学的多元文化中，青年学生在成长，在比较中慢慢将人类社会积累的丰富经验和智慧，内化为自我成长的重要内容，从而培养青年适应或应对多元文化时代的能力，也增进了青年在多元文化时代的创新和创造力。

大学文化可以开阔文化视野。大学的本义是“普遍”“整个”“世界”“宇宙”，从它诞生之日起，其精神气质就是海纳百川和多元文化的交融，大学精神的本质特征，概括为创造精神、批判精神和社会关怀精神。大学正是在这种多元文化的相互交融中不断地向前发展着。当今的世界，文化与经济、政治的相互融合，促使文化的力量越来越深地熔铸于各国民族的生命力、创造力和凝聚力之中，文化在综合国力中的地位和作用越来越突出。因此，在当代大学文化必然是本土文化与国际文化相互交融的结果，是本土性与国际性的辩证统一。

2. 健全人格的培养

培养人才是大学最根本的职能。大学培养的人才不仅要具备一定的知识、技能，还要有健全的人格。一般认为，健全的人格有七个特征：正确的自我意识；和谐的人际关系；良好的社会适应能力；积极向上的生活态度；良好的情绪调控能力；能有效运用智慧与能力；个人心理和谐发展。反之，人格的残缺是一件可怕的事情。从纳粹集中营里幸存下来的一位美国的中学校长在致新教师的一封信中写道：“我曾亲眼目睹如此非人的情景：毒气室由有造诣的工程师建造，儿童被有学问的医生毒死，婴儿被训练有素的护士杀害，妇女和孩子被大学或中学毕业生枪杀、焚烧。因此，我怀疑教育……我的请求是：帮助你的学生成为有人性的人。你的辛勤努力，千万不要培养出有学问的怪物、有技术的精神变态者、受过教育的艾克曼一类的屠夫。读、写、算只在能有利于培养更富有人性的孩子时才具有重要性。”[①]人格的形成取决于两个方面因素：一方面是内在的遗传的生物学因素，另一方面是外在的社会化过程。外在的社会化过程主要受家庭、社会、学校环境影响。大学是青年学子们的精神家园，应该把健全人格教育当作自身责任。大学教育将培养健全人格纳入大学教育的目标和内容。联合国教科文组织教育报告认为：“把一个人在体力、智力、情绪、伦理各方面的因素综合起来，使他成为

① [美]波伊尔. 当代外国教育改革著名文献(美国卷). 吕达，等译. 北京：人民教育出版社，2004：102.

一个完善的人，这就是对教育基本目的的一个广义的界说。”[①]

大学教育应是重视以完善人格为目的的教育。大学实施人文、科学、技术、艺术交融的和谐教育。大学教育的目的不仅是向学生传授某一学科的知识，还要帮助学生扩大知识面，帮助他们具备相当程度的历史素养、哲学素养、语言素养和文学素养。狭窄的专业视野无益于学生文明的个性发展和创造力发展。我们通过对大学生心理健康进行良性干预，能帮助学生掌握应对压力、挫折的方式，掌握自我心理调控并保持心理健康的方法，对自己形成客观评价。此外，大学教育还通过创设丰富的社会实践活动、优良的校园文化环境等举措，以促进青年学子健全人格的养成。

3. 人的发展与社会发展的统一

全面发展教育是诸育和谐发展的教育。古希腊哲学家亚里士多德(Aristotle，前384—前322)主张和谐教育，近代教育学之父夸美纽斯(Comenius，1592—1670)在《大教学论》提出了希望所有人都受到完善的教育，使之得到多方面的发展，成为和谐发展的人。法国启蒙思想家卢梭(Rousseau，1712—1778)的教育思想是自由、理性和善良的全面发展。瑞士教育家裴斯泰洛(Pestalozzi，1746—1827)倡导教育以善良意志、理性、自由、人的潜能的和谐发展为宗旨。人的全面发展首先是人的完整发展，即人的各种基本素质得到完整的发展，即培养受教育者在德智体美劳等方面获得完整的发展。

人的全面发展是教育的终极追求。所谓“人的全面发展”，是指人的个性、能力和知识的协调发展，是人的自然素质、社会素质和精神素质的共同提高，是人的经济权利、政治权利和社会权利的充分满足和实现。马克思主义关于人的全面发展学说从分析现实的人和现实的生产关系入手，指出人的全面发展的条件、手段和途径，它包含人的体力、智力、思想道德等方面的全面发展；它包含人在众多领域的才能及其创造；它包含在既定的历史条件下，人的个性的自由发展和如愿从事各种社会活动。当然，这不得以妨碍他人的自由全面发展为前提。

人的全面发展与社会发展的统一。只有到了自由人联合体(即共产主义社会)，人的发展与社会的发展之间的对抗性矛盾才会消解，人才能获得自由而全面的发展。唯物史观指出，人是各种社会关系的总和。社会分工把人与社会的关系推向不可调和的矛盾，为了社会的发展必须使大多数人处于片面的发展。而要推进人

---

① 联合国教科文组织国际教育发展委员会. 学会生存——教育世界的今天和明天[M]. 华东师范大学比较教育研究所，译. 北京：教育科学出版社，1996：195.

的全面发展，同推进经济、文化、社会是互为前提和基础的，两者的关系是互相促进的，这就是辩证的历史发展观。中国正处在社会主义初级阶段，商品经济和脑体分工的存在，既促社会的全面发展，也迫使一部分人特别是体力劳动者牺牲在精神领域的全面发展。但是，可以通过提高生产力和发展教育科学文化事业来最大限度地满足人民群众的物质文化需要，可以通过大力提高人的素质、加强精神文明建设来促进人的全面发展。

(二) 大学的学习要求

英国哲学家怀特海(Whitehead，1861—1947)[①]说：“在中学阶段，学生伏案学习；在大学阶段，他需要站起来，四面瞭望。”[②]大学的学习要求主要有三个“学会”，即学会适应、学会学习、学会发展。

1.“学会适应”的要求

大学生活与中学生活相比发生了显著的变化。了解这些变化有利于青年大学生更好地认识与适应大学生活。

(1) 要适应大学学习要求。大学阶段专业方向基本确定，知识的广度和深度大大增加，需要充分发挥学习的主动性。大学主要实行学分制，除了公共课、学科基础课和专业课等必修课之外，各专业还开设选修课，可以根据个人兴趣和能力选修相关课程。在大学阶段，自由支配的学习时间增多，学习的自主性大大增强。大学学习需要掌握大量的资料和信息，获取知识的渠道更加多样化。熟练利用图书馆、互联网收集资料和信息，是青年大学生必备的技能。广泛涉猎相关知识，掌握科学的学习方法，培养自主学习和独立思考问题、分析问题、解决问题的能力，是大学阶段学习的重要特点。

(2) 要适应大学生活环境。进入大学后的独立生活，需要大学生自己安排其衣食住行等日常生活。大学生来自五湖四海，兴趣爱好、生活习惯存在差异，主动地加强沟通和交流、互相理解和关心成为一种需要。自理能力较强的学生会很快适应，应对自如；自理能力较弱的学生则可能顾此失彼。尽快适应新的环境，既要学会适应集体生活，又要学会独立处理学习生活中遇到的各种实际问题。

(3) 要适应大学社会活动。进入大学以后，党组织、团组织、学生会、班委会

---

① 怀特海，英国数学家、哲学家、教育理论家，著有《思维方式》《过程与实在：宇宙论研究》等。

② 意思是，大学生要自己站起来独立行走，要认真地认识自己，审视周围的环境，确定自己的人生目标，只有知道自己以后想做什么、要做什么，才能知道自己应该学什么。

等组织活动增多；由志趣、爱好相同的人自愿组织起来的各种学生社团活动丰富多彩；参加各种社会实践、社会志愿服务的机会大大增加。大学生可以根据自己的优势和爱好、时间和精力，积极参加各种活动，合理安排课余生活，锻炼自己的组织能力和交往能力。大学生活给青年大学生提出了许多新的课题，要求结合自身的实际，提升适应能力，尽快适应大学生活。青年大学生应该树立自立、自强、自信、自律的生活意识，提高明辨是非善恶的能力，虚心求教和细心体察，大胆实践以积累生活经验。

2. “学会学习”的要求

“学会学习”有以下四个方面的要求。

(1) 要学会成为学习的主人公。自主学习是一种能动的学习。大学生应该使自己成为学习的主人。大学教育包含有知识、价值、能力的全面教学与培养，对应的就有知识—价值—能力的全面学习与训练。在大学，自由的环境为我们创造了自主学习的条件，也提出了更高要求，要求我们要有明确的学习目的，包括适应专业要求和社会需要，因此，我们需要积极主动地掌握并具备相关知识、价值、能力。大学生不仅要学好专业知识，还要学好全面发展的各方面知识。

(2) 要学会成为高效的规划者。大学集合了丰富的文化资源，人文社会科学和自然科学在这里交相辉映。大学提供了多元化的选修课、丰富多彩的课外实践活动、出国或跨地区学术交流和学习等机会，我们可以根据自身实际情况和兴趣爱好，合理地自主规划自身发展。与此同时，大学也为终身学习奠定了重要的基础。《师邝论学》[①]说“少而好学，如日出之阳；壮而好学，如日中之光；老而好学，如秉烛之明”。[②]这句话体现了终身学习的中国理念。在大学阶段，我们要学习和掌握专业基础知识，也要为终身学习做好规划。

(3) 要学会利用大学的资源。大学生不仅要努力学习，而且要树立正确的学习理念；不仅要掌握知识，还要掌握获得知识和应用知识的能力；不但要在学业上不断进步，而且要在综合素质上不断提高。在大学，我们要善于接触大学的一流学者(书上的、现实中的、课堂或讲坛上的)，要善于学习他们是如何学习、工作和思考。最重要的是要具备在注意力集中下的勤奋，就是我们说的用心和刻苦，既

---

① 刘向(前77—前 6)，西汉经学家、目录学家、文学家。著有《师旷论学》(提出人生学无止境，任何时候都应该抓紧学习的道理)。

② 意思是，少年时好学，如同初升的太阳一样光鲜明亮；壮年时好学，如同中午的太阳一样炽热似火；老年时好学，就像用蜡烛照明一样，在黑暗中闪光。(如果点蜡烛走路与摸黑行走相比，哪个更好呢？)

要刻苦更要用心，训练自己善于发现机遇和抓住机遇的能力，随时做好准备迎接机遇。

(4) 要学会创新和合作学习。大学是传承和创新文化的场所。创新学习是一种以求真务实为基础，采取创造性方法积极追求创造性成果的学习。当今知识更新周期大大缩短，大学生不仅要认真学习，善于思考、掌握、加工、消化已有知识，要敢于突破思维定式，激发自己的创新意识和提高创新能力，力求有所发现、有所发明、有所创造。同时，要学会合作学习。《礼记·学记》[①]说“独学而无友，则孤陋而寡闻”。在学习的过程中，交流切磋可以集思广益。我们既需要潜心苦学，也需要相互交流沟通，在合作中学习，在学习中合作。

3. “学会发展”的要求

“学会发展”有以下三个方面的要求。

(1) 要把握青年发展的方向。时代呼唤英才，希望在于青年。每一个青年都应该努力培养自己，成为德智体美劳全面发展的人[②]。德是人才素质的灵魂。德在人的成长成才过程中始终具有关键意义。“才者，德之资也；德者，才之帅也。”青年大学生应当认真学习和践行社会价值观与社会行为规范，以社会价值观和法律法规为基础，以全面发展为目标，自觉加强修养，砥砺品行。智是人才素质的基本内容。智是从事国家现代化建设的实际本领，是成为对国家有用人才的基本条件。青年大学生需要努力掌握科学文化知识，掌握本专业系统扎实的基础理论和应用技能，不断拓展知识领域、优化知识结构、丰富社会实践，提高学习能力、实践能力、创新能力。体是人才素质的基础。健康的体魄是为国家服务的重要基础。青年大学生要了解体育运动的基本知识，掌握科学锻炼身体的基本技能，积极参加体育锻炼，养成锻炼身体的良好习惯。同时，青年大学生还要保持心理健康，学会合理调控自己的情绪，掌握应对心理问题的科学方法。只有身心健康、体魄强健、意志坚强，才能胜任现在的学习任务和将来的工作职责。美是人才素质的综合体现。美不仅能陶冶情操、提高素养，而且有助于开发智力，对于促进青年大学生全面发展具有不可替代的作用。青年大学生需要提高文化艺术素养，

---

① 《礼记·学记》是中国古代一篇教育论文，是古代中国典章制度专著《礼记》(《小戴礼记》)中的一篇，是世界历史上最早专门论述教育和教学问题的著作。一般认为是中国战国晚期思孟学派的作品，据郭沫若考证，作者为乐正克。其文字言简意赅，喻辞生动，系统而全面地阐明了教育的目的及作用，教育和教学的制度、原则和方法，教师的地位和作用，教育过程中的师生关系以及同学之间的关系，比较系统和全面地总结与概括了中国先秦时期的教育经验。

② 本书编写组. 习近平总书记教育重要论述讲义[M]. 北京：高等教育出版社，2020：59.

加强审美修养，认清什么是美、什么是丑，养成高尚的审美情趣和良好的人文素养。劳是人才素质的内容之一。劳动是财富的源泉，是幸福的源泉。大学生应牢固树立劳动最光荣、劳动最崇高、劳动最伟大、劳动最美丽的观念；体会劳动创造美好生活，劳动不分贵贱，热爱劳动，尊重普通劳动者，培养勤俭、奋斗、创新、奉献的劳动精神；具备满足生存发展需要的基本劳动能力，形成良好劳动习惯。

(2) 要明确青年发展的责任。青年大学生要实现德智体美劳全面发展的成才目标，应当着力增强服务国家的社会责任感。青年大学生应该以国家富强、民族振兴和公民幸福为己任，主动承担社会责任，勇做走在时代前列的奋进者、开拓者、奉献者，展现出甘于奉献、勇于担当的良好精神风貌。

(3) 要抓住青年发展的时机。每一个青年学生应该充分地利用大学学习的美好时光，在自己的美好年华中，学会全面发展，学会充分利用大学的资源和环境。大学的优势，有以下四个方面：一是大学是保存、传递、创新知识的地方；二是大学是思想最活跃、最富有创造性的、追求真理的学术殿堂；三是大学是诞生新思想、新知识、新文化的摇篮；四是大学是培养学生健全人格、高尚道德、良好的文化修养、健康情感、批判能力等特质的文化机构。因此，大学生要抓住发展的宝贵时机，勤奋学习，学会全面发展自己。

思考题

1. 如何理解“立德树人”？
2. 如何理解“通识教育”？
3. 如何理解“把握青年发展的方向”？

第二章
人 生 哲 学

大学阶段，恰是人生最美好的一个阶段，也是人生提升的关键阶段。对大学生而言，丰富的学习经历则是其发展自己、提升人生境界的美好时光，会成为人生最具华彩的一章。

◎ 本章主要内容

一、人生哲学论
二、科学人生观
三、青年发展观

◎ 教学目标

通过阅读人生哲学经典，引导大学生提高学识，扩大胸怀，提高志向；适应新时代，树立科学人生观，追求远大理想，创造有价值人生。

第一节 人生哲学论

通过学习中外人生哲学的经典思想，亲近人生哲学的智慧。本节的主要内容有两个方面：一是西方人生哲学智慧；二是中国人生哲学智慧。

本节教学目标：认识西方人生哲学的发展和思维，了解中国传统文化中的人生哲学的结构和精华，通过阅读经典思考人生价值。

一、西方人生哲学智慧

西方人生哲学与西方哲学往往难于分离，西方哲学经常包含西方人生哲学的概念。下面，我们一起学习西方人生哲学的发展和西方人生哲学的思维。

(一) 西方人生哲学的发展

古希腊哲学的产生。西方哲学属于哲学的一个分支，古希腊历来被认为是欧洲文明的摇篮，是欧洲乃至西方哲学的故乡。古希腊哲学的最早流派——米利都学派产生于公元前 7 世纪或前 6 世纪，此前，古希腊哲学有一个漫长的孕育时期。在一定意义上可以说，古希腊哲学的前提是古希腊神话。古希腊神话包括神的故事和英雄传说两部分。在最古老的神话中，讲到了天地的开辟、众神的诞生、人类的起源等。在古希腊人的想象中，神具有人的形象和人的感情。神和人的不同之处，在于神是永生不死的，比人更高大、更有力量，而且主宰着人间的祸福和命运。他们认为，古希腊神话中的奥林匹斯山的十二个主要的神，实际上就是自然力的化身。

西方近代哲学的形成。在 15 至 17 世纪，西方近代哲学是伴随着人类的自我觉醒而形成的。这个时期，人们的思想从宗教返回到了尘世，发现了自然，也发现了人自身，继而开始追求知识，渴望个人自由。这一阶段的研究中心是人和自然，形成了人文主义和自然哲学两股互相联系又有一定区别的思潮。人文主义主张以人为中心，一切为了人的利益，反对灵魂不朽之说和禁欲主义。在 17 至 18 世纪，西方哲学主要研究主体与认识客体的关系，形成了经验论和唯理论。以培根和洛克为代表的唯物主义经验论认为，后天获得的对外部世界的感觉是认识的来源，感觉是可靠的。培根承认自然界是物质的，物质是能动的、多样的，认为掌握知识的目的是认识自然和征服自然，知识就是力量。洛克认为心灵是一块白板，观念是外界事物在白板上留下痕迹的产物。以斯宾诺莎为代表的唯物主义的唯理论认为，认识的对象是客观存在的自然界，只有理性才能把握它，感觉经验不可靠，把自然界视为唯一的实体，认为只有通过理性把握了唯一的实体，才能认识个别事物。而康德、费希特、谢林、黑格尔和费尔巴哈，则认为世界的本质是精神的。

(二) 西方人生哲学的思维

在世界哲学发展的历史中，除了西方哲学，有一定影响的还有俄罗斯哲学、日本哲学、巴基斯坦哲学、斯里兰卡哲学、越南哲学、伊朗哲学、阿拉伯哲学及其他地区的一些哲学。它们或多或少都受了德国古典哲学传统的影响，但又具有各自哲学思维方式的特点。其中，阿拉伯哲学在中世纪起到了向西欧传播亚里士多德哲学的媒介作用，它对亚里士多德哲学亦有重大发展，成为世界哲学发展史中的重要环节。

1. 西方人生哲学思维习惯

哲学家的思维习惯主要有以下几种：

(1) 寻找问题。当大家都在舒服地生活时，他会问你过的真是合乎人性尊严的生活吗？这样就满足了吗？你是否还缺少什么？

(2) 建构系统。比如大家平常只注意当下生活，他会告诉你生活是一个大系统，你在物质条件得到满足之后还应该去发展艺术、知识、科学、信仰、宗教之类。由此可知，生活需要建构成一个系统，使人对生命有整体的了解，进而不因变化而困惑。

(3) 改变现状。哲学家经常是理想主义者，总是认为现实不够好。

2. 西方哲学的旧思维

自苏格拉底[①]、柏拉图[②]、亚里士多德[③]以来，西方哲学突出逻辑、因果、本质、

---

① 苏格拉底(Socrates，前 469—前 399)，古希腊哲学的创始人之一。西方哲学第一道德哲学家所述的西方伦理思想的传统。主要通过他后来的古典作家的著作而闻名，特别是他的学生柏拉图和色诺芬。著有《克堤拉斯篇》《泰阿泰德篇》《智士篇》《政治家篇》。

② 柏拉图(Plato，前 427—前 347)，古希腊哲学家，西方文化中最伟大的哲学家和思想家之一。柏拉图和老师苏格拉底，学生亚里士多德并称为希腊三贤。他创造或发展的概念包括：柏拉图思想、柏拉图主义、柏拉图式爱情等。柏拉图的主要作品为对话录，其中绝大部分都有苏格拉底出场。

③ 亚里士多德(Aristotle，前 384—前 322)，世界古代史上伟大的哲学家、科学家和教育家之一，堪称希腊哲学的集大成者。他是柏拉图的学生，亚历山大大帝的老师。公元前 335 年，他在雅典办了一所叫吕克昂的学校，被称为逍遥学派。马克思称亚里士多德是古希腊哲学家中最博学的人物，恩格斯称他是古代的黑格尔。作为一位百科全书式的科学家，他几乎对每个学科都做出了贡献。他的写作涉及伦理学、形而上学、心理学、经济学、神学、政治学、修辞学、自然科学、教育学、诗歌、风俗，以及雅典法律。亚里士多德的著作构建了西方哲学的第一个广泛系统，包含道德、美学、逻辑和科学、政治和玄学。

必然，被称为旧思维。它用理性的方式去认识世界和解释世界。面对现代世界如此之现实，追问世界为什么是这样的？其思维如下：

(1) 从现有的结果寻找原因，得出一个历史演进的因果律。

(2) 在认定因果的过程中，排斥偶然而得出必然；

(3) 将得出的必然进一步提炼，说明决定现在世界之所以如此的本质。

这样，因果—必然—本质的理论话语，形成了一种独断论：世界之所以如此，在于它只能如此、必然如此。

3. 西方哲学的新思维

西方哲学新思维包括现代哲学(以弗洛伊德[①]、海德格尔[②]等为代表)，也包括后现代哲学(以德里达[③]、福柯[④]、维特根斯坦[⑤]为代表)。西方哲学新思维认为，世界之所以如此，原因很多样、很复杂，一定会有排斥和遮蔽的地方，过去很明显地将此简单化处理是为了突出必然，这样却永远斩断了其他原因与之的关联。世界的演进是在多种多样的复杂互动而形成的合力里产生出来。这一合力并非是科学的、逻辑的、清晰的，而是很多种看得见和不可见的统一，很多种可分析和不可分析的统一，正因其成分之复杂和互动之错综，从而哪一种或哪几种成分和趋势会成为现实，是难以预测的。如果要用因与果的关联来讲，它是多因果的；如果要用必然和偶然来讲，它是偶然的；如果要用现象和本质来讲，实乃没有本质的现象。总之，世界之所以如此，是在于它已经如此，而不是它必然会如此。

4. 西方人生哲学思维的影响

苏格拉底留给世界的人生名言是“人生在世，不经过审查，不经反思，是无价值的一生”(The unexamined, the unreflected life, was not worth living.)。在苏格拉底之后的柏拉图，提出追求现象后面的理想性的理式，继而影响了亚里士多德，

---

① 弗洛伊德(Sigmund Freud，1856—1939)，精神分析学派创始人。著有《梦的解析》《图腾与禁忌》《日常生活中的心理病理学》《玩笑及其与无意识的关系》《性学三论》等。

② 海德格尔(德语 Martin Heidegger，1889—1976)，德国哲学家，20 世纪存在主义哲学创始人。著有《存在与时间》《形而上学导论》《谢林关于人的自由的本质的论文(1809)》等。

③ 德里达(Jacques Derrida，1930—2004)，法国哲学家，20 世纪最重要的法国思想家之一，西方解构主义代表人物。著有《人的目的》《胡塞尔现象学中的起源问题》《马克思的幽灵》等。

④ 福柯(Michel Foucault，1926—1984)，法国哲学家、社会思想家。著有《疯癫与文明》《性史》《规训与惩罚》等。

⑤ 维特根斯坦(Ludwig Wittgenstein，1889—1951)，20 世纪最有影响的哲学家，语言哲学创始人。著有《哲学研究》《逻辑哲学研究》等。

创立了严格的形式逻辑。其中，最具有西方哲学特质的名言是苏格拉底说的“我唯一所知的，是我一无所知”。苏格拉底处在古希腊历史中知识范式的变革时期。这时，神话叙事(即宇宙由神创造、由神统治，世上的一切因神或由神的介入而产生)就是自然哲学家的哲学叙事(即宇宙产生于某一物质，这一物质的运动、变化、分合产生了万事万物)。在这个时期，当已有的知识变得可疑时，人便真的感觉自己一无所知。这种困境让有所知的愿望变得强烈起来——宇宙究竟是怎样的？事物的产生和发展是由什么所决定的？作为宇宙中万物之一的人究竟有什么特质？作为人来到世上究竟意味着什么？……这些“问”在一无所知的困惑中产生出来，因此说，是苏格拉底开辟了西方哲学的新方向。

苏格拉底式之“问”的时代影响。如培根①的“知识就是力量”、笛卡尔的怀疑一切、海德格尔对存在的追问、维特根斯坦对语言的追问、弗洛伊德对意识的追问、德里达对深层结构的追问等。西方哲学史家认为，苏格拉底是西方哲学的创立者，世界的一切都要经过严格的审视、理性的反思、逻辑的证明，才具有存在的合理性。由苏格拉底而来的西方式逻辑，在文艺复兴时期产生了实验科学。

【阅读链接 2-1】

西方人生哲学的名言

(1) 认识自己，方能认识人生。 ——苏格拉底

(2) 要以探求真理为毕生的事业。 ——笛卡尔

(3) 人要成为自己生命的主人。 ——马克思

(4) 那些没有消灭你的，会使你变得更强壮。 ——尼采

(5) 尊重人不应该胜过尊重真理。 ——柏拉图

(6) 如果要明白，就应该相信。 ——奥古斯丁

(7) 既不屈从爱，也不屈从恨。 ——叔本华

(8) 幸福来源于我们自己。 ——亚里士多德

(9) 人生最高的幸福只在心悟。 ——托马斯

(10) 生活需要信念。 ——休谟

(11) 教育是使人通过树木见到森林。 ——怀特海

(资料来源：http://www.360doc.com/content/17/0511/00/40167318_653063277.shtml，作者有删减)

---

① 培根(Francis Bacon，1561—1626)，英国文艺复兴时期散文家、哲学家。英国唯物主义哲学家，实验科学的创始人，是近代归纳法的创始人，给科学研究程序进行逻辑组织化的先驱。著有《新工具》《论科学的增进》《学术的伟大复兴》等。

【阅读链接 2–2】

西方哲学名言特质

苏格拉底(Socrates，前 469—前 399)说：I only know that I know nothing.(我唯一所知的，是我一无所知。)苏格拉底的名言道出了西方哲学的根本：只有经严格逻辑的审查和反思而来的知识，才具有确定性、明晰性、可证明性和可证伪性，才是真知识。

德尔图良(Tertullianus，约 160—225)说：I believe it because it is absurd.(正因为荒谬，所以我才相信。)德尔图良的名言透出了西方哲学由苏格拉底而来的特质，必然把世界分为已知的世界和未知的世界，从而必然让西方哲学在取得巨大成就的同时看到荒谬和恐怖，进而产生对哲学进行补充的基督宗教与之同行。

维特根斯坦(Ludwig Wittgenstein，1889—1951)说: It is not how things are in the world that is mystical, but that it exists.(神秘的并非世界为何如此，而乃世界竟然如是。)维特根斯坦的名言突显了西方哲学在确立了逻辑、因果、必然、本质的权威之后，其对立面也会产生出来，并终会昭示自身的独特位置。

爱因斯坦(Albert Einstein，1879—1955)说: The most incomprehensible thing about the world is that it is comprehensible.(宇宙中最不可理解之事，乃宇宙是可以理解的。)爱因斯坦的名言显示了西方哲学和科学在宇宙论上取得重大成就的同时，必然要面临的困境，而且无法解决这一困境。

(资料来源：https://www.sohu.com/a/242652439_280010，作者有删减)

【阅读链接 2–3】

苏格拉底关于人生的名言

(1) 认识自己，方能认识人生。

(2) 我非智者，爱智而已。

(3) 德性就是知识。

(4) 无知即罪恶。

(5) 智慧意味着自知无知。

(6) 人可以犯错，但是不可犯同一个错。

(7) 知道的越多，才知知道的越少。

(8) 真正高明的人，就是能够借助别人的智慧，来使自己不受蒙蔽的人。

(9) 世界上最快乐的事，莫过于为理想而奋斗。

(10) 一个人能否有成就，只看他是否具备自尊心与自信心两个条件。

(11) 不懂得工作真义的人，视工作为苦役。

(12) 凡是原本可以做得更好的，也算是懒!

(13) 最有希望的成功者，并不是才干出众的人而是那些最善于利用每一时机去发掘开拓的人。

(14) 未经审视的生活是毫无价值的。

(15) 逆境是人类获得知识的最高学府，难题是人们取得智慧之门。

(16) 逆境是磨练人的最高学府。

(17) 自愿的人在忍受苦楚的时候，受到美好希望的鼓舞，就如打猎的人能欢欣愉快地忍受劳累，因为他有猎获野兽的希望。

(18) 别人为食而生存，我为生存而食。

(19) 你是为了吃饭而生存，还是为了生存而吃饭呢?

(20) 每个人身上都有太阳，主要是如何让它发光。

(21) 在这个世界上，除了阳光、空气、水和笑容，我们还需要什么呢?

(22) 没有人因为知道了善而不向善的。

(23) 美是难的。

(24) 好习惯是一个人在社交场中所能穿着的最佳服饰。

(25) 谦逊是藏于土中甜美的根，所有崇高的美德由此发芽滋长。

(26) 知足是天赋的财富，奢侈是人为的贫穷。

(27) 告诉我你的朋友，我就知道你是什么样的人。

(28) 只期盼少许，才能接近最高的幸福。

(29) 暗恋是世界上最美丽的爱情。

(30) 偷偷的暗恋是人类最美好的爱情。

(31) 最热烈的爱情会有最冷漠的结局。

(32) 爱情犹如麦地里采麦穗，弄不好就会空手而归。

(33) 好的婚姻仅给你带来幸福，不好的婚姻则可使你成为一位哲学家。

(资料来源：http://www.360doc.com/content/17/0526/22/6552072_657569711.shtml，作者有删减)

二、中国人生哲学智慧

不同的人生智慧产生于不同的文化和文明之中。中国关于人生智慧的内容很多，从起点来说，《易经》是中国哲学的起点。下面，我们一起学习两个内容：一是中国人生哲学的起源；二是中国人生哲学的结构。

(一) 中国人生哲学的起源

在中国哲学中，《易经》[①]为万经之源。《易经》中所讲述的宇宙万象与伦理道德有相通之处，与生活实际极为接近。《易经》的八卦是人类最早的共识，易理是《易经》的重要组成部分。

1. 《易经》蕴含的人生智慧

《易经》告诉我们：人是万物之灵，人的命运是动态的，随时都在改变；天地是定位定规的，万变不离其宗；有例行，也有例外。《易经》还告诉我们：敬重圣人，就是要从中学到道理；人应该有所畏惧，不能为所欲为；人都是太极，要在运动中把握平衡，要在平衡与不平衡之中把握平衡。《易经》强调，此时此地，应变得宜(时、位、性质)。《易经》还告诉我们：人要减少欲望，嗜欲深者天机浅，嗜欲浅者天机深；人要虚怀若谷。因为人有看得见的地方，也有看不见的地方。[②]

2. 乾卦蕴含的人生智慧

“乾为天”的卦辞：“潜龙勿用、见龙在田、终日乾乾、或跃在渊、飞龙在天、亢龙有悔”，后人喻为人生六段论，即潜伏时期—初露头角—勤学精进—把握时机—理想垂现—功成身退。《易经》强调了人生要经历更多磨炼才能更加成熟。《易经》告诉我们：自然界生生不息，人也需要不断奋斗，静止就是死亡。《易经》强调，人生选择合理时机很重要，定位也很重要。了解他人容易，了解自己很难，每个人都有自己的方法了解自己。人把自己的状况悬挂起来当作镜子观察，可以起到旁观者清的作用。

3. 《易经》的思维方式

《易经》观察天地万物变化而形成分析和处理问题的思维方式，可以归纳为以下方面：天人合一的整体思维，动态变化的发展思维，执中用权的中道思维，相反相成的辩证思维，普遍联系的关系思维，相生相克的平衡思维等。下面主要对前三个方面进行介绍。

(1) 天人合一的整体思维。《易经》的天人之道，追求的是天与人的和谐统一。

---

① 《易经》被誉为诸经之首、中华传统文化总纲领，是中华民族五千年智慧的结晶。它涵盖万有，纲纪群伦，广大精微，包罗万象，是中华文明的源头，内容涉及哲学、政治、生活、文学、艺术、科学等诸多领域。《易经》包括《连山》《归藏》《周易》三部易书，现存于世的只有《周易》，长期被用作卜筮。卜筮就是对未来事态的发展进行预测。《易经》是总结这些预测规律理论的书，是博大精深的辩证法哲学书，蕴涵着朴素深刻的自然法则和和谐辩证思想，从整体的角度去认识和把握世界，把人与自然看做是一个互相感应的有机整体，即“天人合一”。

② 朱银端. 《易经》与通识教育[N]. 中国科学报，2013-08-01(第7版).

《易经》把人和自然视为一个有机整体，认为世界上一切事物是一气相通的、一体相承的，其中天人同构，天人合一，演变成联系，外延扩展到宇宙人生各个领域。《易经》强调天与人各守其道，咎吝有别；认为天的运行规律和人的活动规律有一致性，人生圣人能够运用天之规律，从而达到天人合一。中和化一是整体思维的宗旨。中，即保持事物的平衡和稳定；和(即和谐协调)是生命的原理，也是事物稳定性发展的保障。《易经》奉中和为常道和根本宗旨。这决定了中国传统思维的主体实践性的特征，也决定了它的思维方式是以人为中心的主体思维。

(2) 动态变化的发展思维。《易经》关于变化的认识，提炼了“穷则通，变则通，通则久”“刚柔相推而生变化”“生生之谓易”“太极生两仪，两仪生四象，四象生八卦”。在《易经》中表现为注重阴阳消长的过程；注重阴阳相互渗透，刚柔交错；注重万事万物一分为二，和而为一，从而形成了整体思维模式，为中国传统思维奠定了基础。《易经》中的“一阴一阳之谓也”，把自然界和社会的一切变化，视为阴阳对立的力量交互作用引起的基本矛盾，视为普遍的存在。这种辩证法的对立统一观点，为认识和解决宇宙人生问题的最基本方式和模式，开辟了中国传统思维的先河。

(3) 执中用权的中道思维。权，在古代中国是秤砣。当秤盘上的物品较重时，需要将秤砣外移以达到平衡，从而称出物品的重量。这个根据物品的轻重权衡出来秤砣的位置，就叫作“中”。这个位置的远近与需要相对应，是最恰当的位置，这就是“执中用权”。这里面包含“时”的因素，古人把与时偕行、知几通变的做事方法叫作“时中”，按照这种思维方式去行为做事，尽量做到无过无不及，就是“中道思维”。

(二) 中国人生哲学的结构

中国哲学起源于《易经》，历经春秋战国百家争鸣和百花齐放，到汉朝独尊儒术，儒家尊为经学，后来儒道结合形成魏晋玄学。唐朝佛家几乎成了主流。到宋明时期，一个成熟形态的宋明理学，是儒、道、佛三位一体的文化结构。

1. 中国人生哲学的内涵

(1) 儒家的人生智慧。孔子[①]把“智、仁、勇”列为中心。智者不惑，不惑于名

---

① 孔子(前 551—前 479)，中国古代思想家、政治家、教育家，儒家学派创始人。春秋末期鲁国陬邑(今山东省曲阜市)人，孔子开创私人讲学之风，倡导仁义礼智信。其弟子有三千，贤人七十二，曾带领部分弟子周游列国十四年，晚年修订六经(《诗》《书》《礼》《乐》《易》《春秋》)。孔子的弟子及再传弟子把他的言行语录和思想记录整理编成的《论语》，被奉为儒家经典。孔子是当时社会上最博学者之一，被后世统治者尊为孔圣人、至圣、至圣先师、大成至圣文宣王先师、万世师表。其思想对中国和世界都有深远的影响，其人被列为世界十大文化名人之首。

利权情；仁者不忧，不忧于得失荣辱；勇者不惧，不惧于威迫压榨。有智慧的人深知人性，了知人生，能宁静淡泊以处世，忠厚仁义以待人，便成为众望所归的大好人。有智慧的人能使人生真平等，真自由，真幸福，真圆满。有智慧的人，他的一生遵从“己所不欲，勿施于人”“己欲立而立人，己欲达而达人”的信条。换句话说：“我们希望别人如何待自己，我们便如何去待别人。”这便是“智慧人生”。

(2) 道家的人生智慧。老子[①]说“复命曰常，知常明。不知常，妄作凶”。“常”是指万物运动变化的永恒规律，即为守常不变的规则。整句话的意思是，复归于生命就叫自然，认识了自然规律就叫聪明，不认识自然规律的轻妄举止，往往会出乱子和灾凶。认识自然规律的人，是无所不包的，无所不包就会坦然公正，公正就能周全，周全才能符合自然的“道”，符合自然的“道”才能长久，终身不会遭到危险。老子说，“大直若屈，大巧若拙”。真正有智慧的人，必懂得韬光养晦，必懂得内敛含蓄，所谓“大智若愚”是也。

(3) 佛家的人生智慧。释迦牟尼[②]是印度王子，他的大乘佛法被中国同化。释迦牟尼最常提到的是般若[③]是目的，前五度[④]是待人处事的标准。欲超越生死，从轮回六道的此岸到达无生死的彼岸，必须用大智慧。“般若”是“智慧”的意思。明白一切事相叫作“智”，了解一切事理叫作“慧”。佛教谓超越世俗认识，达到把握真理的能力，也是抉择善恶、决断行为的能力。有了智慧，遇事就知道如何决断选择。智慧能让我们的心更广阔、更深远、更调柔、更灵活。心量越大，智慧越深。智慧要通过闻思修而来，闻有闻慧，思有思慧，修有修慧。佛法指引人

① 老子，中国古代思想家、哲学家、文学家和史学家，道家学派创始人和主要代表人物，老子被道教尊为始祖，称“太上老君”，与庄子并称“老庄”。春秋末期人，姓李名耳，字聃。生卒年不详，籍贯有争议。老子任周朝守藏室之史，以博学而闻名，孔子向他问礼。春秋末年天下大乱，老子弃官归隐，骑青牛西行到灵宝函谷关时，受关令尹喜之请著《道德经》。老子思想对中国哲学发展具有深刻影响，其思想核心是朴素的辩证法。在政治上，主张无为而治、不言之教。在权术上，讲究物极必反之理。在修身方面，讲究虚心实腹、不与人争的修持，是道家性命双修的始祖。老子传世作品《道德经》(又称《老子》)是全球文字出版发行量最大的著作之一。曾被列为世界文化名人，世界百位历史名人之一。

② 释迦牟尼，佛教创始人。姓乔答摩，名悉达多。释迦牟尼(Śā kyamuni)是佛教徒对他的尊称。释迦，种族名，意为“能”；牟尼，亦译为“文”，是尊称，意为“仁”“儒”“忍”“寂”。合为“能仁”“能儒”“能忍”“能寂”等，意即释迦族的“圣人”。记载释迦牟尼事迹的汉译佛典很多，如《过去现在因果经》《修行本起经》《瑞应本起经》《中本起经》《佛本行经》《普曜经》《佛本行集经》《佛所行赞》《五分律·受戒犍度》《四分律·受戒犍度》《释迦谱》《释迦氏谱》等。

③ 般若。梵文发音“波罗蜜多”，即“已到了”的意思。佛陀二字古音为“菩达”即觉者(指觉知“人人具足佛性”的人)。

④ 佛教六度，布施、持戒、忍辱、精进、禅定、般若。

们认识因果，放下执着，看到缘起。原来只看到眼前的，能看到更远。原来只能从一个角度去看的，现在能从很多角度去看，慢慢遇到问题就知道如何选择、决定，也就是智慧增长了。

儒、道、佛三位一体构成中国人的文化精神和人生智慧。人生的智慧是知进知退，人在不同的境遇之下都需要安顿自己。有的人，境遇伤害了他；有的人，境遇伤害不了他，其区别就在于他们有不同的调节能力。每个人在文化精神上既要有一个进的机制，又要有一个退的机制，进退相继，才能够安身立命。

2. 中国人生哲学的特质

中国人生哲学的特质主要有以下两个方面。

(1) 做人与为学的一致。中国文化常把学问与道德联系起来，看作评价理想人格的基本素质要求。《论语・学而》第一段话就是："学而时习之，不亦说乎?有朋自远方来，不亦乐乎?人不知而不愠，不亦君子乎?"孔子一生把学习看作人生的一大乐趣，看作人生的一种理念。他总是把人生与为学联系起来看待。体现这种人生哲学的还有"君子以文会友，以友辅仁"。(《论语・学而》)他把"文""友""仁"三者统一起来，也就是把做人与为学统一起来。在做人与为学的关系上，做仁人是最高的价值追求。在这种意义上，他毅然地说出"朝闻道，夕死可矣!"。

(2) 修养与为政的统一。中国传统的人生哲学强调做人与为政的统一。中国文化强调"内圣"与"外王"的内在联系与转化。儒家的《礼记・大学》"三纲领八条目"最能说明这个问题。无论为人或为治都应该遵行"大学之道"。所谓"大学之道"的三纲领是"大学之道，在明明德，在亲民，在止于至善"。这里的"明德""亲民""至善"，既是个体人格修养的理想境界，又是从政为治的最高目标。所谓"大学之道"的八条目则是"格物、致知、诚意、正心、修身、齐家、治国、平天下"。儒家把"修身"看作"治国平天下"的必要前提条件，同时，把"治国平天下"看成人生的最高追求。这样，我们便理解了儒家人生哲学是"入仕"的道理，也认识了儒家人生哲学体现的"内圣外王"之道的精神。

孔子生在春秋乱世，他带弟子周游列国、游说诸侯，终因其思想与现实不合而不被重用。从《论语》可以看到孔子的慨叹及其对人生的看法。孔子教导弟子："笃信好学，守死善道。危邦不入，乱邦不居。天下有道则见，无道则隐。邦有道，贫且贱焉，耻也。邦无道，富且贵焉，耻也。"(《论语・泰伯》)，这里，"道"是指人生价值、生命归宿的大问题，"有道则见，无道则隐"。孟子在发挥孔子这个思想时说："天下有道，以道殉身；天下无道，以身殉道。"(《孟子・尽心上》)

【阅读链接 2–4】

《易经》与人生阶段

1. 潜龙勿用

(原文)初九：潜龙勿用。

解读：潜龙是指隐藏的意思，龙潜于渊，阳之深藏，应忍时待机，不宜施展才好利于下一步行动。这刻时机尚未成熟，难有作为，应养精蓄锐，抱朴守拙，以待有为之日。

2. 见龙在田

(原文)九二：见龙在田，利见大人。

解读：龙已出现在田野之上，这时的境况比“潜龙勿用”有盼头，利于有品行的人出现或主动接近大人物以得机遇。

3. 终日乾乾

(原文)九三：君子终日乾乾；夕惕若，厉无咎。

解读：品德高尚的人应该自强不息，即使夜晚也要小心谨慎，如临危境，不能稍懈，才能避免灾难。此时君子的德才显现会引人注目，带来嫉妒。但只要奋发努力不懈，日夜警惕戒备，以防灾祸和危境，也可无咎。

4. 或跃在渊

(原文)九四：或跃在渊，无咎。

解读：龙要么跃而上，要么退于渊中，见机行事，即可无咎。重点在于把握时机，审时度势，根据形势的需要而进退，即知进退。

5. 飞龙在天

(原文)九五：飞龙在天，利见大人。

解读：龙已飞腾在天上，居高临下，浩浩汤汤，自由自在，大展鸿图。好似鱼归大海，辽阔无际，自由驰骋，左右逢源。这时，龙处于相对最好的、最辉煌、最顺利的境地。

6. 亢龙有悔

(原文)上九：亢龙有悔，盈不可久。

解读：“亢”字有穷尽至极的含义。到了极高之处，趋势必然下降。知进而忘退，必会后悔。亢龙(即飞向尽头的龙)虽然当世无敌，原力终有尽头。力竭则悔，悔不可及。“亢龙有悔，盈不可久”，重在悔，不重亢；极致不可能持久。可以看到，世间一切事物，都是物极必反、至极生变、盛极而衰，就像大海里的水一样生生不息、循环反复。这符合天地之道，也遵循自然规律。

(资料来源：https://wenku.so.com/d/76ca4615991ed2a5be5deac9843551fe，作者有删减)

【阅读链接 2–5】

《易经》与人生智慧

《易经》告诉我们许多中国人的智慧，经过后人不断总结而传承下来。

一、人格(8 条)

1. 诚信 (诚实守信，专心致志，推动事业发展。)
2. 形象 (树立形象，提高形象，学会包装自我。)
3. 实力 (凝聚人心，增强实力，一盘散沙是大害。)
4. 实在 (光明磊落，脚踏实地，战胜虚伪。)
5. 节制 (洁身自保，无欲则刚，懂得节制。)
6. 坚持 (过谦不及，有始有终，实现志向。)
7. 齐心 (开怀豁达，齐心协力，共同进步。)
8. 贤德 (积善行德纳贤，笼人心办大事。)

二、定位(5 条)

1. 定位 (养精蓄锐，把握机会，学会定位。)
2. 时机 (等待时机，慧眼明察，走向成熟。)
3. 果断 (目标明确，果断前行，战胜疏懒。)
4. 进取 (锲而不舍，奋发进取，读书明理。)
5. 气定 (心有乾坤，神闲气定，戒除浮躁。)

三、处世 (15 条)

1. 独立 (自食其力，养人养德，学会养家糊口。)
2. 自强 (敢闯敢干不怕失败，过渡时期坚强如刚。)
3. 进取 (永不懈怠，消除悔恨，迎接胜利。)
4. 担当 (厚积薄发，堪当重任，干大事要有担当。)
5. 理智 (惩前毖后，治病救人，冷静纠正错误。)
6. 守中 (流而不盈，持中守正，直面坎坷。)
7. 分寸 (小过无错，大过难容，正确对待得失。)
8. 更新 (破旧立新，与时俱进，改变自我。)
9. 变通 (随机应变，开阔视野，灵活变通。)
10. 求贤 (求贤若渴，善待英才，精通管理。)

11. 利导（智慧感化，德行育人，因势利导。）

12. 防患（居安思危，防患未然，保护成功果实。）

13. 摆脱（卧薪尝胆，笑看人生，摆脱潦倒。）

14. 消梗（大事化小，小事化了，消除阻梗。）

15. 进退（审时度势，保存实力，进退自如。）

四、态度(12 条)

1. 坦诚（相感以情，坦诚相待，寻找朋友。）

2. 坦荡（笑容坦然，言行自若，遵循行为规则。）

3. 自省（审视自我，观察别人，完善自我。）

4. 顺应（顺应时势，寻求帮助，正确面对衰败。）

5. 坚持（奋勇前行，坚持真理，靠近成功。）

6. 有恒（人贵有恒，积极主动，持之以恒。）

7. 晋升（爱岗敬业，以德服人，缓步晋升。）

8. 蓄势（以退为进，蓄势待发，鼓足干劲。）

9. 养晦（退而自保，韬光养晦，忍辱负重。）

10. 舍得（目标正确，懂得放弃，稳步壮大自己。）

11. 宽容（伸张正义，宽厚仁慈，化干戈为玉帛。）

12. 了解（善于沟通，诚信待人，增进了解。）

五、人际关系(12 条)

1. 顺应（顺应自然，顺水推舟，懂得顺从。）

2. 中正（追思反省，刚健中正，摆脱困境。）

3. 虚怀（谦虚谨慎，虚怀若谷，忌得意忘形。）

4. 近人（和睦相处，平易近人，融入团体。）

5. 奉献（有备无患，奉献爱心，分享快乐。）

6. 蓄锐（养精蓄锐，改过自新，平安渡险。）

7. 稳妥（柔顺谦逊，精中求细，稳妥办大事。）

8. 存异（求同存异，学会与不同人相处。）

9. 吃亏（吃亏是福，有失必得，获得利益。）

10. 敬远（远离小人，敬而远之，保护自己。）

11. 反省（冷静反省，心安理得，避免争执。）

12. 纠错（有错必纠，改邪归正，学会聪明做人。）

六、待人(10条)

1. 专一 (专心如一，白头偕老，寻找如意伴侣。)

2. 惜缘 (珍惜缘分，选择朋友，慧眼识他人。)

3. 厚德 (厚德载物，提升自我，实现目标。)

4. 分寸 (时止则止，时行则行，做事有分寸。)

5. 积累 (积累资本，积极上进，赢得青睐。)

6. 聚才 (聚集英才，用人所长，开创光明。)

7. 闯荡 (走出家门，闯荡世界，寻找发展之路。)

8. 果断 (当机立断，胜券在握，处事果断。)

9. 乐善 (乐善好施，爱别人就是爱自己。)

10. 达济 (扶危济困，泽被后代，达则兼济天下。)

(资料来源：https://www.sohu.com/a/211109345_267673，作者有删减)

【阅读链接 2–6】

中国传统人生哲学思想

一、儒家的人生哲学，讲道德、重进取的现实主义人生观

儒家是道德型人生观。其要求为人“入则孝，出则悌，谨而信，泛爱众而亲仁”(《论语·学而》)。儒家的核心概念：仁、义、礼、智、信，温、良、恭、俭、让，恭、宽、信、敏、惠等，这些是做人的基本规范、基本信条，也是儒家为人处世的道德标准，即儒家培养理想人格的价值尺度。凡能坚持以上并以之为安身立命者，就是儒家所称誉的“圣贤”“志士仁人”，能做到“杀身成仁，舍生取义”，为践履儒家规定的道德规范而奉献自己的生命。

儒家人生哲学是求进取、讲现实。儒家是现实主义者，追求现实的道德的永恒价值和现实生活中的理想人格。孔子教导弟子在生活中学习、进取、奋斗时说：“饱食终日，无所用心，难矣哉！”(《论语·阳货》)他用流水一去不复返激励弟子要爱惜时光，做有意义的事情。“子在川上曰：‘逝者如斯夫，不舍昼夜。’”(《论语·子罕》)曾子论述了人生：“士不可以不弘毅，任重而道远。”(《论语·泰伯》)

二、道家的人生哲学，重境界、自由放达的理想主义人生观

道家在思想表现形式上似乎不如儒家那样现实、积极，但在精神追求上显得极为深沉、老成世故。简单地概括道家的人生境界或人生理想的话，就是：无为而治，莫与人争，少私寡欲，洁身自好，返璞归真。其最显著的两个特点如下。

一是处事谦下，善于保护自己。老子说：“圣人欲上民(欲为民上)，必以言下之(言谈谦下)；

欲先民(欲为民先)，必以身后之(处事先人后己)。是以圣人处上而民不重，处前而民不害。是以天下皆乐推而不厌。以其不争，故天下莫能与之争。”(《老子》第66章)意指由于待人处事谦下，所以当你居上位时，不被一般人看成负担，也不会被普遍百姓伤害。他说：“吾有三宝，持而保之：一曰慈，二曰俭，三曰不敢为天下先。慈故能勇，俭故能广；不敢为天下先，故能成器长。”(《老子》第67章)阐明的是善于保护自己，不为人害的人生哲理。

二是庄子提倡人生要“逍遥游”(自由自在不受外界名物引诱)、“明哲保身”，处事要做到“为善无近名，为恶无近刑”(为善不要达到成名地步，做坏事不要达到受刑地步)，只有这样才“可以保身，可以全生，可以养亲，可以尽年”(《庄子·养生主》)。庄子终身不仕也是宣扬洁身自好、不为物役、追求精神自由的人生哲学。

三、墨家的人生哲学，“兼相爱，交相利”，耐艰苦的公利主义人生观

墨家提倡人生应该为“兴天下之利”“除天下之害”而奋斗。墨子在先秦诸子中是唯一出身于下层劳动人民的思想家，他能反映劳动人民的思想感情，他说：“仁人之所以为事者，必兴天下之利，除去天下之害。”(《墨子·兼爱》)

何谓天下之利呢？“老而无妻子者，有所侍养，以终其寿；幼弱孤童之无父母者，有所放依，以长其身。……睹其友，饥则食之，寒则衣之，疾病侍养之，死丧葬埋之。”(《墨子·兼爱》)

何谓天下之害呢？国与国相攻，家与家相篡，人与人相贼，君臣不惠忠，父子不慈孝，兄弟不知调，此天下之害也。墨子反对淫靡作乐，作《非乐》；他反对“命运”，故作《非命》，以强力维持生活，改造社会。

《墨子·公输》记墨子“止楚攻宋”，不惜徒步行走十日十夜，由鲁国到楚国都城说服公输般和楚王，经过一场辩论，终折服了楚王，制止了一场楚国攻宋的战争。这一故事有力地体现了他所提倡的“兴天下之利”“除天下之害”的人生哲理，这也是通常所说的“墨家精神”。

四、法家的人生哲学，急功近利、追逐权势的实用主义人生观

法家接受了荀子“人性恶”的理论，认为人生来都有物欲，物质之欲得不到满足便会发生争乱，为了改造人性、制止争乱，必须实行法治。所以，法家的人生哲学是追逐功名和权势，为了功名和权势可以不择手段。“不避亲疏”，在人际关系中不讲道德伦理，专讲利害，把人与人的关系均视为利害关系。

战国时，商鞅在秦国辅佐秦孝公变法。当他发现贵族和太子干挠变法推行时，便明确提出“法之不行，自于贵戚。君必欲行法，先于太子。太子不可黥(在脸上刺字涂墨之刑)，黥其傅师”。(《史记·秦本纪》)卫国人吴起是政治家兼军事家，少时家累千金，但游仕不遂，破家业走求官。虽闻母病逝也不回乡服丧。后来他仕于鲁，鲁与齐相攻时，有人因其妻为齐人，国君怀疑吴起不予重用。吴起遂杀妻，鲁终使其为将，大败齐国。这充分体现了法家功利主义、实用主义的人生观。

中国传统人生哲学不止以上四种类型，还有后来传入的佛教文化所提倡的人生观，以及纵横家所主张的人生观等，也都对中国社会产生了相当影响。不过比较重要的是儒、道、墨、法这四种类型的人生哲学。

(资料来源：https://www.sohu.com/a/256446560_609049，作者有删减)

【阅读链接 2–7】

中国传统人生哲学精华

中国传统人生哲学是中国传统文化的核心，是中华民族数千年来生活、实践、交往经验的积累与升华，是中国人数千年来不断反省人生道路的智慧结晶。任何文化现象都是历史的、具体的，都可能包含正负两个方面。针对某种社会需要来说，它是积极有用的；针对另外一种社会需要而言，它又是过时的无用的，甚至是消极的。从这个意义上说，中国传统人生哲学本身，既包含积极的精华部分，也包含消极的糟粕部分。我们要分清精华与糟粕，取其精华，弃其糟粕。

中国传统人生哲学的精华，主要有以下 10 个方面：①追求人生的理想境界；②自强不息的奋斗精神；③安贫乐道的人生修养；④中庸之道的处世哲学；⑤顺其自然的人生态度；⑥见微知著的处世之道；⑦祸福转化的处世智慧；⑧谦恭有礼的处世之道；⑨先苦后乐的民本思想；⑩舍生取义的大丈夫精神。

一、追求人生的理想境界

在中国传统文化的人生哲理中，有着一种精神动力源泉，即对人生理想的追求，那就是人生对于真、善、美境界的追求。尽管各家的解释不同，但是对这种精神追求却是共通的。“真”是本体性概念，“善”“美”是伦理性、认知性概念。儒家、道家、墨家、法家都以改造现实世界为人生最善、最美的追求。

儒家把这种至善至美的追求归结为“天下为公”的“大同之道”(见《礼记·礼运》)，为此而奋斗就是人生或生命的最高价值，可以使生命永存。

道家认为人生回归自然的境界，是至善至美的人生最高价值体现，这样可以无私无欲、延年益寿，与自然同体、与自然为一。

墨家以人生“除天下之害，兴天下之利”为至善、至美的理想与行为。

法家以“实用”为最高的追求，法家虽然缺乏道德理想的追求，但是仍然有他们自己对真、善、美的解释。

佛家虽然讲究“一切皆空”“万法唯识”，但又通过行善事引导人们追求至善至美的“真如”佛性，以便死后登上“西方净土”。

总之，真、善、美是中国传统人生哲学的理想追求，对于我们今天的理想教育、道德教育仍有借鉴意义。

二、自强不息的奋斗精神

中华民族自古以来就是“刚毅进取”“自强不息”的民族。

《周易》乾卦曰：“天行健，君子以自强不息。”坤卦曰：“地势坤，君子以厚德载物。”乾卦象天，坤卦象地，天的运行强健，所以，理想人格(君子)的气质应当自强不息；地的形势是顺天存在的，所以，理想人格(君子)的品格应当是以深厚的德泽化育万物。据此，张岱年把它概括为中华民族的文化精神，反映了中国传统人生哲理的深层精神追求。

孔子晚年对弟子讲述自己的心志时说：“其为人也，发愤忘食，乐以忘忧，不知老之将至云尔！”(《论语·述而》)曾子也说过：“士不可以不弘毅，任重而道远。仁以为己任，不亦重乎？死而后已，不亦远乎？”(《论语·泰伯》)这些话都反映了自强不息的人生哲理，值得我们吸取与借鉴。

三、安贫乐道的人生修养

中国文化提倡反躬自省，梁漱溟认为：“儒家孔门之学，反躬修己之学也。”曾子有名的修身格言即是“吾日三省吾身：为人谋而不忠乎？与朋友交而不信乎？传不习乎？”(《论语·学而》)。子贡问于孔子：“贫而无谄，富而无骄，何如？”孔子回答说：“可也，未若贫而乐，富而好礼者也。”(《论语·学而》)这里的“贫而乐”，是指人生不以贫苦为忧，反而乐志于道，坚持自己的志向。当然更不用说“富而好礼”的人生走向了。

道家重视人生修养。《老子》第 59 章说：“重积德则无不克，无不克则莫知其极。”提倡知足常乐，少私寡欲。《老子》第 46 章有言：“祸莫大于不知足，咎莫大于欲得。故知足之足，常足矣。”《老子》第 44 章还说：“知足不辱，知止不殆，可以长久。”这便是道家对人生道路的透视。

四、中庸之道的处世哲学

儒家的处世哲学讲究“中庸”之道，“和谐”为怀，“礼之用，和为贵”(《论语·学而》)。所谓“中庸”即以“中”为用，适可而止，不走极端，不为已甚。这样，便可以保持比较“和谐”的人际关系。孔子说：“中庸之为德也，其至矣乎！民鲜久矣。”(《论语·雍也》)

宋儒程颐解释说：“不偏之谓中，不易之谓庸。中者，天下之正道，庸者，天下之定理。”这个解释体现了中庸刚柔并济的气质，庸，不易为刚，中，不偏为柔。

朱熹在《四书集注》中对“中庸”提出了更简洁的解释：“中者，不偏不倚，无过不及之名。庸，平常也。”

冯友兰用“极高明而道中庸”来评价儒学中的“中庸”之道。

可见，“中庸”之道是儒家人生哲学中的核心理论，所谓“极高明”就在于它“不偏不倚”“以和为贵”。在很长时间里，我们把“中庸”之道误解为“不讲原则”的好人主义加以批判，现在看来是曲解了“中庸”的本义。其实，“中庸”是极高明的处事哲学，只有坚持“中庸”之道，才能“和谐”人际关系，创造好的人文环境，才可能避免与克服片面性与极端主义。

五、顺其自然的人生态度

道家的处世哲学强调“因顺自然”，不可任意妄为。

《老子》第73章：“天之道，不争而善胜，不言而善应，不召而自来。”第2章：“圣人处无为之事，行不言之教。”第22章：“不自伐，故有功；不自矜，故长。夫惟不争，故天下莫能与之争。”

这里讲的虽然是对帝王的要求，但是其中包含的人生哲理具有普遍意义。上面所说的“不争”“不言”“无为”，是不乱争、不胡言、不先言、不乱为，这就是因循自然，不可妄为。

《老子》有一句更加形象的话，就是“治大国，若烹小鲜”。“小鲜”是指小鱼。治大国，何以若烹小鱼呢？因为烹小鱼，不可乱翻动，否则小鱼就弄碎了。这句话给人们的启示是人生要小心谨慎从事，不可违背自然的力量。凡事要“因其自然”，方能收到较好的效果。治理大国更不可翻来覆去，不可随意扰民，应该因势利导。

六、见微知著的处世之道

在中国的许多典籍中，对于“见微知著”“防患于未然”有过很好的总结与概括，是指导人生处事的重要哲理。

《周易》坤卦的初六爻辞中有“履霜，坚冰至”的判断，这揭示了一个重要思想：看待问题，处理问题，思想不能僵化、凝固，当你“履霜”的时候，要想到它会在气温继续下降的条件下变成“坚冰”。

《周易·系辞》说：“善不积，不足以成名；恶不积，不足以灭身。”用以批评那些“小人”的心理与行为，借以警世和指导人生。具体地说：“小人以小善为无益而弗为也；以小恶为无伤而弗去也。故恶积而不可掩，罪大而不可解。”

用这些人生哲理去观察、分析社会的治乱，预见统治者的安危存亡，则得出结论：“危者，安其位者也；亡者，保其存者也；乱者，有其治者也。”

这些人生哲理既提高了人们观察、分析人生道路的能力，又可以知其所为而避其不可为，所以又说：“知微知彰，知柔知刚，万夫之望。”

七、祸福转化的处世智慧

中国文化长于悟性辩证思维，古者圣贤对于人生的吉凶祸福、社会的安危治乱，常有比较透彻的观察与分析，成为指导人生宝贵的至理名言，是中国传统人生哲理颇有价值的精神财富。

《老子》云：“祸兮福之所倚；福兮祸之所伏。……正复为奇，善复为妖。人之谜，其日固久。”所以，人生的理想性格应该是“直而不肆，光而不耀”，即正直而不放肆，光亮而不炫耀自己。

《周易》有几条卦爻辞，所蕴含的转化辩证思想特别深刻。乾卦爻辞上九曰：“亢龙有悔。”“龙”，物象，中国是“龙”文化国家，以“龙”比喻为吉祥，亦喻天之阳气。“亢”为高亢，阳极于上，动必有悔。以“亢龙”比喻处高危之地位。“悔”有返意。“亢龙有悔”一语警喻人生处高位极点必有灾祸，即物极必反之意。人生顺利向上时，应有节制、约束自己的理性，以防物极必反之祸害。《周易·系辞》解释否卦九五爻时明确告示：“君子安而不忘危，存而不忘亡，治而不忘乱。是以身安而国家可保也。”

清代郑板桥深得中国传统人生哲理真精神，用“难得糊涂”“吃亏是福”概括了他的人生哲学。他说：“聪明难，糊涂尤难，由聪明而转入糊涂更难。放一着，退一步，当下心安非图后来福报也。”他解释“吃亏是福”时说，“满者损之机，亏者盈之渐。损于己则益于彼，外得人情之平，内得我心之安，既平且安，福即在是矣”。这些极有厚度的人生哲理精华，既可启发人的智慧，安排实现自我人生价值的合理途径，又可使人经常保持清醒头脑而不忘乎所以。

八、谦恭有礼的处世之道

儒家和道家都特别注重人的自我调控、自我修养，处处以谦恭待人，不为人先，留有余地。

孔子非常谦恭好学，《论语·八佾》记载：“子入太庙，每事问。”他还经常教导弟子们：“知之为知之，不知为不知，是知也。”(《论语·为政》)有一次弟子子张请教如何做才能得到好的俸禄，孔子回答：“多闻阙疑，慎言其余，则寡尤；多见阙殆，慎行其余，则寡悔。言寡尤，行寡悔，禄在其中矣。”(《论语·为政》)这里讲的“阙疑”“慎言”“慎行”等都能给人留有进退迂回的余地，使人少犯错误，不犯大错误。

道家《老子》的名言警句如下。

第 67 章：“我有三宝，持而保之：一曰慈，二曰俭，三曰不敢为天下先。”接着他解释说：“慈故能勇，俭故能广；不敢为天下先，故能成器长。”

第 68 章：“善为士者，不武；善战者，不怒；善胜敌者，不与；善用人者，为之下。是谓不争之德，是谓用人之力，是谓配天古之极。”

第 76 章：“人之生也柔弱，其死也坚强。草木之生也柔脆，其死也枯槁。故坚强者死之徒，柔弱者生之徒。是以兵强则灭，木强则折。强大处下，柔弱处上。”由此，又引发出“损有余而补不足”的道理。

第 77 章：“天之道，其犹张弓欤？高者抑之，下者举之，有余者损之，不足者补之。……是以圣人为而不恃，功成而不处，其不欲见贤。”

九、先苦后乐的民本思想

中华民族向来以勤俭耐劳、刻苦朴实而著称于世，形成了优良的民族传统。几千年来，我们的祖先依靠这些优良传统开拓、建设了自己的土地、家园，创造了伟大的中华文明。我们还应在新的历史条件下，继续发扬这些优良传统，光大伟大的中华文明。

墨家在先秦文化中是最能发扬艰苦耐劳精神的著名学派，其创始人墨翟就出身于劳动者(工匠)，其弟子很多都是能够吃苦耐劳的劳动者。《墨子·鲁问》记载他们“短褐之衣，藜藿之羹，朝得之，则夕弗得”。《淮南子·泰族训》记载：“墨子服役者百八十人，皆可使赴火蹈刃，死不旋踵。”墨子学说提倡“节用”“节葬”“薄表”“非乐”等原则，包含了丰富的艰苦朴素的思想作风。这些构成了中华民族优良的民族精神的一部分，也是我们在今天提倡弘扬的墨家精神(或墨子精神)。

儒家提倡民本主义，孟子以带有批评的口吻说：“为民上而不与民同乐者，亦非也。乐民之乐者，民亦乐其乐；忧民之忧者，民亦忧其忧。乐以天下，忧以天下，然而不王者，未之有也。”(《孟子·梁惠王下》)

范仲淹概括为“先天下之忧而忧，后天下之乐而乐”的名句，为名垂千古、指导人生走向的深刻哲理。

十、舍生取义的大丈夫精神

儒家、道家有许多尊重个体人格的论述，道家提倡个体人身自由。所谓“庄子精神”，主要是指人生自由、放达、追求理想境界的精神。

儒家有不少强调个体人格独立的思想。孔子说：“三军可夺帅也，匹夫不可夺志也。”(《论语·子罕》)孔子还说：“杀身成仁，舍生取义。”(《论语·卫灵公》)

孟子具体地论述道：“天将降大任于斯人也，必先苦其心志，劳其筋骨，饿其体肤，空乏其身，行拂乱其所为，所以动心忍性，曾益其所不能。”(《孟子·告子下》)孟子又告诫说：“富贵不能淫，贫贱不能移，威武不能屈。”(《孟子·滕文公下》)

顾炎武在后来归结为：“国家兴亡，匹夫有责。”

这些至理名言都是中国传统人生哲家的思想精华，都能对人生道路的选择产生良好的借鉴和导向作用，都能给人们以深刻的思想启示。

(资料来源：赵吉惠. 论中国传统人生哲学的精华[J]. 陕西师范大学学报：哲学社会科学版，1998(3): 47-53.)

第二节 科学人生观

人的生命只有一次，理应严肃认真地思考人生，努力领悟人生的真谛，树立崇高的人生追求，选择正确的人生道路，实现应有的人生价值。本节的主要内容有三个方面：一是科学人生观的认识；二是科学人生观的探索；三是创造有意义的人生。

本节教学目标：引导和帮助学生系统认识科学人生观；深刻理解个人与社会关系的基本原理；确立科学人生目的，探索科学的人生态度，实现人生价值。

一、科学人生观的认识

习近平总书记同青年大学生座谈时强调："要树立正确的世界观、人生观、价值观，掌握了这把总钥匙，再来看看社会万象、人生历程，一切是非、正误、主次，一切真假、善恶、美丑，自然就洞若观火、清澈明了，自然就能做出正确判断、做出正确选择。"[①]大学生思考和规划自己的人生之路，首先要学会科学看待人生的根本问题，认识个人与社会的辩证关系，掌握人生观的基本理论。

(一) 人生观的内涵

人生观是一个抽象的概念。人生观是人们关于人生目的、人生态度、人生价值等问题的总的观点和总的看法。人生观决定着人生道路的方向，也决定着人们行为选择的价值取向和对待实际生活的方式。人生目的回答人为了什么活着；人生态度回答人应当如何活着；人生价值回答什么样的人生才有价值。这三个方面相互联系、相辅相成，统一为一个有机整体。每个人都会对"做什么人"和"怎样做人"的问题形成一定的认识，无论自觉与否，都会在这种认识的影响下实践自己的人生。因此，有什么样的人生观就会有什么样的人生。

1. 人生目的

人生目的是指生活在一定历史条件下的人，在人生实践中关于自身行为的根本指向和人生追求。人生目的是对"人为什么活着"这一人生根本问题的认识和回答，是人生观的核心，在人生实践中具有重要的作用。

(1) 人生目的决定人生道路。人生目的规定了人生的方向，对人们所从事的具体活动起着定向的作用。为实现人生目的，人们会注重培养能力、磨炼意志、奋发进取、努力拼搏。古今中外众多创造了辉煌壮丽人生的志士仁人，多在青年时期就确立了正确的人生目的，从而在面对人生的一系列重大课题时，能够做出正确的选择，始终朝着正确的人生发展方向前进。

(2) 人生目的决定人生态度。人生道路上有时会一帆风顺，有时会崎岖不平，

① 习近平谈治国理政(第一卷)[M]. 北京：外文出版社，2018：173.

面对各种各样的矛盾和斗争，不同的人生目的会使人持有不同的人生态度。正确的人生目的可以使人无所畏惧、顽强拼搏、积极进取、乐观向上；错误的人生目的则会使人或是投机钻营、违法犯罪，或是虚度人生、放纵人生，或是悲观消沉、厌世轻生。在历史上和现实生活中，许多事业有成者，无不是在正确人生目的的支配下，以昂扬乐观的人生态度正确对待人生道路上的顺逆曲直。

(3) 人生目的决定人生价值选择。正确的人生目的会使人懂得人生的价值首先在于奉献，从而在工作中尽心、尽力、尽责。错误的人生目的则会使人把人生价值理解为向社会或他人进行索取，从而把追逐个人私利视为有价值、有意义的人生，而漠视对国家、社会、集体和他人的义务与责任。

2. 人生态度

人生态度是指人们通过生活实践形成的、对人生问题的一种稳定的心理倾向和精神状态。人生态度是人生观的重要内容。一个人有什么样的人生观就会有什么样的人生态度。当一个人对自己的人生观做出了某种明确的选择，实际上就在主要方面决定了他将如何对待生活，决定了他在实践中将以怎样的方式处理各种人生问题。反过来，一个人对人生的态度如何，往往又制约着他对整个世界和人生的看法，从而对个人的世界观、人生观产生重要的影响。正确的人生态度可以使人在追求有意义的人生中保持积极进取、乐观向上的精神状态。

人生态度是人生观的表现和反映。一个人如果不思考人的生命应有的意义，对什么事都显得无所谓，当一天和尚撞一天钟，这实际上是庸碌无为的人生观的表现。一个人如果抱着“浮生如梦”“及时行乐”“今朝有酒今朝醉”的混世态度，其背后必然是庸碌和沉沦的人生观。一个人如果满眼只见烦恼、痛苦和荒谬，以悲怨愤懑、心灰意冷的倦怠态度对待生活，其背后必然是消极悲观的人生观。与上述情况相反，一个人如果满怀希望和激情，热爱生活，珍视生命，勇敢坚强地战胜困难并不断开拓人生新境界，其背后一定有正确的人生观作为精神支柱。

3. 人生价值

人生价值是指人的生命及其实践活动对于社会和个人所具有的作用和意义。选择什么样的人生目的，走什么样的人生道路，如何处理生命历程中个人与社会、现实与理想、付出与收获、生与死等一系列人生中的重大问题，人们总是有所取舍、有所好恶，对于赞成什么、反对什么，认同什么、抵制什么，总会有一定的标准。这些都与人们对人生价值的看法密切相关。人生价值内在地包含了人生的个人价值和社会价值两个方面。人生的个人价值是个体的人生活动对自己的生存和发展所具有的价值，主要表现为对自身物质和精神需要的满足程度。人生的社会价值是个体的实践活动对社会、他人所具有的价值。

人生的个人价值和社会价值，两者既相互区别，又密切联系、相互依存，共同构成人生价值的矛盾统一体。

(1) 人生的个人价值是个体生存和发展的必要条件，人生的个人价值的实现是个体为社会创造更大价值的前提。个体的人生活动不仅具有满足个人需要的价值属性，还必然地包含着满足社会需要的价值属性。个体通过努力提高个人价值的过程，也是创造社会价值的过程。

(2) 人生的社会价值是社会存在和发展的重要条件，人生社会价值的实现是个体自我完善、全面发展的保障。没有社会价值，人生的个人价值就无法存在。人是社会的人，这不仅意味着个体物质和精神的需要必须在社会中才能得到满足，还意味着以怎样的方式和在多大程度上得到满足也是由社会决定的。

总之，人生目的表明人的一生追求什么，人生态度表示以怎样的心态实现人生目标，人生价值判定一个具体人生的价值和意义。其中，人生目的决定着人们对待实际生活的基本态度和人生价值的评判标准，人生态度影响着人们对人生目的的持守和人生价值的评判，人生价值制约着人生目的和人生态度的选择。大学生只有深刻理解人生目的、人生态度、人生价值三者间的辩证统一关系，才能准确把握人生，树立正确的人生观。

(二) 科学人生观的内涵

人的生命历程，不同于其他动物的生命过程，人不仅要维系自身的生存和繁衍，还要生产、交往、创造，在极为丰富的社会生活中观察、思索、判别和选择。人生在不同阶段不断发生变化，离我们最近的却是最难认知的。苏格拉底说，人是理性动物，是一个对理性问题能给予理性回答的存在物。不经考察的生活是不值得过的，未经省察的人生是没有价值的。

科学人生观的理论内涵，主要体现以下三个方面。

1. 人生观与世界观的密切关系

人生观是世界观的重要组成部分，是人们在实践中形成的对人生目的和意义的根本看法，它决定着人的实践活动的目标、人生道路的方向和对待生活的态度。世界观是人们对生活在其中的世界以及人与世界的关系的总体看法和根本观点。一个人思考生活的意义，树立追求的理想目标，确定以怎样的方式对待生活，探讨协调身与心、自我与他人、个人与社会的关系，总是以其世界观为根据，受到其世界观的制约和影响。世界观决定人生观。一方面，有什么样的世界观，就会有什么样的人生观。辩证唯物主义①认为人和人类社会是自然界长期发展的产物，人的一切认识都是来自于实践并在实践中不断发展。在这样的世界观指导下，人们就能更好地立足现实，客观地对待人生，在人生道路上勇于拼搏，在实际社会生活过程中寻找解答人生问题的正确答案。概言之，对人生意义的正确理解需要建立在对客观世界发展规律正确认识的基础之上。树立科学人生观，思考人生为了什么、该如何对待人生、怎样的人生是有意义的人生等问题，离不开马克思主义科学世界观的指导。另一方面，人生观又对世界观的巩固、发展和变化起着重要作用。人生观决定着人们实践活动的目标、人生道路的方向和对待生活的态度。

2. 个人与社会的辩证关系

个人与社会的关系，最根本的是利益关系。即个人利益与社会利益的关系。社会需要是个人需要的集中体现，是社会全体成员带有根本性、全局性、长远性需要的反映。个人利益的满足只能是在一定的社会条件下、通过一定的社会方式来实现。在社会主义社会中，个人利益与社会利益在根本上是一致的。社会利益离不开个人利益，个人利益也离不开社会利益。社会利益不是个人利益的简单相加，而是所有个人利益的有机统一。社会利益体现了作为社会成员的个人的根本利益和长远利益，是个人利益得以实现的前提和基础，同时它也保障着个人利益的实现。人的社会性决定了人只有在推动社会进步的过程中，才能实现自我的发展。如果人人都只是关心自己的利益，甚至以损害他人利益、社会利益的方式满足一己之私，人赖以生存的社会不仅难以发展进步，还将最终因私欲的膨胀而走向崩溃。因此，思考人生问题应该正确认识和处理个人与社会的关系，把小我和大我更好地统一起来，把自己的人生追求同社会的发展进步紧密结合起来，在为社会作贡献的过程中成长进步，实现自己的人生价值。

个人与社会的关系是对立统一的关系。两者相互依存、相互制约、相互促进。

---

① 辩证唯物主义，是马克思主义的一种哲学理论，它是把唯物主义和辩证法有机地统一起来的科学世界观，产生于19世纪40年代。它是唯物主义的高级形式。辩证唯物主义认为世界在本质上是物质的。恩格斯说："世界的真正的统一性是在于它的物质性"。物质是第一性的，意识是第二性的，意识是高度发展的物质——人脑的机能，是客观物质世界在人脑中的反映。辩证唯物主义认为物质世界是按照它本身所固有的规律运动、变化和发展的，事物都是一分为二的。它揭示了事物发展的根本原因在于事物内部的矛盾性。事物矛盾双方又统一又斗争，促使事物不断地由低级向高级发展。因此，事物的矛盾规律，即对立统一的规律，它是物质世界运动、变化和发展的最根本的规律。

人是社会的人，每一个人都存在和活动于具体的、特定历史的现实社会当中。人生的内容与复杂多样的社会关系和社会活动密不可分。个人与社会的关系问题，是认识和处理人生问题的重要着眼点和出发点。人的概念，从其外延来看，包括三个层面：人类整体、人类群体和人类个体。人的价值据此也可分为人类整体的价值、人类群体的价值和人类个体的价值。社会是由一个个具体的人组成的，社会是人的存在形式。人是社会的人，离开了社会人也无法生活。社会犹如一个有生命、有活力的有机体，个人犹如这个有机体中的细胞。只有有机体的所有细胞都充满活力，这个有机体才能是生气勃勃和生长旺盛的；细胞如果脱离了有机体，也将失去赖以存在的必要条件。社会成员素质的不断提高是社会发展的重要基础，推动和实现人的全面发展是社会发展的根本目标。

3. 人的本质是社会属性

关于人的本质是什么，这既是一个古老的问题，又是一个常新的问题。在中外思想史上，许多思想家对此曾从不同的角度提出过自己的见解，其中不乏真知灼见，为科学揭示人的本质提供了大量的思想资料。对人的认识，核心在于认识人的本质。马克思[①]运用辩证唯物主义和历史唯物主义的立场观点方法，揭开了人的本质之谜：“人的本质，并不是单个人所固有的抽象物，在其现实性上，它是一切社会关系的总和。”[②]这一论断，在人类历史上第一次科学说明了人的本质，为人们认识人生、形成正确的人生观提供了科学的方法论。

任何人都是处在一定社会关系中从事社会实践活动的人。社会属性是人的本质属性。每一个人从来到人世的那天起就从属于一定的社会群体，同周围的人发生各种社会关系，如家庭关系、地缘关系、业缘关系、经济关系、政治关系、法律关系、道德关系等。人们正是在这种客观的、不断变化的社会关系中塑造自我，成为真正现实的、具有个性特征的人。因此，认识人的本质，只能立足于具体的

---

① 马克思(Karl Heinrich Marx，1818—1883)，马克思主义的创始人之一，第一国际的组织者和领导者，马克思主义政党的缔造者之一，全世界无产阶级和劳动人民的革命导师，无产阶级的精神领袖，国际共产主义运动的开创者。马克思是德国的思想家、政治学家、哲学家、经济学家、革命理论家、历史学家和社会学家。主要著作有《资本论》《共产党宣言》等。马克思创立的广为人知的哲学思想为历史唯物主义，其最大的愿望是对于个人的全面而自由的发展。马克思创立了经济理论《资本论》，马克思确立他的阐述原则是“政治经济学批判”。马克思认为资产阶级的灭亡和无产阶级的胜利是同样不可避免的。他和恩格斯共同创立的马克思主义学说，被认为是指引全世界劳动人民为实现社会主义和共产主义理想而进行斗争的理论武器和行动指南。

② 马克思恩格斯选集(第一卷)[M]. 北京：人民出版社，2012：135.

历史的社会关系中从事社会实践的人，而不能从抽象的人性论出发，更不能依靠神的启示。正是在一定的社会历史条件下，人们面对各种各样的境遇，在客观的不断变化的社会关系中实践人生，通过现实的生活逐渐地感悟人生，形成了相应的人生观。可见，人的社会关系的总和决定了人的本质。

人类来源于自然界，和自然界的其他生物一样，也要进行新陈代谢、繁衍后代，经历生老病死的自然过程。但是，人的生命活动不同于动物的生命活动，人是以劳动求得生存和发展。人类在脱离动物状态而转变为人的过程中，劳动发挥了决定性的作用。人的实践活动是有意识的，人能够对自己的存在和活动的内容、方式有所“观”，并且根据一定的“观”做出选择、采取行动。社会是人的存在形式，人要存在，必须改造客观物质世界，必然要处理各种关系，这些关系归结为社会关系。人的本质在其现实性上是一切社会关系的总和。

(三) 科学人生观的基础

1. 科学人生观的历史条件

只有符合人类历史发展规律的人生观，才是科学的人生观。这是因为：生存在一定社会历史背景下的人，其人生目的与社会历史条件有着千丝万缕的联系。具体的历史的社会关系不仅决定着人们的生活状况、社会地位，也决定着人的意义。人生的目的只有符合社会的客观条件和主观条件才能实现。因此，不能脱离社会的客观条件。人生观受制于不同时代、不同时期的社会环境。尽管人生观的形成取决于人们的知识水平、道德修养和思想觉悟，但最终取决于人的自觉选择。归根结底，人生观反映时代发展的核心价值，因此，要从自身发展出发，顺应时代发展需要，否则是难于实现的人生价值。

2. 科学人生观的理论基础

马克思主义认为人是社会的人，社会是人的社会。人有自然属性和社会属性，自然属性是人的本能，社会属性是人的本质。自然属性是肉体存在及其特性；社会属性是在社会实践中人与人之间的关系。人的本质属性是人的社会属性。离开了社会，人是不能存在的；社会的主体是人，没有人的存在，就没有社会可言。人具有实践主体性。任何人都是处在一定的社会关系中从事实践活动的人。人具有历史发展性。人的本质随着历史的发展而发展和丰富，是在实践过程中体现和发展的。认识人的本质只能立足于具体的历史的社会关系中从事社会实践的人。马克思从关于人的本质特征，即人的本质具有社会属性、实践主体性和历史发展性，形成了“人的全面自由发展”的人生价值观，即人的劳动能力全面发展、人的社会关系的全面发展、人的自由发展。服务人民、贡献社会，追求科学高尚的人生，这就是科学人生观。

3. 科学人生观的现实基础

科学人生观不但要符合社会的客观条件、顺应时代价值和人的主观条件才具有科学的现实价值，它还取决于人们所处的社会地位。同一阶级的人表面上有着形形色色的人生目的，实质上它们有共同的本质内容。没有方向的人生是盲目的，没有价值观的人生是迷茫的。人生目的是人的自觉选择，人生目的取决于人们的知识水平、道德修养和思想觉悟，最终取决于人的自觉选择。在现实中，即便拥有大体相同的客观条件，人们的人生目的也大不相同，这种差异正是受人们的主观条件的制约而造成的。一般地说，良好的知识水平为选择正确的人生目的奠定了知识基础。但是，受过高等教育的人并不一定就是一个有着正确人生目的的人。良好的道德品质和高尚的人生目的存在一种相互促进的关系：品德高尚者愿以国家民族利益为己任，从而产生远大的人生目标。

二、科学人生观的探索

人的发展，总是在探索的过程中。古希腊德尔斐神庙铭文写着：人啊，认识你自己！斯芬克斯之谜写道：有一种动物，早晨四条腿，中午两条腿，晚上三条腿走路，腿最多时最无能。谜底是人。弗洛伊德说，人生就像弈棋，一步失误，全盘皆输，这是令人悲哀之事；而且人生还不如弈棋，不可能再来一局，也不能悔棋。科学人生观的主要内容有以下三个方面。

(一) 高尚的人生目的

要树立高尚的人生目的。科学人生观与历史上一切剥削阶级的人生观根本不同。它是由无产阶级所处的经济地位和社会条件决定的，是在现代化大工业所造成的社会条件的基础上，在马克思主义理论及其世界观的指导下，在长期的革命和建设的实践中形成和发展起来的。它科学地回答了人究竟为什么活着，人生有什么意义，人应该怎样度过自己的一生，应该成为一个什么样的人等问题。

高尚的人生目的总是与奋斗奉献联系在一起。青年只有把自己的人生目的与国家前途、民族命运、人民幸福联系在一起时，才能自觉自愿地把自己的一生奉献于利国利民的事业。马克思说：“在选择职业时，我们应该遵循的主要指针是人类的幸福和我们自身的完美。不应认为，这两种利益是敌对的，互相冲突的。”[①]这里所说的“人类的幸福”是指社会价值；“自身的完美”是指个人价值。在马克思看来，人的这两种价值不是敌对的，而是统一的。这种统一的基础是什么呢？是为同时代本物种其他个体的完美、幸福而工作。马克思认为人与社会是密不可分的，人是社会的人，社会是由人组成的。人的价值体现在多方面，其中最根本的是两个方面：个人价值和社会价值。人的个人价值既表现为个体存在的意义(即个体对社会的重要性、责任和贡献)和个体需求的满足，也表现为社会对个体的尊重和满足。大学时期是世界观、人生观、价值观形成的关键时期。大学生应深入领会马克思主义关于人生问题的基本理论，准确掌握面对和解决人生问题的科学方法，树立正确的人生观，明确人生目的、端正人生态度、认识人生价值，为创造有意义有价值的人生奠定良好的基础。

努力使自己成为一个高尚的人。一个人确立了服务人民、奉献社会的人生追求，才能清楚地把握人的生命历程和奋斗目标，深刻理解人为了什么而活、应走什么样的人生之路等道理。“同人民一道拼搏、同祖国一道前进，服务人民、奉献祖国，是当代中国青年的正确方向。好儿女志在四方，有志者奋斗无悔。希望越来越多的青年人以你们为榜样，到基层和人民中去建功立业，让青春之花绽放在祖国最需要的地方，在实现中国梦的伟大实践中书写别样精彩的人生。”[②]一个人的能力有大小、职业有不同、职位有高低，但只有自觉把个人之小我融入社会之大我，不为狭隘私心所扰，不为浮华名利所累，不为低俗物欲所惑，才能够在推动社会进步中创造不朽的业绩。一个人确立了服务人民、奉献社会的人生追求，才能以正确的人生态度对待人生、解决实际生活中的各种问题，以人民利益为重，始终对祖国和人民具有高度的责任感，在服务人民、奉献社会中实现自己的人生价值。一个人确立了服务人民、奉献社会的人生追求，才能掌握正确的人生价值标准，才能懂得人生的价值首先在于奉献，自觉用真善美来塑造自己，不断培养高洁的操行和纯朴的情感，努力使自己成为一个高尚的人。

(二) 积极的人生态度

要保持积极的人生态度。人的成长与发展，是一个自我意识不断觉醒的过程。就主体而言，人是实践主体，人的成长是个体的人生观实践的过程。从主体的特

---

① 高放，高哲，张书杰. 马克思恩格斯要论精选(增订本)[M]. 北京：中央编辑出版社，2016：217.

② 习近平给保定学院西部支教毕业生群体代表回信[N]. 人民日报，2014-05-04(第 1 版).

征来看，青年是自我意识逐渐成熟发展的黄金阶段，蓬勃生机、向上活力。一方面，青春期处于成长与发展的关键期，需要科学人生观的正确指导。另一方面，青年要充分认识人与社会关系的发展性和规律性，树立高尚的科学的人生观。从实践来看，人与社会是逐步向前发展的。社会在不断发展，人也在不断地完善自己。人类改造社会的过程，就是解决各种问题与矛盾的过程。如果没有积极进取的人生态度，再崇高的人生目标也难以真正实现。走好人生路，需要大学生正确认识、处理生活中各种各样的困难和问题，保持认真务实、乐观向上、积极进取的人生态度。

我们一起阅读这段话："面对世界的深刻复杂变化，面对信息时代各种思潮的相互激荡，面对纷繁多变、鱼龙混杂、泥沙俱下的社会现象，面对学业、情感、职业选择等多方面的考量，一时有些疑惑、彷徨、失落，是正常的人生经历。关键是要学会思考、善于分析、正确抉择，做到稳重自持、从容自信、坚定自励。要树立正确的世界观、人生观、价值观，掌握了这把总钥匙，再来看看社会万象、人生历程，一切是非、正误、主次，一切真假、善恶、美丑，自然就洞若观火、清澈明了，自然就能作出正确判断、作出正确选择。"①

(1) 人生须认真。以认真的态度对待人生，要严肃思考人的生命应有的意义，明确生活目标和肩负的责任，既要清醒地看待生活，又要积极认真地面对生活。虽然人生道路很长，但关键处只有几步；虽然人生问题很复杂，但要害在于把握住最基本的东西。大学生要学会对自己负责，对亲人负责，对周围的人和更多的人负责，进而对民族、国家、社会负责，做一个有价值、负责任的人。要正确认识和处理人生中遇到的各种问题，不能得过且过、放纵生活、游戏人生，否则就会虚掷光阴，甚至误入歧途。

(2) 人生当务实。要从人生的实际出发，以科学的态度看待人生，以务实的精神创造人生。要把远大的理想寓于具体的行动中，不能好高骛远、空谈理想、眼高手低、浅尝辄止，否则就会脱离实际、一事无成。要坚持实事求是的思想方法和人生态度，正确面对人生目的与现实生活之间的矛盾，遵循客观规律，透过复杂现象把握事物的本质，更好地把人生意愿与个人情况和社会实际结合起来，从小事做起，从身边的事做起，脚踏实地、一步一个脚印地实现人生目标。

(3) 人生应乐观。只有热爱生活的人，才能真正拥有生活。乐观豁达、热爱生活、对人生充满自信，体现了对自己、对生活、对社会的积极态度，这种态度是

① 习近平谈治国理政(第一卷)[M]. 北京：外文出版社，2018：173.

人们承受困难和挫折的心理基础。人生是丰富多彩的，也充满了各种矛盾和问题。大学生处于人生特定的成长阶段，面对学习、就业、恋爱等各种实际问题，许多事情不会总是尽如人意、一切顺遂，也可能有失望和暂时的困难、挫折。我们要始终保持乐观向上的人生态度，不能因为没有满足自己的期望或者遇到困难和挫折，就消极悲观、畏难退缩，甚至颓废堕落、自暴自弃。要相信生活是美好的，前途是光明的，遇事要想得开，做人要心胸豁达，在生活实践中不断调整心态，磨炼意志，形成乐观向上的人生态度。

(4) 人生要进取。人生实践是一个创造的过程。适应历史发展的趋势，以开拓进取的态度迎接人生的各种挑战，才能不断领悟美好人生的真谛，体验生活的快乐和幸福。逆水行舟，不进则退。大学生要积极进取，不断丰富人生的意义，不能贪图安逸、满足现状、因循守旧、故步自封，否则人生就会失去应有的光彩。要发扬自强不息、敢为人先、百折不挠、坚忍不拔的精神，始终保持蓬勃朝气、昂扬锐气，充分发挥创造力，在创新创造中不断书写人生的新篇章。

(三) 科学的人生价值

要探索科学的人生价值。人生的意义，要从人生价值的角度进行审视和评价。对人生价值及其问题的正确认识，是人们自觉朝着选定的目标努力，以全部的情感、意志、信念去创造有价值的人生的重要前提。有什么样的意识，就有什么样的生存方式和生活追求。许多人一辈子匆忙奔波却一事无成，主要原因是他们从来没有思考过人生什么是最重要的，所以也不清楚人生的主次先后和轻重缓急。

1. 价值观的内在逻辑

价值观包含社会价值与个人价值两个方面。个人与社会的价值关系问题是价值观的核心问题。社会价值是个人价值的基础，个人价值是社会价值的反映。具有很高社会价值的人必然具有很高的个人价值。个人价值表现为个体存在的意义，即个体对社会的重要性、责任和贡献。人们只有为同时代人的完美、为他们的幸福而工作，才能使自己也达到完美，历史承认那些为共同目标劳动因而自己变得高尚起来的人是伟大人物，经验赞美那些为大多数人带来幸福的人是幸福的人。

社会价值是个人价值的基础。社会价值作为一种社会意识，价值观集中反映一定社会的经济、政治、文化，代表了人们对生活现实的总体认识、基本理念和理想追求。在实际生活中，社会价值观念系统十分复杂，在经济社会深刻变革、思想观念深刻变化的条件下，往往会呈现出多元化、多样性、多层次的格局。个人价值是建立在客观的基础上并被社会和他人认同的价值；个人价值是表现在个体对社会需求的满足和对社会进步的贡献。

个人价值是社会价值的反映。中国倡导富强、民主、文明、和谐，倡导自由、平等、公正、法治，倡导爱国、敬业、诚信、友善，积极培育和践行社会主义核心价值观。富强、民主、文明、和谐是国家层面的价值要求，自由、平等、公正、法治是社会层面的价值要求，爱国、敬业、诚信、友善是公民层面的价值要求。中国社会主义核心价值观把涉及国家、社会、公民的价值要求融为一体，既体现了社会主义本质要求，继承了中华优秀传统文化，也吸收了世界文明有益成果，体现了时代精神。

2. 人生价值的辩证观点

人的社会性决定了人生的社会价值。评价人生价值的根本尺度，是看一个人的实践活动是否符合社会发展的客观规律，是否促进了历史的进步。在今天，衡量人生价值的标准，最重要的就是看一个人是否用自己的劳动和聪明才智为国家和社会真诚奉献，为人民群众尽心尽力服务。客观、公正、准确地评价社会成员人生价值的大小，除了要掌握科学的标准外，还需要掌握恰当的评价方法。这些评价方法包括以下三个方面。

(1) 坚持能力有大小与贡献须尽力相统一。每个人的职业不同、能力大小不同，对社会贡献的绝对量也不同，不能简单地认为能力大的人就实现了人生价值，能力小的人就没有实现人生价值。考察一个人的人生价值，要把个人对社会的贡献同他的能力以及与能力相对应的职责联系起来。任何人只要在自己的岗位上尽职尽责，兢兢业业，就应该对他的人生价值给予积极肯定的评价。

(2) 坚持物质贡献与精神贡献相统一。人的生产劳动是物质生产劳动和精神生产劳动的统一及两种生产劳动成果的相互转化。社会的发展与进步是物质文明和精神文明的共同发展与进步。评价人生价值，既要看一个人对社会作出的物质贡献，也要看他对社会作出的精神贡献。

(3) 坚持完善自身与贡献社会相统一。人生的社会价值是实现人生自我价值的基础，评价人生价值的大小应主要看一个人对社会所作的贡献，但这并不意味着要否认人生的自我价值。人的自我完善和全面发展、人生自我价值的实现，是社会发展的根本目标；而人生自我价值的实现，又有助于个体为社会创造更大价值。

3. 人生价值的实现条件

人们在实践中努力实现自己的人生价值。但是，人们的实践活动从来都不是随心所欲的，任何人都只能在一定的主客观条件下去实现自己的人生价值。因此，正确把握人生价值实现的条件至关重要。

(1) 实现人生价值要从社会客观条件出发。人生价值是在社会实践中实现的，人的创造力的形成、发展和发挥都要依赖于一定的社会客观条件。在人类历史上，许多有抱负、有才能的人之所以未能实现自己的人生价值追求，就是因为缺乏一定的社会客观条件。一般说来，随着社会的进步，人生价值实现的社会客观条件也在不断改善。改革开放以来，我国经济社会发展取得的巨大成就，中国特色社会主义制度的自我完善和发展，为人们实现人生价值提供了有利条件和机遇。大学生要珍惜难得的历史机遇，把自己的人生追求建立在正确把握当今中国社会发展实际的基础上，努力实现自己的人生价值。

(2) 实现人生价值要从个体自身条件出发。人的自身条件会有一定的差异，某一个具体的价值目标，对这个人来说是恰当的、比较容易实现的，而对另一个人来说却未必如此。大学生正处在自己一生中最美好的时期，风华正茂，每天都有新收获，每天都有新期待。在这样一个特殊阶段，大学生或多或少会受自身社会经验偏少、知识储备不够等方面的限制，容易把主观的想象当作对自身条件的认知。因此，大学生要针对自己成长成才过程的实际，注重完善知识结构、丰富社会实践，坚持实事求是的原则，努力客观认识自己，准确把握影响人生价值实现的自身条件。

(3) 不断增强实现人生价值的能力和本领。人在实现人生价值的过程中不可避免地要受到客观条件的限制，但这并不是说，人的主观努力就不起作用。事实上，个人的主观努力在相当大的程度上也决定着人生价值实现的程度。正如人们经常说的，没有条件可以创造条件。人的能力具有累积效应，能够通过学习、锻炼而得以提升。大学生可塑性强，可以通过各种方式和途径，全面提高自身的综合素质和能力，努力创造实现人生价值的良好条件。

三、有意义人生的创造

是非明，方向清，路子正，人们付出的辛劳才能结出果实，人生实践才能获得应有的价值和意义。

(一) 人生观的辨析

由于受各种错误思潮的影响，现实中还存在拜金主义、享乐主义和极端个人主义等错误的人生观。这些错误人生观容易侵蚀大学生的心灵，不利于大学生树立科学高尚的人生观。我们要学会思考、善于分析、正确抉择，认清这些错误思想观念的实质，警惕和自觉抵制它们的侵蚀。

1. 反对拜金主义

拜金主义是一种认为金钱可以主宰一切，把追求金钱作为人生至高目的的思想观念。金钱作为物质财富，为人所创造并为人服务。人应当是金钱的主人，而不是金钱的奴隶；应当依靠自己的劳动创造财富，合理合法获取金钱。金钱不是万能的。生活中还有许多远比金钱更有意义的东西值得我们去追寻。正如挪威剧作家易卜生所说："金钱能买来食物，却买不来食欲；金钱能买来药品，却买不来健康；金钱能买来熟人，却买不来朋友；金钱能买来奉承，却买不来信赖。"在人类历史上，视钱如"神"的观念早已有之，但拜金主义作为一种社会思潮却是伴随着资本主义的发展而形成的，这种思潮至今还对一些人思考和认识人生目的有着不可忽视的影响。拜金主义将金钱神秘化、神圣化，视金钱为圣物，把追逐和获取金钱作为人生的目的和生活的全部意义，金钱成为衡量人生价值的唯一标准。迷陷于拜金主义，并由此确立人生目的，其危害显而易见："神圣"的金钱成为人的存在和全部实践活动的目的，个人生命的意义就会如人们所形容的那样，"可怜到只剩下钱了"；人与人之间除了赤裸裸的利害关系、冷酷无情的金钱交易，再没有其他的关系，人的尊严和情感被淹没在金钱的铜臭之中。拜金主义是引发自私自利、钱权交易、行贿受贿、贪赃枉法等丑恶现象的重要思想根源。

2. 反对享乐主义

享乐主义是一种把享乐作为人生目的，主张人生就在于满足感官的需求与快乐的思想观念。健康有益的、适度的物质生活和文化生活，是人的正当需要，也有利于促进经济社会的发展。但是，把享乐尤其是感官的享乐变成人生的唯一目的，作为一种"主义"去诠释人生的根本意义，是对人的需要的一种错误理解。一些大学生用父母辛苦劳作挣来的血汗钱追逐名牌和奢侈品，比阔气、讲排场，在消费上超出自己的承受能力，有的甚至因此负债累累。这些错误的观念和行为，不仅危害大学生的健康成长，而且败坏社会风气。

3. 反对极端个人主义

个人主义是以个人利益为出发点和归宿的一种思想体系和道德原则，它主张个人本身就是目的，具有最高价值，社会和他人只是达到个人目的的手段。个人主义是生产资料私有制的产物，是资产阶级人生观的核心。在资产阶级革命的早期，在争取个人权利和自由、反对封建专制方面，个人主义具有一定的积极意义，但是一些敏锐的资产阶级思想家很早就已经意识到它同时还具有销蚀社会的一面。极端个人主义是个人主义的一种表现形式，它突出强调以个人为中心，在个人与他人、个人与社会的关系上表现为极端利己主义和狭隘功利主义，应旗帜鲜明地予以反对。

上述错误的人生观，没有正确把握个人与社会的辩证关系，忽视或否认了社会性是人的存在和活动的本质属性，对人的需要的理解极端、狭隘和片面，其出发点和落脚点都是一己私利。我们应该认清这些错误思想的实质，选择并追求高尚的人生目的，在服务人民、奉献社会的人生实践中完善自我，创造人生的美好价值。

(二) 人生矛盾的应对

大学生的人生成长之路还很长，“看似寻常最奇崛，成如容易却艰辛”。未来前进途中，有平川也有高山，有缓流也有险滩，有丽日也有风雨，有喜悦也有哀伤。我们要科学认识实际生活中的各种问题，勇敢面对和正确处理各种人生矛盾。

1. 幸福观与苦乐观

幸福是奋斗出来的。奋斗本身就是一种幸福。只有奋斗的奋斗者是精神最为富足的人，也是最懂得幸福、最享受幸福的人。

(1) 幸福是总体性范畴。它意味着生活美好。家庭和睦、职业成功、行为正当、人格完善等都是幸福的重要因素。幸福是相对的，不是尽善尽美的。

(2) 幸福离不开一定的物质条件。但人的幸福不能仅仅局限于此。在追求物质生活水平提高的同时，要更加注重追求德性和人格的高尚，注重追求健康向上的精神生活。

(3) 在追求幸福的过程中，我们不能把自己的幸福建立在损害社会整体和他人利益的基础上。只有在为社会作贡献、为他人服务的过程中，我们才能获得幸福所需要的环境和条件，产生更大的幸福感，实现个人幸福与社会进步的相互促进。

苦与乐既对立又统一，在一定条件下可以相互转化。奋斗是艰辛的，艰难困苦、玉汝于成。真正的快乐是由奋斗的艰苦转化而来。毛泽东同志在《七律·长征》一诗中，用“红军不怕远征难,万水千山只等闲”形象地写出了红军长征的艰苦卓绝，用“更喜岷山千里雪，三军过后尽开颜”的豪迈诗句生动描述了红军夺取胜利的喜悦心情，阐明了苦与乐的辩证统一关系。“宝剑锋从磨砺出，梅花香自苦寒来”。不经历风雨怎能见彩虹，在成长过程中，我们要准确把握苦与乐的辩证关系，努力做迎难而上、艰苦奋斗的开拓者。

2. 顺逆观和得失观

顺境和逆境是人生历程中两种境遇。

(1) 顺逆的作用。在顺境中前进如同顺水行舟，天时地利人和等有利因素使人容易接近目标。但容易使人滋生骄娇二气，自满自足，意志衰退。在逆境中奋斗犹如逆水行舟不进则退，需要付出努力和艰辛才可能成功。在逆境中奋斗会有获得感和成就感。逆境对于挑战者而言可以磨炼意志、陶冶品格、积累战胜困难的经验、丰富人生阅历。

(2) 顺逆的学问。顺势而快上，乘风而勇进，是身处顺境的学问，是善于抓住机遇不断丰富与完善自己的途径。处低谷而力争，受磨难而奋进，是身处逆境的学问，是将压力变成动力之所为。

(3) 顺逆辨证观。在人生旅途中没有永远的顺境，也没有永远的逆境。无论是顺境还是逆境，对人生的作用都是双重的，关键是怎样去认识和对待它们。只有善于利用顺境，勇于正视逆境和战胜逆境，人生价值才能够实现。

以积极的态度去面对成败得失，使一时的成败得失成为人生的财富，而不是人生的包袱。得失辨证观包括三个方面。

(1) 不满足于一时的得。否则会停步在小小的成功和已有的成绩之上以致最后失败。生活从不眷顾满足现状者和坐享其成者，而是将更多机遇留给善于和勇于创新创造的人们。

(2) 不怕一时的失。得到不一定是好事，失去也不一定是坏事。塞翁失马，焉知非福。在失意之际坚持不懈，在坎坷之时不断努力，这样的人生才能创造更大的价值。

(3) 不拘泥于个人利益得失。个人利益的得失只能部分地衡量人生价值的大小，在奉献社会过程中才能实现更大的人生价值。只有追求高尚的道义，跳出对狭隘利益的计较，才能赢得他人和社会的尊重。

3. 荣辱观和生死观

荣辱观是人们对荣辱问题的根本看法和态度，是一定社会思想道德原则和规范的体现和表达。在纷繁复杂的社会生活中，明确应当坚持和提倡什么，反对和抵制什么，从而为自身判断行为得失，作出道德选择，确定价值取向，提供基本的价值准则和行为规范。中国自古以来都注重荣辱观教育，并通过“知耻”来进行道德评价和判断。孔子提出“知耻近乎勇”，孟子认为“无羞恶之心，非人也”，管仲提出“礼义廉耻，国之四维”，把知耻之心与人的文明程度、社会的治乱安危紧密联系在一起。荣辱观中，“荣”即荣誉，是指社会对个人履行社会义务所给予的褒扬与赞许，及其带来的自我肯定。“辱”即耻辱，是指社会对个人不履行社会义务所给予的贬斥与谴责，及其带来的自我否定。荣辱观对个人的思想行为具有鲜明的动力、导向和调节作用。我们要具备正确的荣辱观，明确是非对错、善恶美丑的界限。我们要坚持以热爱祖国为荣、以危害祖国为耻，以服务人民为荣、以背离人民为耻，以崇尚科学为荣、以愚昧无知为耻，以辛勤劳动为荣、以好逸恶劳为耻，以团结互助为荣、以损人利己为耻，以诚实守信为荣、以见利忘义为耻，以遵纪守法为荣、以违法乱纪为耻，以艰苦奋斗为荣、以骄奢淫逸为耻。

生命的历程是一个从生到死的过程，有生必有死，这是恒常不变的自然现象。生与死是贯穿人生始终的一对基本矛盾。从一定意义上说，正是因为生命短促，每个人只有一次生命，才更显示了人生的弥足珍贵。如何认识、对待生与死，体现了一个人的人生境界的高低，更直接影响着他的实际生活。我们要牢固树立生命可贵的意识，倍加爱护自己和他人的生命，理性面对生老病死的自然规律，努力使自己的生命绽放人生应有的光彩。孔子谓“杀身成仁”，孟子曰“舍生取义”，司马迁认为“人固有一死，或重于泰山，或轻于鸿毛”，这些千古名句说明人的生命是有限的，而生命的价值却是无限的。我们无法增加生命的长度，但却能追求生命应有的高度。我们大学生应珍惜韶华，在服务人民、投身民族复兴伟大事业中开发出生命所蕴藏的巨大潜能，努力给有限的个体生命赋予更有价值的意义。

(三) 有意义人生的选择

人生目标都是通过社会实践才能转化为现实。我们要在科学人生观的指引下，正确对待人生矛盾，抵制错误观念，提升人生境界，成就出彩人生。创造有意义的人生，目标要高远，有新时代的担当，扣好人生的扣子，做到勤学与修德、明辨与笃实，脚踏实地，参与社会实践，探索有意义的人生。

1. 勤学与修德[①]

《论语 • 为学》中说，“学而不思则罔，思而不学则殆”。大学生正处于学习科

① 习近平谈治国理政(第一卷)[M]. 北京：外文出版社，2018：172-173.

学知识的黄金时期，要下得苦功夫，求得真学问，把学习作为一种精神追求、一种生活方式，努力扩大知识半径，既读有字之书，也读无字之书，砥砺道德品质，掌握真才实学，练就过硬本领。要努力掌握马克思主义理论，形成正确的世界观和科学的方法论，深化对社会主义核心价值观的认知认同。知识是树立社会主义核心价值观的重要基础。我们要注重把所学知识内化于心，形成自己的见解，专攻博览，努力掌握为祖国、为人民服务的真才实学，让勤于学习、敏于求知成为青春远航的动力。

《大学》中说，“德者，本也”。道德之于个人和社会都具有基础性意义，做人做事第一位的是崇德修身。习近平总书记指出：“核心价值观，其实就是一种德，既是个人的德，也是一种大德，就是国家的德、社会的德。国无德不兴，人无德不立。”一个人只有明大德、守公德、严私德，其才方能用得其所。修德既要立意高远，又要立足平实。要立志报效祖国、服务人民，这是大德，养大德者方可成大业。同时，还得从做好小事、管好小节开始，见善则迁，有过则改，踏踏实实修好公德、私德，学会劳动、学会勤俭，学会感恩、学会助人，学会谦让、学会宽容，学会自省、学会自律。

2. 明辨与笃实

《礼记》中说：“博学之，审问之，慎思之，明辨之，笃行之。”我们要增强自己的价值判断力和道德责任感，辨别什么是真善美、什么是假恶丑，自觉做到常修善德、常怀善念、常做善举。当前在一些领域和一些人当中，价值判断没有了界限、丧失了底线，甚至以假乱真、以丑为美、以耻为荣。我们要正视价值观选择和道德责任感，强化判断，善于明辨是非，善于决断选择，旗帜鲜明地弘扬真善美、贬斥假恶丑，树立正确导向，澄清模糊认识，匡正失范行为，形成激浊扬清、抑恶扬善的思想道德舆论，自觉做良好道德风尚的建设者、社会文明进步的推动者。

《易经·大畜》中说“刚建、笃实、辉光、日新其德”。刚健意味着永不颓唐的生命意志。笃实是一种诚实面对生活的态度，踏实做事、厚道做人。刚健是乾之精神的体现，笃实是坤之精神的呈显。刚健笃实是能将乾坤包纳心中。大畜的卦象，其外卦是山，内卦是天，意喻着其外积土成山、承厚高耸，其内则如天空一般辽阔无垠。心包乾坤、胸怀天地，内心自然敞亮，诚中形外而有辉光。日新其德便是此生命德行的不断提升与成长。上述对涵育何种德有清晰的表达，对于我们来说，提升与成长的主要方式是读书。应认识到读书并不仅是读纸之书，生活、社会乃至世界本就是一部大书。如果以在大学中所学为起点，用心去读，读人心、读生活、读社会、读世界，从心髓入，微处用力，日新不已，刚健笃实便自有光辉①。换句话说，我们既要目标高远，保持定力、不懈奋进，又要脚踏实地，严于律己、精益求精，将社会主义核心价值观转化为人生的准则，勤学以增智、修德以立身、明辨以正心、笃实以为功。

3. 探索有意义的人生

青年的价值取向既关系着自己的健康成长和成才，又决定着未来整个社会的价值取向。青年大学生始终走在时代前列，应当与历史同向、与祖国同行、与人民同在，在服务人民、奉献社会的实践中创造有意义的人生。

(1) 与历史同向。历史车轮滚滚向前，时代潮流浩浩荡荡。历史只会眷顾坚定者、奋进者、搏击者，而不会等待犹豫者、懈怠者、畏难者。大学生要正确认识世界和中国发展大势，尊重顺应历史的选择和人民的选择，准确把握中国发展的重要战略机遇期，提升民族自信心，增强时代责任感，与历史同步伐，与时代共命运。

(2) 与祖国同行。青年只有自觉将人生目标同国家和民族的前途命运紧紧联系在一起，才能最大程度地实现人生价值。五四运动时期，青年学生勇立时代潮头，为救亡图存奔走呐喊；新民主主义革命时期，为国捐躯的青年典范不胜枚举；中华人民共和国成立以来，更有无数青年学生积极投身社会主义现代化建设事业，展现时代风貌，勇于开拓进取。当代中国正处于中华民族伟大复兴的关键时期，建设社会主义现代化强国任重道远。当代大学生要正确认识国家和民族赋予的历史责任和使命，自觉与国家和民族共奋进、同发展。

(3) 与人民同在。人民群众是历史的创造者，是国家的主人。大学生要在为人民群众服务、实现人民群众利益的过程中实现人生价值。只有走与人民群众相结合的道路，向人民群众学习，从人民群众中汲取营养，做中国最广大人民根本利益的维护者，才能使自己的人生大有作为。人的一生只能享受一次青春，当一个人在青年时就把自己的人生与人民的事业紧密相连，他所创造的就是多彩的青春。

---

① 王鑫. 刚建、笃实、辉光、日新其德——在北大哲学系 2018 届毕业典礼上的发言[EB/OL]. http://www.pinlue.com/article/2019/12/0720/339838806707.html.

【阅读链接 2–8】

袁隆平精神

袁隆平常说自己有两个梦想，一是禾下乘凉梦，二是杂交水稻覆盖全球梦。袁隆平一辈子躬耕田野，不在家就在试验田；不在试验田就在去试验田的路上。从 1964 年开创杂交水稻研究，1997 年开展超级杂交稻研究，2000 年、2004 年、2011 年、2014 年分别实现了大面积示范每公顷 10.5 吨、12 吨、13.5 吨、15 吨的目标，2020 年实现了周年亩产稻谷 3000 斤的攻关目标。在一次次重大技术创新的背后，他躬耕田野，脚踏实地，精益求精。

袁隆平精神是脚踏实地的追梦精神。袁隆平精神是一代新中国农业科学家创建的精神。他们不唯书、不唯上、不“四唯”，只唯实，团结协作，勇攀高峰的科学精神。他们既有艰苦奋斗，也有团结协作，袁隆平、周开达、杨守仁等一代新中国农业科学家，他们一生都在为中国粮食安全不懈努力，不断探索水稻的增产道路，解决中国人自己的粮食问题。

袁隆平曾勉励青年，他说，你们是新时代中国青年，我相信你们，必定会在追求真理的道路上躬行实践、厚积薄发，并将不会辜负时代的担当。袁隆平追梦前行，不负时代，他的一生以奉献祖国和人民为目标，一辈子躬耕田野，书写下了励志的好样本。这种勇攀高峰的科学精神，激励着我们这一代人。

习近平总书记高度肯定袁隆平同志为我国粮食安全、农业科技创新、世界粮食发展作出的重大贡献，并要求广大党员、干部和科技工作者向袁隆平同志学习。

学习袁隆平精神，学习他以祖国和人民需要为己任，以奉献祖国和人民为目标，信念坚定、矢志不渝，勇于创新、朴实无华的高贵品质，一辈子躬耕田野，脚踏实地把科技论文写在祖国大地上的崇高风范。

(资料来源：https://www.chinanews.com/gn/2021/05-24/9484552.shtml，作者有删减)

【阅读链接 2–9】

清晰的自我定位

王志，华南农业大学计算机软件专业毕业生。第一眼看到他，我立刻充满了亲切感。他矮小黑瘦，一看就和我本人一样，一定来自于某个不为人知的小山村。不说话的时候，他会被误认为农民工或者工头。同时我也立刻充满了挫败感，因为我想象不出如何能够帮助他获得一份好的工作。可是他做完自我介绍之后，全班同学立刻开始仰视这个一米六的男孩子：“我来自潮州市，大家可能有点惊奇，因为我的外表欺骗了你们，我看上去像是个土生土长的乡下人。不过，我的确和农村有缘，我毕业于华南农业大学，而且我性格最大的特点就是朴实、踏实、诚实，这些都是农民的优良品格。在班级里，我的专业课一直排在前三名之列。在社会实践方面，我已经在学校的勤工俭学社团‘飞翔鸟计算机服务中心’工作了两年。由于本人看上去比较老实可靠，所以一直负责配件的采购工作。因此，我非常熟悉计算机硬件知识，也和华硕公司的工程师和经销商建立了密切的联系。不过，我个人更倾向于从事软件开发工作。从大一到现在，我一直是软件协会的主要成员。大三的时候，我的老师邀请我和软件协会的其他几名成员一起合作，为华南最大的养殖公司温氏集团开发了孵化辅助系统，使得诊断坏鸡蛋的效率提高了 50%！我希望毕业以后能够从事软件开发工作，实现我的个人价值。”至今我还清楚地记得，王志黝黑的脸庞，因为自信闪现出英俊的光彩。我对王志前途的担忧一扫而光：清晰的职业定位、专业社团几年的实践经验，使得他在一群一米八的男孩中脱颖而出！因此，大学生应根据自己未来的求职方向，有目的地选择一些和自己未来职位有关的专业性社团。

(资料来源：https://www.docin.com/p-285612446.html，作者有删减)

【阅读链接 2-10】

寻找合适的实习单位

小陈，华南理工大学机械工程专业硕士毕业生，但他立志从事销售、市场或管理工作。他在华标街道办事处党委办公室实习，负责端茶、送信。有人疑惑，小陈为什么到党委办公室实习？小陈给出的回答是：“找不到合适的实习单位嘛！凑合一下不就完事了？”我们看了小陈的简历，令人神往：组织部长，策划篮球大赛，绘扇大赛，模特大赛。唯一有可能把触角伸出大学校园的机会就是实习，而小陈选择了街道办事处。

案例分析：找实习单位的时候，尽量要做到专业对口或者至少是工作性质对你的事业发展有帮助的。

(资料来源：https://www.docin.com/p-285612446.html，作者有删减)

【阅读链接 2-11】

实习为什么失败

小杨，南方某大学计算机软件专业毕业生，曾在广东佳和软件公司销售部实习。小杨被安排的工作是打电话，每天按照黄页挨家给公司打电话询问对方是否有软件系统的需要。工作仅五天，小杨突然失踪，连招呼也没打就再也没露面。而在简历上，小杨写自己是个有责任心的、品学兼优的好学生。

案例分析：小杨此次实习的失败是因为他犯了以下几个错误：一是眼高手低。小杨学的是软件专业，但他最不喜欢从事软件开发，他认为与机器打交道显示不出他善于交际的特长。

于是他希望能够做销售，或讨价还价，或觥筹交错，或天南海北地出差，多么富有挑战！然而，现实实在令他失望，一上班就打开黄页，挨个公司打电话："你好，是计算中心吧？请问贵公司有上 ERP 的想法吗？""此种行为岂不浪费人才？难道我大学四年学出来就是为了给你打电话？"小杨的这种想法在大学生中非常普遍，也就是所谓的眼高手低，看不起简单的、重复性的工作。而许多成功的背后都有重复性工作的支持。麦当劳重复地炸着薯条，就像是给自己炸出一根根金条。佳和公司每年几千万元的营业额，也都是一个电话、一个电话打出来的。二是浅尝辄止。小杨只要耐下心来仔细观察周围的老销售，他就会发现老销售们所过的生活和小杨的理想非常贴近：电话要打，酒要喝，差要出，价要讨。最初的工作一定是无聊的重复性的，那是因为你只是火车上的一个螺丝钉。往往企业越大，你越觉得自己渺小。可是只要你努力奋斗，你就会占据越来越重要的位置，你就会从火车尾挪到火车头，左右火车行进的方向，你的视野也随之开阔，这就是成就感！三是不敢沟通。如果你对工作不满意，你完全可以找总经理吐吐苦水、谈谈困惑。就快要光荣退休的总经理，总是急切地需要从教育下一代中感受生命的活力。他会鼓励你说："盖茨不也是从车库起家的吗？俞敏洪不也刷过糨糊吗？我老人家十年前不也天天打电话吗？而且如果你不喜欢做销售，也可以考虑到北京总部去做开发……"在困难面前不要选择逃避，要敢于向老板说出你的困惑。如果老板没有容忍抱怨的气度，那你可以寻找更合适自己的工作。英文里有一句话说得很好：When things get you down, don’t go and hide, come and talk to your boss. That’s what he is here for.

(资料来源：https://www.docin.com/p-285612446.html，作者有删减)

【阅读链接 2–12】

为何"坚决改行"

小张，南方某一大学通信专业毕业生。因为同学们都认为小张经常有一些新想法新思维，他一直希望自己成为一个优秀的市场开拓人员，成为某个大公司的品牌经理，他暗暗地将目标锁定在宝洁公司的市场部。在校期间他也参与了一些大公司在校园举行的促销活动，但总觉得不够过瘾。经过多方寻找，他暑假时来到同学父亲的朋友开的计算机销售公司，如愿进入神秘的市场部打杂。暑假是计算机销售的旺季，小张很幸运地参与了所有的市场活动：在路边搭台做路演(road shows)，设计买计算机送打印机的宣传活动，甚至发小广告等。经过一个暑假的实习，小张发现自己喜欢上了这种刺激的工作，所以他坚定了自己放弃通信工程本行的想法，一心一意要把自己打造成一个熟悉品牌推广和促销策划的专业人才！

案例分析：显然小张从暑期实习中获益良多，至少他从"想改行"变成了"坚决改行"，确定了自己的职业发展方向。从实习中，他了解到了市场工作的实质性内容，发现了这份工作和自己兴趣、特长的结合点，增强了自信心。就这样，从大三开始，小张已经走上了自己的“职业发展之路”，而他的很多同学仍然在把简历投递给各种各样的公司，仍然在择业中。

(资料来源：https://www.docin.com/p-285612446.html，作者有删减)

【阅读链接 2–13】

实习生的姿态

小赵和几个同学一起到一家大外贸公司实习，被分配给几个业务员做助手。同事们都互相称呼对方为“老张”“老王”，几个同学入乡随俗也采用了这种称呼。小赵被派给了老李，但是，不论别人怎么称呼老李，他一直很尊敬地称老李为“李老师”。他主动见事就做，跟着老李跑银行和商检交单，到海关报验。尽管老李说因公外出可以打出租车，但小赵一个人外出而且不赶时间的时候一律选择乘坐公共汽车。有好几次，老李接国际电话的时候，小赵就默默地坐在一边旁听，细心地揣摩他如何同外商交谈。有时，他会悄悄地给老李递一支笔，或续上水，或记录一些数据。这些细小之处既给老李带来了工作上的便利，也表现出新人对前辈的尊重，在实习期结束的时候，老李向公司申请把小赵留下做助手。

案例分析：实习生在公司里的姿态摆得越低，就越容易成功。就像刚刚进门的新媳妇一样，眼睛里有活儿，手里不闲着。新人对“前辈”，也如同新人对公婆一样尊重。小赵无疑就是靠这种低姿态取胜的。

(资料来源：https://www.docin.com/p-285612446.html，作者有删减)

【阅读链接 2–14】

如何组织你的团队

学林，中山大学通讯专业硕士毕业生，在校期间是中大思科网络技术学院(校园培训机构)副主席兼讲师。凭借这一背景，他被 IBM 的 ITS 部门录用为系统服务代表实习生(systems services representative trainee)。以下是他面试的一些片段。

招聘方：你是否在较大的项目中承担过工作？如果是，你承担了什么工作？

学林：我一直在思科网络技术学院担任职务，从助教到讲师，最后竞选为副主席。

招聘方：你在项目中是否有过创新？

学林：有过。我第一次组织了“思科八校巡展”，使得报名参加培训的学生成倍增长。在此之前我们一直只在中山大学内部宣传，没有主动到其他学校推销。

招聘方：你会如何组织你的团队？

学林：我先后组织招聘过 60 多名学生员工。关于组织团队，我认为首先要以身作则，要求小组成员做到的，自己要先做到，哪怕是不迟到、不早退之类的小事情。第二是要有技术上的权威，这样才能赢得大家的信赖和尊敬。第三是沟通与倾听，我们的团队里有很多人都是班级里面的尖子生，智商很高。他们也都愿意表达自己的意见，说得正确的意见我必须采纳；如果说错了我也得找到证据说服他们……

学林在整个面试过程中基本都是在和面试官讲述自己在思科网络技术学院的活动。由于同属IT领域，面试官非常认同他的经历。

试想一下，如果他参与的社团是体育部，面试官会有同样的认同感吗？

(资料来源：https://www.docin.com/p-285612446.html，作者有删减)

第三节 青年发展观

青年的全面发展在于把完善自身和人类的福祉连在一起；把自己的青春与祖国的建设融合在一起；要反映出个人价值与社会意蕴的发展向度。本节的主要内容有两个方面：一是青年发展的价值；二是青年的全面发展。

本节教学目标：引导学生全面认识青年发展的价值；树立理想信念，通过求真务实的实践，实现青年的全面发展。

一、青年发展的价值

人类社会文明的发展离不开青年，青年发展具有深远的价值。

(一) 青年在世界和平发展中发挥作用

在国家关系中，国之交，在于民相亲，民相亲关键在青年。民相亲，要从青年做起。青年之间的友好交流对促进国家关系的稳定与发展具有持续性的正面价值和促进作用。习近平总书记多次强调青年在维护世界和平中的作用："青年最富有朝气，最富有梦想，是未来的领导者和建设者。中国重视、关怀、信任青年，支持青年发展自身、贡献社会、造福人民，在实现中国梦的历史进程中放飞青春梦想。世界的未来属于年轻一代。全球青年有理想、有担当，人类就有希望，推进人类和平与发展的崇高事业就有源源不断的强大力量。希望各国青年用欣赏、互鉴、共享的观点看待世界，推动不同文明交流互鉴、和谐共生，积极为构建人类命运共同体添砖献瓦。"①广大青年本着平等、尊重、包容、互鉴的精神，看待

① 习近平主席在联合国教科文组织第九届青年论坛开幕式上的贺词[N]. 人民日报，2015-10-27(第1版).

这个世界，看待不同的文明，就能使我们生活的星球变得更加美好。

(二) 青年在实现远大理想中发挥作用

世界梦是各国人民作为人类命运共同体的共同梦想。无论是世界梦还是世界各个国家的梦想，都离不开青年的努力和奋斗。青年的思想还处于从不成熟到成熟、从不稳定到稳定的关键阶段，具有很强的可塑性。青年的思想塑造状况对他们未来的发展具有重要的影响，关系到他们今后要达到的思想高度和发展水平。

习近平总书记站在新时代的高度，呼吁广大青年要自觉树立中国梦远大理想，并在为国、为党、为民的奋斗当中自觉践行中国梦远大理想，为实现中国梦贡献自己的力量。在中国，中国梦是国家梦、人民梦，更是青年梦。中国梦是青年奋飞的方向指引和动力来源。同时，中国梦的实现只有依靠青年的终生奋斗，才有了坚实的力量和现实的基础。对青年进行理想信念教育，就是要帮助他们树立中国梦远大理想。一方面，中国梦为青年的成长成才指明方向、提供动力；另一方面，青年只有以中国梦为引领，以国家富强、人民幸福为己任，并为之奋斗终生，才能实现自己的人生价值，建构自己的人生意义。青年理想远大是民族前进的动力，这种动力来自于理想信念，青年自身形成正确的人生观和价值观格外重要。

(三) 青年是事业发展的生力军

纵观历史，伟大的时代变革往往从青年的觉醒开始，青年的力量是巨大的，青年是事业发展的生力军。青年生力军价值的彰显，离不开服务人民、奉献社会的实践活动，离不开党和人民群众提供的历史舞台。离开了党和人民群众提供的历史舞台，青年就失去了奋斗的依托和方向，就会多走弯路甚至走向邪路。青年的奋斗要不走弯路，不走邪路，就需要全社会的关心和引导。中国一向十分关心和重视青年，把青年看成是革命、建设和改革的重要推动力量。习近平总书记在多个场合强调过当代青年的重要价值，中国共产党从来都把青年作为党和人民事业发展的生力军。习近平总书记强调："全党全社会都应该关心青年，做青年的引路人。"[①]就是要在青年的人生发展中充当引路人的角色，帮助他们积极投身中国特色社会主义建设，在服务人民、奉献社会的实践活动中实现自己的人生价值。

---

① 人民日报评论员. 在新时代发扬伟大五四精神——论学习贯彻习近平总书记在纪念五四运动100周年大会上重要讲话 [N]. 人民日报，2019-05-01(第1版).

二、青年的全面发展

青年阶段是理想塑造的关键阶段，也是对青年全面发展的影响深远的重要阶段。新时代青年发展，是要把自己培养成为全面发展的人。

(一) 人的全面发展

马克思在《1857—1858 年经济学手稿》中将个人发展历史划分为“人的依赖关系”“以物的依赖性为基础的人的独立性”和“人的自由而全面的发展”三个阶段，这就在社会主要矛盾这一根本性的客体尺度之外，为时代划分提供了以人的全面发展程度为衡量标尺的主体尺度。

1. 人的全面发展的理论认识

“每个人个人的全面而自由的发展”是马克思为之奋斗一生的共产主义的目的和本质特征。马克思恩格斯对“自由人联合体”的本质进行了概括：“代替那存在着阶级和阶级对立的资产阶级旧社会的，将是这样一个联合体，在那里，每个人的自由发展是一切人的自由发展的条件。”①

(1) “自由人联合体”是指以自由、平等、全面发展为基本价值追求，社会成员自愿自由地联合为一个共同体，而共同体为每个人自由全面的发展提供条件，社会关系是和谐统一的。在马克思看来，“自由人联合体”是未来理想的社会形式，它的实现不是虚无缥缈的臆想，而是具有丰富的现实的科学内涵。①在《共产党宣言》中，“自由人联合体”的实现是历史发展的产物，需要具备一定的历史条件。马克思在《资本论》中进一步明确指出，共产主义是以每个人个人的全面而自由的发展为基本原则的社会形式。在共产主义社会，每一个人都摆脱所有内在和外在的限制与束缚，获得了自由而全面的发展。②在“自由人联合体”中，人与人之间是休戚与共、互助合作的关系，所有成员联合占有生产资料、共同劳动、共同享有社会产品，实现了经济平等和社会公正。每个人的自由发展是他人自由发展的条件，社会作为每个自由人在平等交往的基础上建立起来的联合体，又转而促进和保障每个人的自由全面发展。③作为真正的共同体，“自由人联合体”实现了个人和共同体的统一，促进了社会关系的全面和谐，人与自然、人与人、人与社会之间的矛盾得以真正解决。在“自由人联合体”中，在生产力高度发达的基础上，每个人自愿自觉地结合为共同体进行生产生活，每个人都真正平等地获得了独立、自主和全面发展的社会条件，每个人的自由个性得以实现。

---

① 马克思恩格斯选集(第一卷)[M]. 北京：人民出版社，2012：422.

(2)“人的全面发展”是指人的个性、能力和知识的协调发展，是人的自然素质、社会素质和精神素质的共同提高，是人的经济权利、政治权利和其他社会权利的充分满足和实现。“自由人联合体”的成员是自由全面发展的个人，这是“自由人联合体”实现的前提条件。“自由人联合体”是以自由、平等、全面发展为基本价值取向的未来理想社会。所谓“自由”，是指人的生存状态，是由个人根据自己的需求来决定自己的行动，而不受资本的奴役。所谓“平等”，即每个人在社会关系、社会生活中处于同等的地位，具有相同的发展机会，享有同等的权利。一个人不得因为自身发展而剥夺他人的权利。总之，“自由人联合体”是以人的自由、平等、全面发展为基本价值取向，每个人的潜能被全面发掘，主体素质得到全面提升，社会关系得以全面展开。

(3) 关于“人的片面发展”。马克思认为，资本主义社会是虚假的共同体，实际上保障的是少数人即统治阶级的自由，广大无产阶级受资产阶级的奴役、剥削，获得的只是形式上的独立和自由，事实上是被排除在自由权利之外的。在生产资料私有制下，个人之间是不平等的，有着显著的阶级阶层的差异，现实中的个人都被物化，无产阶级为了生存，成为资本增殖的工具，不得不进行异化劳动。而资本家为了维持生产现状，一切行动也不得不遵循资本运行的规律。在资本主义社会这一虚假的共同体中，个人与共同体是对立的关系，自由和个性属于特定的资产阶级成员，无产阶级被迫集中联合，经受残酷的剥削和奴役，人与人之间是分裂对抗的关系。因此，社会中的个人都是为了生存被迫进行生产活动的，都是片面发展的人。

2. 人的全面发展的实现条件①

“自由人联合体”为每个人的自由全面的发展提供条件。马克思恩格斯在《共产党宣言》中运用唯物史观，对资本主义社会的产生、发展和历史命运进行了深刻的分析，论证了由于生产力与生产关系的矛盾运动，导致资本主义社会的必然终结，揭示了“自由人联合体”实现的历史必然性。在对资本主义社会深刻的剖析中，蕴含着对“自由人联合体”实现条件的论述：“自由人联合体”的实现是历史发展的过程，需要生产力水平的高度发达、无产阶级的觉醒与联合、世界交往的普遍发展等历史条件。

(1) 生产力水平的高度发达是“自由人联合体”实现的物质基础。生产力，是社会发展的决定力量。当生产资料私有制已不能适应和容纳更高的社会生产力时，

① 祝丽.《共产党宣言》中的“自由人联合体”思想探究[J]. 社会科学前沿，2021(2)：283-289.

新的社会形态就会出现，代替旧有的社会形态，高度发达的生产力是“自由人联合体”实现的物质前提。《共产党宣言》指出，无产阶级夺取政权后，无产阶级将利用自己的政治统治……并且尽可能快地增加生产力的总量，这体现了生产力在社会发展中的决定作用。不断发展生产力，是无产阶级解放和建立“自由人联合体”的首要条件。在生产力高度发达的共产主义社会，依据按需分配的原则，生产资料和劳动产品由社会全体成员共同占有，人们的生产方式得到根本改变，生活水平得以极大提高。

生产力水平的高度发达是实现人的自由全面发展的根本条件。在“自由人联合体”中，所有人都能得到自由而全面的发展，这是以物质财富的极大丰富为前提的。高度发达的生产力是人们生存的前提，只有保障了基本生存需要后，人们才有可能去追求更高层次的生活需要，如果没有生产力的这种发展，就会导致贫穷的普遍化；在极端贫困的情况下，人们为了争夺必需品必须进行斗争，全部陈腐的东西又会死灰复燃。同时，由于生产力的普遍发展，人们之间的普遍交往才能建立起来，才能突破地区、民族的狭隘性，实现个人的社会关系的发展，从而使自身个性得以更充分的发展。此外，生产力的发展、生产效率的提高可以大大减少社会必要劳动时间，缩短工作日，增加自由时间，为人的自由全面发展提供了必要准备。人们可以充分利用自由时间进行自由自觉的劳动，这是人实现自由和解放的根本标志，而高度发达的生产力是人获得自由时间和进行自由劳动的物质前提，是“自由人联合体”实现的物质基础。

(2) 无产阶级的觉醒与联合是“自由人联合体”实现的主观条件。由于机器大工业的发展，在资本逻辑的支配下，资产阶级不得不在全世界找寻原料和商品销售市场，资本主义生产方式在全世界范围内得以确立。由于资本的逐利性，全世界无产者和落后的民族国家都会受到来自资产阶级的剥削和压迫，残酷的现实使得无产阶级意识到国际联合以推翻资本主义世界的必要性。

无产阶级不仅要意识到自己被压迫、被剥削的现实状况，还要意识到被剥削的根源，促进自身阶级意识的觉醒，进而自觉联合力量去夺取政治统治，使自身获得自由解放，最终走向“自由人联合体”。《共产党宣言》指出，在当前同资产阶级对立的一切阶级中，只有无产阶级是真正革命的阶级……只有无产阶级是大工业本身的产物。因此，无产阶级是新生产力的代表，但他们处于资本主义社会的最下层，他们没有任何私有财产，政治上受压迫，经济上被剥削，是受苦受难最深的阶级，因而他们也是最革命的阶级。他们只有消灭一切剥削制度才能实现自身和整个社会的解放。无产阶级要深刻认识并自觉肩负起历史使命，需要科学社会主义的教育和先进的马克思主义政党的领导。《共产党宣言》是全世界无产阶级运动的行动纲领。

无产阶级要推翻资本主义社会的统治，还要进行国际联合，组织成为强有力的战斗力量。在资本主义社会，资产阶级逐渐联合起来剥削本国的无产阶级，由于世界市场的形成和发展，资本主义国家日渐联合构建了一个庞大的资本主义世界体系，对世界范围内的无产者和弱小国家进行了无情的瓜分和掠夺。因此，无产阶级要成为资产阶级的掘墓人，就要进行先是一国范围内的联合，再到自觉的国际联合。联合的行动，至少是各文明国家的联合的行动，是无产阶级获得解放的首要条件之一。

无产阶级通过政治革命，获得了政治解放，随后消灭资本主义私有制，逐渐夺取资产阶级的全部资本，把资本转变为由社会全体成员共同占有的社会财产，并大力发展生产力和进行社会建设，实现人的经济解放和社会解放，为建立“自由人联合体”奠定必要的社会基础。因此，无产阶级的觉醒和联合是“自由人联合体”实现的主观条件。

(3) 世界交往的普遍发展是“自由人联合体”实现的交往前提。由于生产力的发展和世界市场的形成，民族历史日益变成了“世界历史”。各个地区、民族与国家日益结成紧密的利益共同体，为“自由人联合体”的实现奠定了广泛的交往基础。“自由人联合体”的实现不仅需要高度发达的生产力和无产阶级觉醒与联合，也需要人的交往的高度发展，世界历史的形成和发展是普遍交往的前提；也是以生产力的普遍发展和与此有关的世界交往的普遍发展为前提的。因此，共产主义的实现是建立在世界普遍交往基础上的。

世界市场的形成发展在客观上促进了世界历史与世界交往的形成与发展。《共产党宣言》指出，资产阶级由于开拓了世界市场，使一切国家的生产和消费都成为世界性的了……过去那种地方的和民族的自给自足和闭关自守状态，被各民族的各方面的互相往来和各方面的互相依赖所代替了。世界普遍交往的发展，也为个人的解放与全面发展提供了条件。世界市场的形成发展，打破了以地域、血缘、民族等为基础的狭隘交往方式，形成了人与人之间的普遍交往。随着交流空间的扩大，人们的视野变得更加开阔，发展空间扩大，人们能够更加自由地根据自身的兴趣、需要等选择发展方式。世界市场的发展为社会关系的和谐统一提供了广泛的交流空间，因此，世界历史的形成与发展是“自由人联合体”实现的交往前提。

总之，“自由人联合体”思想具有丰富的内涵，实现“自由人联合体”也需要生产力的高度发达、无产阶级的联合以及世界市场的发展等条件的成熟。在现阶段，社会不断发展，科学理解和深刻把握“自由人联合体”思想对当下社会实践的发展来说意义重大。

3. 青年的全面发展的价值

青年的全面发展的价值有以下三个方面。

(1) 青年成长要反映出个人价值与社会意蕴的发展向度。习近平总书记在2018年5月到北京大学考察，深情寄语青年人，指出青年要全面发展，青年要求真学问，练真本领；要通过学习知识，掌握事物发展规律，通晓天下道理，丰富学识，增长见识，更好地为国争光、为民造福[①]。这反映着他对青年成长的期待，反映出个人价值与社会意蕴的发展向度。

(2) 青年要把完善自身和人类的福祉连在一起。马克思在1835年发表的《青年在选择职业时的考虑》中指出，人们只有为同时代人的完美、为他们的幸福而工作，才能使自己也达到完美……如果我们选择了最能为人类福利而劳动的职业，那么，重担就不能把我们压倒，因为这是为大家而献身，我们的幸福将属于千百万人，我们的事业将默默地、但是永恒发挥作用地存在下去，而面对我们的骨灰，高尚的人们将洒下热泪。

(3) 青年要把自己的青春与祖国的建设融合。毛泽东同志无论在战火纷飞的革命年代还是社会主义建设时期，始终关注青年的动向。他在《纪念白求恩》中说，要做“一个高尚的人，一个纯粹的人，一个有道德的人，一个脱离了低级趣味的人，一个有益于人民的人”。[②]

(二) 全面发展的选择

当代大学生有信念、有梦想、有奋斗、有奉献、有意义的人生正在开启，全面发展的实践正在展开。大学时期，正是每一个青年的人生观、价值观形成与发展的关键时期，是人生发展的重要阶段。青年的全面发展，要注重在基层实践当中学习社会知识，积累人生经验。习近平总书记在清华大学考察时的重要讲话中，激励广大青年肩负历史使命，坚定前进信心，立志成为德智体美劳全面发展的社

---

① 习近平在北京大学师生座谈会上的讲话[N]. 人民日报，2018-05-03(第2版).

② 毛泽东选集(第二卷)[M]. 北京：人民出版社，1991：660.

会主义建设者和接班人，让青春在不懈奋斗中绽放绚丽之花。①

青年全面发展包括实践、奋斗、创新和实力四个方面。

1. 实践，是青年全面发展的基础

青年要发展，离不开实践。青年的全面发展是建立在实践基础上的。毛泽东同志寄语青年："世界是你们的，也是我们的，但是归根结底是你们的。你们青年人朝气蓬勃，正在兴旺时期，好像早晨八九点钟的太阳。希望寄托在你们身上。"②青年的全面发展最终目的是服务社会、服务群众。青年要在基层锻炼成才。习近平总书记非常重视青年的基层实践，把基层实践既看成是服务基层群众的重要载体，又看成是实现青年人生价值的重要手段。习近平总书记在给大学生村官张广秀的回信中说："改变农村面貌，帮助农民群众过上好日子，推动广大农村全面建成小康，需要党和政府的好政策，也需要千千万万农村基层干部带领广大农民群众不懈努力。"③

青年只有在投身人民的幸福事业当中，才能实现自己的人生价值。"广大青年要如饥似渴、孜孜不倦学习，既多读有字之书，也多读无字之书，注重学习人生经验和社会知识。"④人人皆可出彩，人人争做出彩的实践者。习近平鼓励广大青年要立足本职、埋头苦干，用勤劳的双手、一流的业绩成就属于自己的人生精彩。事实证明，青年走出书斋，走向基层，扎根基层，能够开拓视野，增长见识，在服务基层群众的同时，彰显自己的人生价值。对青年来说，理论学习固然重要，但是，理论学习的最终目的是服务社会、服务群众。

2. 奋斗，是青年全面发展的路径

人的发展，归根到底是奋斗的结果。纵然有崇高的理想信念、丰富的知识储备、较高的能力素质，如果没有投身于改造人、自然、社会的奋斗当中，也不能实现个人的发展。人的发展是在奋斗中实现的，奋斗的过程也是践行理想信念、获得真知灼见、锻炼能力素质的过程。

奋斗，决定了青年成长和发展的高度。"人的一生只有一次青春。现在，青春

---

① 让青春在不懈奋斗中绽放绚丽之花——习近平总书记在清华大学考察时的重要讲话激励广大青年肩负历史使命坚定前进信心[N]. 人民日报，2021-04-20(第1版).

② 中共中央文献研究室、中国人民解放军军事科学院. 建国以来毛泽东文稿(第六册)[M]. 北京：中央文献出版社，1992：650.

③ 习近平给大学生村官张广秀复信：对全国大学生村官提出殷切期望[N]. 人民日报，2014-02-14(第1版).

④ 习近平在知识分子、劳动模范、青年代表座谈会上的讲话[N]. 人民日报，2016-04-30(第2版).

是用来奋斗的；将来，青春是用来回忆的。”[①]奋斗不仅是党领导人民群众进行革命、建设和改革的根本动力，也是青年发展的根本路径。当代青年要继续发扬艰苦奋斗的精神，进行锲而不舍的奋斗。新时代既有新机遇，也有新挑战。青年只有不懈奋斗，才能拥抱新时代，迎接新机遇，应对新挑战，在攻坚克难、披荆斩棘中实现个人和社会的发展。青年应该在奋斗中释放青春激情，追逐青春理想，以青春之我、奋斗之我，为人类文明发展铺路架桥，为祖国建设添砖加瓦。习近平总书记致全国青联十二届全委会和全国学联二十六大的贺信中指出：“当代中国青年要在感悟时代、紧跟时代中珍惜韶华，自觉按照党和人民的要求锤炼自己、提高自己，做到志存高远、德才并重、情理兼修、勇于开拓，在火热的青春中放飞人生梦想，在拼搏的青春中成就事业华章。”习近平总书记鼓励广大青年要立志报效祖国、服务人民。青年要立足本职、埋头苦干，从自身做起，从点滴做起，用勤劳的双手成就属于自己的人生精彩。

3. 创新，是青年全面发展的要求

创新，是民族进步的灵魂。我国作为世界上最大的发展中国家，如果只有中国制造，没有中国创造，只有产品生产，没有科技创新，综合国力就会长期落后，青年的发展就会失去有力的支撑。科技的未来在青年。开展科技人文交流，推动青年创新合作是各国共同的愿望。习近平总书记在向 2019 世界青年科学家峰会致贺信中再次强调培养青年科技人才的重要性。建设世界科技强国不是一朝一夕就能完成的，必须靠一代代人艰辛探索、接力奋斗。青年的创新是国家创新实力的重要部分，青年应该解放思想，求索进取，开拓创新。当代青年要勇于挑战自我极限、努力克服挫折。习近平总书记指出，当前，新一轮科技革命和产业变革蓬勃兴起。科技的未来在青年。开展科技人文交流，推动青年创新合作，是各国共同愿望。希望与会嘉宾围绕“汇聚天下英才 共创美好未来”主题，交流思想，互学互鉴，筑牢友谊基石，扎紧合作纽带，让更多青年科技人才施展抱负、成就梦想，以科技创新引领经济社会发展，共创人类发展的美好未来！[②]

创新创造是青年全面发展的高要求。青年的创新创造意识、创新创造能力、创新创造意志和创新创造方法等综合状况，是决定他们能否在创新创造领域取得成绩的关键。创新创造是对青年社会实践的高层次要求。青年的社会实践是一个包含若干层次实践类别的体系，创新创造是整个实践体系中较高层次的实践类别，

① 习近平谈治国理政(第一卷)[M]. 北京：外文出版社，2018：54.

② 习近平向 2019 世界青年科学家峰会致贺信[N]. 人民日报，2019-10-27(第 1 版).

对青年的要求更高。创新创造并非一蹴而就。青年的创新创造过程必定是充满艰辛和坎坷的，如果没有逢山开路、遇河架桥的坚强意志，创新创造的意识和能力就无从展现。需要广大青年长期的理论学习和实践探索。在创新创造的初期更重要的是学习借鉴别人的创新创造成果，学习别人在创新创造中运用的思维方式和具体方法，同时要善于发现别人创新创造过程中存在的问题，由此确定自己在创新创造方面需要努力的方向。

4. 实力，是青年全面发展的应有之义

实力，是青年全面发展的应有之义，没有实力的增强，谈不上青年的发展。为此，青年要强化学习，投身实践，在理论学习和实践锻炼中不断增强自己的实力。习近平总书记在北京大学师生座谈会上说："要勤学，下得苦功夫，求得真学问。知识是树立核心价值观的重要基础。古希腊哲学家说，知识即美德。我国古人说：'非学无以广才，非志无以成学'。大学的青春时光,人生只有一次，应该好好珍惜。为学之要贵在勤奋、贵在钻研、贵在有恒。鲁迅先生说过：'哪里有天才，我是把别人喝咖啡的工夫都用在工作上的。'大学阶段，'恰同学少年，风华正茂'，有老师指点，有同学切磋，有浩瀚的书籍引路，可以心无旁骛求知问学。此时不努力，更待何时？要勤于学习、敏于求知，注重把所学知识内化于心，形成自己的见解，既要专攻博览，又要关心国家、关心人民、关心世界，学会担当社会责任。"①青年要敢于直面挫折，勇于打磨，困难是检验坚韧者的磨刀石。与时代同步、与祖国同行，才能成就梦想，实现自我革命。

青年强则国强，青年弱则国弱。青年的整体实力影响着国家发展实力。一个国家能否屹立于世界之林取决于这个国家的实力。国家的实力取决于人民群众的实力，更取决于广大青年的实力。青年整体实力影响着国家的发展进程，国家的发展进程又构成了青年进一步成长成才的重要外部条件。要实现民族振兴，只能寄希望于自身的奋斗。国家的奋斗归根到底是广大人民群众的奋斗，国家的实力归根到底是人民群众的实力。离开了广大人民群众，国家的奋斗和发展就无从谈起。人民群众当中青年的力量是巨大的，青年的实力直接影响着中国梦的实现程度。中国梦的实现程度又会影响青年的发展高度。

(三) 全面发展的基础

品德，是青年全面发展的基础保障。国无德不兴，人无德不立。高尚的道德

① 习近平谈治国理政(第一卷)[M]. 北京：外文出版社，2018：172.

是青年的立身之本，是青年成长成才最关键的因素。青年，是引风气之先的社会力量。一个民族的文明素养很大程度上体现在青年一代的道德水准和精神风貌上。青年要砥砺德行，不仅在道德认知上要有所进步，在道德实践上也要有所作为，把道德认知和道德实践统一起来，做到知行合一，带头倡导良好社会风气的同时，实现自身的发展。青年要全面发展，离不开理想、奋斗、能力、创新的协同作用，这些要素在青年的发展过程中非常重要。如果失去了品德，难以独立支撑起青年的发展。

青年是弘扬志愿者精神的主力军。志愿服务具有无偿性和公益性，对社会进步起着重要的推动作用，是道德文明建设的载体，是青年成长成才的天地。习近平强调，青年要弘扬奉献、友爱、互助、进步的志愿精神，要带头学雷锋，积极参与志愿服务，以实际行动服务群众，奉献社会。近年，在党和国家的支持和鼓励下，中国青年志愿者及相关志愿服务组织的数量呈现快速增长的态势，越来越成为我国在道德文明建设过程中不可忽视的力量。青年投身志愿服务，有力地促进了青年的成长成才。青年参与志愿服务，把社会责任意识、规则意识和奉献放在首位，在社区建设、扶贫开发、环境保护、应急救助等多个领域发挥作用，为促进社会和谐与维护社会稳定做出贡献，拓宽了践行社会主义核心价值观的载体。

总之，如果说，春天是破土萌发的季节，青年时期则是培根铸魂、逐梦前行的关键阶段。青春，是人生中的拔节孕穗期，是一个磨练意志的关键期。新的时代需要更多志存高远、胸怀理想的新青年，需要更多埋头苦干、踏实笃行的新青年。青年要从自己做起，勤学、修德、明辨、笃实，并使之成为自己的基本遵循，进而在实现伟大梦想、伟大实践中创造自己的精彩人生。

【阅读链接 2-15】

新时代的新内涵

在中国共产党十九大报告中写道："中国特色社会主义进入新时代，意味着近代以来久经磨难的中华民族迎来了从站起来、富起来到强起来的伟大飞跃，迎来了实现中华民族伟大复兴的光明前景；意味着科学社会主义在二十一世纪的中国焕发出强大生机活力，在世界上高高举起了中国特色社会主义伟大旗帜；意味着中国特色社会主义道路、理论、制度、文化不断发展，拓展了发展中国家走向现代化的途径，给世界上那些既希望加快发展又希望保持自身独立性的国家和民族提供了全新选择，为解决人类问题贡献了中国智慧和中国方案。"

在十九大报告中，新时代的新内涵具有以下 5 个方面。

这是承前启后、继往开来、在新的历史条件下继续夺取中国特色社会主义伟大胜利的时代。这是讲新时代的中国要举什么样的旗、走什么样的路的问题。

这是决胜全面建成小康社会、进而全面建设社会主义现代化强国的时代。这是讲新时代要完成什么样的历史任务、进行什么样的战略安排的问题。

这是全国各族人民团结奋斗、不断创造美好生活、逐步实现全体人民共同富裕的时代。这是讲新时代要坚持什么样的发展思想、达到什么样的发展目的的问题。

这是全体中华儿女戮力同心、奋力实现中华民族伟大复兴中国梦的时代。这是讲新时代要以什么样的精神状态、实现什么样的宏伟目标的问题。

这是我国日益走近世界舞台中央、不断为人类做出更大贡献的时代。是讲新时代的中国处于什么样的国际地位、要对人类社会做出什么样的贡献的问题。

(资料来源：http://news.cctv.com/2017/10/26/ARTI3jQSqXJoOLlsGJUg2G7g171026.shtml，作者有删减)

【阅读链接 2-16】

人民日报青年观：你的背景，是这个时代

我那时很想告诉你："其实，你的背景很硬，你的背景就是这个时代。"

离得太近，有时我们反而看不清自己的时代。这是个并不嫌贫爱富的时代，这是个规则正在取代关系的时代，它并不嘲讽"80后""90后"的不谙人情，而是为他们尚显稚嫩的梦想助力；这是个教育与知识俯拾皆是的时代，不必再仰赖高昂的学费和漫长的旅行才能开阔视野，只在轻轻一点之间就囊括了万里与千年——当站在历史的坐标系上看，这是一个普通人的黄金时代。

这让我想起在美国硅谷流传着的一个说法：人生最重要的是"坐上火箭"。当你所在的平台高歌猛进时，你的前途自然水涨船高；而当你的平台前景惨淡时，接踵而至的就是困顿停滞和勾心斗角。所以，如果有了"坐上火箭"的机会，"别管什么位置，上去就行"。

成长在一个未来将长期处于上升通道的国家，不正是登上了一艘最大的"火箭"？在这样的时代里，不要放大"当下"的任何不如意，那样只会坐困愁城，错过时代的风景。今天的你如何想象，几十年前还有人以为每天能吃一个苹果就是共产主义？而几十年后的你又该如何嘲笑，年轻时的自己竟以为那时的窘迫便是全部的命运？

有幸遇上了这样的时代，一定要配得上这样的时代。没有好东西是单独来的，当时代带给我们前所未有的成长机遇时，意味着你会承受更加痛苦的破茧成蝶。这将是一场漫长的大浪淘沙，那些无法在与自己死磕中拼命长成大块头的人，都会在时代的湍流中渐渐湮没无闻。今天你会觉得你和"别人家的孩子"之间是背景的差距，但再站得远一些就会发现,你的未来与任何人无关，只关乎自己的奋斗。

所以，当别人在谈论金钱、人脉有多重要时，也许是低位起飞的你必须坚信一点：你所身处的这个时代，已经足够将你托举到一己之力曾经不可企及的高度。

其实，改变正在发生。如今，你已在一家知名律所供职，成了每天在各地出差的“空中飞人”。国庆假期的时候，又在朋友圈上看见你牵着曾经分手的女友的手，在婚礼现场幸福地傻笑——你看，时代并没有辜负你，该给的都会给，你的背景真的很硬。

(资料来源：http://opinion.people.com.cn/n/2014/1021/c1003-25875357.html，作者有删减)

【阅读链接 2–17】

读懂中国的新平台

来自埃及的穆小龙已在北京生活8年多，在新华社工作7年。他曾参加“一带一路”高峰论坛、金砖国家峰会、全国两会等重大报道。他说，最喜欢的还是下基层。十九大前夕，他和同事去海南做关于中国脱贫的报道。在鸭坡村，他采访了很多村民，养猪的，养鸡的，做辣酱的……“我也是来自发展中国家，我们国家也会面对贫困问题，我们想看看扶贫，中国为什么能。”他说。穆小龙在中国的采访经历已收录在“中国好故事”数据库中。

“中国好故事”数据库是对中国故事话语体系和表达方式的创新探索，进一步向世界展现真实、立体、全面的中国。“中国好故事”数据库由新华通讯社主办，已收录6万余条故事，从“精忠报国”“愚公移山”的传统故事，到“我将无我”“不忘初心”的新时代故事，展现“中国精神”“中国智慧”“中国力量”。数据库收录中国故事为海内外受众搭建了解中国、认识中国、读懂中国的一个新平台。数据库分五个板块，其中“学习板块”以习近平的故事、习近平讲述的故事、习近平用典的故事和习近平点赞的人物的故事为主线，为读者学习习近平讲故事的艺术、体悟故事背后治国理政的道理提供了丰富而便捷的网络平台。“治国理政”“奋斗圆梦”“中华文化”“合作共赢”板块，紧紧围绕中国共产党治国理政的故事、中国人民奋斗圆梦的故事、博大精深的中华文化的故事和中国坚持和平发展合作共赢的故事，引人入胜，全方位展现中国故事的时代魅力。

在鸭坡村，穆小龙找到了“中国为什么能”的答案：“中国共产党的执行能力真的很强，中共做出的方案可以落实到基层，在那里我了解到党员都是‘从群众中来，到群众中去’的。这让我有更好的能力去讲中国故事，去告诉外国朋友中国成功的秘诀。”如今已把中国当作第二故乡的穆小龙，认为有责任告诉世界一个真实的中国，因此，一直在努力讲述更多的“中国好故事”。

最近，他和同事做了一个视频，讲述7个阿拉伯人从事7个职业，在中国7座城市打拼、实现梦想的故事。“这个视频发布之后，反响特别好，阿拉伯当地比较大的媒体都采用了。”他说，“这让我们更想要创新讲好中国故事，让全世界的人了解这里的和平和发展。”

(资料来源：https://baijiahao.baidu.com/s?id=1645823663851092076&wfr=spider&for=pc，作者有删减)

【阅读链接 2-18】

培养新时代的马可·波罗

“那是我的‘高光时刻’。”回忆起收到习近平主席回信的那一刻，刚入学昆山杜克大学的齐远航说，“主席希望我们做新时代的马可·波罗，成为中意文化交流的使者。他的话我一直铭记在心。”

留学生齐远航毕业于意大利罗马国立住读学校，2019 年初，他和同学们一起给国家主席习近平写了封信。“在我们学校，中文是必修课。”齐远航说，“给习主席写信，就是想告诉他，意大利有很多年轻人非常喜欢中国文化，并且在很努力地学习汉语。”

“在意大利，很多大学都有中文专业。”来自威尼斯大学中文系的留学生喜想，是苏州大学国际商务专业的研究生，本科的最后一年，她来到苏州这座有“东方威尼斯”之称的水城做交换生并留下读研。

“一开始，我每天都会问自己，为什么要选中文专业，为什么会来中国？”喜想说，“我曾以为自己是为了工作，但后来我明白了，跟工作没有关系，我只是爱上中国了，我舍不得离开这里。”

“每次从威尼斯回苏州的时候，反而有一种回家的感觉。”喜想打算毕业后在苏州为意大利企业当翻译，她觉得，自己就是那个新时代的“马可·波罗”。

2019 年 8 月，在学校“金钥匙计划”的全额资助下，东南大学的经济困难学生郑平洋前往意大利都灵，参加联合国青年领袖暑期精英班。

“很遗憾，我没有那么勇敢，没能用英语公开发言。”这个来自安徽农村的女孩不无失落地说，“也许是因为恐惧未知，也许是因为害怕失败，怕丢掉那点自尊心。但我看到了各个国家的优秀同学开朗、积极、勇于尝试，他们鼓励我大胆地走出自己的‘舒适圈’。”

“这次经历大大拓展了我的认知半径，让我明白，要勇敢地迈出那一步，走向更广阔的世界。”郑平洋说。

(资料来源：http://wap.moe.gov.cn/jyb_xwfb/s5147/201909/t20190924_400587.html，作者有删减)

思考题

1. 请阐述一部经典著作及其对你的影响。
2. 请谈谈你对人生的理解。
3. 结合你的经历，讲好一个中国故事。

第三章
学 习 发 展

学习，是人类的一项基本活动。在大学，大学生最主要的任务是学会学习。

◎ 本章主要内容

一、学习的理论

二、发展的资本

三、智能的理论

◎ 教学目标

通过学习、认识和理解终身学习理论、人本主义学习理论与建构主义学习理论，开发自己的学习潜能，具备一定的积累知识资本和社会资本的意识和能力，以及具备智能知识管理的意识和能力。

第一节 学习的理论

进入大学，对大学新生提了新要求，我们需要学会主体性学习、实践性学习、创新性学习。本节的主要内容有两个方面：一是主要的学习理论；二是学习的原则。

本节教学目标：指导和帮助大学生创建主体性学习，完善实践性学习和鼓励创新性学习。

一、主要的学习理论

有关学习的理论有很多，比较知名的学习理论，主要有终身学习理论、人本主义学习理论和建构主义学习理论。

(一) 终身学习理论

人们始终把大学学习当作一个永恒的主题，反复强调大学学习的重要意义，不断探索大学学习的科学方法。同时，人们也越来越认识到，实践无止境，学习也无止境。“吾生也有涯，而知也无涯。”要适应当前世界的飞速发展，人类需要把学习从单纯的求知变为一种生活方式，开展终身学习。20 世纪 60 年代，联合国教科文组织推广终身学习理念并在世界范围内形成共识，与之相应的终身教育作为一个极其重要的概念在全世界广泛传播。许多国家在制定本国的教育方针、政策或构建国民教育体系的框架时，均以终身教育的理念为依据，以终身教育的各项基本原则为基点，并以实现这些原则为主要目标。

终身学习是指每一个社会成员为适应社会发展和实现个体发展的需要，贯穿于人的一生，并且持续一生的学习过程。终身学习具有终身性、全民性、广泛性等特点。终身学习的目的，是学会学习、学会做事、学会共处、学会做人。“四个学会”是 21 世纪教育的四大支柱，也是每个人一生成长的支柱。终身学习表现出人的生存与发展的本质力量和作用。其中，学会学习取决于人的学习能力水平和学习能力，还受到学习者所处的社会、时代或环境的影响。进一步说，学习能力影响人一生的生存与发展。与之相应的概念是终身教育，是一种思想或原则，是指人一生接受的教育与个人及社会生活全体教育的总和，其目的是维持和改善个人社会生活的质量。

(二) 人本主义学习理论

人本主义学习理论，从全人教育的视角阐释学习者整个人的成长历程，注重启发人的经验和潜能，引导结合认知和经验肯定自我，进而实现自我。其主要代表人物是马斯洛①和罗杰斯②。

1. 人本主义学习理论的主要观点

人本主义学习理论的教育理想，是要培养融躯体、心智、情感、精神、心力于一体的人，或既用情感的方式也用认知的方式行事的知情合一的人。这种知情合一的人，称之为“完人”(Whole Person)或“功能完善者”，这是一种理想的人的模式。其主要观点如下。

(1) 提倡“自由学习。”③学习有认知学习和经验学习两种。人本主义认为学习并非教师以填鸭式严格强迫学生顺从地学习枯燥的教材，而是学生在好奇心的驱使下吸收任何他自觉需要的知识。

(2) 提倡“有意义学习”④。学习能对学习者产生意义，并能纳入学习者的经验系统之中。“有意义学习”结合了逻辑和直觉、理智和情感、概念和经验、观念和意义，其特征是全神贯注、自动自发、全面发展、自我评估。

(3) 强调“学习氛围”⑤。人本主义认为教学氛围既包括真实或真诚、尊重、

---

① 马斯洛(Abraham H. Maslow，1908—1970)，美国哲学家、社会心理学家、人格理论家、人本主义心理学家，著有《人的动机理论》《动机和人格》《存在心理学探索》《科学心理学》《人性能达到的境界》。

② 罗杰斯(Carl Ransom Rogers，1902—1987)，美国心理学家，人本主义心理学代表人物。1947 年当选为美国心理学会主席，1956 年获美国心理学会颁发的杰出科学贡献奖。著有《论人的成长》《自由的学习》《个人形成论》等。

③ “自由学习”的理论贡献。一是对学生的学习持积极乐观的促进作用；二是为实现“自由学习”的目标，教师应充分地了解与理解学生；三是教学中形成自由、宽松、愉快的气氛，一定程度上有利于激发学生的学习积极性，促进学生的学习与成长。

④ “有意义学习”的理论贡献。一是重视有意义学习、过程学习，有利于消除师与生、学和做、目的和手段之间的距离和对立，使学习成为乐趣；二是克服教育中过分重视书本知识、忽视实践活动的偏向；三是从自然人性论、自我实现论出发，倡导以学生经验为中心的有意义学习推动了教育发展；四是突出情感在教学中的作用，以学生自我完善为核心具有重要性；五是课程内容、教学方法、教学手段等都维系于人际关系的发展；六是把教学的重心从教师引向学生，把学生的思想行为、情感体验看作是教学的主体，促进了个别化教学运动的发展。

⑤ “学习氛围”的理论贡献。一是重视教师态度与教学风格；二是重视学生差异与自我概念，也重视师生关系、课堂气氛及群体动力作用，特别是促使教师更加重视研究人际关系与人际感情，自我概念与自我尊重、气氛因素、学习知觉方式调节、学习能力获得、持续学习等问题；三是促使教师从学生外部行为理解其内在动因；四是促使教师深入理解讲课内容，同时正确地理解自己，促进了教师心理理论研究，对完善教师的态度定势与教学风格，具有十分重要的意义。

关注和接纳，也包括移情性理解。

2. 人本主义学习理论的启示

人本主义学习理论主张应当把人作为一个整体来研究；应该关注人的高级心理活动，如热情、信念、生命、尊严等内容；应该为学习者创造一个良好的环境，让其从自己的角度感知世界，形成对世界的理解，达到自我实现的最高境界。其启示如下。

(1) 以学生为中心，但不能忽视教学内容的系统逻辑性、教师在学科学习中的主导作用，以免影响教育与教学质量。教育必须符合人的发展水平，有利于潜能的开发，但不是迁就其原有的水平与独特性。

(2) 教育应提倡自由的精神。要遵循学生学习规律、遵守规章制度，真正做到既乐于学习又善于学习，既享有自由又受纪律制约，以适应当前的学习与未来的生活。提倡和强调师生之间的情感交流是合理的，但因此让教师迁就学生的想法是不可取的。它过于突出学生个人的兴趣与爱好，低估了社会与教育的力量。

(3) 教育应重视创造能力、认知、动机、情感等对行为的作用，这些学校教育对于开发学生的潜能、推动教育事业的进步具有积极的意义。我们要在良好的社会教育和自我教育的条件下，提高原有的智能水平，完善其独特性，促使其社会化，使之成为全面发展的人。

(三) 建构主义学习理论

建构主义学习理论是关于如何使知识结构，通过个体内化为认知结构的一种学习理论。其主要代表人物有维果斯基[①]、皮亚杰[②]和布鲁纳[③]等。下面，我们认识一下建构主义的学习理论和学习策略。

1. 建构主义学习理论的主要观点

建构主义学习理论认为人的发展是社会文化历史发展的产物，教学要考虑“最

---

① 维果斯基(Lev Vygotsky，1896—1934)，前苏联心理学家，文化-历史理论的创始人。提出“最近发展区”“教学必须走在发展的前面”等观点，著有《思维和语言》。

② 皮亚杰(Jean Piaget，1896—1980)，瑞士近代著名儿童心理学家。他的认知发展理论成为了这个学科的典范，一生留给后人《发生认识论原理》《建构主义》等 60 多本专著、500 多篇论文，他曾到过许多国家讲学，获得几十个名誉博士、荣誉教授和荣誉科学院士的称号。

③ 布鲁纳(Bruner，1915—2016)，美国心理学家、认知心理学家，被誉为杜威之后对美国教育影响最大的人。多部在教育和认知研究上具有开创性重大影响的著作，著有《教育的文化》《意义行为》《论认知：左手随笔》《教育过程》。

近发展区”[①]，考虑学习者已达到的水平，研究如何以原有的经验、心理结构和信念为基础来建构知识体系。其主要观点如下。

(1) 由于每个人的经验与信念不同，对外部世界的理解便有所差异。教学不能忽略学习者的知识经验，简单强硬地从外部对学习者进行知识的填灌，应当把学习者原有的知识经验作为新知识的生长点，引导学习者从原有的知识经验中生长出新的知识经验。

(2) 学习是学习者主动建构知识的一个过程，是无法由他人来代替的。教学应增进学习者之间的合作。合作的过程就是交流的过程，在这个过程中，不同的人看到的事物的不同方面，每个学习者的想法都可为整个学习群体所共享。

(3) “意义建构”是教学活动的最终目标。学习过程是对新信息的意义建构，是对原有经验的改造和重组。任何学科的学习和理解都会涉及学习者原有的认知结构。学习是根据经验背景对外部信息主动的选择、加工和处理而获得的。

建构主义学习理论认为学习分为初级学习与高级学习。初级学习阶段，教师只要求学生知道一些重要的概念和事实，学生只要在作业中将他们所学的东西按原样再生出来，因此，初级学习的内容主要是结构良好的领域。初级学习阶段的教学策略(如将整体分割为部分、着眼普遍原则、建立单一标准的基本表征等)，教学从低到高、由局部到整体地展开学习过程的做法过于简单化，使得学生的理解简单片面，妨碍了学习在具体情境中更广泛而灵活地迁移。高级学习的教学途径之一是随机通达教学，即对同一内容的学习要在不同时间多次进行，每次的情境都是经过改组的，而且目的不同，分别着眼于问题的不同侧面。这种反复在各种学习情境中有互不重合的地方，将使学习者对概念知识获得新的理解。这种教学把概念具体到实例中，并与具体情境联系起来，各实例都可能同时涉及其他概念。在学习中，对概念多角度理解并与具体情境联系起来，形成背景性经验，这种教学有利于学习者针对具体情境建构，有利于指引问题的解决。由于具体问题往往同时与多个概念理论相关，因此，建构主义主张弱化学科界限，强调学科间的交叉。教师并不是将提前已准备好的内容教给学生，而是在课堂上展示出类似的探索过程，提供解决问题的原型并指导学生探索知识。

2. 建构主义学习理论的启示

(1) 教学要呈现整体性的任务，让学生尝试进行问题的解决。在此过程中，学生要自己发现完成整体任务所需完成的子任务，掌握完成各级任务所需的知识技

① 最近发展区，是指儿童现有水平与经过他人帮助可以达到的较高水平之间的差距。

能。知识是由围绕着关键概念的网络结构所组成的，它包括事实、概念、概括化以及有关的价值、意向、过程知识、条件知识等。学习是在一定教学策略规范下，学生主体对学习客体的主动探索、不断变革，从而建构对客体意义理解的过程。

(2) 教学应注意学生的有意义建构。启发学生自主建构的知识结构包括：要留给学生广阔的建构空间，让他们针对具体情境采用适当的策略；应以解决学生在现实生活中遇到的问题为目标，不能使其远离现实的问题情境。教学要选择与生活经验有关的问题(但不能过于简单化)，同时，提供用于更好地理解和解决问题的工具；让学生单个地或在小组中进行探索，发现和掌握解决问题所需的基本知识技能，最终使问题得以解决。教师应重视学生的个性化特点，因材施教，让每个学生能按照自己原有的知识建构出新知识。

(3) 充分发挥学生主体地位，强调学生的自主性和能动性。从建构主义知识观出发，知识是个体对现实的理解和假设，受特定经验和文化影响，每个人对知识构建的理解是不同的。教学不是知识的传递，而是知识的处理和转换。教师不单是知识的呈现者，而更应该重视学生自己对各种现象的理解，倾听他们时下的看法，思考他们这些想法的由来，并以此为据，引导学生丰富或调整自己的认识。

二、学习的原则

进入大学，新学习对大学生提了新要求，“学会学习”显得十分紧迫和必要。我们需要把握大学学习的主要原则，有以下 4 个方面。

(一) 主体性原则

主体性学习是指把学习当作一种发自内心的、反映个体需要的活动。本质上，主体性学习，是视学习为自己的迫切需要和愿望，坚持不懈地进行学习，进而高效地完成学习任务。主体性学习主张独立自主地学习。越是学习能力强的学生，越是有思想的学生，对别人在学习上的直接帮助需求越少，能更多地自己埋头钻研，能主动调节自己的学习行为以适应不同的环境和需要。我们要养成主体性的学习习惯。学习者只有形成了主体性学习需要，才能主动去寻找和发现自己感兴趣的学习，并能战胜学习中遇到的困难，把学习当成自己的首要事情。培养主体性学习，需要独立、认真、扎实地做好学习中应该做的每件事情，解决好学习中遇到的每个问题。此外，还需要清楚自己的学习优势和学习不足，要有百折不挠的勇气。世界上的聪明人不可谓不多，但成功者却相对寥寥，究其原因是多数人并非智力不及，而是没有面对一再受挫的勇气。

(二) 实践性原则

实践性学习是十分重要的。真理来自于实践，实践是检验真理的唯一标准。现象和规律是客观地存在着的，几乎所有的发现都来源于细心的实践、观察和思考。就像苹果园里的苹果年年都会往下掉，被砸中的人也不计其数，却只有牛顿因此发现了万有引力定律，这就是观察和思考的结果。我们要重视学以致用的重要价值。学以致用的关键在于“用”，即实践。知识是动手操作的生长点。任何实践都离不开知识的支撑，在探索性的实践过程中，刚开始并不清楚其中的规律和蕴含的知识，动手操作的实践过程只有符合了规律才可能成功。对于主体来说，通过动手操作的实践锻炼，有利于总结出其中蕴含的规律性，只有这样，操作才能更高效地推广利用。学以致用的精髓：一是还原；二是实践。还原是把理论知识还原为实用知识。这个过程需要敏锐地观察现实世界现象，并思考与发现其现象背后的规律。而实践总是做起来远远比想象的复杂。在学以致用的过程中，人们能够充分发现自己的潜力。对于真正复杂的问题，如果浅尝辄止则只能加重自己的失败意识，使之更加没有信心，而多做尝试就会发现自己能做的事情很多，逐渐增强自信心。

(三) 发展性原则

人的发展是永恒的主题。应该有意识地培育发展性思维。人的认识有着相同的规律，知识的外围越大或知识越渊博，有知与无知之间的接触面越大，能看到自己的“无知的面”就越多，也就更加懂得自己发展中的局限，更加知道学无涯，更能谦虚和自律。大学生处于人生发展和学习发展的重要时期，存在很大的发展空间和发展动力、发展潜能。一个人在某些方面不成熟并非是坏事，不成熟的方面恰好是人的发展的前提。人的发展是立足于自我实现的动机与行动。越是优秀的人越努力。惰性的人，即使天资卓越也是难于获得成功的。条件优越的人，如果忘却居安思危或迷失自己，也难于形成强大的发展动力。为过往的荣誉所累的人，也是难于实现自我超越的。人的发展通常不会是一帆风顺的，挫折是常态。所以，每一个人都要有心理准备和强大内心。发展性思维包括以下方面：

(1) 开放。要对一切新信息新事物持开放心态，对先进和有价值的信息要充分深入的认识、理解和运用。面对新科技新事物以开放心态学习和借鉴。

(2) 敏锐。对于新事物要敏锐，这对于自我发展非常重要。

(3) 反思。学会科学反思对自我发展的意义重大。

(4) 视野。扩大视野是自我发展的源泉。
(5) 虚心。虚心是自我发展的重要素质。
(6) 重视意见。重视他人意见和主动纳言对自我发展的意义非凡。

(四) 创新性原则

创新性学习要求学习者有不断探索的习惯。培养不断探索的习惯要对新事物有开放的心态，既要对周围的某些事物或现象、对某些观点或看法有浓厚的兴趣(没有兴趣就不能令你有所感触，不能让你心动就不可能产生真正的探索)，最好还要有物质的条件和准备，有相应的场所或实验室。学习探索还需要丰富的信息资源。信息资源既包括人的方面的资源，也包括知识方面的资源。就人的资源来看，遇到一位能够看到自己潜力的伯乐，能更快地走上正轨。不过，机会是给有准备的人的。信息资源检索和运用也是探索学习极为重要的技能与工具。在大学，知识的前沿性特点要求大学学习的自我更新更快，因此，不要固守思维方式，要从发展和提高的角度，对自己的知识、认识和能力不断地进行完善。自我更新需要不断地对自己的知识和能力进行推敲、质疑和发展。

【阅读链接 3–1】

“创新”的概念史

古希腊语中的 kainotomia(创新)概念具有政治内涵。创新的意思是“将变革引入既有秩序”，用如今的话说，创新是颠覆性的、革命性的。柏拉图和亚里士多德采用 kainotomia 这个词时都是这样的含义。颠覆性着重谈文化创新(如游戏和音乐)及其对社会的影响；革命性着重谈政治制度的变革。由于创新具有颠覆性，该词在当时是贬义的。

古希腊从正面意义上使用该词的例子。如，色诺芬(Xenophon)使用 kainotomia 这个词时，用其本义 kainos(“新”)加上 tom(“切割”)，kainotomia 就是“进行新的切割”，色诺芬指的是“开辟新的采矿巷道”，他的目标是增加雅典城的收入。后来，柏拉图(Plato)和亚里士多德(Aristotle)则是在譬喻的意义上使用该词，意思是“出新”。

从 4 世纪起，该词进入拉丁语后开始有了正面含义。一些拉丁语作家，尤其是基督教作家和诗人，造出了 innovo(更新)这个词，即回归到原始的或纯粹的灵魂，与同时代其他一些基督教词汇并用，如 rebirth(再生)、regeneration(灵魂的重生)和 reformation(革新)。这些词汇都与新约圣经的观念相联系。innovo 没有未来的含义，但是带来“新秩序”。innovo 暗指过去：回归纯洁，回归原初的灵魂。随后的几个世纪里，innovation 的意义谱系的两端分别是“革命”

“更新”,“更新”指向过去,“革命”指向未来。19世纪晚期之前，未出现过关于创新的理论研究。

20世纪初期,“创新”成为一个平凡的词，开始出现于法律、教育、文学、艺术、科学、医学和社会科学的文献中。创新归属到“首创”类词汇中的一个单词，与“创业”“创造性”并列。影响麦克卢汉的传播学导师祖塔尔德(Garbriel Tarde)于1890年发表法文著作*Les Lois de L'Imitation*(《模仿的法则》); 创新理论鼻祖熊彼特(Schumpete)于1912年发表了《经济发展理论》一书，提出了“创新”及其在经济发展中的作用，轰动了当时的西方经济学界，1939年，他还发表了《经济周期: 资本主义过程的理论、历史与统计分析》。

20世纪40年代开始，经济史学家麦克劳林(William Rupert Maclaurin)于1949年发表了《无线电产业的发明与创新》。关于创新的理论思考开始出现，各种创新理论层出不穷，经济学、人类学、社会学、政治学、教育学、组织学、管理学等不同视角的创新观察联翩而至。人类学家巴尼特(Homer G. Barnett)于1953年发表了《创新: 变革的文化基础》; 社会学家罗杰斯(Everett M. Rogers)于1962年发表了《创新的扩散》; 教育学方面，卡尔森(Richard O. Carlson)于1965年发表了《教育创新的采纳》; 政治学方面，汤普森(V .A. Thompson)于1969年发表了《官僚制与创新》; 组织学方面，莫顿(J. A. Morton)于1971年发表了《面向创新的组织: 技术管理的系统进路》; 管理学方面，特维斯(B. C. Twiss)于1974年发表了《技术创新的管理》。经济学家曼斯菲尔德(E. Mansfield)于1968年发表的《产业科研与技术创新: 经济计量学的分析》、弗里曼(C. Freeman)于1974年发表的《产业创新经济学》、奈尔逊(Nailson)于1977年在《科研政策》杂志上发表的论文《追求一种关于创新的有用理论》，今天就较为熟悉了。

(资料来源：http://wap.sciencenet.cn/blog-1557-1088094.html?mobile=1，作者有删减)

【阅读链接 3-2】

大学的学习误区

2016年，中国青年报社社会调查中心联合问卷网对2002名正在读大学或大学已毕业受访者的调查显示，83.1%的受访者在大学期间有过逃课经历，50.8%的受访者有过找别人替课的经历。有过逃课经历的受访者表示，逃课的主要原因是上课时间和其他活动时间冲突(37.3%)，其次是考核不严格，认为去不去上课都无所谓(31.8%)。其他原因依次为：懒惰(31.1%)、不喜欢任课教师(28.1%)、认为课程本身不重要(27.5%)、更喜欢自学(20.9%)、课程太难不想学(12.3%)、课程太简单不需要上课(10.9%)等。

可以看出,“懒惰”“去不去无所谓”“不重要”“不想学”“不喜欢任课老师”这样任性的借口成为绝大多数大学生逃课的主要理由。相比高中时的固定教室、固定时间、固定班主任与任课老师，大学的上课安排的确给了大家更多的自由。这种自由也成了高考压力反弹的宣泄口。

问题 1：考上大学是终极目标？

在孩子进入幼儿园那天开始，就已经进入高考倒计时的备战状态。无论是想进重点初中、重点高中、重点班、火箭班甚至“清北班”，所有的箭头都指向一个地方：好大学的入口。因此，在被“高考”这两个字压了多年的孩子们，被父母严加管教的孩子们，在刚刚进入大学时发现他们来到了从未见过的“乌托邦”。以前紧迫的升学压力、家长老师时时刻刻的监督以及严苛到每小时的时间管理，在大学里都没有了。就像长时间被压迫的弹簧一样，松绑解放的心情可见一斑。但是，正因为如此，这样的反弹也是剧烈的，甚至是毁灭性的。

案例 1：

李欣是某大学 2014 级学生。2015 年，他因为一个学期所修学分不到 4 分被红色警示，随后被作退学处理。来自西部大城市的他，和许多同龄人一样经历了相似的学生时代——从小学到高中，都被学校作业和各种校外辅导压得喘不过气。

对于他来说，高考就像是游戏里最后一个守关怪物(BOSS)，只要打通了，这场充满痛苦和折磨的“游戏”就结束了。“那时候老师总说，现在多吃点苦，考上大学就进天堂了！”老师这句话支撑着李欣等着等待“苦尽甘来”的那一天。

“解放了！”李欣这样形容自己刚跨入大学校门时的心态。紧接着，网吧，电脑游戏，吃喝玩乐……五光十色的娱乐生活让李欣尽情释放着这么多年来的压力。自甘放纵的他没有留意入学时学校发放材料里这样的规定：一个学期获得学分未超过 4 分，将被红色警示，作退学处理。这个上大学刚一个学期的男孩，因为只修了 4 学分，4 门课程不及格，被学校作退学处理。

“大学刚开了个头，没想到就要结束了。”他这样说。

问题 2：什么可以毁掉大学生？

“上了大学就轻松了”这句话就可以毁掉大学生。信了它，你就真的被淘汰了。关于当代大学生的校园生活，有许多奇妙的黑话，比如“只要胆子大，一周七天假”“上课不过就是换个地方玩手机”，再比如“没有逃课挂科过的大学生活不完整”。颓废和堕落像是流行病，在这群刚满 18 岁的年轻人中悄然蔓延。没有了升学压力和老师家长的监管，于是就借着上了大学就要好好玩的名头，实实在在地挥霍着青春。大概是因为捆绑了十几年的束缚突然解锁，“自我管理”这项技能，他们迟迟没有学会。当他们奉着“反正都考上了大学”的想法，把大学当作肆意玩乐的场所时，恶果也在悄然酿成。

案例 2:

2013 年本应该是 2009 级学生王亚林的毕业年，他却因大学期间沉迷网络而未能修够学分，只能继续读书。2014 年 9 月，他突然离开了学校，和家里人彻底失联。由于儿子长时间与家里失去联系，王亚林的父亲不远千里到西安寻人。年过半百的父亲不懂得网络，还是在学校、微博大 V 等的帮助下，终于在网吧找到了正在当网管的儿子。谁也不会想到，当初，王亚林在高考时考了 628 分的高分，被××重点大学录取。

案例 3:

2016 年，南京某大学一年内劝退 49 名学业“挂科”学生。在他们的身上，我们都能看到“考上大学就轻松了”这句话埋下的苦果。2012 级学生王军就是其中一位，早在一年前，学校就对王军提出过退学处理意见，母亲带着他到学校恳求，希望再给孩子一次留在校园学习的机会。鉴于其健康原因，学校同意王军降级试读一年。然而，一年过去，玩游戏近乎痴迷的他，还是没有修够学分。2016 年春季再次延长试读后，王军仅修了 7.5 学分。这意味着，他在三年时间有 40 多个学分没有修，将近 20 门课程不及格。这个男孩很少上自习课，玩游戏近乎痴迷，尽管多门功课挂科，却似乎与己无关。

案例 4:

同样痴迷于游戏的还有某大学 2013 级学生马宁。辅导员李靖老师这么评价马宁：他玩游戏太痴迷了，用手机玩，用电脑玩，有时候是手机、电脑一块玩，看着手里的想着桌上的，经常会玩到深夜。这样的堕落，直接导致了马宁的旷课和挂科，以及多次的学业黄色警示。在马宁最后离开学校时，他出人意料地一脸漠然。他的一位老师说：“就像是一位住店旅客离店回家一样平静，也许他本人对大学生活并没有太多留恋。”或许他明白，基于自己的学业成绩，他早已经有了思想准备，是自己一步一步葬送了自己的学业和未来。

问题 3：智商已经开始下降了吗？

在某大学贴吧里，有人发贴表示对学校退学制度的怀疑：“毕业几年了，感觉学校越来越严，我们那时好像很少有退学公告，现在每学期都有，挺严格的哦！”“不是学校越来越严，而是考上大学的那些人越来越懒。”大学不是“保险箱”，躺着不干的学生肯定要被淘汰。

有些大学生们总是自嘲自己的智商巅峰已经过去了。他们表示高中的自己会做英语、数学、物理、历史、生物、化学等九门课程的作业，上了大学后却成了不学无术的人。“我的智商已经开始下降了”，这是他们常用的理由，却从来没有反思过这句话的科学性。

真的是这样吗？1969 年，心理学家格林测试了 24～64 岁的个体的智商，认为智力在 40 岁增长到最高峰，并且此后也不会迅速下降。1956 开始的“西雅图纵向研究(Seattle Longitudinal Study)”追踪了 5000 多名 25～88 岁的人，时间长达 35 年，发现不同认知能力间的高峰年龄差异相当大，数学能力的高峰甚至可以到 45 岁。研究显示大部分人在35 岁后智力才开始下降，并且这只是单一维度的智力考量。1970 年，心理学家布拉姆、贾维克等人发现，对于人类的知识基础“晶体智力”，甚至到 85 岁都不会减退。

“脑子不如高中时好用了”不是考上大学就堕落的借口。不如说，这是因为有些大学生自己把身体与大脑自主锈化了。2014 年，教育部在新闻发布会上称，学生体质健康状况持续 20 多年下滑后，近年来出现了积极回升，个别指标甚至出现了连续上升的势头。但一些大学生体质健康下滑趋势依然没有得到遏制，甚至在很多指标上不如中学生。在体质检测中，很多大学生甚至因为长期缺乏体育锻炼发生晕厥、猝死等情况。这样的案例年年有，还不在少数。2012 年上海一名大三学生，在测试 1000 米时突然晕倒，最后不治身亡。2013 年湖北一名大二学生，在进行 1600 米测试时，突然晕厥甚至呼吸暂停险些猝死，最后通过抢救挽回了生命。2014年宁波一名大二学生在长跑测试中猝死。究其原因，“宅”在宿舍打游戏、昼夜颠倒成了大学生体质下降的主要原因。一位资深体育教师表示：“因为中学生有升学压力，必须进行体育锻炼，因此，耐力素质提升很正常，相反大学生基本都是放养教育，体育课的效果也很差，平时很多同学也不会去锻炼，体质自然堪忧。”除了体质下降，还有更多放纵自己的后果在等着他们。

案例 5:

2014 年春节期间，位于成都某校区里的长椅上，一个年轻的“流浪汉”已连续三晚在这里过夜了。8 年前，这个年轻的“流浪汉”以 650 分的高分成为某县的理科状元，考入了重点大学。他在毕业后没有找到理想的工作，便开始在街头流浪。55 岁的父亲接到电话，听到“你儿子在学校的椅子上，已经睡了三天了，这么冷的天。”他在找过数十家网吧后，终于在一家网吧找到了正埋头打游戏的儿子。这个头发蓬乱、脸色苍白、全神贯注盯着显示屏的落魄男儿，怎么也看不出曾有着“高考状元”的荣耀。

(资料来源：http://www.sohu.com/a/214205388_100093170，作者有删减)

【阅读链接 3-3】

“高质量大学”意味着什么

中国提出建设“高质量大学”。在中国高等教育的毛入学率接近 50%的情况下，大学势必会“宽进严出”。过去的“严进宽出”正在随着新一轮的高校教育改革开始改变。打造高校金字招牌的做法之一，就是取消毕业“清考”，这种做法在一些高校已开始实行。

对于大学生来说，自我管理十分重要。大学生应该学会树立发展目标，学会职业生涯规划和生活管理，不轻易懈怠。高校应该进行有效的教育和更加科学严谨的管理，为社会输送各级各类的人才。家长和老师要在18岁之前帮助孩子们做好人生发展指导和规划。

(资料来源：http://www.sohu.com/a/214205388_100093170，作者有删减)

【阅读链接 3-4】

给新生的学习建议

学生最主要的任务是学习。许多大学实行学分制，修完学分就能毕业，四年要求学分约150个。许多大学每天安排十几节课，从早上8点到晚上8点多，没有午休时间，大学生根据自己的安排每天选择5～6节课。考试时间不同于中学，基本每两个星期安排一科考试。重点科目比如英语、高数、专业课的基础课平时要重视学习。大一的多数专业会碰到微积分、线性代数、微观经济学、宏观经济学、马克思主义政治经济学，这些学科难度较大，大家要加油学。英语分精读、泛读、听力、口语等方面。其中，精读跟高中要求相似，要注重语法词汇；泛读要求多看英文原著；听力要求平时多听英文内容；口语要积极参与课堂活动。

大学的学习与中学截然不同：老师不再时时督促学生学习，学习主要依靠自己的主动学习；没有父母在身边叮嘱学生学习；不会经常布置课堂作业，理工科学生会有一些课堂作业，而文科学生则是极少甚至没有作业。新生会发现大学里学习没人管了，其实从现在开始，是要你自己管自己。伴随大学教学模式的改变，学生的学习方法也要进行相应的改变。下面主要从6个方面介绍大学课堂学习方式的改变。

(1) 自主。大学课堂学的是“知识的精要”，真正的功夫是下在课堂之外，你要做自己学习的监督者，大学学习要自主。大学老师的角色定位是引路人，一门课程通常是一周2～3节课，按一学期上课18周计算，总共是36或54个课时，可见课堂时间是非常有限的。大学教材许多都是大部头，动辄四五百页，老师要完成教学任务就必须一堂课讲几十页。一些学生会抱怨大学老师讲课太快，内容不够详尽，其实是对大学教学方式认识不足所致。

(2) 自学。要课前预习、课中勤学、课后复习，适当扩展。上课前，要预习教材相关内容。建议同学们在学期初把教材以浏览的方式过一遍，这样一是对将要学的东西有一个整体的认知，便于预习中能“以后补前”，前面内容你读时可能不理解，但读到后面部分或许就会豁然开朗。经常问问自己“我读懂了什么”“哪些问题还不太理解”，养成做预习笔记的习惯。带着问题去听课，你会发现自己听得更专心。课堂上老师的讲解会让你茅塞顿开，同时还会给你新的启发，要做好课堂笔记。课后要复习，把笔记整理补充好，若预习时产生的问题老师没有讲解到或是自己理解不透，要及时向老师寻解，不要把问题拖后，否则会被遗忘或不了了之。

(3) 笔记。大部分大学老师都采用PPT开展授课，有的同学会课前将PPT打印出来，上课时只需将PPT中没有的内容补上即可，这就是所谓的“PPT打印稿填补法”如此节约不少精力和时间，集中课堂学习。还有一种方法叫“教材笔记二合一法”，即把笔记记在书本相关内容的空白处，不够再贴纸写，此法可减去复习时频频翻看课本对照笔记的烦恼，也可用手机等工具录下讲课内容，课后再整理成书面笔记。依据个人喜好和习惯还可创造出各种新的方法，但切忌只抄不想，做笔记的同时必须跟上老师的思路，自己动脑筋思考，否则就变成抄写课了。

(4) 考试。考试并非大学教育的目的。每个学科都有其博大精深的理论体系，一本教材只是一个小缩影，老师会列出课程相关参考书目，这些书目是深入了解该课程的必读书目。很多人觉得大学学习只是在期末考试的一个月抓紧学习就行，平时用不着学，其实不然。中学教育是应试教育，而大学教育是素质教育。毕业后找工作，用人单位不完全是根据应聘者考试分数的高低来决定是否录用，而是看是否有真才实学。也许一些记忆力好的同学能够在期末临时抱佛脚获得一个漂亮的分数，可是知识不是临时记一记，而是要理解运用的。大学考试60分过关不难，但要真正学好、学有所成，则非下功夫不可，尤其是有志往学术研究方向发展，或考研究生的同学更要从大一就开始抓紧，低年级学的是学科基础理论，扎实的基础是未来提升、超越的前提。

(5) 专业。大学生不单要做专才，还要做通才。大学的课堂是开放式的，学生可以去旁听其他任何院系的课。经济学专业学生听数学专业的课，能提高对经济理论模型的理解能力；计算机软件专业学生听艺术设计专业的课，有助于增强软件界面的设计美感；还有的同学对其他专业感兴趣，也应充分利用大学这一便利，发展自己的另一特长，而且毕业时也不一定要局限于专业对口的工作。假如你在另一专业学有所成，转行未尝不可，这方面的成功例子屡见不鲜。另外，提醒大家，大学里旁听都是免费的，这是绝无仅有的，告别大学就再也没有这种机会了。

(6) 计划。没有一个学生不想要好成绩，学业有成。在校园内经常听到“从明天起我要好好学习”“下学期我一定乖乖上课”……豪言壮语、后悔自责总是最简单，却又最无用。实现愿望的最佳方式是行动！要制订学习计划便于执行，以月或周为单位，列明具体的科目和计划学习的内容，例如“要阅读的书目”“每天背英语单词的数量”“教材每章的小结复习”等。可将“学习计划表”贴在你的书桌前，还可以添上几句学习名言鼓励自己。要转变学习方法，适应大学学习，好好学习，天天向上！

(资料来源：https://wenku.baidu.com/view/a99e381252d380eb62946df1.html，作者有删减)

第二节 发展的资本

人的发展离不开社会，自然地也离不开社会资本。人的发展离不开知识，知识资本是为了最大限度地保护和提高知识的价值。本节的主要内容有两个方面：一是知识资本；二是社会资本。

本节教学目标：探索出适合自己的有效知识管理和智能知识管理的路径与技术，并学会创建和管理知识资本，积累和创造社会资本。

一、知识资本

人类社会的生产力进入这样的阶段：知识正在取代土地、物质资本等传统的资本，日益在生产中起着主导作用。对知识资本价值的认识，有助于大学生明确自己未来发展的根基在于知识资本，从而增加学习的自觉性、选择性和创造性。

(一) 知识资本的实质

知识资本(Knowledge Capital)是人力资本理论概念，知识资本是知识经济时代的主要资本形态。知识资本的概念由美国学者舒尔茨(Schultz，1902—1998)提出，他认为知识资本是经济和社会发展的重要动力和原因，这一观点对经济学发展产生了重大而深刻的影响，舒尔茨因此被称为“人力资本概念之父”。广义的知识资本是指以人及其知识成果为载体所凝聚的知识资本总量。知识资本理论的提出，适应了知识经济时代企业资本运营和管理的变化，为我们理解企业知识创新、知识传递、知识利用和知识包含提供了理论支持和财务评估依据。

知识资本的实质，是能够转化为市场价值的、能带来企业利润的知识，知识资本是知识企业全部资本的总和。从财务看，知识资本是企业的真正市场价值与账面价值之间的差距，它将企业信誉、商标、员工知识和技能、员工忠诚、顾客满意、经营关系等无形资产，与有形资产结合起来，共同互动，拓展了物质资本和非物质资本的概念；从要素看，知识资本的内涵包括了人力、管理、技术、经验及其成果等要素；从特征看，知识资本是以高科技为主要特征，以无限知识为基础，能够给企业带来利润的无形资产。

(二) 知识资本的影响

1. 知识资本对社会经济发展的影响

知识资本使企业实现知识的资本运营、积累和增值。

(1) 知识资本的功能是创出更多的劳动价值。知识资本的形成过程，是将无形资产和有形资产整合在一起，提高生产力，提升劳动价值。知识资本是无形资本，生产资料是有形资本，二者结合创新创造出的生产力和生产价值，其剩余价值率远远高于过去。

(2) 知识资本丰富了所有制。知识资本创造了更多的劳动价值，改变了财务管理和股份参与模式，并将深刻影响未来社会的所有制结构。

(3) 知识资本影响了财务管理制度。在财务上，知识资本是知识产权、智力资本、知识资产的同义词。知识产权有明确的定义，它把产权权利赋予专栏、商标和版权等具体财产中，这些财产是如今在会计中被正式认可的唯一形式，因此，知识资本理论影响了现行的财务管理。将传统的有形资产和无形资产、物质资本和非物质资本、市场价值和账面价值、物质资本和人力资本等多对概念，统一在“知识资本”的概念框架中，有效地说明了人力资本和结构资本之间的互动关系，改变了以往企业财务和会计无法科学评估知识、技能等无形资产的局面。

2. 知识资本对人的发展的影响

知识决定个人就业的起点、方向、收入和社会地位。知识资本的价值自然地引申出对人的发展目标和价值方向，即对人力资本普遍的高度重视。舒尔茨认为，由教育、保健、人口流动等投资所形成的人的能力提高和生命周期的延长，是资本的一种形式。

(1) 在知识资本理论中，知识资本是企业、组织、国家和个人最重要的资产，也是企业核心竞争力的本源。斯图尔特(Stewart)①论证了知识资本的结构和内在关系。知识资本是由人力资本、结构性资本②和顾客资本③构成，三者共同作用，推动企业知识资本价值的增值。

(2) 企业将知识资本视为财产计入股份，并有按照知识资本进行分配的制度加以保证。比尔·盖茨在创建微软时，只是以知识投入就获得了公司 30%的股份。

---

① 斯图尔特在美国《财富》杂志上发表了《知识资本：如何成为美国最有价值的资产》(1991)和《你的公司最有价值的资产：知识资本》(1994)等论文。

② 结构性资本，是指企业的组织结构、制度规范、组织文化等。

③ 顾客资本，是指市场营销渠道、顾客忠诚度、企业信誉等经营性资产。

知识资本的分配原则是知识资本被视为知识转换的最终结果，或是转化为企业知识产权或智力资本的知识本身。知识水平差异是报酬差异的重要依据。拥有知识资本的知本家对企业利润有分享权。

(3) 知识资本的运营、回报和增值依靠人的创新力，因此，智力投资得到了重视。企业、组织、个人或家庭对提高劳动者素质的投入均被视为“投资”。智力投资最终会进入生产领域，物化为生产资料和劳动力，转化为直接的生产力。从这个意义上说，智力投资是一种重要的生产性投资。

(三) 知识资本的管理

衡量知识资本的唯一标准，是看是否具有创新性和创造性。知识资本的创新、创造有助于实现企业或个人的跳跃式发展。知识资本管理，是为了最大限度地保护和提高知识资本的价值。

知识资本管理必须贯穿于工作的始终，使它成为整个工作不可分割的一部分，这样，当需要知识时，从外部导入知识；而当知识被创造出来或获取时，可以及时地将其导出给组织的其他部门。使知识活动成为工作不可分割部分的唯一方法是，要通过不断地搜索获取知识并融入工作，同时去掉不重要的活动来对工作进行设计。微妙的是知识工作者往往不喜欢让别人告诉自己怎样完成自己的工作。自治权是许多知识工作者的重要权利；这也是他们为什么努力地争取成为一名知识工作者的原因之一。因此，那种自上而下的工作重组并不适合、也不会取得理想的效果。一般情况下，知识资本所有者的工作特质有以下三个：

(1) 知识资本所有者的工作过程是思考过程。他们比较在意别人对自己创造成果的认同度，对上级安排的工作有独立的看法。

(2) 为获得更大的发展，知识资本所有者工作的目的有强烈的工作成就感和自我实现需要，学习动机强烈，偏向于张扬个性。

(3) 知识资本所有者的工作时间不确定，追求工作的挑战性、成就感和自我价值实现。所以，对知识资本所有者的管理和自我管理，需要根据其工作特质和发展规律来进行。

二、社会资本

20 世纪 70 年代以来，经济学、社会学、行为组织理论以及政治学等多个学科都不约而同地开始关注社会资本。

(一) 社会资本理论

人的发展离不开社会，自然地也离不开社会资本。认识社会资本理论的形成与价值，有助于大学生对社会资本的积累和职业成功有更深刻的认知，有助于培养大学生全面发展的主体性。社会资本(Social Capital)是指个人在一种组织结构中所处的位置的价值。对群体而言，社会资本，是指群体中使成员之间互相支持的那些行为和准则的积蓄。社会资本理论代表人物，主要有布迪厄、科尔曼、林南和帕特南等，他们分别对“社会资本”从不同角度进行了阐述。

布迪厄(Pierre Bourdieu)认为社会资本划分为经济资本、文化资本和社会关系资本，三者之间可以相互转换。社会成员和社会团体因占有不同的位置，而获得不同的社会资源和权利。科尔曼(James S. Coleman)认为社会结构资源作为个人拥有的资本财产，叫做社会资本。社会资本与物质资本、人力资本并存，每个人生来就具有这三种资本，三者之间可以转换。为了自身利益相互进行各种交换，结果形成了持续存在的社会关系。林南(Nan Lin)认为，社会资本是经过某些程序而被群体认为是有价值的东西，这些东西的占有会增加占有者的生存机遇。社会资本存在于社会结构之中，人们必须遵循其中的规则才能获得行动所需的社会资本。人的行动具有能动性，人通过有目的的行动可以获得社会资本。帕特南(Robert D. Putnam)认为社会资本是一种团体的甚至国家的财产，而不是个人的财产。由于共同的历史渊源和独特的文化环境，人们容易相互熟知并成为一个关系密切的社区，组成紧密的公民参与网络，这种公民精神及公民参与所体现的就是社会资本。

(二) 社会资本价值

社会与人的辩证关系，决定了两者发展的辩证统一关系，社会发展是人的发展的前提和基础，人的全面发展是社会发展的目标。在高校，要把社会发展，教育发展与毕业生就业指导部门的工作结合起来，努力建立“社会—高校—大学毕业生”的结构联系。就社会资本价值而言，可以从两个方面来考察：一是社会资本在人的发展中的价值；二是社会资本在社会发展中的价值。

1. 社会资本在人的发展中的价值

(1) 社会资本对职业成功的影响。社会资本与人力资本、心理资本是职业成功的三大变量。职业成功不仅是个人也是组织所关心的问题。对管理型职业来讲，社会资本更有助于职业成功；对技术型职业来讲，知识资本与职业成功有关①。企业规模、行业部门、组织支持和地理位置等组织变量，也可能与职业成功有关②。职业成功被定义为一个人通过工作经历获得的积极的心理或与工作相关的成就。对个人而言，职业成功反映了个人的自我实现；对组织而言，职业成功意味着该组织充分利用其人力资源并最终为其成功做出贡献。

(2) 社会资本对收入水平差异的影响。研究发现，个体综合素质越高，越容易初次就业，就业起薪越高。一般来说，社会资本对收入的影响为“锦上添花式”。人力资本对收入水平的影响为“一视同仁式”。劳动时间对收入水平的影响为“雪中送炭式”③。社会资本的重要性越强，家庭选择的社会资本投资力度越大，知识生产和经济增长速度越快④。

(3) 社会资本可能造成的负面效应。在通过社会关系联系的增强，国家政策的支持等措施提升社会资本、促进人的全面发展的同时，也应警惕社会资本可能造成的负面效应。社会资本在社会转型中在很大程度上影响着人们社会地位的高低。那些在传统再分配体制下拥有较高社会地位的精英们会在市场转型过程中充分利用自己在传统体制下积累的社会资本，并将这些资本迅速转化为在市场经济体制下可用的资源，从而使自己在新的社会中继续获得较高的经济社会地位。学术界研究人力资本、社会资本与就业关系时，很少关注这两大资本对就业的耦合作用以及两者之间的关系。

因此，随着高等教育发展的大众化、市场化、国际化等趋势发展，社会资本将成为大学组织竞争优势的来源。大学组织、筹划和发展社会资本，既能够获得有价值资源，又通过加强关系网络，增强大学组织的凝聚力，形成内部资源分配的有效路径，促进组织内部形成良好的和谐氛围；增进大学组织与外部其他组织的交往和联系。

2. 社会资本在社会发展中的价值

社会资本以信任互惠和社会关系等形式存在。社会资本有四个维度：关系类

① 周文霞，等. 职业成功的资本论：构建个体层面职业成功影响因素的综合模型[J]. 中国人力资源开发，2015(17)：38-45.

② 周文霞，等. 人力资本、社会资本和心理资本影响中国员工职业成功的元分析[J]. 心理学报，2015(2)：251-263.

③ 朱诗娥，等. 资本投入对不同收入阶层差异化回报研究——基于 CFPS 数据的微观经验分析[J]. 财经问题研究，2018，420(11)：106-115.

④ 严成樑. 社会资本、创新与长期经济增长[J]. 经济研究，2012(11)：48-60.

别，关系人，信息资源和人情关系。社会资本来源于组织(学校、企事业单位)、家族(家族)和个人等。

(1) 社会资本在社会政治生活和公共事务的价值。社会资本有助于产生自发的社会组织及成员间的信任和规范。以社会参与行为和自愿连属组织为代表的社会资本，是市民社会的基石，人们积极地参与社会政治生活和公共事务，在自发形成的组织活动中自然体验到民主的程序和实质。

(2) 社会资本是企业发展的条件。员工之间、企业之间的信任可以提高参与合作的企业内部与企业之间的相互关系的质量，影响合作的结构。信任的程度能影响企业的规模，信任也能降低企业的交易费用，提高企业的经济效益和社会效益。

(3) 社会资本在劳动就业中的价值。即使在欧美劳动力市场制度建设较完善的国家里，人们在就业和求职过程中还是会更多依靠自己的社会网络关系，从而有助于找到理想的工作。对雇主来说，使用社会网络可扩大雇佣范围，保证员工质量。

(三) 社会资本积累

从积极的意义看，社会资本能够通过技术创新影响经济发展，推动经济增长。从形成的规律看，社会资本的形成十分困难，有链式积累和流动积累等方式，并且需要人们发挥积极的主动性，进行长期的积累。

1. 社会资本的链式积累

经济学普遍从是否获利来谈论资本，社会资本常被用来指能为行动者带来收益的持续稳定的社会关系，它强调的是个体对有意投资的关系资源的利用。

社会资本的链式积累是指在社会资本—技术创新—经济增长之间存在着“链式关系”，社会资本能够通过技术创新影响经济发展，进而推动经济增长。社会资本显著地影响着技术创新、经济增长绩效、链式关系成立。技术创新并不是社会资本影响经济增长的完全中介，社会资本还通过其他渠道影响经济增长。社会资本对技术创新的作用越大，创新主体越注重社会资本的积累，社会资本水平的提升速度越快，而社会资本水平的提升又会促进创新效率的提高，进而创新部门会使用更多的社会资源，经济的创新率与经济增长率更高[①]。

2. 社会资本的流动积累

在现代社会中，原来联系紧密的血缘关系转移到高度集中化、城市化的集体中。这种转移使得单个人越来越脱离了原先密切的地域性的血缘和庇护群体。现

① 陈乘风，等. 社会资本内生化的技术创新与经济增长模型[J]. 宏观经济研究， 2017(9)：98-106.

在社会资本的形成越来越困难，随着市场经济的发展，人们的行为越来越理性化，个人越来越多地占有可供支配的、可利用的资源。

社会资本的流动积累是指在现代社会中人们的流动增加，也使得人们不愿在某个地方对社会资本做过多的投资，人们只是在必要时才对社会资本进行短期的功利性投资。越来越个体化的社会使社会资本的形成非常困难，这是社会资本理论的外部困境。在城市化的现代社会里，单个人在越来越高的程度上依靠自己谋生立业。人们拥有了更大的选择空间，可以在更大的程度上为自己做出决断。社会资本的表现方式多样，有行动力资本(让目标得以迅速实现)；思维力资本(有效地找到成功出路)；管理力资本(充分发挥时间的价值)；控制力资本(让生活和工作有条不紊)；创造力资本(超越他人的不二捷径)；人脉资本(有效地借用他人力量)；胆商资本(有效把握自己的机遇)；才学资本(让人成功的不竭源泉)；心态资本(不断进取的强大动力)；健康资本(为成功奠定良好的基础)等。

【阅读链接 3–5】

益友，是你的社会资本

大学生可以脚踏实地地在大学期间进行广泛的实践，通过社会交往奠定社会资本的基础。相知无远近，万里尚为邻。友情是空气，难以觉察，但能容纳我们的呼吸；友情是一缕和煦的春风，会拂去我们眼角的泪痕；友情是一抹明媚的阳光，会照亮我们孤寂的心房。大学之美，友谊之真。

许某现为某知名外企的部门负责人。在大学一年级时，他因对大学生活不适应，整天沉迷于网络游戏，打发时光，惶惶不可终日。同在学校网络中心学习计算机软件的同学何某看到后，极力劝阻，建议他找一些自己有兴趣的书来看，还建议许某与自己一起学软件。这些对许某触动很大，虽然他没有学软件，但开始思索并着手做了一些事情。此后两人一直互相鼓励，互相帮助。大学毕业后，许某来到北京打拼。两年后，何某也因读研来京了。两人又在同一城市继续着他们的友情。

对于大学新生来说，与友情同行，你将感受到无边的风景，友情会让我们一起见证青春梦想。初入大学，偶尔会想起过去的朋友。最初我们都会对旧日各怀想念，敞开心扉面向远方的朋友，抱着电话感触时下的喜乐悲伤，或怀着淡淡的惆怅敲着冰冷的键盘向别处诉说此时的年少轻狂!

随着大学生活的展开，周围的朋友渐渐多了起来，我们日渐成熟起来。只是不管怎样，和朋友聊天时还是那么畅快和肆无忌惮。在友情的滋润下，我们鼓起了独自生活的勇气，我们漫步在大学舞台的中心，一起见证青春的梦想，共同感受友情的可贵。在寝室里、班级里、系里、社团里，一次次结伴而行的活动，食堂里吃饭时偶然的话题碰撞，都有朋友的踪迹。甚至现在大学校园网上的网友从网络中走出来，一起打球、一起唱歌、一起娱乐的情景也越来越多。

朋友是一面镜子，从朋友的眼睛里反观自己，每个人都会有收益。因此，交朋友一定要学会照镜子。要相信友情是平等的，每人的背景不同，所积累的财富的类别也不同。你总有可以用来和别人分享的资本，相信你自己；别人也总有值得你欣赏的东西，别自以为是。朋友的圈子有多大？ 俗话说:“一个篱笆三个桩，一个好汉三个帮。”人生在世，是离不开朋友，少不了朋友的友谊和支持的。

大千世界，鱼龙混杂，认识和选择朋友对大学新生来说是十分重要的人生课题。无论交什么类型的朋友都要慎重对待。子曰:“益者三友，损者三友。友直，友谅，友多闻，益矣。友便辟，友善柔，友便佞，损矣。”这对大学生选择、结交朋友有着深刻的启示。一个人的朋友如何，对自身的发展往往起很大作用。与正直、讲信用、有学问的同学结交朋友，会受益匪浅；与那种谄媚奉承、华而不实的人交朋友，则很可能会误入歧途。

大体来讲，大学生的益友有以下几种：挚友、畏友、密友、学友。挚友是指恳切、真诚、以感情和原则为生命的真心朋友。畏友指的是朋友之间敢直言规谏、直陈人过的人。畏友像一面镜子，能照出对方脸上的尘土与污点，可使自己及时发现并予以改正。密友是亲密无间、感情浓厚、能与自己同甘共苦的朋友。学友是指勤于学习或知识渊博的朋友。学友可以使自己增长知识、开阔视野，从而相互配合、取长补短、相互促进、互为鞭策。在今天的大学校园里，大学生根据各自的兴趣、爱好，结成了一个个或松或紧的交往圈。这种交往圈，大概可以分为学习型、娱乐型、社团型、老乡型等几种类型。

学生社团是大学校园里一道亮丽的风景线，是校园文化的重要载体。社团有理论类，如各种理论研究会；有实践类，如社会实践协会、公关协会、外语协会、舞蹈协会、广告协会等。许多大学生通过社团培养能力，增长才干，同时会结交一群志趣相投的朋友。

(资料来源：http://www.sxnet.com.cn/post/201302/05-203.html，作者有删减)

第三节　智能的理论

在智能时代，智能的理论对智能知识管理，提高我们创新性和创造性的能力，具有现实性和超越性。本节的主要内容有三个方面：一是智力与非智力因素；二是多元智能理论；三是智能知识管理。

本节教学目标：将大学的智能知识管理理论、技术与实践结合起来；指导和帮助大学生自觉地探索适合自己的、高效的知识管理和智能管理的路径。

一、智力与非智力因素

(一) 智力因素

智力指人认识、理解客观事物并运用知识、经验解决问题的能力，包括观察、记忆、想象、思考、判断等。智力包括观察能力、记忆能力、想象能力、抽象概括能力、创造能力等，其中抽象概括能力是智力的核心。智力的高低通常用智力商数来表示，用以标示智力发展水平。智力不指代智慧，两者意义有一定的差别。

德国心理学家施特恩(W. Stern)在 1912 年第一次提出智商的概念。智商，即智力商数(Intelligence Quotient，IQ)。正常的 IQ 为 90～109，超过 140 属于非常优秀水平。一般来说，智商比较高的人，学习能力比较强，但两者不一定完全正相关，有的人学习能力强，但社会学习和适应力不强。智力包含人类学习和适应环境的能力。

智力测量是对智力的科学测试。智力测量主要是测验一个人的思维能力、学习能力和适应环境的能力。1905 年，世界第一套智力量表《比奈—西蒙量表》由法国心理学家比奈(Binet Alfred，1857—1911)和他的学生编制出来。1916 年，《斯坦福—比奈智力量表》由美国斯坦福大学特曼教授加以修订，他用心理年龄与生理年龄之比作为评定儿童智力水平的指数，公式表示为 IQ=MA(心理年龄)/CA(生理年龄)×100，这个比被称为“智商”。该量表为反映时代文化发展对智力的影响，经历了四次修订，第四版(1986 年版)包含十五个测验，评定四个认知领域，即言语推理、抽象/视觉推理、数量推理和短时记忆。研究表明智商与遗传有关，但它会随着年龄增长和成熟而发展，因教育和训练而改变。目前国际上常用的智力测量有两种：《斯坦福—比奈智力量表》和《韦克斯勒智力量表》。

(二) 非智力因素

1935 年，亚历山大(Alexander)第一次提出“非智力因素”的概念。1950 年，韦克斯勒(Wechsler)在《美国心理学家》杂志上发表的《认知的、欲求的和非智力的智力》一文较深入地探讨非智力因素，成为非智力因素科学研究的标志。非智力因素是指动机、兴趣、情感、意志、性格等心理因素。非智力因素包括记忆力、注意力、观察力、想象力、思维力等智力因素之外的一切心理因素。非智力因素和智力因素一样，对于人的发展具有一定的影响作用，甚至是决定作用，即非智力因素直接影响和制约智力因素发展的意向性。

一般认为，智能是知识和智力的总和，知识是智能的基础，智力是指获取和运用知识求解的能力。在教育中，非智力因素的培养和智力因素的培养同等重要。教育既要解惑，更要授道，其注重的是学生综合素质的培养，而不仅仅是提高其智力水平。在社会中，有创造力的人往往并不单纯表现在成绩上。培养创造力相比成绩而言更重要。因此，在教育和学习中，要充分发掘学生的非智力因素，学会欣赏和发现每一个学生个体潜在的非智力因素及其重要影响和价值。

二、多元智能理论

传统的智力理论认为语言能力和数理逻辑能力是智力的核心，智力是以这两者整合方式而存在的一种能力。20 世纪 70 年代开始，心理学对智力的概念进行了重新检验，其中较有影响的有两种理论：一是斯滕伯格①的三元智力理论(Triarchic Theory of Intelligence)，即分析性智力、创造性智力、实践性智力；二是加德纳②的多元智能理论(Multiple Intelligence Theory)。多元智能理论是对传统的一元智能观的挑战，是对三元智力理论的进一步发展。

(一) 多元智能理论的内涵

传统上，学校只强调学生在逻辑数学和语文(主要是读和写)方面的发展，但这并不是人类智能的全部。多元智能理论③指出人拥有的主要智能有语言智能、逻辑数学智能、空间智能、肢体运作智能、音乐智能、人际智能、内省智能、自然探

① 斯滕伯格(Robert Stenberg，1949—)，美国认知心理学家，智力三元理论的建构者，首倡人类爱情三元论的心理学家。

② 加德纳(Howard Gardner，1943—)，美国当今最有影响力的发展心理学家和教育学家，现任美国哈佛大学教育研究生院心理学、教育学教授、波士顿大学医学院精神病学教授、哈佛大学零点项目研究所主持人，出版专著 20 余部，论文数百篇。

③ 多元智能理论源于 1967 年美国哈佛大学教育研究生院的零点项目，由美国哲学家戈尔曼(Geerman)主持，主要研究在学校中加强艺术教育是否有助开发人脑的形象思维问题。至 1987 年，美国政府投入上亿元，科学家、教育家超过百人参与，先后在 100 多所学校做实验，从幼儿园开始连续 20 多年跟踪对比研究，出版了几十本专著，发表了上千篇论文。多元智能理论就是这个项目在 20 世纪 80 年代的重要成果。基于多年来对人类潜能的大量实验研究，加德纳在 1983 年出版《智力的结构》(*The Structure of Intelligence*)一书中，首次提出并着重论述了多元智能理论的基本结构，并认为支撑多元智能理论的是个体身上相对独立存在的、与特定的认知领域或知识范畴相联系的八种智力，这些为多元智能理论奠定了理论基础。

索智能等。多元智能理论的主张学校在发展学生各方面智能时，应留意学生在某些方面的智能特别突出；当学生未能在其他方面智能发展时，不要让学生因此而受到责罚。不同的人会有不同的智能组合，如建筑师及雕塑家的空间感(空间智能)较强，运动员和芭蕾舞演员的体力(肢体运作智能)较强，公关的人际智能较强，作家的内省智能较强等。

(1) 语言智能。语言智能主要是指有效地运用口头语言及文字的能力，即听、说、读、写能力，其表现为个人能够顺利而高效地利用语言描述事件、表达思想并与人交流的能力。这种智能在作家、演说家、记者、编辑、节目主持人、播音员、律师等职业上有更加突出的表现。

(2) 逻辑数学智能。从事与数字有关工作的人特别需要这种有效运用数字和推理的智能。他们学习时依靠推理来进行思考，喜欢提出问题，并进行实验以寻求答案，寻找事物的规律及逻辑顺序，对科学新发展有兴趣。即使他人的言谈及行为也会成为他们寻找逻辑缺陷的好地方，对可被测量、归类、分析的事物比较容易接受。

(3) 空间智能。空间智能主要是强调人对色彩、线条、形状、形式、空间及它们之间关系的敏感性很高，感受、辨别、记忆、改变物体的空间关系并借此表达思想和情感的能力比较强，其表现为对线条、形状、结构、色彩和空间关系的敏感，以及通过平面图形和立体造型将它们表现出来的能力。空间智能强的人能准确地感觉视觉空间，并把所感觉到的表现出来。这类人在学习时用意象及图像来思考。空间智能可以划分为形象空间智能和抽象空间智能两种能力。画家的形象空间智能较强，几何学家的抽象空间智能较强，建筑学家形象和抽象空间智能都较强。

(4) 肢体运作智能。肢体运作智能主要是指人调节身体运动及用巧妙的双手改变物体的技能。其表现为能够较好地控制自己的身体，对事件能够做出恰当的身体反应，以及善于利用身体语言来表达自己的思想，善于运用双手灵巧地生产或改造事物。肢体运作智能较强的人喜欢动手建造东西，喜欢户外活动，与人谈话时常用手势等肢体语言。他们学习时透过身体感觉来思考。运动员、舞蹈家、外科医生、手艺人都有这种智能优势。

(5) 音乐智能。音乐智能主要是指人敏感地感知音调、旋律、节奏和音色等能力，其表现为个人对音乐节奏、音调、音色和旋律的敏感，以及通过作曲、演奏和歌唱等表达音乐的能力。作曲家、指挥家、歌唱家、乐师、乐器制作者、音乐评论家等人员在音乐智能方面有出色的表现。

(6) 人际智能。人际智能是指能够有效地理解别人及与其关系的能力。人际智能包括四大要素：组织能力(包括群体动员与协调能力)；协商能力(指仲裁与排解纷争的能力)；分析能力(指能够敏锐察知他人的情感动向与想法，易与他人建立密切关系的能力)；人际联系(指对他人表现出关心、善体人意、适于团体合作的能力)。

(7) 内省智能。内省智能主要是指认识到自己的能力，正确把握自己的长处和短处，把握自己的情绪、意向、动机、欲望，对自己的生活有规划，能自尊、自律，会吸收他人的长处；会从各种反馈渠道中了解自己的优劣，常静思以规划自己的人生目标，爱独处，以深入自我的方式来思考；喜欢独立工作，有自我选择的空间。优秀的政治家、哲学家、心理学家、教师等在内省智能方面都有出色的表现。内省智能可以划分为两个层次：事件层次和价值层次。事件层次的内省指向对于事件成败的总结。价值层次的内省将事件的成败和价值观联系起来自省。

(8) 自然探索智能。自然探索智能是能认识植物、动物和其他自然环境的能力。这方面智能强的人，在打猎、耕作、生物科学上的表现较为突出。自然探索智能应归为探索智能，探索智能包括对于社会的探索和对于自然的探索两个方面。

(二) 多元智能的教育理念

1. 多元智能理论有助于教师转变传统的教学观念

实现为多元智能而教的目的，改进教学的形式和环节，努力培养学生的多种智能。要重视小组合作学习和讨论的教学形式，以利于人际智能的培养，要重视反思环节以培养学生的内省智能。要努力使课堂教学丰富多彩，课堂互动形式多样，使学生的主体地位更加明显。多元智能理论客观上有助于形成正确的智力观，有助于其对多元学习的实践与应用，从而增加学生学习的自觉性、选择性和创造性。智力的广泛性和多样性在培养和发展学生的各方面能力中占有重要的地位。

2. 选择学生最适合的发展道路

教育的价值除了为社会培养有用之才，更在于发展和解放人本身。因此，教师备课、上课时需要更多地从关注学生、开发学生潜能、促进学生全面发展方面去考虑问题。其教育理念包括以下方面。

(1) 正确评价学生。多元智能理论对传统的标准化智力测验和学生成绩考查提出了严厉的批评。传统的智力测验过分强调语言和数理逻辑方面的能力，只采用纸笔测试的方式，过分强调死记硬背知识，缺乏对学生理解能力、动手能力、应用能力和创造能力的客观考核，是片面的、有局限的。多元智能理论则认为人的智力不是单一的能力，而是由多种能力构成，因此，学校的评价指标、评价方式也应多元化，并使学校教育从纸笔测试中解放出来，注重对不同人的不同智能的培养。

(2) 因材施教。传统教学以教师讲、学生听为主要形式，辅之以枯燥乏味的题海战术，而忽视了不同学科或能力之间在认知活动和方式上的差异。多元智能理论认为每个人都不同程度地拥有相对独立的八种智力，且每种智力有其独特的认知发展过程和符号系统。因此，教学方法和手段应该根据教学对象和教学内容而灵活多样，因材施教。

(3) 学生发展观。根据多元智能理论，每个人都有其独特的治理结构和学习方法，多元智能理论为教师们提供了一个积极乐观的学生发展观，即每个学生都有闪光点和可取之处，教师应从多方面去了解学生的特长，并相应地采取适合其特点的有效方法，使其特长得到充分的发挥。多元智能理论有助于大学生形成正确的发展观，学校教育的宗旨应该是开发多种智能并帮助学生发现适合其智能特点的职业和业余爱好，应该让学生在接受学校教育的同时，发现自己至少有一个方面的长处，如此，学生就会热切地追求自身内在的兴趣。

(4) 发掘资优的学生。多元智能理论认为几乎每个人都是聪明的，但聪明的范畴和性质呈现差异。学生的差异性不应该成为教育上的负担，相反它应是一种宝贵的资源。我们要用赏识的目光去看待学生，改变以往用一把尺子衡量学生的标准，充分认识到只要我们正确地引导和挖掘他们，每个学生都能成才。

(5) 扶助有问题的学生。多元智能理论强调应根据每个学生的智能优势和智能弱势，选择最适合学生个体的方法。这种方法最早由孔子提出，要考虑个体差异，因材施教。因材施教是孔子创立并在个别教学环境下成功实施的，我们要继承这一珍贵的教育遗产，在运用多元智能理论的前提下，能更好地实施。我们要关注学生差异，善待学生的差异，在教学中，根据学生的差异，运用多样化的教学模式，促进学生潜能的开发，最终促使每个学生都成为优秀的自己。

(三) 多元智能的教育策略

培养能力与课堂教学的有机结合。多元智能理念指导下的教与学，包括智能的感知、沟通、传授和综合，共四个教学阶段。一是智能的感知，即通过多种感官经验启动各种智能，感性认识周围世界事物的多种特征；二是智能的沟通，即通过接触他人、事物或特定的情景体验情感，调节并强化认识活动；三是智能的传授，即在教学中传授学习方法与策略，把智力开发与教学重点相联系，帮助学生了解自己的智力程度，发展潜能；四是智能的综合，即通过评估促进学生综合地运用多种智能，使每个学生都能自信地学习并有所作为。智能的综合要落实下面两个方面。

(1) 认知策略与语言智能的整合。在大学，大学生要能有效倾听，即在听的过程中判断内容、抓住中心主题，在听后针对重点进行概括；使用尽可能少的文字做笔记、记重点，积极勾画心理图式。认知资源策略，是指学生能够涉猎教材以外的资源(如词典、英文报刊、图书馆资源、互联网信息等)，使自己在不同阶段达到相应的资源能力。通过自我训练认知能力，促进发展语言智能。语言智能是首要的智能，语言智能是指有效地听、说、读、写的能力，即能运用听说读写进行交流、讨论、解释、说明、创造知识、建构意义，以及对语言本身进行反思的能力。语言智能的发展对学生取得任何学科学习成绩的成功都有显著的影响。

(2) 逻辑数理智能与语言智能的结合。阅读，是语言输入的主要途径。在阅读训练中，采用不同的提问策略、提出开放性问题、让学生预测和改变逻辑结果等能够增强他们的逻辑思维能力，使逻辑数理智能在思考和学习中发挥更大的作用。逻辑数理能力，涵盖数学、科学和逻辑三个领域，它主要是指数学和思维方面的能力，包括推理和运算的能力。英语似乎与逻辑数理没有联系，其实不然，外语学科同样拥有某些数学概念，如排列、组合、编码、对称等，掌握这些概念可以促进外语习得。例如，根据语篇线索(如注释性线索、同义词/近义词线索、反义词线索和语境线索等)猜测不熟悉的语言现象，理清句子基本结构，整合文本的意义；根据语篇中已知的信息推理故事情节的发展；根据字面意思、语篇的逻辑关系以及细节的暗示，推敲作者的态度，深层理解文章的寓意；根据所读内容用文字按逻辑顺序表述主题。这些阅读练习具有挑战性，能够锻炼学生的数理逻辑能力。

【阅读链接 3–6】

智能的商数学说

1. 智力商数

智力商数(Intelligence Quotient，IQ)简称智商，是对人的智力水平的一种表示方式，它代表一种潜在能力，表现为提供记忆、运算、问题解决等生存必备的能力，是智力测验所测出的数值。

2. 情绪商数

情绪商数(Emotion Quotient，EQ)简称情商，是指面对多元的社会变化冲击下情绪的稳定程度。情绪商数越高，表示承受变动的能力越强，不但能顺应变化的环境，同时能调适环境，进而创造一种积极情绪。

3. 判断商数

判断商数(Judgment Quotient，JQ)认为，判断取决于分析的正确与否，判断错误会导致决定或决策的失败。想培养好的判断商数，就要从分析能力培养开始。如果有正确的判断，决策或决定就不易出错。

4. 逆境商数

逆境商数(Adversity Quotient，AQ)是指当个人或组织面对逆境时，其对逆境的不同反应。逆境商数越高，越能弹性地面对逆境，积极乐观，接受困难及挑战，愈挫愈勇，终究表现卓越。相反，逆境商数低的人则会感到沮丧迷失，处处抱怨，逃避挑战，缺乏创意，往往半途而废，终究一事无成。

5. 创意商数

创意商数(Creation Quotient，CQ)界定的创意，即与众不同皆创意。生活中各种事务的处理、工作中各种问题的解决，能够提出新的方式、新的点子，且处理的效果比其他方式好。这种提出新点子、新方法的能力为创意商数。

6. 健康商数

健康商数(Health Quotient, HQ)包括身心状态、对健康知识的了解与生活习惯的适当性等。身心的健康程度越高者，健康商数越高；健康知识认知正确者，健康商数高；生活习惯佳者，健康商数高。此三项常会交互影响，任何一项朝正向发展，都将影响其他两项往正向发展。要维持高的健康商数，则需时时检验身心状态，多吸收相关知识并维持良好的习惯。

7. 理财商数

理财商数(Finance Quotient，FQ)是指一个人在财务方面的智力，是理财的智慧。理财商数包括两方面的能力：一是正确认识金钱及金钱规律的能力；二是正确使用金钱及金钱规律的能力。理财商数为衡量一个人的理财能力和创造财富的智慧提供了新的方向。

8. 精神商数

精神商数(Spiritual Quotient，SQ)是指人除了以肉体方式存在之外，还有心理、情绪、智性等精神层面的存在，最重要的是灵性的存在。一个人快乐不快乐、成功不成功、健康不健康，同智商往往关系不大，与情商的关系也不一定密切，情商高的人未必都快乐、成功、健康，它们与精神商数的关系最直接，精神商数越高，生命越快乐、越成功、越健康。

9. 发展商数

发展商数(Development Quotient，DQ)表示一个人促使物态或事态转变的能力，这种能力也是人类社会进步的泉源。事态、物态不断转化与变化，可以交织出新的社会环境，发展商数越高的人越有办法去改变环境进而创造环境。

(资料来源：http://wenku.baidu.com/view/a5872c1252d380eb62946de8.html，作者有删减)

三、智能知识管理

了解知识的价值，特别是智能知识的价值，有助于大学生了解当前智能知识学习的国际潮流，从而增加学习的创新性和创造性。

(一) 智能知识管理的意义

智能知识管理是信息时代发展的必然要求。现代管理学之父彼得·德鲁克(Peter F. Drucker，1909—2005)在《21 世纪的管理挑战》中写道，“我们正进入一个知识社会，在这个社会当中，基本的经济资源将不再是资本、自然资源或劳力，而是知识；知识员工将成为其中的主角。”

智能知识管理具有重要的意义。信息爆炸和信息噪声使人们难以根据自己的需要选择、收集所需的信息。当知识数量很大或表现形式可解释性差的时候，人工识别变得非常的困难。识别出的知识随着时间的推移也会失效，同时，新的知识在不断产生，而且知识应用过程中是被动地利用，不能主动提供给需要的人，用户无法识别边界条件，则导致人工检索大量知识的成本高、工作量大、周期长。智能知识管理是必须在合适的时间，把合适的知识传递给合适的人，从而实现竞争力，促进创新。智能知识管理的目标是提升工作效率，整合信息资源，提高个人的竞争力。对企业或单位而言，智能知识资本保护是为了避免知识随着人才的流失而流失，并获取更多的价值等。

作为一种需要长期坚持并且努力形成的管理理念与活动，知识管理和数据挖掘的智能融合的意义，在于对持续提高数据挖掘获取的新型知识的利用率，这对提升决策水平有着重要意义。当前，知识已经成为资本。知识型工作者的资本就是知识。系统化地管理个人知识，能达到提高个人竞争力的目的；收集和消化工作、生活等所需的知识，能清晰地反映自己的知识结构，根据情况进行结构调整或内容更新，能快速找到自己收藏的文档来解决问题。

(二) 智能知识管理的路径

知识管理是指在组织中建构一个人文与技术兼备的知识系统，让组织中的信息与知识通过获得、创造、分享、整合、记录、存取、更新等过程，达到知识不断创新的目的并反馈到知识系统内。个人与组织的知识永不间断的累积，从系统的角度进行思考将成为组织的智慧资本，有助于我们做出正确的决策，应对社会的变迁。个人知识管理，是指个人组织和集中自己认为重要的信息，使其成为个人知识基础的一部分。它将散乱的信息片段转化为可以系统性应用的个人战略，并以此扩展个人知识。

1. 智能知识管理的路径

(1) 智能知识管理是从提高知识本身的智能性入手，让知识自身具备一定的记忆、学习、识别、适应等智能，所以，我们要有智能知识管理的方案。我们要将更多智能特性赋予知识本身，这样可以减轻平台的压力，使社会活动实现半自主的管理。

(2) 智能知识管理的方法有构建知识管理组织体系、加强对知识管理的时间与精力的投入，逐步在创造有利于知识管理能力、践行知识创造和转移、开发支撑知识管理的信息技术、建立健全知识管理评估系统等方面提出详细的要求。人们通过智能知识管理，以达到高效地处理大量信息，获取知识，准确表达，提高效率和自身综合能力。

2. 知识管理的要求

(1) 认识个人知识管理的意义。优秀人才都具有个人知识管理的习惯。

(2) 克服障碍。智能知识管理存在的困难，有短期看不到效果、不知如何归类等，这需要意志力的支持。

(3) 养成习惯。养成知识体系按规则归类的习惯，坚持持续地收集加工、处理消化、标识知识体系，令知识结构一目了然，以便容易找到需要的学习资料。

(4) 学会管理，如文档管理是一种个人知识的管理。

(5) 掌握技能，包括时间管理、基础设施维护、信息组织工作等技能。

【阅读链接 3–7】

个人知识管理

知识信息管理就是对知识进行信息化处理，即利用个人信息管理软件、知识管理软件等软件对知识进行系统、全面、分类的管理以便查找和使用。个人知识管理的目的，是通过知识信息的管理与共享，提高个人的学习能力和创新能力。知识管理系统化，有助于大学生将收集到的数据有效储存和快速索取，但要简单易用，适合自己。

知识一般分为四类：事实知识、原理知识、技能知识和人际知识。个人需要管理的知识资源主要有人际交往资源(如通讯录等)、通信管理(书信、电子信件、传真等)、时间管理工具(事务提醒、待办事宜、备忘录)、网络资源管理(网站管理与链接)、档案管理等。我们可按照“我需要什么信息，如何最快找到它”的原则来进行管理。知识分类依据很多，如科目分类、专题分类等。分类只根据个人情况，在实践中要逐渐摸索出自己知识库的最佳分类方法。

所有知识都以目录结构分类存放，可设置一个临时目录来存储那些无法及时处理的信息，待以后再分类，保持知识库的整洁干净。存档命名应该简单明了、见名知义，最好辅以数字编码、时间、来源等。要建立文档安全、资源删除与更新、交流与共用的规则，以文档的形式妥善地保存下来，并在以后的实践中逐步扩展和完善，建立自己的知识结构体系。这样可以方便信息资源的分类存储、查找和操作，也可避免因时间推移和遗忘而导致的混乱管理，以致造成大量资源浪费。要选择有效的个人知识管理工具，对所有资源进行分类、命名，然后将知识分批放入个人知识库。

快速而方便地访问这一点至关重要。随着知识的不断丰富和能力增强，我们也要持续对个人知识库进行维护和管理。我们应做好以下工作：增添新的学习资源和知识类别；删除、修改和更新部分资源；进一步完善个人知识管理准则；协作学习以交流和共享知识；在知识管理的过程中逐步完善个人知识结构。

(资料来源：雷苗苗. 个人知识管理[J]. 办公自动化，2017(17)：4.)

【阅读链接 3–8】

智能知识管理

智能知识管理涉及如下 6 个方面。

(1) 判断信息质量。判断信息与自己所遇问题的相关程度。我们应主要从可信度、准确度、合理性及相关支持等方面来判定；可从时间界限、综合全面性、信息面向的对象及其使用目的、合理性等来确定信息的准确性。

(2) 组织信息技巧。要过滤无用和相关度不大的信息资源，有效地存储信息，方便以后查找和使用。可用文档夹、抽屉和其他比较原始的方法来组织信息或用电子文档、数据库和网页，或者专门的知识管理软件来组织信息。

(3) 分析信息价值。常用的方法是建立和应用模型，通过大量数据分析得出信息间的关系。电子表格、统计软件、数据挖掘软件等提供了分析信息方法，但在建立各种分析软件的模型的工作中，人还是最重要的因素。

(4) 表达知识信息。个人知识信息表达应重点考虑和实现如何让他人理解、记住、互动。

(5) 保证信息安全。保证信息安全涉及各种保证信息的秘密、质量及安全存储的方法和技巧。

我们用到的密码管理、备份、档案管理都是保证信息安全常用的方法。

(6) 信息协同技巧。它为组织和部门的协同工作提供了强有力的支持。我们可通过小组或团队的形式组织学生进行学习，让教师与学生、学生与学生在讨论和交流的基础上对一些要解决的问题进行协同工作，交流和共享彼此的观点和知识。

(资料来源：https://baike.baidu.com/item/%E6%99%BA%E8%83%BD%E7%9F%A5%E8%AF%86%E7%AE%A1%E7%90%86，作者有删减)

思考题

1. 大学生如何提高学习力？
2. 大学生如何积累社会资本？请举两个例子说明自己观点。
3. 大学生如何进行智能知识管理？
4. 大学生如何积累与创造知识资本？

第四章
人 格 培 养

人生超越，是人类的一个理想。在大学，大学生事实上正在超越过去的自己，但并不是太了解人格培养与人生超越的重要关系。

◎ 本章主要内容

一、人格解析论
二、自我实现
三、人生的超越

◎ 教学目标

认识人格结构理论、人格发展理论、人格危机消除理论等，把握人格发展规律，探索超越自我局限性。根据自我实现的基础和需求，努力达到自我实现的境界，实现人生的超越。

第一节 人格解析论

人格学或人格解析论，历史悠久。本节的主要内容有两个方面：一是人格的学说；二是人格的解析。

本节教学的主要目标：帮助大学生科学认识人格的理论、特质和类型，以利于探索适合自己的人生超越的科学路径。

一、人格的学说

人格具有复杂性、独特性、稳定性、多样性、统一性等多种特性。与此同时，人格还具有时代性的发展特征，下面阐述两个方面的内容：一是古代人格说；二是现代人格论。

(一) 古代人格说

1. 古代人格说的代表

词源上，人格学(Enneagram)的词源是希腊文 Ennea(九)和 Gram(型态)，译为九宫格。九宫人格说是两千多年前印度西部研究出的人性学，它按照人们习惯的思维模式、情绪反应和行为习惯等特质，将人格分为九种类型：

(1) 完美主义者(Perfectionist)：表现为完美者、改进型、捍卫原则和秩序。

(2) 助人者(Helper)：表现为成就他人者、助人型、博爱型、爱心大使。

(3) 成就者(Accomplisher)：表现为成就者、实践型、实干型。

(4) 艺术型(Individualist)：表现为浪漫者、艺术型、自我型、悲情型。

(5) 智能型(Investigator)：表现为观察者、思考型、理智型。

(6) 忠诚型(Loyalist)：表现为寻求安全者、谨慎型、忠诚型、怀疑论者。

(7) 快乐主义型(Enthusiast)：表现为创造可能者、活跃型、享乐型。

(8) 领袖型(Challenger)：表现为挑战者、权威型、领袖、保护者。

(9) 和平型(Peacemaker)：表现为维持和谐者、和谐型、平淡型、调停型。

2. 古代人格说的价值

作为一种性格分析的工具，九宫人格理论能够为个人修养、自我提升和历练提供更深入的洞察力。九宫人格不受表面的外在行为的变化所影响，揭示了人们内在最深层的价值观和注意力焦点。它有助于让人知己知彼；帮助人们明白自己的个性，从而完全接纳自己的短处、发挥自己的长处；可以让人明白其他不同人的个性类型，从而懂得如何与不同的人交往沟通及融洽相处，与别人建立更真挚、和谐的合作伙伴关系。

3. 古代人格说的影响

九宫人格学是一门古老的学问，九宫人格后来由苏非学派所传承。九宫人格学传到欧美后，美国心理学家帕玛(Helen Palmer)将九宫人格学用作研究人类行为及心理，斯坦福大学等多所大学将九宫人格学作为心理研究课程。

(二) 现代人格论

1. 人格的概念

在现代，“人格”一词在哲学、法学、心理学等不同学科中有不同的概念界定。

(1) 哲学中的人格。哲学上，人格一词应用极其广泛。对中国哲学来说，哲人即哲学，一位伟大的哲学家可以不著书，也可以不建立严密的理论，他只需活出完美人格的形象，其人生的完成即在于塑造完美人格，即或一字不识也可以活出圣哲的形象，人格的完美即哲学的完成。在中国哲学领域中，人格不仅是常识意义的，也是义理层次的，人格的完成即是义理的完成，也就是哲学的完成。在常识上，人格有时与品格同义，一般人在常识上所了解的人格一词，是指品格，其所云人格之高尚或低下，即系指品格之高尚或低下而言。

(2) 法学中的人格。法律上，人有自然人、法人，皆具有法律人格，可以成为权利义务的主体与客体。人格，是法律上做人的资格，是自然人的主体性要素的总称。在法律上，人格不得转让和剥夺。民法领域的人格，是指自然人的主体性要素的总称。人格关系是自然人基于彼此的人格或人格要素形成的关系。人格要素是自然人人身不可分离的、没有直接经济内容的要素，包括生命、身体、健康等物质性要素，以及姓名、肖像、荣誉、名誉、隐私等精神性要素。人格权不得放弃、转让或者继承。依据《民法典》等相关法律规定，法人也享有包含名称权、名誉权和荣誉权在内的人格权。

(3) 心理学中的人格。心理学上，Personality 一般被译作“性格”，心理学则译为“人格”。人格，是指一个人一致的行为特征的群集。人格的组成特征因人而异，因此，每个人都有其独特性。这种独特性使每个人面对同一情况时都可能有不同的反应。人格心理学家研究人格的构成特征及其形成，从而预计它对塑造人类行为和人生大事的影响。人格是个体在行为上的内部倾向，它表现为个体适应环境时在能力、情绪、需要、动机、兴趣、态度、价值观、气质、性格和体质等方面的整合，是具有动力一致性和连续性的自我，是个体在社会化过程中形成的给人以特色的身心组织。

2. 现代人格理论

现代人格理论主要有精神分析论、健康人格理论、人本主义论、生物学派、社会认知论等具有一定代表性的人格理论。

(1) 精神分析论(Psychoanalysis)——弗洛伊德[①]根据精神分析和心理动力学，指出人格层次，可分成意识、前意识和潜意识三个层次，还提出人格结构中的超我、自我、本我，以此来解释上述三个人格的层次。

(2) 健康人格理论(Healthy Personality Theory)——奥尔波特[②]的人格理论体系是面向健康人的。

(3) 人本主义论(Humanistic)——马斯洛[③]认为人格受先天遗传、后天学习等因素影响。人有五种天生的需要层次，满足这些需要的行为就是从学习得来的。

(4) 生物学派(Biological)——艾森克[④]主要从事人格、智力、行为遗传学和行为理论等研究。他主张从自然科学的角度看待心理学，把人看作一个生物性和社会性的有机体。

(5) 社会认知论(Social Cognitive Theory)——班杜拉[⑤]指出人的行为不但受个人控制，亦受环境和外在社会因素影响，即相互决定论。他提出个人自我效能的高低，影响他适应生活及克服障碍的能力，根据社会学习理论，提出人的观察学习能力亦对性格形成和发展有所影响。

---

① 弗洛伊德(Sigmund Freud，1856—1939)，奥地利心理学家、精神分析学派创始人。他开创了潜意识研究的新领域，促进了动力心理学、人格心理学和变态心理学的发展，奠定了现代医学模式的新基础，为 20 世纪西方人文学科提供了重要理论支柱，著有《梦的解析》《日常生活中的心理病理学》《玩笑及其与无意识的关系》《性学三论》等。

② 奥尔波特(Gordon Willard Allport，1897—1967)，美国人格心理学家，现代个性心理学创始人之一，人本主义心理学家的代表人物之一，著有《通过榜样实践进行行为矫正》《认知过程的社会学习理论》等。

③ 马斯洛(Abraham Maslow，1908—1970)美国社会心理学家，第三代心理学开创者，人本主义心理学代表人物，著有《动机和人格》《存在心理学探索》《人性能达到的境界》等。

④ 艾森克(Hans J. Eysenck，1916—1997)，英国心理学家，著有《人格的维度》《人格的科学研究》《人的人格结构》《政治心理学》《焦虑与歇斯底里的动力学》《变态心理学手册》《弗洛伊德学说的实验研究》《人格测量》《性心理学》《智力的模式》等。

⑤ 班杜拉(Albert Bandura，1925—)，美国著名心理学家，社会学习理论的创始人。其理论影响了实验心理学、社会心理学、临床心理治疗，影响了教育、管理、大众传播等领域。

生物学派艾森克用因素分析法，在人格问题研究中，提出了神经质、内倾外倾性、精神质三维特征的理论。人格特质会关乎遗传和脑生理构造，并非只受个人经验影响。他认为人格是由行为和行为群有机组织而成的层级结构。最低层是无数个具体反应，是可直接观察的具体行为。较高层是习惯性反应，是具体反应经重复被固定下来的行为倾向。艾森克主张从自然科学的角度看待心理学，把人看作一个生物性和社会性的有机体。

健康人格理论学派奥尔波特提出了健康人格的六个特点：

(1) 自我扩展的能力。健康成人参加活动的范围极广。

(2) 密切的人际交往能力。健康成人与他人的关系是亲密的，富有同情心，没有占有感和嫉妒心，能宽容自己与别人在价值观的差异。

(3) 情绪有安全感和自我认可。健康成人能忍受生活中不可避免的冲突和挫折，经得起一切不幸遭遇。他们具有积极的自我形象。

(4) 体现知觉的现实性。健康成人看待事物是根据事物的实在情况，而不是根据自己希望的那样来看待事物。

(5) 体现自我客观化。健康成人对自己的所有和所缺都十分清楚和准确，理解真实自我与理想自我之间的差异。

(6) 体现定向一致的人生观。健康成人表现出定向一致，为一定目的而生活，有一种主要的愿望。上述六点，与人本主义自我实现的观点十分相似。

二、人格的解析

(一) 人格的特征

1. 人格的定义

人格是指一个整体的精神面貌，是具有一定倾向性的、比较稳定的心理特征的总和。在《现代汉语词典》中，人格一词的解释为："人的性格、气质、能力等特征的总和；个人的道德品质；人作为权利、义务主体的资格。"

2. 人格结构理论

人格的内容十分丰富，有人生观、价值观、能力道德、个性习惯，无所不包。作为特定的人格元素，用以描述一个人的感觉、思考及表现方式，人格特征既会受遗传的影响，也会受文化的影响，人格特征具有相当的统合性与持久性。人格的特征主要有四个，分别是人格的独特性、稳定性、统合性、功能性。人格不是各种各样特性的单纯结合，而是以基本特性为中心体系化的结构。较著名的有以下人格结构理论，它们是弗洛伊德的结构模型(精神分析流派)、荣格的人格结构论(分析心理学)、艾森克的人格层级模型(生物学流派)、马斯洛的需要层级理论(人本主义流派)。

3. 人格特征模型

人格大五模型(Big Five Model，BFM 模型)是一套广泛被使用的模型，这一模型列出了五种普遍的人格特征：

(1) 开放性(Openness)，特征是丰富想象力和富有创意。

(2) 自控力(Control Force)，特征是自律，有组织性。

(3) 外向性(Extroversion)，特征是为人亲切，爱交朋友。

(4) 友善性(Amicability)，特征是信任且温厚。

(5) 神经质性(Neurogenesis)，特征是焦虑且感情脆弱。

(二) 人格的表现

人是一种具有自我意识和自我控制能力，具有感觉、情感、意志等机能的主体。人格可以离开人的肉体，离开人所处的物质生活条件，而独立存在于人类的精神文化维度里。人格包括性格、信念、自我观念等。人格是稳定的、习惯化的思维方式和行为风格，贯穿于人的整个心理，是人的独特性的整体写照。

人格的表现从人格的概念来源看，人格的概念源于希腊语 Persona，原指舞台面具，类似于中国京剧中的脸谱，后来心理学借用这个术语说明在人生的舞台上，人也会根据社会角色的不同来换面具，这些面具就是人格的外在表现。在面具后面还有一个实实在在的真我，即真实的自我，它可能和外在的面具截然不同。这是因为人格具有复杂性和整合性。人格的表现主要有以下几个方面。

(1) 人格的统一性。人格是稳定性和可塑性的统一。人格是人在适应环境过程中所表现出来的系统的独特的反应方式，它由个人在其遗传、环境、成熟度、学习情况等因素交互作用下形成，并具有一定的稳定性。个体在行为中偶然表现出来的心理倾向和心理特征并不能表征他的人格。俗话说“江山易改，秉性难移”，这里的“秉性”就是指人格。当然，强调人格的稳定性并不意味着它在人的一生中是不变的，随着人的成熟和环境的变化，人格也可能产生不同的变化，这便是人格的可塑性。因为人格具有可塑性，才能培养和发展人格。

(2) 人格的统合性。表现为两个方面：一是人格是共同性和独特性的统一；二是生物性和社会性的统一。一个人的人格是在遗传、环境等因素的交互作用下形成的，这就是人格的独特性。人格的独特性并不意味着人与人之间的个性毫无相同之处。人格在形成与发展中，既有生物因素的制约作用，也有社会因素的作用。人格作为一个人的整体特质，既包括每个人与其他人不同的心理特点，也包括人与人之间在心理、面貌上相同的方面，如每个民族、阶级和集团的人都有其共同的心理特点。因此说，人格是共同性与独特性的统一，生物性与社会性的统一。

(3) 人格的功能性。从功能看，人格决定一个人的生活方式甚至决定一个人的命运，人格是人生成败的根源之一。当面对挫折时，坚强者能发愤拼搏，懦弱者则会一蹶不振。同时，人格的统合性是心理健康的重要指标。人格是由多种成分构成的有机整体，具有内在统一的一致性，受自我意识的调控。当一个人的人格结构在各方面彼此和谐统一时，他的人格就是健康的。否则，他就可能会出现适应困难，甚至出现人格分裂。

【阅读链接 4–1】

人格的"七十二变"

人的性格是人性发展的级别或程度，人格并不是简单地就能够加以认识与理解的。人与人之间的关系需要一定的理解与认识，也需要必要的尊重与敬畏。下面阐述的 18 种人格类型，各自都有 4 个级别，所以，共有 72 种性格。

(1) 开放性：描述是否愿意与人交往、注重和谐发展。

(2) 完美性：描述追求完美、重视目标计划的程度。

(3) 较真性：描述对事物的钻研和完善程度。

(4) 认知性：描述是否重视积累知识，包括聪明程度。

(5) 成就性：描述是否注重成就的程度。

(6) 力量性：描述是否愿意支配和影响他人。

(7) 浪漫性：描述浪漫程度。

(8) 给予性：描述是否愿意给予他人，含仁爱、慈孝、正义等。

(9) 活跃性：描述情绪的兴奋和活跃程度。

(10) 形体性：描述形体特征的状况以及重视享受的程度。

(11) 疑惑性：描述是否倾向于探究他人的动机。

(12) 随和性：描述和平、随和与安静的程度。

(13) 传统性：描述对传统的坚守程度。

(14) 自由性：描述重视自由的程度。

(15) 智慧性：描述创造能力、智慧程度。

(16) 想象性：描述重视想象、追求至善的程度。

(17) 多面性：描述性格复杂程度。

(18) 多变性：描述机敏的程度。

(资料来源：https://baike.baidu.com/item/18%E5%9E%8B%E4%BA%BA%E6%A0%BC，作者有删减)

第二节 自我实现

大学，是一个人自我实现的重要阶段。一个大学生的成长，充满着对自我实现的需要、努力和追求。每个大学生都在努力实现自己的潜力，使自己越来越成为自己所期望的人。本节的主要内容有两方面：一是自我实现的需要；二是自我实现的基础。

本节教学目标：认识自我实现的需要和基础，帮助大学生认识自我实现的前提和实践路径。

一、自我实现的需要

一般情况下，“需要是人的活动的动力。”①“已经得到满足的第一需要本身、满足需要的活动和已经获得的为满足需要而用的工具又引起新的需要，而这种新的需要的产生是第一个历史活动。”②马克思认为，人的需要是多方面的，“满足人的需要的途径是劳动。劳动这种生命活动，这种生产活动本身对人来说，不过是满足一种需要即维持肉体生存的需要的一种手段。”③大学生的发展与自我实现的需要是息息相关的。

(一) 自我实现的理论来源

自我实现的理论来源于马斯洛④需要层次理论(Hierarchical Theory of Needs)，是人的需要中的高级别需要。自我实现需要包括有道德、创造力、自觉性、解决

① 马克思，恩格斯. 德意志意识形态[A]. 马克思恩格斯全集(第三卷)[M]. 北京：人民出版社，1960：531.

② 马克思，恩格斯. 德意志意识形态[A]. 马克思恩格斯全集(第三卷)[M]. 北京：人民出版社，1960：514.

③ 马克思. 1844年经济学哲学手稿[A]. 马克思恩格斯文集(第一卷)[M]. 北京：人民出版社，2009：162.

④ 马斯洛(Abraham H. Maslow，1908—1970)，美国社会心理学家，人本主义心理学代表人物，著有《动机和人格》《存在心理学探索》《人性能达到的境界》《人类动机的理论》等。马斯洛需求层次理论产生了深远的影响，至今在人力资源、教育、流动人口管理、教师管理、管理心理学、企业薪酬制定等方面都有运用。

问题能力、公正度、接受现实能力等，这些是最高层次的需要，是指实现个人理想、抱负，发挥个人的能力到最大程度，达到自我实现境界，接受自己也接受他人，解决问题能力增强，自觉性提高，善于独立处事，要求不受打扰地独处，完成与自己的能力相称的一切事情的需要。也就是说，人必须干称职的工作，这样才会使他们感到最大的快乐。人们为满足自我实现所采取的途径是因人而异的。自我实现的需要是在努力实现自己的潜力，使自己越来越成为自己所期望的人。

自我超越的需要，通常被合并至自我实现需要中。1954 年，马斯洛在《激励与个性》一书中探讨了他早期著作中提及的另外两种需要：求知需要和审美需要。这两种需要未被列入他的需要层次排列中，他认为这二者应居于尊敬需要与自我实现需要之间。

(二) 自我实现需要的内涵

自我实现的需要，是在人的需要系列中最高层次的需要，包括真善美的人生境界的需要。马斯洛晚期时还提出的超自我实现(Over Actualization)的理论。它是指当一个人的心理状态充分满足了自我实现的需要时所出现的短暂的高峰体验，通常是在执行一件事情或完成一件事情时，才能深刻体验到的这种感觉，通常出现在艺术家或音乐家身上。例如，一位音乐家在演奏音乐时所感受到的忘我体验；又如，画家在作画时感受不到时间的消逝。超自我实现这一层次经常被合并至自我实现需要层次中。

自我实现的反面情况是自我实现需要的缺乏，其表现的特征是觉得自己的生活被空虚感占据。针对这种情况，要有让他做能够充实自己的事情，尤其是让其深刻地体验到自己活在这世界上的价值，认为价值观、道德观胜过金钱、爱人、尊重和社会偏见等。自我实现缺乏会令人感到不愉快，促使人尽快摆脱这种空虚感而寻找有效的解决路径。

二、自我实现的基础

马斯洛提出只有生理需要、安全需要、情感和归属需要、尊重需要这四项需要都满足，才能出现自我实现需要。换句话说，这四项需要是自我实现需要的基础。

(一) 自我实现基础的顺序

马斯洛在《人类动机的理论》一书中将人类需求从低到高的顺序分为五个层次：生理需要、安全需要、情感和归属需要、尊重需要和自我实现需要。自我实现需要是最高层次的需要，其他需要则是自我实现的重要基础。

(1) 生理需要，包括呼吸、水、食物、睡眠、生理平衡、分泌、性等。如果上述需要(除性以外)任何一项得不到满足，人类的生理机能就无法正常运转，生命就会因此受到威胁。在这个意义上，生理需要是首要的。只有这些最基本需要满足到维持生存所必需的程度后，其他需要才能成为新激励因素，此时已相对满足的需要就不再成为激励因素。若同时缺乏食物、安全、爱和尊重，人通常对食物需求最强烈。只有当人从生理需要控制下解放出来时，才可能出现更高级的、社会化程度更高的需要，如安全需要。

(2) 安全需要，包括人身安全、健康保障、资源所有性、财产所有性、道德保障、工作职位保障、家庭安全。马斯洛认为整个有机体是一个追求安全的机制，人的感受器官、效应器官、智能和其他能量主要是寻求安全的工具，甚至可以把科学和人生观都看成是满足安全需要的一部分。当然，当这种需要一旦相对满足，也就不再成为激励因素。

(3) 情感和归属需要，包括友情、爱情、性亲密等，人人都希望得到相互的关系和照顾。感情上的需要比生理上的需要更加细致，它和一个人的生理特性、经历、教育、宗教信仰都有关系。

(4) 尊重需要，包括自我尊重、信心、成就、对他人尊重、被他人尊重。人人都希望得到社会的承认与尊重。尊重需要又分为内部尊重和外部尊重。内部尊重是指一个人希望在各种不同情境中有实力、能胜任、充满信心、能独立自主。内部尊重是指人的自尊。外部尊重是指一个人希望有地位、有威信，受到别人的尊重、信赖和高度评价。尊重需要得到满足能使人对自己充满信心，对社会满腔热情，体验到自己的价值。

(二) 自我实现基础的内涵

多数人的需要层次结构是与这个国家的经济发展水平、科技发展水平、文化教育程度直接相关的。了解人的需要层次是对自己、对他人进行激励的一个重要前提。大学是一个人自我实现的重要阶段。大学生的成长，充满着对自我实现的需要、努力和追求，每一个大学生都在努力发现并实现自己的潜力，使自己越来越成为自己所期望的人。因此，假如大学生能够对人的需要、人的社会化等方面有系统的理论认识并加以思考，必将有助于其实现自我价值和社会价值。

(1) 理解尊重需要。尊重需要属于较高层次的需要，如对成就、名声、地位和晋升机会的需要等。尊重需要既包括对成就或自我价值的个人感觉，也包括他人对自己的认可与尊重。无法满足尊重需要时会有如下表现：变得很爱面子或者很积极地用行动来让别人认同自己，很容易为虚荣所吸引。例如，利用暴力来证明自己的强悍；为了自己名利而赚钱或捐款。

(2) 认识社交需要。社交需要属于较高层次的需求，如对友谊、对爱情及隶属关系的需要。无法满足社交需要时会有如下表现：因为没有感受到身边人的关怀，而认为自己没有价值。例如，一个没有受到父母关怀的人，一般会认为自己在家庭中没有价值，所以在学校交朋友可能无视道德观，不会理性地、积极地寻找朋友，如青少年为了让自己融入社交圈，帮别人做蠢事等。大学生社交需要的激励措施，一般是提供同学与朋友社交往来的现实机会，我们要支持与赞许大学生寻找及建立和谐温馨的人际关系，开展有组织的比赛和集体聚会。

(3) 理解安全需要。安全需要属于低级别的需要，其中包括对人身安全、生活稳定以及免遭痛苦、威胁或疾病的需要等。缺乏安全感主要有如下表现：感到自己被身边的事物威胁，觉得这世界是不公平或是危险的；认为一切事物都是危险的，从而变得紧张或彷徨不安，认为一切事物都是“恶”的。如一个孩子在学校被同学欺负、受到老师不公平的对待，而开始变得不相信社会，变得不敢表现自己、不敢拥有社交生活(因为他认为社交是危险的)，而借此来保护自身安全。又如一个成人因工作不顺利、薪水微薄、养不起家而变得自暴自弃，每天利用喝酒吸烟来寻找短暂的安逸感。对此可以采取如下激励措施：强调规章制度、职业保障、福利待遇，保护员工不致失业，提供医疗保险、失业保险和退休福利。

(4) 理解生理需要。生理需要是级别最低的需要，如对食物、水、空气、性、健康的需要等。未满足生理需要会有如下表现：什么都不想，只想让自己活下去，思考能力、道德观明显变得脆弱。例如，当一个人极需要食物时，会不择手段或想方设法地抢夺、寻找食物。如果一个人为报酬而工作，那么对其的激励措施有：增加工资，改善劳动条件，给予更多的业余时间和工间休息，提高福利待遇。

(5) 理解青年与自我实现。人生励志是青年时期的一个特征，青年励志离不开理想与信念。青年发展既要脚踏实地，也要有伟大梦想、有一定的社会责任和担当。同时，还要有承受错误和失败挫折的心理准备，以及不断坚持与追求梦想和幸福的强烈愿望。

【阅读链接 4–2】

看问题的角度决定了结果

费斯汀格在《冲突、决策和失调》中说：生活中的 10%由发生在你身上的事情组成，而另外的 90%则由你对所发生事情如何反应决定。

费斯汀格讲了这样一个经典的故事：

卡斯丁早上洗漱，将高档手表放在洗漱台边，妻子怕被水淋湿，就顺手放在了餐桌上。儿子拿面包时，将手表碰到地上摔坏了。卡斯丁把儿子揍了一顿，并和妻子吵了一架。后来，卡斯丁去公司忘了拿公文包，又马上转回家。家中没人，他只好给妻子打电话要钥匙。妻子急忙往家赶，撞翻了路边一个水果摊。结果是：卡斯丁迟到了 15 分钟；妻子被扣了当月的全勤奖；儿子这天参加棒球比赛被淘汰。这真是糟糕的一天！

在这个事例中，手表摔坏是其中的百分之十，后面发生一系列事情就是那另外的百分之九十。如果卡斯丁在发现手表摔坏时不揍孩子，而是安慰儿子：“不要紧，拿去修修就好了。”那么随后的一切就不会发生了。人生不如意之事十之八九。在生活中，若多运用逆向思维，换个角度看问题，你会发现，失去也是另一种拥有，失意也会变成诗意。

事物都有两面性，凡事往好处想，你的人生就是积极的；凡事往坏处想，你的人生就是消极的。

人之所以有情绪，是因为我们看问题的视角单一，只看见了我们失去了的不好的一面，而忽视了很多事情背后的东西。世间万物都是从无到有的，不管有没有引路人都要自己敢于开始。

虽然生活里总有特别倒霉、事事不顺心的时候；总有付出努力得不到回报的时候；总有灰头土脸、特别迷茫的时候。当这些情况出现时，不要总是想：我为什么会生病；为什么会失恋；为什么会倒霉？看问题的角度，往往决定了事情的结果。

我们应由“这件事为什么要发生在我身上”，转换为“这件事情是想教会我什么”。抱着这样的想法，你就会一直成长，成长为更好的人。

(资料来源：http://www.360doc.com/content/19/1023/06/27362060_868504907.shtml，作者有删减)

【阅读链接 4-3】

你说的话决定你的人生

人们每天要说很多话，而其中的一些话在某种程度上就决定了自己的人生。也就是说，“你嘴上所说的人生就是你的人生。”“好的”“一定会有办法的”“没问题”，每天都能说出这种积极话语的人，他们的每一天都会过得非常顺利，即使遇到了困难，他们也能够顺利渡过难关。相反，每天嚷着“太糟了”“太让人气愤了”“没办法了”的人，遇到的挫折也特别多，运气也显得特别糟糕。

你自己或是你周边的人是不是也曾经经历过这种事情呢？如果你看不清自己，那么就试着看一下周边的人与事，你会发现人们都过着他们嘴上所说的人生。我们必须意识到，每天从自己嘴巴说出的话拥有很大威力，要有意识地去改变自己的话语。每天你所说的话都给你的一天指明了方向。你说的话会在说出口后变成现实，这是由人的大脑与自律神经决定的事情。人的自律神经通过大脑皮层来支配身体。而大脑正是通过自律神经将想法传达到身体各部分，从而操纵它们把我们的想法变成现实。小到从自动售货机买饮料这种日常琐事，大到搭乘航天飞机飞往太空，世界上所有的事情都是因为人们最初有某想法，在经过各种分析与实践后最终得以实现的。如果要给人们的想法找一个合适的载体，那一定就是人们说的话了。

我们在考虑问题的时候，语言其实已经在脑海里浮现了。

因此，要把脑海里的语言变成现实，最重要的就是：在考虑问题的时候，又该如何把自己正考虑的事情用语言更好地表达出来。也就是说，你最终决定说出口的言语，会或大或小地影响你的人生。

积极的语言，才能把你带向美好的人生。语言就如同把飞机带到目的地的自动引擎，只要按下按钮，它就一定能把我们带到目的地。所以，大家首先需要记住的是：我们一定要说积极向上的话。只要持续使用非常积极的话语，就能积累起相关的重要信息，于是在不经意之间，我们就已经行动起来，并且逐渐把说过的话变成现实。

(资料来源：佐藤富雄. 你嘴上所说的人生就是你的人生[M]. 黎苇，译. 长春：吉林文史出版社，2009)

第三节　人生的超越

人生最大的敌人就是自己。人生最难的事情，是认识自我、超越自我。一个人要有很大的决心和韧性，要通过不懈努力才可以做得到超越自我，实现人生的超越。真正的强者是指那些敢于挑战自我，超越自我，最后获得成功的勇敢者。

本节的主要内容有两方面：一是认识自我；二是超越自我。

本节教学目标：帮助大学生科学认识自我，认识人格发展理论和人格的结构，学会客观地自我评价，应对人生发展转折问题，消除危机，奠定自我实现的基础，科学地探索适合自己的人生超越的路径。

一、认识自我

下面，主要有两个方面的内容：一是人格发展理论；二是人格结构作用。通过认识人格发展理论，深入理解人格的结构，有助于科学地感知人格的作用与影响。

(一) 人格发展理论

人格发展具有什么规律？心理学对此做出许多的研究。埃里克森[①]把人格发展阶段分成八个阶段。他指出每一阶段的特殊社会心理任务；每一阶段都有一个特殊矛盾，矛盾的顺利解决是人格健康发展的前提。对大学生而言，需要重点关注第五～第八阶段的人格发展特质。

1. 第一阶段，0～1.5 岁(基本信任—基本不信任的冲突)

在这一阶段，是儿童的基本信任和不信任的心理冲突期，因为这期间孩子开始认识人了，当孩子哭或饿时，父母是否出现是建立信任感的重要问题。信任在人格中形成了“希望”这一品质，它起着增强自我的力量。具有信任感的儿童敢于希望，富于理想，具有强烈的未来定向。反之则不敢希望，时时担忧自己的需要得不到满足。埃里克森把“希望”定义为：“对自己愿望的可实现性的持久信念，反抗黑暗势力、标志生命诞生的怒吼。”第一阶段的关键词：信任自己和他人——乐观；不信任自己和他人——悲观。

2. 第二阶段，1.5～3 岁(自主—羞怯和疑虑的冲突)

在这一阶段，儿童掌握了大量的技能，如爬、走、说话等。更重要的是，他们学会了怎样坚持或放弃，也就是说儿童开始“有意志”地决定做什么或不做什么。这时候父母与子女的冲突很激烈，第一个反抗期出现。一方面，父母必须承

---

① 埃里克森(Erik H. Erikson，1902—1994)，美国发展心理学家和精神分析学家。著有《童年和社会》《领悟与责任》《同一性与生命周期》《同一性(青少年与危机)》《共同点的研究》《新的同一性维度》《生命历史与历史时刻》《玩具和理由：经验仪式化的阶段》《同一性与生命周期：一种新观点》《生命周期的完成》《老年人的重大事件》。

担起控制儿童行为使之符合社会规范的任务，即养成良好的习惯，如训练儿童大小便，使他们对肮脏的随地大小便感到羞耻，训练他们按时吃饭，节约粮食等；另一方面，儿童开始拥有了自主感，他们坚持自己的进食、排泄方式。这时孩子会反复应用“我”“我们”“不”来反抗外界控制，父母决不能听之任之、放任自流，这将不利于儿童的社会化。反之，若过分严厉，又会伤害儿童自主感和自我控制能力。如果父母对儿童的保护或惩罚不当，儿童就会产生怀疑并感到害羞。因此，把握住“度”才有利于在儿童人格内部形成意志品质。埃里克森把“意志”定义为：“不顾不可避免的害羞和怀疑心理而坚定地自由选择或自我抑制的决心。”第二阶段的关键词：意志训练，自我培训，能作决定，积极严厉；自负怀疑，关注自我。

3. 第三阶段，4～5 岁(主动—内疚的冲突)

在这一阶段，如果幼儿表现出主动探究的行为受到鼓励，就会形成主动性，这将为他成为一个有责任感、有创造力的人奠定了基础。如果成人讥笑幼儿的独创行为和想象力，那么幼儿就会逐渐失去自信心，这使他们更倾向于生活在别人为他们安排好的狭窄圈子里，缺乏自己开创幸福生活的主动性。当儿童的主动感超过内疚感时，他们就有了“目的”的品质。埃里克森把“目的”定义为：“一种正视和追求有价值目标的勇气，这种勇气不为幼儿想象的失利、罪疚感和惩罚的恐惧所限制。”第三阶段的关键词：成功的欢乐，主动性，方向性，目的性；对目标和成就感到内疚。

4. 第四阶段，6～11 岁(勤奋—自卑的冲突)

在这一阶段，儿童都应在学校接受教育。学校是训练儿童适应社会、掌握生活所必需的知识和技能的地方。如果他们能顺利地完成学习课程，他们就会获得勤奋感，这使他们在今后的独立生活和承担工作任务中充满信心。反之，就会产生自卑。但是，如果儿童养成了过分看重自己工作的态度，而对其他方面木然处之，这种人的生活是可悲的。埃里克森说：“如果他把工作当成他唯一的任务，把做什么工作看成是唯一的价值标准，那他就可能成为自己工作技能和老板们最驯服和最无思想的奴隶。”当儿童的勤奋感大于自卑感时，他们就会获得有“能力”的品质。埃里克森说：“能力是不受儿童自卑感削弱的，完成任务所需要的是自由操作的熟练技能和智慧。”第四阶段的关键词：能被生产性工作吸引，因完成工作而自豪；不适合感和自卑感，不能完成任务。

5. 第五阶段，12～17岁(同一性—角色混乱的冲突)

在这一阶段，由于青少年本能冲动的高涨，因此会带来问题，更重要的是青少年面临新的社会要求和社会的冲突而感到困扰和混乱。所以，青少年期的主要任务是建立一个新的同一感或自己在别人眼中的形象，以及他在社会集体中所占的情感位置。这一阶段的危机是角色混乱。这种统一性的感觉也是一种不断增强的自信心，一种在过去的经历中形成的内在持续性和同一感(一个人心理上的自我)。如果这种自我感觉与一个人在他人心目中的感觉相称，很明显这将为一个人的生涯增添绚丽的色彩。埃里克森把同一性危机理论用于解释青少年对社会不满和犯罪等社会问题上，他说：如果一个儿童感到他所处于的环境剥夺了他在未来发展中获得自我同一性的种种可能性，他就将以令人吃惊的力量抵抗社会环境。在人类社会的丛林中，没有同一性的感觉，就没有自身的存在，所以，他宁做一个坏人，或干脆死人般的活着，也不愿做不伦不类的人，他自由地选择这一切。随着自我同一性形成了"忠诚"的品质。埃里克森把"忠诚"定义为："不顾价值系统的必然矛盾，而坚持自己确认的同一性的能力。" 第五阶段的关键词：对内在一致性和连续性有信心，生活充满憧憬，角色混乱；没有固定的标准，感到违心。

6. 第六阶段，18～39岁(亲密—孤独的冲突)

在这一阶段，只有具有牢固的自我同一性的青年人，才敢于冒与他人发生亲密关系的风险。因为与他人发生爱的关系，就是把自己的同一性与他人的同一性融合一体。这里有自我牺牲或损失，只有这样才能在恋爱中建立真正亲密无间的关系，从而获得亲密感，否则将产生孤独感。埃里克森把"爱"定义为"压制异性间遗传的对立性而永远相互奉献。" 第六阶段的关键词：感情的共鸣，分享想法；工作和感情避免亲密，关系淡漠。

7. 第七阶段，40～65岁(生育—自我专注的冲突)

在这一阶段，当一个人顺利地度过了自我同一性时期，以后的岁月中将过上幸福充实的生活，他将生儿育女，关心后代的繁殖和养育。他认为，生育感有生和育两层含义，一个人即使没生孩子，只要能关心孩子、教育指导孩子也可以具有生育感。反之没有生育感的人，其人格贫乏和停滞，是一个自我关注的人，他们只考虑自己的需要和利益，不关心他人(包括儿童)的需要和利益。在这一时期，人们不仅要生育孩子，同时要承担社会工作，这是一个人对下一代的关心和创造力最旺盛的时期，人们将获得关心和创造力的品质。第七阶段的关键词：能投入工作，有建立亲密人际关系的能力；失去对工作的兴趣，人际关系贫乏。

8. 第八阶段，65岁以后(自我整合—绝望期的冲突)

这一阶段，由于老人的体力、心力和健康每况愈下，对此他们必须做出相应的调整和适应，所以，该阶段主要是自我调整对绝望感的心理冲突。当老人们回顾过去时，可能怀着充实的感情与世告别，也可能怀着绝望走向死亡。自我调整是一种接受自我、承认现实的感受，一种超脱的智慧之感。如果一个人的自我调整大于绝望，他将获得智慧的品质。埃里克森把“智慧”定义为：“以超然的态度对待生活和死亡。”老年人对死亡的态度直接影响下一代儿童时期信任感的形成。因此，第八阶段和第一阶段首尾相联，构成一个循环或生命的周期。埃里克森认为，在每一个心理社会发展阶段中，解决了核心问题之后所产生的人格特质包括积极与消极两方面的品质，如果各个阶段都保持向积极品质发展，完成这阶段的任务，逐渐实现了健全的人格，否则就会产生心理社会危机，出现情绪障碍，形成不健全的人格。第八阶段的关键词：有秩序感和意义感；怕死，对生活及生活中已得到的或没发生的事情感到痛苦、失望。

(二) 人格结构作用

1. 人格结构的组成

人格结构由信念与期望、情感与编码、能力与自我调节规划三个相关因子组成。其中，信念是期望的影响因子之一，期望来自信念、理想等；情感是编码的影响因子之一，编码和译码是情感交流的表现；能力是自我调节的重要因子之一，自我调节取决于人的能力。

(1) 信念与期望。信念是人的认识、情感、意志的统一体。信念是指一个人坚信某种观点的正确性并支配自己行动的个性倾向。信念是经过深思熟虑所决定的努力方向和奋斗目标。期望是在信念下对未来的向往和追求。期望是对人或事物的未来有所等待、希望。

(2) 情感和编码。人们用各类符号进行思维和交流信息的过程，也是编码与译码的过程。这一过程与人的态度密切相关，态度取决于情感，而情感和情绪大多有目的性，是自然选择的产物，情感还受一个人对于自己的行为与各种标准的关系的知觉的影响，如成功感与失败感、骄傲与羞耻、内疚与悔恨等，情感是社会经济文化发展的产物。

(3) 能力和自我调节规划。能力包含潜能，即以往遗留、沉淀、储备的能量。每个人所具备的身体潜能、组织潜能、创造潜能、计算潜能、语言潜能、空间潜能、运动潜能、艺术潜能、感觉潜能等九个方面的潜能，是通过训练可以被开发的能力，这些能力有助于人们控制结局、影响自己行为，也会影响其内部状态的计划和策略。

2. 人格结构作用的内容

卡特尔[①]特别强调自我的作用，指出人格的成熟就是自我力量的壮大，使之能够找出一种现实的、变通的解决办法，使其先天驱力有所变更，从而称心如意。当自我太弱，本我和超我太强，特别是超我太强时，容易造成心理冲突。当自我太弱，本我太强而超我太弱时，则容易出现社会适应问题。所以，心理健康的关键在于壮大自我的力量。在协调性出现反差或冲突时，可以发现，个体的适应问题及产生问题的原因。

自我评价是自我诊断、自我调节、自我完善的过程，对人的发展有特殊的意义，具有自我功能和社会功能。客观地自我评价是一种积极的人格态度。自我评价对人生观有一定的影响，对社会关系有一定的影响；自我评价具有个人行为定向的功能，如果不能得到正确发挥则可能变成消极的作用，不利于人的自我发展、自我完善和自我实现。外部环境对人而言是人格的外在结构，对人格的适应产生影响。斯坦利·霍尔[②]称青春期的特点是情绪动荡起伏，可能出现一些非常显著的相互对立的冲动行为。这种本性加之面临一系列生理、心理、生活环境的变化，使大学生处于一生中心理发展最为激烈的时期。大学新生要及时进行角色转变和调整心态。一般情况下，角色转变存在个体差异性，如果适应困难或矛盾冲突激烈和持久，便容易导致压抑或失落。大学新生可能需要做好转变角色的心理准备，学会调整与平复因为新环境带来的失落。失落是一种不良情绪，并不是真正意义上的心理疾病，但如果放任下去很可能发展为心理疾病。大学生要正确地自我评价，认清失落的真正原因，采取刻意忘我、认知控制、转移注意力等方法平复失落，坚决拒绝陷入失落的泥潭。

许多人进入大学后，迷失了自己，不能客观地自我评价，逃课习以为常，遇

---

① 卡特尔(Raymond B. Cattell，1905—1998)，美国心理学家，最早应用因素分析法研究人格。对心理测验的研究、对个体差异的测量以及对应用心理学的倡导，推进了美国心理学的机能主义运动。他编制的《16种人格因素测验》应用十分广泛。

② 斯坦利·霍尔(Granville Stanley Hall，1844—1924)，美国心理学家、青少年心理学之父，一生致力于研究发展心理学，担任约翰霍普金斯大学的心理学和教育学教授，创办了美国第一座心理学实验室。他强调，为升大学做准备，中学应该更关注青春期教育。在1887年创办了《美国心理学杂志》，该杂志至今为止仍是北美心理学权威的心理学学术杂志。1892年，他担任美国心理学学会第一任主席。

到挫折不善于处理等。大学生应该如何以客观的自我评价来指导自己的行为呢？首先要对自我评价及其影响有正确的理解：在人生中，挫折是一种常态。遇到挫折时，应从以下几点出发：

(1) 要正视挫折，即从自身找原因，总结引发失落的原因是否是自己过去的经验少，缺乏分析事情的冷静与理智等。

(2) 寻找挫折的原因，要从周边环境中寻找原因。如果是不以自己主观愿望而改变的客观因素占主导，则没有必要为它忧伤失落。

(3) 消除挫折感，并解决问题。当你因为挫折而感到失落时，最好采取行动分散注意力，体育运动就不失为一种积极的转移方法。运动可以松弛紧张情绪，又可以消耗体力，使消沉者活跃、激愤者平静，从而达到情绪平衡的目的。而且，体育运动有助于身体健康，能为今后的学习、生活打下基础。我们还可以通过自助与助人为乐来处理挫折。失落往往伴随着挫败感，而挫败感是可以由成功后带来的自信抵消的。所以，找出一个你认可的长处，不论大小。在失落的时候就做自己擅长的事，从中获得成就感，并告诉自己可以做得很好！另外也可以帮助别人，施者比受者有福。这样我们不仅可以忘记烦恼，还可以从中体验到自己的存在价值，在别人的感谢和夸赞下奠定信心，并且能收获友情。

【阅读链接 4–4】

认识“自我评价”

自我评价对人生观有一定的影响，其表现为以下 5 个方面：对人生价值的影响；对自我发展的影响；对自我实现的影响；对自我形象管理的促进；对社会关系的影响。

一、自我评价对人生价值的影响

自我评价与人生价值选择有着密切的关系。人生价值包括人生的自我价值和人生的社会价值。前者从本质上是人自身的生存和发展的满足；后者从本质上说是人对社会的存在和发展的满足。个人离不开社会，社会也离不开一个个具体的个人。社会发展的需要是特定时代、特定环境下人的需要的外化表现。

人的自我评价往往折射出个体对人生价值的认识和态度。正确树立人生观，离不开正确的自我评价。正确的自我评价的社会意义，就在于它能帮助人成为社会人，有健康人生观和价值观的人，会使社会充满了人生的正气。不正确的自我评价，会导致主体不正确的自我追求，从而导致我们不能对自己和社会关系进行正确认识。总之，自我评价具有重要的社会意义。它不仅影响社会中人与人的交往方式，而且影响社会中人的心理健康，影响人的价值观和人生观。

二、自我评价对自我发展的影响

自我评价会促使人进行自我验证，从而为自我发展提供动力。人们有了自我评价就会努力确证他们的自我概念。特别是当自我愿望有冲突时就会进行自我校验。人们之所以能够跟那些让自己并不快乐的人在一起，就是为了证明自我评价是正确的。

自我验证对人的发展意义在于能促使主体自我发展。即使自我评价不正确，我们通过自我验证亦可提高自我反思动力，在反思中得到提高。评价中的自我和行为中的自我不会始终一致，当实际低于预期时就会感到沮丧、不满意、郁闷、害怕、担忧或焦虑。善于自我敦促的人会采取方法来减少这些差异，这就有可能使自我评价更加正确。

三、自我评价对自我实现的影响

自我评价能够促使主体进行自我证实，并为自我实现提供动力。为了自我证实，主体必然会将自我能力表现出来。从反面去验证自我评价即自我验证；从正面证明自我评价的正确性即自我证实。自我验证更加有利于自我发展；自我证实更加有利于自我实现。

人有一种自我评价维护的意识。人们在形成自我评价之后就会关注别人如何对待自己。如果别人(例如朋友、同事、上级)说一些让你感觉不舒服的话，你就会感到自己的自我评价受到了威胁，就会远离这些让你不舒服的人，尽量让他们的行为和态度跟你不相干，从而维护自己的自我评价。在这种情况下，善于自我反思的人会努力自我改进，从而促进自身的发展，但有的人也可能自我封闭。这表明人们的自我评价影响着他们跟别人的交往方式。

四、自我评价对自我形象管理的促进

人们有时会感到自我评价的某方面受到威胁。在这种情况下，他们就会加倍努力地寻求社会对自我评价的承认。自我评价对自我发展与自我完善的促进作用，表现在它有利于主体的自我提高，能通过自我形象管理，通过经常自我检查(自我评估)并有意识地管理他人对自己的印象，也就是说，人们会运用自我提高机制来完善自我，如衣着、言语等方面。同时，这也是为了使他人对自己印象良好或获得他人恭维，因此，自我提高实际上是改善他人对自我的印象。这反映出自我评价不是孤立的，而是与他人的评价密切不可分的。善于自我评价的人，会利用他人的评价来反思、修正自我评价，并努力获得更高的评价。

五、自我评价对社会关系的影响

自我评价不但具有自我功能，还具有社会功能，因为它在一定程度上会影响人与人之间的关系，也影响一个人对待他人的态度。自我评价所形成的“自我发展”“自我实现”“自我完善”，都与社会的需要联系在一起。在心理学中，人是以个体为实体性存在的。社会、文化等只是个体存在的环境。在哲学中，人是社会的人。人的本质不是单个人所固有的抽象物，在其现实性上，它是一切社会关系的总和。自我评价是同社会联系在一起的，因此，我们强调要客观地自我评价。

自我评价决定人的态度，不同的态度产生不同的行为，形成不同的社会人际关系。

这是因为：自我评价与三个因素有关——评价别人、他人对自己的评价以及他人的自我评价，三者与自我评价共同构成了自我感觉压力表。不能正确评价自己的人，一般也不会正确地评价别人。当别人评价与自我评价相吻合时，自我感觉会良好，反之就会产生心理失衡或自我评价障碍。他人的正确评价有助于人与人之间的继续交往；反之则减少交往。

(资料来源：https://baike.baidu.com/item/%E8%87%AA%E6%88%91%E8%AF%84%E4%BB%B7/10752945#3，作者有删减

【阅读链接 4-5】

自我评价的实验与分析

一、自我评价的环境因素——斯蒂尔(Steele)心理实验

该实验是让理科和商科学生到指定的地方选择自己喜欢的音乐专集，然后对他们的选择清单进行检核。其中，给一部分学生分发实验室工作服，让他们穿着工作服参与实验。结果发现除了穿实验室工作服的理科学生，其他学生都对自己的喜好有所夸大。因为实验室工作服对科学人格有提醒作用：真理比个人更重要。许多理科学生由于在实验室工作，逐渐会形成一种对追求科学真理的崇敬感和高尚感。一旦穿上实验室的工作服，这种感觉便会起作用。在这种感觉的作用下，他们会更加愿意说真话。在实际生活中，人们经常会用这种方式来自我证实。例如，如果说我唱歌不行，我就会用我更擅长的弹吉他等方式来证实自我。

二、自我评价的自我维护——戈尔维策(Gollwitzer)心理实验

该实验选择一些自认为有前途的舞蹈人员，将其均分成 A、B 两组，要求 A 组选出他们认为最好的舞蹈老师，要求 B 组选出他们认为最差的舞蹈老师。然后，再问他们何时可以在公众面前进行舞蹈演出。结果是 B 组(感到自我评价受到威胁)认为自己可以在公众面前演出的时间比 A 组(自我评价没有受到威胁)平均早两个星期。因为他们感到选出自己认为最差的老师是对自我评价的某种威胁：如果说自己要晚些时候才能够演出，其他人会以为自己的舞蹈能力不行。可见，在寻求对自我评价的社会承认的动力下，B 组会倾向于把自己能够演出的时间说得早些。

类似的例子：考试中失利的人会说自己很聪明，或争辩自己比别人聪明。实际上，这是想要获得社会承认。竭力追求社会承认的人通常都有明确的自我评价。不过这同追求自我验证和自我证实还不一样：自我验证和自我证实都会有表现自己能力的行为(正面或反面)，追求

承认则仅仅是追求名而不一定追求实。

三、自我评价的社会影响——富兰克林效应的心理实验

自我评价在多大程度上、如何影响人与人的社会关系？心理学家和社会学家研究发现，当一个人帮助了另外一个人的时候，他在以后就会更加喜欢给这个人予以更多的帮忙。因为他可以通过这样的方式来证明对自己能力的评价：我有价值，我能够帮助别人。反之，如果一个人开始恨或讨厌另一个人，就会越来越加重这种恨或讨厌。这样的现象在心理学里被称为富兰克林效应。

实验的程序。让一些学生参加一个智力竞赛，可以获得一笔不菲的钱。获奖的学生分成三部分：(A 组)1/3 的获奖学生，获奖学生拿到奖金后，研究人员又把奖金要了回去，理由是奖金来自研究人员的科研经费，由于经费不足，所以要拿回奖金。(B 组)1/3 的获奖学生，他们的奖金由秘书要了回去，理由是奖金来自系里的办公经费，由于经费不足，所以要拿回奖金。(C 组)1/3 的获奖学生，需要他们自己归还已获得的奖金。研究人员对全部获奖学生进行了调查，问他们是否喜欢研究人员。

实验结果。A 组比 B、C 两组更讨厌研究人员；B 组比 C 组更讨厌该研究人员。其原因是自我评价主导他们的行为，他们认为自己有能力且应该获奖，而拿回奖金导致了学生的自我评价受到威胁，进而对有关人员产生恨意。

实验结果的分析。实际中这样的情况会导致巨大的人际障碍。如果获奖学生认为自己是凭运气获奖的，那么，被拿回奖金就会被认为是取走了本来不应该拿到的东西，自我评价并没有受到威胁，就不会太讨厌有关人员了。这里有富兰克林效应在起作用，拿回奖金本身威胁到了学生的自我评价，谁拿奖金，学生就必然对谁多一份恨意。由于研究人员亲自去要奖金，学生就把多的那一份恨意直接加在研究人员身上，所以，由研究人员去拿奖金的那组学生最讨厌研究人员。本来因自我评价受到的威胁而产生的恨意在三个组中是一样的，关键是第二次恨意导致该组学生加倍地讨厌研究人员。

(资料来源：https://wenku.baidu.com/view/080319b491c69ec3d5bbfd0a79563c1ec4dad721.html，作者有删减)

二、超越自我

下面学习三个方面的内容：一是人格发展转折论；二是人格危机消除论；三是人生发展的境界。通过本节的学习，我们能够进一步认识人格的发展规律，以利于提升人生发展的境界。

(一) 人格发展转折论

埃里克森探讨了正在生长和发展的青年人，他们正面临着一场内部生理发育的革命，面临着摆在他们前头的成年人的使命，他们现在主要关心的是把别人对他们的评价与他们自己的感觉相比较，以及如何把各种角色及早期培养的技能和当今职业的标准相联系。埃里克森使用“危机”表示每个发展阶段特征的转折点，兼有一个积极和消极的解决办法。积极的解决办法有助于自我的加强，形成较好的顺应能力；消极的解决办法削弱了自我，阻碍顺应能力的形成。在某个阶段中，积极的危机解决办法增加了下个阶段的危机解决的可能性，虽然生物基础决定了这些阶段危机产生的时间，但社会环境决定了危机能否得到积极解决。危机的解决办法中兼有积极和消极两种因素。只有在有利于解决问题的积极因素比消极因素所占的比率高时，才能说危机被积极地解决了。一旦某一阶段的危机得到积极解决，那这个人的人格中就会形成一种美德。

(二) 人格危机消除论

埃里克森使用“危机”表示转折点，他还把“爱”定义为有益于个人与社会发展的亲密关系。“爱”表现为一个积极的意义。埃里克森列举了爱的表现，包括以下几点：感情共鸣与情欲高潮，对伴侣的身体和心理的接纳认同，彼此信任，共同遵守和默契于生活和工作、生产和娱乐等各个环节，养育后代并对此骄傲和满意。这就是具有爱的能力和美德。埃里克森的人格发展论，为不同年龄段的教育提供了理论依据和教育内容。任何年龄段的教育失误都会给一个人的终生发展造成障碍，但同时也可以告诉我们：你为什么会成为现在这个样子，你的心理素质哪些是积极的，哪些是消极的，大多是在哪个年龄段形成的，这些都给人们反思的依据。在埃里克森的人格发展论中，包含四个目标：获得青年期的同一性；减少青春期的冲突性；解决成年期的矛盾性；实现人格的自我完整。

1. 获得青年期的同一性

童年期向青年期的过渡期为12～17岁。同一性的概念是埃里克森自我发展理论中的重要组成部分，具有非常广泛的含义。“同一性”可以理解为：社会与个人的统一，个体的主我与客我的统一，个体的历史性任务的认识与其主观愿望的统一；也可理解为对自己的过去、现在和将来，即在任何情况下都能够全面认识到意识与行动的主体是自己，亦即是“真正的自我”，也可称为“核心的自我”。在这里，同一性，指的是一种熟悉自身的感觉，一种知道个人未来目标的感觉，一种从他信赖的人中获得所期待的认可的内在自信。如果这一阶段的同一性形成，就会形成忠诚的美德；如果同一性出现危机，就会形成不确定性或无归属感、为人冷漠、缺乏关爱意识。在这个阶段中，青年必须积累起有关他们自己及社会的知识。一旦他们做到了，就获得了一种同一性，表示已长大成人，便获得了个人的同一性，标志着这个发展阶段取得了满意结果。这个阶段是寻找同一性的时期，而不是具有同一性的时期。埃里克森把这个时期称为“心理社会的合法延缓期”，用这一术语来表示青年人和成年期的间隔。

2. 减少青春期的冲突性

成年早期(18～24岁)通常面临亲密或孤独的冲突。如果这一阶段的冲突危机成功解决，就会形成爱的美德；如果不能成功地解决就会形成混乱的两性关系。埃里克森指出，唯有具备牢固的同一性的人，才能敢于涉足与另一个人相爱的情河之中。青年已具备了与他人亲密相处的能力，也就是说，具备了承担所需义务的能力，具备了为遵守这些义务而发展的道德力量的能力，即使这些都需要付出巨大的牺牲和让步。如果青年因角色而混乱，将无法选择生活角色。如果他们感到环境对自我同一性进行彻底剥夺的话，那么，他们就会以野兽突然被迫捍卫其生命般地迸发出惊人的力量进行抵抗。在人类生存的社会丛林中，如果没有同一性的意识就没有生存的感觉。为什么青年人在不能获得积极的同一性时要选择消极的同一性呢？埃里克森认为是因为叛逆心理。

青少年对周围世界有了新的观察与思考的方法，会经常考虑自己到底是怎样的一个人，他们从别人的态度中，从自己扮演的各种社会角色中，逐渐认清了自己。此时，他们逐渐疏远了自己的父母，从对父母的依赖关系中解脱出来，而与同伴们建立了亲密的友谊，从而进一步认识了自己，对自己的过去、现在、将来产生了一种内在的连续之感，也认识了自己与他人在外表上和性格上的相同、差别。认识自己的现在与未来在社会生活中的关系，这就是同一性，即心理社会同一感。这种同一感可以帮助青少年了解自己，了解自己与各种人、事、物的关系，以便能顺利地进入成年期，否则就会产生同一性的混乱。比如：怀疑自我认识与他人对自己认识之间的一致性；做事情马虎，看不到努力工作与获得成就之间的关系。同一性混乱还表现在对领导与被领导之间的共同点与差异看不清，要么持对立情绪，要么盲目顺从等。在两性问题上也会发生同一性的混乱，认识不到两性之间的同一与差异等。

3. 解决成年期的矛盾性

成年中期(25～64岁)会出现不可推卸的人生义务，人生义务伴随着各种矛盾性心理。如果在这一阶段，一个人具有一定的效能性，能很幸运地解决人生义务及其伴随的各种矛盾问题，能够处理现实与未来的关系，这就是形成了成年期的同一性。具体地说，成年期如果能过上富有成效的幸福生活，就会力图把产生这些东西的环境和条件传递给他的下一代。所以，这时候，繁殖在建立和指导下一代中就成为头等要事。而有些人由于不幸，或者由于其他方面特殊的天赋，而不能运用这个内驱力来为子孙后代造福。繁殖这个概念包含了生产能力和创造能力这类更为通俗的同义词的含义，但是这些同义词都是不能取代它的。没有产生繁殖感的人是以“停滞和人际贫乏”为特征的。一旦人的繁殖率高，那么，这个人履行了不可推卸的人生义务，解除了成年期的矛盾性。

4. 实现人格的自我完整

成年后期(65岁以上)，个人获得的自我完整胜过失望。如果这一阶段以某种方式关心人和事物，使自己顺应形影相随的胜利或失望，顺应其他事物的创造者，或者说，顺应各种产品和思想的创造者，在这种人身上，人生阶段的果实便能日臻成熟，回顾一生感到所度过的才是丰足的、有创建的和幸福的人生的人才会不惧怕死亡。这种人具有一种圆满感和满足感，那他就会以“智慧”的美德作为一生的特征。埃里克森把“智慧”定义为“以对人生本身超然的关心，来面对死亡本身”。

(三) 人生发展的境界

如何构成个人的人生境界？对于不同的人做相同的事，每个人的见解不同，所做的事对他们也就各有不同的意义。每个人各有自己的人生境界，与其他任何个人的都不完全相同。

1. 西方哲学中的人生境界

西方哲学以苏格拉底为代表，苏格拉底建立了一种美德即知识的伦理思想体系，其中心是探讨人生的目的和善德。他强调人们应该认识社会生活的普遍法则和认识自己，认为人们在现实生活中获得的各种有益的或有害的目的和道德规范都是相对的，只有探求普遍的、绝对的善的概念，把握概念的真知识，才是人们最高的生活目的和至善的美德。苏格拉底认为，一个人要有道德就必须有道德的知识，一切不道德的行为都是无知的结果。人们只有摆脱物欲的诱惑和后天经验的局限，获得概念的知识，才会有智慧、勇敢、节制和正义等美德。柏拉图全面继承了苏格拉底的伦理思想体系，并进一步将其系统化、理论化。苏格拉底强调知识的重要性，认为伦理道德要由理智来决定，这种理性主义的思想，在以后西方哲学思想的发展中，起到了积极作用。按照西方哲学传统，以《理想国》中柏拉图之言，哲学家必须从感觉世界上升到理智世界。哲学家到了理智世界，也就是到了天地境界。可是达到天地境界的人，其最高成就是自己与宇宙的同一，而在这个同一中，他也就超越了理智。

2. 中国哲学中的人生境界

按照中国哲学传统，哲学的任务不是增加关于实际的积极的知识，而是提高人的精神境界。人做各种事，有各种意义，各种意义合成一个整体，就构成他的人生境界。哲学家冯友兰提出，哲学的任务包括提高人的精神境界。人生境界从低到高，依次是自然境界、功利境界、道德境界、天地境界。按照中国哲学传统，哲学的任务是帮助人达到道德境界和天地境界，特别是达到天地境界。天地境界又可以叫做哲学境界，因为只有通过哲学，获得对宇宙的某些了解，人才能达到天地境界。但是，道德境界也是哲学的产物。道德并不单纯是遵循道德律的行为；有道德的人也不单纯是养成某些道德习惯的人。他的行动和生活都必须觉解其中的道德原理，哲学的任务正是给予他这种觉解。中国哲学倾向于强调为了成为圣人，虽然他做的都只是平常人所做的事，但是由于有高度的觉解，他所做的事对他就有了不同的意义。

【阅读链接 4–6】

人生境界

一、王国维的人生三境界

王国维第一境界是“立”，第二境界是“守”，第三境界是“得”。第一境界是立志、下决心，只有具备了第一境界才会有第二、第三境界。“人生三境界”语出王国维《人间词话》。

第一境界(立)：“昨夜西风凋碧树。独上高楼，望尽天涯路。”——(北宋)晏殊《蝶恋花·槛菊愁烟兰泣露》。其译文：昨天夜里西风惨烈，凋零了绿树。我独自登上高楼，望尽那消失在天涯的道路。

第二境界(守)：“衣带渐宽终不悔，为伊消得人憔悴。”——(北宋)柳永《蝶恋花·伫倚危楼风细细》。其译文：我日渐消瘦也不觉得懊悔，为了你我情愿一身憔悴。

第三境界(得)：“众里寻他千百度。蓦然回首，那人却在，灯火阑珊处。”——(南宋)辛弃疾《青玉案·元夕》。其译文：我在人群中寻找她千百回，猛然一回头，不经意间却在灯火零落之处发现了她。

二、宋代禅宗三境界

人生第一重界：看山是山，看水是水。

涉世之初，还怀着对这个世界的好奇与新鲜，对一切事物都用一种童真的眼光来看待，万事万物在我们的眼里都还原成本原，山就是山，水就是水，看到的就是实物，也不去深想，所以就相信事物就是自己看到的样子。然而如果我们对这个世界的认识仅停留在表面，我们终究是看不透其中奥秘的，最终会在现实里处处碰壁，从而对现实与世界产生了怀疑。

人生第二重界：看山不是山，看水不是水。

在虚伪的面具背后隐藏着太多的潜规则，看到的并不一定是真实的，一切如雾里看花，似真似幻，似真还假，山不是山，水不是水，我们很容易在现实里迷失了方向，随之而来的是迷惑、彷徨、痛苦与挣扎。有的人就此沉沦在迷失的世界里，我们开始用心去体会这个世界，对一切都多了一份理性与现实的思考，山不再是单纯意义上的山，水也不再是单纯意义上的水。

人生第三重界：看山是山，看水是水

这是一种洞察世事后的反璞归真，但不是每个人都能达到这一境界。人生的经历积累到一定程度，不断地反省，对世事、对自己的追求有了一个清晰的认识，认识到“世事一场大梦，人生几度秋凉”，知道自己追求的是什么，要放弃的是什么，这时，看山还是山，水还是水，只是这山这水，看在眼里，已有另一种内涵了。

三、冯友兰的人生四境界

冯友兰把人生境界划分为四个等级：自然境界、功利境界、道德境界、天地境界。他说，若是不管这些个人的差异，我们可以把各种不同的人生境界划分为四个等级。

自然境界：人若只是顺着本能或风俗习惯做事，然而并无觉解，或不甚觉解。他所做的事。那么，他所做的事情对于他就没有意义，或很少意义。

功利境界：人意识到他自己，为自己而做各种事。这并不意味着他必然是不道德的人。他可以做些事，其后果有利于他人，其动机则是利已的。所以他所做的各种事，对于他有功利的意义。

道德境界：人了解到社会的存在，认识到他是社会的一员。这个社会是一个整体，他是这个整体的一部分。有这种觉解，他就为社会的利益做各种事，或如儒家所说，他做事是为了“正其义不谋其利”。他真正是有道德的人，他所做的都是符合严格的道德意义的道德行为。他所做的各种事都有道德的意义。道德境界有道德价值。

天地境界(哲学境界)：人了解到超乎社会整体之上，还有一个更大的整体，即宇宙。他不仅是社会的一员，还是宇宙的一员。他是社会组织的公民，同时还是孟子所说的“天民”。

有这种觉解，他就为宇宙的利益而做各种事。他了解他所做的事的意义，自觉地正在做他所做的事。天地境界有超道德价值。

(资料来源：https://baike.baidu.com/item/%E4%BA%BA%E7%94%9F%E5%A2%83%E7%95%8C/10877117，作者有删减)

【阅读链接 4-7】

成功的箴言

1. 读万卷书不如行万里路，行万里路不如阅人无数，阅人无数不如名师指路。

2. 经师易得，人师难求。

3. 没有目标的人永远为有目标的人去努力。

4. 今天的趋势会被明天的趋势代替，把握趋势，把握未来。

5. 所见所闻改变一生，不知不觉断送一生。

6. 人生能走多远，看与谁同行；有多大成就，看有谁指点。

7. 人生三阶段：比才华；比财力；比境界。

8. 做人不成功，成功是暂时的；做人成功，不成功也是暂时的。

9. 人生最重要的不是努力，不是奋斗，而是抉择。

10. 人若把自己框在一定的范围内，就容易限制了自己的思维和格局。

11. 聪明的人看得懂，精明的人看得准，高明的人看得远。

12. 老板只能给一个位置，不能给一个未来。舞台再大，人走茶凉。

13. 生命不在于活得长与短，而在于顿悟的早与晚。

14. 世界上有多少有才华的失败者，世界上有很多高学历的无业游民，原因是选择错误。

15. 意外和明天不知道哪个先来。没有危机是最大的危机，满足现状是最大的陷阱。

16. 下对注，赢一次；跟对人，赢一世。

17. 做人处事，待人接物：重师者王，重友者霸，重己者亡。

18. 生意，可以掌控努力与投资，却无法掌控结果。人生得意时找出路，失意时才有退路，宝马都有备胎，您的人生呢?

19. 不识货，半世苦；不识人，一世苦。

20. 学历代表过去，财力代表现在，学习力代表将来。

21. 学识不如知识，知识不如做事，做事不如做人。

(资料来源：https://wenku.baidu.com/view/9d69f015d4bbfd0a79563c1ec5da50e2534dd1d4.html，作者有删减)

【阅读链接 4–8】

爱的理论

爱，是一种需要学习的重要能力。爱的能力是十分重要的，关系到人的幸福。大学生处于青春期，大学里谈恋爱是十分正常的事情。恋爱的影响，既有积极影响，也有消极影响，或者是两者兼有。积极影响方面有：大学生恋爱是满足大学生情感发展的需要；加速大学生社会化进程，是走向未来幸福的必经之路等。大学生恋爱也有消极影响，比如处理不当会影响学业的完成；或影响人际关系；或影响心理健康；或影响身体健康等。

爱情，是两颗灵魂的结合。年轻的你，爱情的种类分得清吗？美国耶鲁大学斯滕伯格教授(Robert J. Sternberg)的研究指出，构成爱情的是亲密、激情与承诺三种元素。根据这三种元素的不同组合情况，他将爱情分为以下 8 种。

1. 无爱

如果亲密、激情和承诺都缺失，爱就不存在。如此，两个人也许仅仅是认识的关系，而不是朋友，彼此的关系是随便的、肤浅的、没有承诺的。

2. 喜欢

当亲密程度高，但激情和承诺非常低的时候，会产生喜欢。喜欢发生在有着真正的亲近和温暖的友情中，但不会激发激情和与之共度余生的预期。如果你对某个朋友确实激起了激情、他/她离开的时候会被强烈地思念，那么，关系就已经超越了喜欢。当在爱情的三因素中只有亲密因素时，相处的双方在交往中会感觉亲切、轻松，有很强的信赖感，表现在生活中就是两性之间真诚的友谊。

严格地说，此种关系还不能纳入爱情之中。喜欢和爱的区别被现代男女严格区分，所以，他们常常固执地要求明确的答复：你究竟是喜欢我还是爱我？当然，这种关系的稳定会因为二者中任何一方情感因素微妙的变化而发生改变，这也是人们常常怀疑男女之间是否有真正友谊的原因。

3. 迷恋

迷恋中有着强烈的激情，但缺乏亲密和承诺，当人们被不太熟悉的人激起欲望时便会有这种体验。当在爱情的三因素中只有激情因素时，双方有强烈的性的吸引，但缺乏彼此的了解，缺乏彼此的信任，更没有发展到承诺的阶段。处于迷恋中的个体相信：爱不需要理由。也有人常常无奈地吟唱：为何偏偏爱上你？迷恋开始于生活中的一见钟情，这种刹那间绚烂如夏花的情绪是否有生命力，能否发展为稳定的情感，取决于是否会有亲密和承诺因素的形成。

4. 空爱

空爱即空洞的爱，没有亲密或激情的承诺就是空爱。当在爱情的三因素中只有承诺因素时，表明相处的两人之间只有责任和义务，是高度道德化的或价值高度异化的两性伙伴关系。就爱情而言，是没有爱情成分的空洞的爱。在西方文化中，这种爱见于激情燃尽的关系中，既没有温暖也没有激情。然而，在其他包办婚姻的问题中，空洞的爱是配偶们共同生活的第一个阶段，而不是最后一个阶段。

5. 浪漫之爱

当拥有高程度的亲密和激情一起发生时，人们体验的就是浪漫的爱。它是亲密和热情两个因素的结合。当两性之间的关系具有亲密和热情两个因素，双方的关系不需要承诺来维系时，便会被认为是一种最轻松、最享受的、唯美的浪漫之爱。浪漫之爱，若是缺乏承诺的意愿或能力，则与婚姻无缘，所谓“相爱容易相处难”。对浪漫之爱的一种看法是它是喜爱和迷恋的结合。人们常常会对自己的浪漫关系做出承诺，但斯腾伯格认为，承诺并不是浪漫之爱的典型特征。

6. 伴侣之爱

亲密和承诺结合形成对亲密伴侣的爱，可以称为伴侣的爱。当两性之间的关系有亲密也有承诺，而缺乏性爱吸引时，彼此的关系已经升华为亲情式的信任和依赖，仿佛携手走过漫漫人生的银发夫妇，虽没有青春时的激情，却具有难以描述的情感深度，是不离不弃的黄金伴侣。亲近、交流和分享伴随着对关系的充足的投资，双方努力维持深度而长期的友谊。这种类型的爱会集中体现在长久而幸福的婚姻中，虽然年轻时的激情已渐渐消失。

7. 虚幻之爱

缺失亲密的激情和承诺会产生一种愚蠢的体验，这种体验便叫作虚幻之爱。它是激情和承诺两个因素的结合。当没有以信任为基础的亲密因素时，爱情仿佛大厦没有坚实的地基，是虚幻的空中楼阁，随时有改变的可能。这种爱会发生在旋风般的求爱中，在势不可挡的激情中两个人闪电结婚，但对彼此并不很了解或喜爱。在某种意义上，这样的爱是一场迷恋投资，有很大风险。

8. 圆满之爱

当亲密、激情和承诺都以相当的程度同时存在时，人们的体验是“完全的”，称作圆满的爱。它是亲密、热情和承诺三因素的结合。真正的完美的爱情应该以信任为基石，以性的吸引和欣赏为催化剂，以承诺为约束。它既具有相对的稳定性，又充满热情和活力，但这种形式的爱，很难坚持长久。

(资料来源：https://baike.so.com/doc/3394230-3572901.html，作者有删减)

【阅读链接 4–9】

爱的能力的培养

爱的能力需要培养。爱的能力，不是与生俱来的，具有遗传的因素，也具有后天环境的影响，是个体在爱的学习能力和领悟能力的差异等因素共同作用下的形成的。是否具备爱的能力，是人生活幸福的关键，这种能力伴随人的一生，影响人的一生。

大学生常见的恋爱心理困惑有单恋与爱情错觉，或者失恋。症状：自卑与畏缩；悲伤与痛苦，愤怒与绝望；渺茫；有报复心理。调适的方法：倾诉、移情、疏导、立志。大学生要认识到，失恋可以避免将来更大的婚姻悲剧；他们可从中学习如何恋爱，认识真正的爱情。

爱的能力有：识别爱的能力；迎接爱的能力；拒绝爱的能力；发展爱的能力；处理爱的冲突的能力；承受爱的挫折的能力；保持爱情长久的能力。爱是一种处理人际关系的基础能力。爱，需要学会接纳；爱，需要学会自信；爱，需要学会承担责任；爱，需要学会应对挫折。

(资料来源：http://www.docin.com/p-1269122804.html，作者有删减)

【阅读链接 4–10】

情绪就是心魔

生活不是一帆风顺的，每个人都会有情绪，这很正常。但情绪就像水，宜疏不宜堵。我们要学会控制情绪，不能把情绪看得过重，也不能一味地遏制情绪的产生。稳定的情绪是一个人最顶级的人格魅力。

情绪不是我们生活的全部，但情绪却能左右我们的生活。不知你们是否有过这样的经历：明明很想好好说话，却忍不住破口大骂；一遇到重大事件的时候，翻来覆去睡不着觉，失眠；失意时控制不住自己的情绪，心情低落，烦闷惆怅；明明是过得很不开心，压力很大，却要逞强，佯装自己很坚强。以上种种都是因为我们只是暂时地隐藏了我们的情绪，而没有正确地去处理我们的情绪。

曾经在公交车上发生了这样一件事：一个孩子连踢了一个成年男子的手三次，该成年男子突然暴起，将男孩过肩重摔在地，并紧接着用脚在男孩的头部重踩三下。孩子被打懵了，一直在地上蠕动，站不起来。

事情到这里，也无须讨论谁是谁非，法律已经帮我们作了判定：暴躁的成年男子被拘留15 天。事后，记者采访成年男子的时候，他说：近期因工作不顺等原因，心情本就不好。当时整个人都情绪化了，但很快便意识到自己做过了火。是啊，本来是一个再正常不过的教育

“熊孩子”事件，没想到一下子情绪失控把自己弄进了警察局。

尼采在《善恶的彼岸》中说：“如果情绪总是处于失控状态，就会被感情牵着鼻子走，丧失自由。”冲动是魔鬼，一个无法管理好自己情绪的人，就像一颗随时会爆炸的炸弹，不仅伤人，也会害己。

厉害的人，早就戒掉了情绪。

有些人，为情绪所困；有些人，却早就戒掉了情绪。

作家李敖常常在各种场合痛骂曾经的朋友余光中，甚至说他是“马屁诗人”。有人去问余光中：“李敖天天找你茬，余光中你从不回应，这是为什么？”

余光中沉吟片刻答：“天天骂我，说明他生活不能没有我；而我不搭理，证明我的生活可以没有他。”你看，余光中不仅不生气，还能幽默对待。

社会心理学家费斯汀格有过这样一个理论：人生中 10%的事件是由发生在你身上的事情组成的，而另外 90%则是由你对事情如何反应决定的。无论面对何种境地，聪明人都不会任由情绪发泄。因为他们知道，这样做于己无益，于事无补。只有控制住情绪，重归于理性，才是真正的解决之道。

奥里森·马登在《一生的资本》中说：任何时候，一个人都不应该做自己情绪的奴隶，不应该使一切行动都受制于自己的情绪，而应该反过来控制情绪。无论境况多么糟糕，你应该努力去支配你的环境，把自己从黑暗中拯救出来。

面对流言，从容应对；面对蜚语，淡然处之。泰山崩于前而色不变，是风骨，也是气量。不乱发脾气，能够控制自己情绪的人，在赢得他人尊敬的同时，也为自己带来了好风水。

发脾气是本能，不发脾气是本事。

(资料来源：https://view.inews.qq.com/a/20201018A00OPJ00，作者有删减)

【阅读链接 4-11】

把情绪戒了吧

完美与破碎，没有一定的界限，全看你从哪个角度去看。

——刘墉

能控制住自己的情绪的人，才能掌控自己的人生。

好多年前，我刚创业那会儿，因为经验不足，接连错过了几个关键客户。我开始怀疑自己的能力，整晚失眠，整日不出门，一度陷入焦虑之中。某天的一个清晨，我爸邀请我出去走一走。他给我讲了这样一个故事：

在印度的一个车站上，一个贫民窟的孩子坐在椅子上休息，他衣着褴褛，连鞋都没有。

没一会儿，车站里陆陆续续地来了很多等待坐车的人。在一片拥挤中，一个富人家的孩子在上车的一瞬间，一只鞋被挤掉了。

那个贫民窟的孩子，捡着这只鞋，想还给这个富人家的孩子。可是，火车越来越快，那个贫民窟的孩子怎么也追不上。

这个时候，我爸问我：你猜后来怎么样了。

我摇了摇头。

我记得很清楚，我爸意味深长地看了我一眼说：那个富人小孩把脚上的另一只鞋也扔了下来。因为事情已经发生了，损失也已经造成了，与其谁也穿不了这双鞋，不如把这双鞋留给有需要的人，继续发挥它的作用。不要为打翻的牛奶哭泣，要保护好剩下的牛奶。

有些东西已经失去了，剩下应该做的是让这些失去的东西更有价值。

(资料来源：http://www.360doc.com/content/19/1023/06/27362060_868504907.shtml，作者有删减)

【阅读链接 4–12】

改变自己的心态

我们改变不了那些已经发生的事情，但是，我们可以改变自己的心态。

你有没有过这样的经历？熬了几个大夜、更改了无数次的设计方案终于完成，你把方案交给老板，这时候老板说：客户决定用他们自己的设计。你为了一个项目，参考了无数的资料，写了十几份报告，这时项目负责人说：你把手头上的资料交给某人，以后由他负责。听到这句话后，你是在心里大骂老板，还是冷静下来仔细想想到底是哪个环节出了问题？这个世界本来就是不公平的，这个世界也没有理所应当的事。不公平的事每时每刻都在发生，重要的不是它公不公平，而是知道这件事不公平以后，我们应该怎样面对。你选择拒绝，只是一句话的事；但是如果你选择面对，就会有很多的机会。

最酷的人生不是抓到一手好牌，而是打好一手烂牌。我们最该感谢的是自己，那个超强抗压的自己，那个没掀桌子的自己，那个成功解决问题的自己。

(资料来源：http://www.360doc.com/content/19/1023/06/27362060_868504907.shtml，作者有删减)

【阅读链接 4–13】

心理的调适方法

一、自卑心理的调适方法

自卑心理是一个人认为自己或自己的环境不如别人的以自卑观念为核心的潜意识欲望、情感所组成的一种复杂心理。自卑情结是指一个人由于不能或不愿进行奋斗而形成的文饰作用，是由婴幼儿时期的无能状态和对别人依赖而引起的。自卑心理是可以通过调整认识和增强自信心而消除的。调适自卑心理的方法有认知法、训练法、补偿法、学习法等。

(1) 认知法。我们要通过全面客观的认识，辩证地看待别人和自己。自卑者往往有很强的自尊心和抱负，自我评价偏高，当在学习生活中，由于方法不当或缺乏处世能力而陷入困境时，自尊心会受到损害、优越感严重失落，于是从一个自尊自信者走向另一个极端，变成一个完全失去自信的人。其实最重要的比较是自己跟自己比。每个人应根据自己的兴趣、爱好、能力、特点等来确立自己的事业和人生道路，并为此发奋努力，不断进步，最后实现人生的价值。这样的人生才是积极的有意义的人生。

(2) 训练法。自信心恢复需要有一个过程。我们可从一连串小小的成功开始，通过不断的成功来表现自己和确立自信，消除对自己能力的怀疑。期望值不要过高，不要过急，要循序渐进，逐步用自信心取代自卑感。对大学生而言，我们要树立“自我实现”的愿望；学会客观评价自我，同时，客观定义“成功”的含义、大小和范畴，努力奋斗，争取在学习与工作中逐步地取得成功经验，形成成功的感受，通过自尊、自强、自立逐步建立自信。

(3) 补偿法。我们可通过努力奋斗，以某方面成就来补偿自身缺陷。比如生理上的补偿，如盲人尤明、聋者尤聪是人们常见的。亚历山大、拿破仑生来身材矮小，但他们看到了自己的长处。又如心理上、才能上的补偿，勤能补拙、扬长补短，对于自身的某些缺陷和不足，关键要看自己愿不愿意改变。找到正确的补偿目标就能克服自身的缺陷或从另一方面得到补偿。

(4) 学习法。人际交往心理学的系统理论，有助于探索人际交往心理。学习和掌握人际交往的基本原则和方法：在公共场合发言和表达；上课或开会时前排就坐；走路时抬头挺胸、走路速度提高四分之一；主动交谈，尤其是与陌生人、异性、老师交谈；敢于正视对方的眼睛；学会开怀大笑；每天早上有一种积极状态启动，要早起，尽量不要熬夜；培养一到两种体育锻炼并养成习惯，让身体动起来，体育活动有助于在自然而然的活动中形成人际交往和培养志同道合的友谊，也有助于自己热情地开启每一天的学习和生活。

二、嫉妒心理的调适方法

嫉妒心理是一种常见的隐形心理。嫉妒心理是指人们为竞争一定的权益，对相应的幸运者或潜在的幸运者怀有的一种冷漠、贬低、排斥或敌视的心理状态，故一旦放任其就可能产生嫉妒心，它会让人感受到难过的滋味，嫉妒心理严重时会产生恨的情感。切记一旦嫉妒心产生，一定要对其调适。调适嫉妒心理的方法有评价法、换位法、分析法、竞争法等方法。

(1) 评价法。客观公正地评价别人和自己，别人取得成绩并不等于自己的失败。人贵有自知之明，进取心是人们成功的巨大动力，但第一只有一个，尺有所短，寸有所长，一个人不可能事事都走在人前。一个人只要客观地认识自己的优势和劣势，现实地评估自己的才能，为自己找到一个恰当的位置，就可以避免嫉妒心理的产生。

(2) 换位法。嫉妒危害如下：一是打击了别人；二是伤害、贻误了自己。遭到别人嫉妒的人自然是痛苦的，嫉妒别人的人也会影响自己的身心健康——由于整日沉溺与对别人的嫉妒之中，没有充沛的精力去思考如何提高自己，便会延误自己的前途，认清这些是走出嫉妒误区的第一步。

(3) 分析法。嫉妒心理与人的自私自利心理有关。需要强调的是，嫉妒的后果是既不利己，也不利人的。嫉妒的起因是看不惯别人比自己强。但如果能专注于自己的知识、技能、身心素质提高，则可以减少嫉妒的诱因。让丰富多彩的生活将自己的时间填满，也是克服嫉妒心理的方法之一。

(4) 竞争法。树立公平的竞争意识。对大学生而言，竞争主要是学业、奖励、机会的良性竞争，无须因别人比自己优秀而感到难过。以公平、合理为基础的竞争是向上的动力，可以互相取之所长，共同进步。大学是每个人优秀者展示的舞台，大学生要树立正确的竞争意识。同时，大学生应学会学习、学会欣赏以赢得友谊；应该努力提高和完善自己，超越嫉妒情绪、克服嫉妒心理。

三、猜疑心理的调适方法

猜疑心理表现在交往过程中，常为自我牵连倾向太重。自我牵连太重，就是总觉得其他事情都会与自己有关，对他人的言行过分敏感多疑。猜疑心理与理性的预见与预警、判断和选择并不同，猜疑心理并不利于个体的心理健康。调适猜疑心理的方法有优化法、观察法、沟通法等。

(1) 优化法。要加强个人道德情操和心理品质的修养，净化心灵，提高精神境界，拓宽胸怀，以此来增大对别人的信任度和排除不良心理的干扰。优化法是建立在思维基础上的，又称思维法。思维法即摆脱错误思维的束缚。猜疑，一般总是从某一假想目标开始，最后又回到假想目标。只有摆脱错误思维方法的束缚，拓展思路，走出先入为主、按图索骥的死胡同，才能促使猜疑之心在得不到自我证实和不能自圆其说的情况下自行消失。

(2) 观察法。要减少自我牵连，采取观察法并将自己先置身事外，有意识地减少自我中心主义意识，提醒自己“并非所有的事情都与你有关”。学会观察周边的人与事，有助于学会理解，学会设身处地，学会换位思考，逐步增加理性意识和判断力，提高人际认知与人际评估。从理性到理解，才能正确地区分“他人与自己”“事实与想象”“表现和本质”“发生和未发生”等之间的界限。要学会客观评估人与事，这有助于减少或消除因为猜疑心理带来的不愉快或者患得患失，有助于减少以“想象来替代事实”的猜疑心理，有助于避免发生凭直觉而冲动的不恰当行为。

(3) 沟通法。猜疑往往是人为的心理屏障。世界上不被误会的人是没有的，关键是我们要有消除误会的能力与办法。如果误会不能尽快解除，就会发展为猜疑；猜疑不能及时解除，就可能导致不幸。如果可能，最好同你怀疑的对象开诚布公地谈一谈，以便弄清真相，消除误会。生疑之后的冷静是很必要的，如果疑惑依然存在，那么应通过适当方式同被疑者进行推心置腹的交心；若是看法不同，我们通过谈心，了解对方的想法也很有好处；若真的证实了猜疑并非无端，那么心平气和地讨论，也有可能使事情解决在冲突之前。也就是说，如果条件或时机允许，可以选择及时与当事人沟通的策略，以利于逐渐解除疑惑或疑虑。

(资料来源：王国荣. 50 种心理调适与治疗方法[M]. 武汉：武汉大学出版社，2011.)

思考题

1. 人格理论流派有哪些？
2. 为什么说爱是一种能力？
3. 如何认识人生境界？

第五章
道 德 修 养

道德，是一个人的社会化的根基。在人的一生中，大学期间是人生道德意识形成和发展的一个关键阶段。

◎ 本章主要内容

一、道德的起源与本质

二、道德的作用

三、道德的修养

◎ 教学目标

了解道德的历史与起源，认识道德是人的社会化的根基，加强自身的道德修养，努力实现人生价值。掌握道德规范、加强道德修养、锤炼高尚品格。

第一节 道德的起源与本质

道德既不是从来就有的，也不是亘古不变的。道德的本质包括有道德的社会历史本质、道德的规范本质、道德的主体本质。本节主要内容有三个方面：一是道德的历史；二是道德起源论；三是道德的本质。

本节教学目标：系统地了解道德的历史发展阶段，认识道德的起源理论，进一步认识与理解道德的本质，在道德学习和道德实践中更加自觉主动。

一、道德的历史

道德作为社会意识形态之一，既不是从来就有的，也不是亘古不变的。它的产生和发展受一定的社会经济因素与其他社会因素的制约与影响，具有社会历史性。道德是调整人与人之间以及个人与社会之间相互关系的行动规范的总和。道德是指以善恶为标准，通过社会舆论、内心信念和传统习惯来评价人的行为。道德具有调节、认识、教育、导向等功能。道德不是独立于人类社会历史之外的，而是随着社会历史的发展而变化的。迄今为止，人类社会先后经历了五种社会形态，相对应地出现了五种不同形式的道德，即原始社会道德、奴隶社会道德、封建社会道德、资本主义道德和社会主义道德。下面我们从不同的社会形态来看道德是如何建构社会关系的。

(一) 原始社会道德

原始社会道德是道德发展过程中的第一个基本历史类型。在原始社会里，人们大多隶属以血缘关系为纽带的原始部落和氏族。由于当时生产力水平低下，生产资料公有，人们主要进行集体生活，在这一阶段形成了原始社会的道德。原始社会道德具有以下基本特点。

原始社会的人们主要以维护血缘集体、氏族、部落的共同利益为最高道德原则。每个氏族、部落的成员，在生产活动、对外交往或争执中，都把本氏族或部落的整体利益看作神圣不可侵犯的利益，并在感情、思想和行动上始终无条件地服从。因为个人力量相对来说是极为微弱的，离开了氏族无法生存，所以，个人的利益与氏族的整体便不可分割地联系在一起，成为共存体。氏族成员之间的团结互助、共同劳动、平等民主、勇敢刚毅成为原始道德的重要规范。在原始社会中，人们首先认识到团结互助是其生存和发展的重要前提，他们之间没有贫富、贵贱之分，分配食物是平等的，享受的权利与应尽的义务也是平等的，因而团结互助、平等民主自然成为人人遵守的道德规范。同时，劳动是最基本的义务，勇敢与刚毅成为原始人重要的人格特征，任何偷懒与怯懦都会为人不齿。氏族复仇和血缘群婚是原始道德的缺陷。在原始社会里，人们把本部落、氏族的整体利益看作神圣不可侵犯的利益，故在对外交往或争执中，但凡涉及氏族或部落利益，便很容易引发氏族复仇等行为。由于生产力水平低下，人们的眼界未能超出部落、氏族的范围，认识能力低下，血缘群婚[①]成为当时的主要婚姻制度。

总之，原始社会道德是人类道德的最初表现形态。在它的道德观念中，可以看到淳朴的一面，勇敢刚毅的品质，同时存在野蛮的特征，如氏族复仇、血缘群婚等。之所以有这种表现，终其原因是原始道德意识是自发和贫乏的。由于当时人们的思维方式与语言尚不发达，只能在感性和直观中把握现实的道德关系，头脑中形成简单的道德评价，且这种道德评价只在本氏族或本部落之中才有存在的意义，部落之间更多的是彼此之间的利益争夺与仇杀。

(二) 奴隶社会道德

奴隶社会道德是与奴隶制社会的经济文化相适应的社会道德形态。奴隶社会是人类史上第一个阶级社会，奴隶主不仅占有生产资料，还占有奴隶及其所有的劳动成果。奴隶对于奴隶主来言，不过是“会说话的工具”，这种生产关系决定了奴隶主道德是占统治地位的道德，其本质是维护奴隶主利益。其主要表现如下。

维护奴隶对奴隶主的绝对屈从和人身依附关系，是奴隶社会道德的基本原则。在当时，奴隶被看作奴隶主的个人私有财产，所以，奴隶主对奴隶的任何行为，包括奴役、买卖、虐待，甚至杀戮、殉葬等都被认为是合法行为，对待奴隶就犹如对待个人的私有财产一样，统一受到法律的保护。如罗马法典把奴隶当作一种物品，完全归奴隶主所有。在古印度奴隶社会中，种姓制度是一种以血统论为基础的社会体系，又称为贱籍制度，即种姓决定了所居地区、所世袭行业、通婚群体等特征的社会等级集团，其在社会地位、权利、职业、义务等方面有着严格的规定。而在中国，人们在商代殷墟发掘中，发现了被当作各种祭品殉葬的奴隶有五千多人。强调对奴隶主国家的绝对忠诚，是奴隶社会的重要道德规范。在奴隶

① 血缘群婚制度，亦称血婚制或血缘家庭，指在原始社会蒙昧时期的中级阶段，在同一原始群体内，同一行辈或同一年龄阶段的男女即是兄弟姐妹又互为夫妻的集团婚姻形式。它是群婚制的低级形式，只能在同一行辈的男女之间进行。

社会，奴隶主往往通过战争掠夺的方式占有更多的奴隶和生产资料。因此，为了获得战争的胜利，奴隶主阶级在道德上要求奴隶主和自由民对奴隶主国家绝对忠诚。比如在古代雅典，达到公民年龄的人都要向国家宣誓："我一定使自己身后留下的祖国比我所继承的祖国更强大"。中国的奴隶社会在处理个人和国家的关系上，也强调效忠，所谓"忠者，臣下之高行也"。鄙视劳动和劳动者是奴隶社会的道德要求。在奴隶社会里，主要的劳动群体是奴隶，它是奴隶活动的主要方式之一，所以，劳动并不是一件光彩的事情，相反是小人所为。因此，厌恶体力劳动、鄙视体力劳动者是统治阶级奴隶主的主要道德认识，也成为奴隶主的道德规范。信奉奴隶社会道德规范。在奴隶社会，妇女是男子的附属品，男尊女卑、男主女从。例如，在古希腊，妇女未成年即完全从属于父母，长大出嫁后从属于丈夫，如果丈夫死了则从属于儿子。同时，奴隶社会中妇女不得参加任何社会活动，一般地也不受任何教育，她的主要工作就是照顾子女并监督家里的奴隶。换言之，妇女同奴隶一样没有社会地位，没有独立的人格，被视为男人使用的活物。

总之，奴隶社会道德相对于原始社会道德而言，有其进步的一面。在奴隶社会，道德不再是一种自发行为，而是成为一种相对独立的社会意识形态，人们的自觉道德意识逐渐形成，统治阶级把道德作为维持社会秩序的重要手段，并建立相应的社会原则、规范和理论体系，道德在社会生活各个领域中发挥越来越大的作用，同时也受到经济、政治、法律和文化等因素的制约。这是奴隶社会道德进步的一面，但也存在倒退的一面，比如原始氏族社会的淳朴、平等、民主的道德关系为野蛮、贪婪、残暴、自私、自利等道德关系所取代，奴隶社会漠视劳动、漠视奴隶劳动者的人格尊严等，这是不利于社会生产力的发展，终究是要为封建社会道德所取代的。

(三) 封建社会道德

从奴隶社会进入封建社会，是社会生产力发展的必然结果。封建社会存在地主阶级和农民阶级两大阶级，其中地主阶级占有绝大部分的土地和生产资料，以地租的形式获得生活主要收入，无地或少地的农民靠租用地主的土地营生，这种劳动关系，在道德关系上形成相互对立的道德观。其中，地主阶级道德占统治地位，其基本内容和特点如下。

维护封建宗法等级制度，是封建地主阶级道德最突出的特征。封建社会是等级森严的社会，农民生活在社会的最底层。在西欧，国王之下有公、侯、伯、子、男五个爵位。在中国封建社会，人分为五等，即天子、诸侯、大夫、士和庶民，官分九品。人和人的关系，完全是一种人身依附关系或附属关系。地主阶级道德把等级身份作为评价善恶荣辱的标准，并制定相应的道德原则和规范，按照宗法等级划分不同层次的道德要求。等级地位决定每个人的道德品质与价值，不同等级地位的人的道德要求不同，故不存在真正意义上的公平与公正，而忠于最高统治者是所有人必须遵行的最高行为准则。“三纲五常”是中国封建社会最基本的道德规范。“三纲五常”是中国儒家伦理文化中的重要思想，是维护社会的伦理道德，在封建社会中起到了极其重要的作用。“三纲”即君为臣纲、父为子纲、夫为妻纲，强调封建主义人伦关系的尊卑、贵贱与主仆关系；“五常”即仁、义、礼、智、信，强调处理人伦关系的道德准则。其核心是确立和维护法定的封建社会尊卑贵贱的等级序列，一方面，它是封建社会控制系统的核心，在一定程度上维持了社会的安定和谐；另一方面，它对人们进行思想控制，束缚了人们的思想和行动，压抑了人们的自然欲求。比如，中国封建社会提出了女性应遵循“三从四德”。“三从”即在家从父、既嫁从夫、夫死从子；“四德”即妇德、妇言、妇容、妇功，这些都是约束妇女言行的规范，宣扬妇女绝对服从男子的思想，甚至在宋代出现了“饿死事极小，失节事极大”的道德评价，强调寡妇必须为死去的丈夫“守节”。道德的政治化、宗教化、规范化、理论化是封建地主阶级道德的重要特征。中国封建社会是典型的小农经济社会，家庭是基本生产单位，封建宗法制对维护社会稳定发展起到了重要作用，宗法制与君主制、官僚制的结合成为古代中国的基本体制，加强了其政治化的进程。此外，封建统治者往往借助国家政权或宗教组织，不仅对各种道德要求做出正式表达，形成封建“人伦”关系的规范和理论体系，而且往往假以“神意”“天命”，将这些规范强加于人，从而加强地主阶级道德进一步宗教化、规范化和伦理化。

从道德历史发展来看，封建社会道德是奴隶社会道德的继承和发展，有一定的进步性。相比于奴隶主道德，地主阶级道德处于更自觉的状态，封建统治者一方面使道德同社会的政治、法律、宗教、文化等紧密结合起来，具有道德政治化、道德宗教化的特点；另一方面又通过道德教育和道德修养，加强道德对人们的精神控制。

(四) 资本主义道德

资本主义社会，实行生产资料私有制，资本家占有全部生产资料，并以剩余价值的形式剥削无产者；而无产阶级一无所有，只能出卖自己的劳动力以获取工资来维持自己的生活。正如英国工会政论家约瑟夫·登宁(Thomas Joseph Denning,

1799—1875)所说的，“资本害怕没有利润或利润太少，就像自然界害怕真空一样。一旦有适当的利润，资本就胆大起来。如果有 10%的利润，它就保证到处被使用；有 20%的利润，它就活跃起来；有 50%的利润，它就铤而走险；有 100%的利润，它就敢践踏一切人间法律；有 300%的利润，它就敢犯任何罪行，甚至冒绞首的危险。”[①]马克思在讲到“资本来到世间，从头到脚，每个毛孔都滴着血和肮脏的东西”时引用过这句话。这句话形象地表达出了资本主义社会的本质。在资本主义社会道德的基础就是人的个人利益，整个社会推崇个人主义、利己主义和拜金主义。资本主义道德的具体表现如下。

个人主义和利己主义是资本主义社会的道德原则。个人主义是随着生产资料私有制的出现而产生的，并随着私有制的发展而发展；资本主义制度是生产资料私有制最完备的社会状态，因而个人主义在资产阶级身上发展到了高峰。利己主义是一种公开形式的个人主义，在资本主义上升时期起到了积极的作用，其目的在于使资产阶级损人利己的剥削本性合理化，使资产阶级个人主义合法化。可以说，追求利益的最大化成为利己主义最为直接的一种表达。正如马克思、恩格斯所指出的，资产阶级“把宗教的虔诚、骑士的热忱、小市民的伤感这些情感的神圣激发，淹没在利己主义打算的冰水之中”[②]。这种主张一切价值以个人为中心，过分强调个人利益和价值的思想，导致的结果必是人与人之间是冰冷的交换关系，每个人只关心自己的利益，漠视社会的发展，而这不可能使人获得真正意义上的全面解放与发展。唯利是图是占主导地位的道德规范。资本家是资本的人格化，其人生目标就是获取利润。在资本家看来，世界上没有一样东西不是为了金钱而存在，正如他们的存在一样。在资本主义社会里，货币是最高的善，金钱确定人的价值。因此，追求金钱成为资产阶级一切活动的根本目的，也就成了道德基础。与资本主义个人主义和利己主义价值原则相联系的是资产阶级的拜金主义、金钱万能、唯利是图的价值方针。富兰克林曾描述资本主义下的竞争，尔虞我诈，没有任何的道德。莎士比亚的《雅典的泰门》中有一段话：“金子！黄黄的、发光的、宝贵的金子！这东西只这一点点儿，就可以使黑的变成白的，丑的变成美的，错的变成对的，卑贱变成尊贵，老人变成少年，懦夫变成勇士”[③]，揭露和讽刺的是资本主义社会的拜金主义价值观。自由、平等、博爱是资本主义社会最基本的道

① 宋涛.《资本论》辞典[M]. 济南：山东人民出版社，1988：839.

② 马克思恩格斯选集(第一卷)[M]. 北京：人民出版社，2012：403.

③ [英]莎士比亚全集[M]. 朱生豪，等译，北京：人民文学出版社，1978：176.

德规范。资产阶级“自由、平等、博爱”的道德规范，是基于维护私有财产和个人利益不受侵犯基础上提出来的。资产阶级的“自由、平等、博爱”的口号，是作为人与人之间关系的道德规范。18世纪法国思想家伏尔泰①、卢梭等人从人的自然权利出发，认为人生而平等，自由是上天赋予人的不可剥夺的权利。1789年法国大革命颁布的《人权宣言》在承认私有财产神圣不可侵犯的前提下认为，在权利方面人们生来就是而且始终都是自由平等的。相比于封建社会道德，资本主义社会道德具有一定的进步意义，但由于它旨在维护少数统治阶级剥削者的根本利益，因而在现实生活中容易流于形式而日趋虚伪。马克思认为，资产阶级的自由，是资本家购买和剥削工人的劳动力的自由，而劳动者却没有不出卖劳动力的自由；资产阶级的平等，是货币所有者和劳动力所有者在交换市场上的形式平等，实质上他们之间是剥削与被剥削的关系；资产阶级的博爱，则是资本家对工人假意的慈善和救助，实质上却是以榨干工人的血汗为前提条件的。

总体而言，资本主义道德是矛盾的。他们既奉行极端的利己主义原则，又宣扬个性解放与自由发展。资产阶级道德之所以有这种两面性，是由其阶级本质和使命所决定的，一是为了冲破封建人身依附关系的束缚，加强人们之间的社会交往；二是资产阶级主张维护人的尊严，实现人的价值，为个性发展创造了条件。在资本主义社会，一切是非善恶为金钱所颠倒，人与人之间的关系变成了金钱交易的关系，因此，自由、平等、博爱，只有在能够为资本家带来财富的前提下才有意义。

(五) 社会主义道德

社会主义道德是以社会主义公有制为主体的经济基础的反映；是在无产阶级自发形成的朴素的道德基础上，在共产主义思想指导下处理个人与他人、个人与集体、个人与社会之间关系的道德原则和规范体系。它以马克思主义的世界观为指导，根源于无产阶级的阶级地位和经济条件，萌芽于无产阶级在自发斗争中表现出来的朴素道德观念，成长于无产阶级寻求解放的革命实践中，并在改革开放后社会主义市场经济的建设中不断完善。

中共中央、国务院颁布的《新时代公民道德建设实施纲要》(以下简称《纲要》)明确，公民道德建设要坚持马克思主义道德观、社会主义道德观，倡导共产主义

① 弗朗索瓦-马利·阿鲁埃(法文：François-Marie Arouet，1694—1778)，笔名伏尔泰(法文：Voltaire)，18世纪法国启蒙思想家、文学家、哲学家；主张开明的君主政治，强调自由和平等；著有《哲学通信》《路易十四时代》《老实人》等。

道德，以为人民服务为核心，以集体主义为原则，以爱祖国、爱人民、爱劳动、爱科学、爱社会主义为基本要求，始终保持公民道德建设的社会主义方向；要坚持以社会主义核心价值观为引领，将国家、社会、个人层面的价值要求贯穿到道德建设各方面，以主流价值建构道德规范、强化道德认同、指引道德实践，引导人们明大德、守公德、严私德；要坚持在继承传统中创新发展，自觉传承中华传统美德，继承我们党领导人民在长期实践中形成的优良传统和革命道德，适应新时代改革开放和社会主义市场经济发展要求，积极推动创造性转化、创新性发展，不断增强道德建设的时代性、实效性；要坚持提升道德认知与推动道德实践相结合，尊重人民群众的主体地位，激发人们形成善良的道德意愿、道德情感，培育正确的道德判断和道德责任，提高道德实践能力，尤其是自觉实践能力，引导人们向往和追求讲道德、尊道德、守道德的生活；要坚持发挥社会主义法治的促进和保障作用，以法治承载道德理念、鲜明道德导向、弘扬美德义行，把社会主义道德要求体现到立法、执法、司法、守法之中，以法治的力量引导人们向上向善；要坚持积极倡导与有效治理并举，遵循道德建设规律，把先进性要求与广泛性要求结合起来，坚持重在建设、立破并举，发挥榜样示范引领作用，加大突出问题整治力度，树立新风正气、祛除歪风邪气。《纲要》提出，要把社会公德、职业道德、家庭美德、个人品德建设作为着力点，全面推进公民道德建设，持续强化教育引导、实践养成、制度保障，不断提升公民道德素质，促进人的全面发展，培养和造就担当民族复兴大任的时代新人。

(1) 社会公德。推动践行以文明礼貌、助人为乐、爱护公物、保护环境、遵纪守法为主要内容的社会公德，鼓励人们在社会上做一个好公民。社会公德是人们在社会交往和公共生活中根据共同生活的客观需要和历史的优良道德积累而形成的，为社会中每个成员所应当遵循的行为规范。它是维护社会成员之间最基本的社会关系秩序、保证社会和谐稳定的最起码的道德要求。其社会公德主要包含两个方面：一是由国家以法律形式立法并要求全体公民或国民遵守的行为规范；二是为社会生活所必需，并为社会大多数成员所公认的公共生活准则。

(2) 职业道德。推动践行以爱岗敬业、诚实守信、办事公道、热情服务、奉献社会为主要内容的职业道德，鼓励人们在工作中做一个好建设者。职业是指人们由于社会分工所从事的具有专门业务和特定职责，并以此作为主要生活来源的社会活动。职业生活则是人们参与社会分工，用专业的技能和知识创造物质财富或精神财富，获取合理报酬，有丰富社会物质生活或精神生活的生活方式[①]。可以说，职业作为人的社会关系的一个重要方面，对人们的道德意识和道德行为，对整个社会的道德习俗和道德传统，均能产生重大影响。随着社会生产力的发展，社会分工的细化，任何一个职业的人都不可能独立完成他所从事的工作，而必须要与其他职业的从业人员发生联系，与他人建立合作关系，相互依存，彼此协调。人们之间的这种职业关系是一种特殊的社会关系，为了处理和协调这种关系，则需要有与之相适应并能对此进行调节的行为规范，于是职业道德应运而生。职业道德涵盖从业人员与服务对象、职业与职工、职业与职业之间的关系，同时反映社会对某一职业活动的道德要求，是社会道德在职业活动中的延伸和具体化。

(3) 家庭美德。推动践行以尊老爱幼、男女平等、夫妻和睦、勤俭持家、邻里互助为主要内容的家庭美德，鼓励人们在家庭里做一个好成员。家庭美德属于家庭道德范畴，是指每个公民在家庭生活中应该遵循的基本行为准则。它涵盖夫妻、长幼、邻里之间的关系。家庭美德包括关于家庭的道德观念、道德规范和道德品质。家庭美德的规范是调节家庭成员之间，即调节夫妻、父母同子女、兄弟姐妹、长辈与晚辈、邻里之间，调节家庭与国家、社会、集体之间的行为准则，它也是评价人们在恋爱、婚姻、家庭、邻里之间交往中行为是非、善恶的标准。家庭美德的规范是家庭美德的核心和主干。家庭美德还包括人们在家庭生活中，在道德意识支配指导下，按照家庭美德规范行动，逐渐形成的道德品质、美德。大学生作为社会的成员，应发扬家庭美德，自觉遵守规范，从做好家庭成员开始。

(4) 个人品德。推动践行以爱国奉献、明礼遵规、勤劳善良、宽厚正直、自强自律为主要内容的个人品德，鼓励人们在日常生活中养成好品行。个人品德在社会道德建设中具有基础性作用。在现实生活中，社会公德、职业道德和家庭美德的状况，最终都是以每个社会成员的道德品质为基础的。社会公德、职业道德和家庭美德建设，最终都要落实到个人品德的养成上。个人品德是通过社会道德教育和个人自觉的道德修养所形成的稳定的心理状态和行为习惯。它是个体对某种道德要求认同和践履的结果，集中体现了道德认知、道德信念、道德意志和道德行为的内在统一。[②]

① 本书编写组. 思想道德修养与法律基础(2018 年版)[M]. 北京：高等教育出版社，2018：116.

② 本书编写组. 思想道德修养与法律基础(2018 年版)[M]. 北京：高等教育出版社，2018：125.

【阅读链接 5-1】

道德与法律的区别

道德和法律都是维护社会生活秩序的手段，道德强调的是内心信念、传统习俗，是内在的自我约束的体现。在公共生活中，道德发挥的作用范围是广泛的，它引导人们通过道德修养不断提升自己的道德意识，产生自律作用，并自觉把行为保持在社会允许的范围内。它不仅深入到社会生活的各个方面，而且深入到人们的精神世界。法律强调的是“他律”，在公共生活中，它所发挥作用的范围是有限的，主要是针对那些危害公共生活秩序的行为进行强制性的限制和惩处，以维护社会秩序和公共安全，保障国家安全。道德与法律是社会规范最主要的两种存在形式，是既有区别又有联系的两个范畴。二者的区别主要体现在以下几点。

(1) 条件不同。原始社会没有现代意义上的法律，只有道德规范或宗教禁忌，或者说民族习惯。法律是在原始社会末期，随着氏族制度的解体以及私有制、阶级的出现，与国家同时产生的。道德的产生则与人类社会的形成同步，道德是维系一个社会的最基本的规范体系，没有道德规范，整个社会就会分崩离析。

(2) 内容不同。法律是以权利义务为内容的，一般要求权利义务对等，没有无权利的义务，也没有无义务的权利。而道德一般只规定了义务，并不要求对等的权利。比如说，面对一个落水者，道德要求你有救人的义务，却未赋予你向其索要报酬的权利。向被救起的落水者索要报酬往往被视为是不道德的。

(3) 形式不同。法律是国家制定或认可的一种行为规范，它具有明确的内容，通常要以各种法律渊源的形式表现出来，如国家制定法、习惯法、判例法等。而道德规范的内容存在于人们的意识之中，并通过人们的言行表现出来。它一般不诉诸文字，内容比较原则、抽象、模糊。

(4) 范围不同。从深度上看，道德不仅调整人们的外部行为，还调整人们的动机和内心活动，它要求人们根据高尚的意图而行为，要求人们为了善而去追求善。法律尽管也考虑人们的主观过错，但如果没有违法行为存在，法律并不惩罚主观过错本身，即不存在“思想犯”。从广度上看，由法律调整的行为，一般也由道德调整。当然，也有些由法律调整的领域几乎不包括任何道德判断，如专门的程序规则、票据的流通规则、政府的组织规则等。在这些领域，法律的指导观念是便利与效率，而非道德。

(5) 作用不同。法律是靠国家强制力保障实施的；而道德主要靠社会舆论和传统的力量以及人们的自律来维持。

(资料来源：https://baike.baidu.com/item/%E6%B3%95%E5%BE%8B%E9%81%93%E5%BE%B7%E5%8C%96/3544708，作者有删减)

二、道德起源论

道德是人类社会存在和发展的一种工具。道德产生的原因在于它大大降低了人类社会存在和发展的制度成本，从而更好地促进了人类社会的生存和发展。道德内生于当时社会的经济制度中，同时受其他社会制度影响，并影响其他社会制度。

(一) 道德起源四论

道德的起源，是社会不断选择的结果。一种道德观如果有助于社会的发展，它就会随着信奉这种道德观的人组成的社会的发展而为越来越多的人所接受。相反，一种道德观如果不利于社会的发展，那么，持这种观点的社会将很难发展，这种道德观本身也难以为继[①]。此外，我们也不能否认道德也越来越多地表现出不断满足人自身权利和利益需要的内容。道德起源有许多说法，下面认识一下有关道德起源的四种观点。

(1) 道德神启论。这种观点认为，道德来自神灵的启示或超自然力量的规定，是由神明直接颁布、启示道德戒条，安排社会伦理秩序。道德神启论看到了道德起源的外在性和客观性，但是又把道德的起源看作人自身之外的东西，脱离了人，使人对道德现象和道德规范产生敬畏感，容易树立起道德的权威性和客观性。此外，它还把道德起源问题完全归结为外在的必然，否定了人的道德自由，僵化对道德的理解，最终导致道德宿命论。

(2) 道德天赋论。这种观点认为，道德是先天的，是人脑中固有的是非观念，即道德根源于人类自然的天性，或是人生而有之的东西，是人的本能和本性。道德天赋论将道德的起源归结为人的内在“良心”“善良意志”，它看到了道德主体对道德的自觉意识，即道德起源的主观因素，是一种主观唯心主义，却忽视了道德的来源还有客观因素，无法回答“良心”“善良意志”源自哪里。

(3) 情感欲望论。这种观点认为，认为道德起源于人的感觉和欲望，把人追求幸福的欲望视为道德的基础。要从唯物主义自然观、人的心理过程和生理需要分析道德的起源。这种观点还认为，人生而有趋乐避苦的天性，能够使人感觉到快乐的行为就是善的，能够使人感觉到痛苦的行为就是恶的。这些观点都把道德同人的感性需要联系起来，它反对“神启论”“天赋论”，试图从人的感性实践中来论证道德的发生及其必要性，有其合理的一面。但它片面地肯定道德同人的感性

---

① 茅于轼. 中国人的道德前景[M]. 广州：暨南大学出版社，1997：57.

需要的联系，把道德最终的原因归结为人性的“自私”“好利”，忽略了人的社会历史性和道德的社会性。

(4) 自然本能论。这种观点认为，道德起源于动物的合群性本能。它将达尔文主义的生物进化律移植到社会生活领域，用自然界的规律来说明道德的起源，根据某些动物的合群性便认为动物也具有“社会本能”，人类社会的道德不过是动物的“社会本能”的简单延续，是动物的合群性的复杂化。进化论认为，道德不是人所独有的，一切群居性动物都有道德感。道德观念原本发生于社会本能。不论何种动物，只要在天赋上有一些显著的社会本能，就不可避免地会取得一种道德感。动物界存在的同种相互扶持的现象，就是动物合群性道德情感的表露。如在狼群里有复杂的社会组织，经过争斗后，最强壮的公狼担当头领，再和一只母狼形成一对领导者，负责巡逻领域边界，解决成员争端，控制队伍的迁移。在狼群中，咬伤同伙的狼会被“放逐”，它们生活在狼群队伍的边缘，以吃狼群的剩余食物维生。自然本能论过于简单地将人类社会和动物界混为一谈，否认了道德的社会本质，没有看到人的“社会性存在”同动物的“自然存在”的根本区别。

(二) 马克思论道德起源

在人类思想史上，马克思主义道德理论第一次科学而全面地论述了道德的起源问题，为正确认识和理解道德的本质奠定了基础。在马克思看来，道德是一种特殊的社会意识，它的形成、发展和变化归根结底取决于一定社会生产关系的性质。马克思认为，劳动是道德起源的首要前提，社会关系是道德赖以产生的客观条件，人的自我意识是道德产生的主观条件。马克思在《<政治经济学批判>导言》中指出，人类社会的实际情况是“物质生活的生产方式制约着整个社会生活、政治生活和精神生活的过程”[①]。

人类劳动是道德起源的首要前提。劳动将人与动物的本质完全地区分开来。可以说，劳动创造了人类社会，创造了社会关系，创造了道德，即人们在劳动实践过程中结成生产关系，形成了人与人之间的关系，并产生需要调整的利益关系，由此创造人们的道德需要。原始的劳动分工与协作，使得相互依赖、相互扶持成为当时最为原始的道德生活状态。随着社会生产力的发展，劳动分工成为必然，给人们带来的是扩大的劳动领域和复杂化的社会关系，同时也要求人们行为更加规范化，以调整利益关系中出现的矛盾问题。由此，道德逐渐地发展成为社会规

① 马克思恩格斯选集(第二卷)[M]. 北京：人民出版社，2012：2.

范与风尚。在这个过程中，劳动是首要前提，社会分工起到关键作用。

社会关系是道德产生的客观条件。马克思认为，人是一切社会关系的总和。在人类社会，社会关系是如何形成的？人的社会关系，不是一种个人的关系，而是劳动关系。因为随着社会分工的不断发展，个人利益、他人利益和社会利益的界限逐步明晰，各种利益关系更为凸显，要求规范、协调或制约利益冲突的意识更为强烈，从而促进了人类道德的不断进步和发展。正是社会关系的形成和发展产生了调节各种关系，特别是利益关系的需要，道德恰恰是为适应社会关系调节的需要而产生的①。

人的自我意识是道德产生的主观条件。随着社会生产力的发展及物质生产的扩大，在人与人之间、人与自然之间出现了分化，人们逐渐形成意识与自我意识。当人们开始意识到自我作为社会成员与其他动物的根本区别，意识到自我在社会中的角色与地位，意识到自我与他人或集体不同的利益关系，并由此产生调节利益矛盾的迫切要求时，道德才得以产生②。

【阅读链接 5-2】

关于人的解放理论

人的全面发展理论，是马克思主义理论中重要的内容之一。在这里，人的发展不能简单地理解为个人的发展，而是指人类的发展。在马克思看来，人只有得到彻底的解放，才能获得发展，所以，人的解放是人的发展的基本前提。

那么，如何看待人的解放？

人的解放包括外在解放和内在解放两个方面。外在解放指的是人摆脱自然压迫和社会压迫，获得人身、人格的自由；内在解放指的是人摆脱私欲和情欲的支配，获得思想、精神的自由③。

如何理解人的外在解放呢？

我们先来设想下原始人的生活状况，由于原始人对自然界认识有限，所以他们惧怕大自然。随着人类社会的发展，人类逐渐开始认识自然、征服自然并改造自然，逐步摆脱了自然奴仆的角色，从自然的压迫中获得了解放，这就是人的外在解放。但人的外在解放并不意味着人能够一味地不需要遵循自然的规律，无节制并无止境地对自然界进行摧残与破坏。真正的人的外在解放是能够尊重自然并与自然和谐相处的状态。

如何理解人的内在解放呢？

---

① 本书编写组. 思想道德修养与法律基础(2018 年版)[M]. 北京：高等教育出版社，2018：90-91.

② 本书编写组. 思想道德修养与法律基础(2018 年版)[M]. 北京：高等教育出版社，2018：91.

③ 张步仁. 马克思主义人学研究[M]. 哈尔滨：黑龙江人民出版社，2005：182.

人类的发展仅有外在解放是不够的，还需要内在的解放，即人从私欲和情欲中彻底解放出来，从而成为自为人。人性中的私欲是人性恶的来源，会使人的良知泯灭、道德沦丧，从而引发人与人之间的残杀与斗争。只有摆脱了私欲控制与约束，才能走向平等、公正、自由、和平与爱。

(资料来源：张步仁. 马克思主义人学研究[M]. 哈尔滨：黑龙江人民出版社，2005：182.)

【阅读链接 5-3】

道德起源论的节选

中国古代思想家孟子认为，人天生就有四种“善端”：恻隐之心，羞恶之心，辞让之心，是非之心，亦称为“四端”之说；孟子还认为“仁义礼智，非由外铄我也，我固有之也”。

古希腊哲学家柏拉图认为，人之所以有“善”的理念是因为神把“善的理念”放进人的灵魂中的结果。人的灵魂在物质的尘世生活中又一次看见这些同类的有形事物时，便能回忆起那些已被遗忘的形式，故称之为“回忆说”。

德国哲学家康德认为，具有普遍道德价值的东西是来自人的理性本身的善良意志，而道德就是这种善良意志发出的绝对命令。

法国思想家卢梭认为，道德源于人心中的社会情感和利他之心，源于对公共利益的追求。

法国哲学家爱尔维修认为，人是有感觉的动物，人的本性就是趋乐避苦，就是自利自爱，也就是追求个人的利益和幸福，这是一切道德的根源。

(资料来源：https://wenku.baidu.com/view/eb7bddb22dc58bd63186bceb19e8b8f67c1cefdb.html，作者有删减)

三、道德的本质

道德的本质，包括有道德的社会历史本质、道德的制度规范本质、道德的主体实践性本质等。①

(一) 道德的社会历史性

由于道德渗透到人类社会生活的各个方面，贯彻于人类生活发展的全过程；道德因此显示了社会历史本质。与此同时，由于道德渗透到人类社会生活的各个方面，贯彻于人类生活发展的全过程，因而对于产生它的经济基础，对于整个社会生活，表现出巨大能动作用：使人们从伦理关系上去认识和把握社会经济关系和其他社会关系；以伦理观念给人们的经济活动和其他社会活动以巨大影响，调

---

① 夏伟东. 道德本质论[M]. 北京：中国人民大学出版社，1991：1.

节和引导着这些活动，以维持一定的社会生活秩序。关于人类如何把握社会历史或世界历史，马克思在《1857—1858年经济学手稿》中曾经把人类把握世界的方式，分为四种方式：理论的、艺术的、宗教的和实践精神的。

(二) 道德的制度规范性

道德规范是一种非制度化的规范，它是处于同一社会或同一生活环境的人们在长期的共同生活过程中逐渐积累形成的要求、秩序和理想。道德规范是借助于传统习惯、社会舆论和内心信念来实现的。道德规范是一种内化的规范。内化的规范，也称为良心。良心是人们思想、言行的标准、尺度和检察官，良心形成特定的动机、意图、目的，良心促使人去遵守社会规范。道德规范的本质，是指道德作为人类生活及其行为的共同规范与行为准则，是一种社会关系、生产关系的调节规范体系。道德是一种社会意识，也是一种实践。顺理则为善，违理则为恶，道德以善恶为判断标准，不以个人的意志为转移。道德的规范本质的作用，往往代表着社会的正面价值取向，起判断行为正当与否的作用。道德具有特殊的规范调节方式。

(三) 道德的主体实践性

道德的主体性，是道德主体在道德实践中所表现出的符合社会发展需要的理性实践。既可以是对原有的道德规范的履行，又可以是在原有道德规范之外的新的道德实践。道德的主体性是道德主体对其为我性的超越；道德主体是道德实践的发出者；它决定着主体以何种方式去实现何种目的，这就是主体行动的为我性。道德的主体性原则，首先要在人与自然之间建立起良好的道德伦理，克服为了自身而对自然的强取豪夺，实现人类对其为我性的超越，使人类有一个良好的生存环境。其次道德主体性是道德主体对旧道德规范的超越。实现对旧道德规范的超越，确立新道德规范。从道德历史的发展效应看,它具有完善自我的功能，道德规范经过道德主体的实践，由他律转化为自律。实现这一转化，才真正成为一个有道德修养的人。①

---

① 任建东. 论道德的主体性本质[J]. 哲学动态，1993(9)：33-34.

【阅读链接 5–4】

如何理解道德的本质

老师：大家好！同学好！

学生：老师好！

老师：今天跟大家分享的主题是：如何理解道德的本质？

学生：老师，说起道德大家好像都知道是什么，但说起道德的本质，估计很多人就一头雾水了。

老师：其实道德和道德的本质是一个问题的两个方面，只有理解了道德的本质，才能更好地理解道德。那我们如何理解道德的本质呢，这就是要寻找道德区别于其他事物的根本性质。

学生：感觉还是很抽象啊！不是那么容易理解，老师可以举个例子具体说明一下吗？

老师：好的。比如我们面前的桌子和坐着的椅子，它们的共同特征都是家具，它们的区别体现在形状、功能作用上，桌子的功能和椅子的功能显然是不一样的。但是，就同一个事物比如椅子，其形状和作用大体上是一样的，那就要从材质中寻找它们的不同，比如钢椅、木椅、竹椅，从而揭示它们不同的属性。

学生：哦，这样理解起来就容易多了。老师，我们对道德的本质是不是也要从不同的方面去理解？

老师：是的，对于道德的本质，我们也要由浅入深地逐步加以揭示和把握，从认识事物的一般本质逐步进入到它的特殊本质。就事物的一般本质来说，就是要和它相对应的事物作一个总体的区别。从唯物史观的视角来看，经济基础决定上层建筑，那么，道德作为社会意识形式不同于经济基础，这就是它的一般本质。

道德的特殊本质，可以从和它相近的事物当中去寻找，比如可以从和道德有密切联系的法律中去寻找两者的不同。我们先来看一个案例。

2017 年 5 月 2 日上午，郑州的杨医生因劝阻一位老人不要在电梯内抽烟而发生争执，随后老人心脏病复发意外猝死。老人家属起诉到法院，要求杨医生赔偿 40 多万元。一审判决杨医生补偿老人家属 1.5 万元。2018 年 1 月 23 日二审判决改判杨先生不担负任何法律责任。你能从这个案例中找一下道德与法律的区别吗？

学生：我认为，医生劝阻他人在电梯里不要吸烟应该是道德的范畴。而法院的判决、改判等一系列的程序应该属于法律范畴，老师，对吗？

老师：对的。在现代社会，不少道德要求，特别是禁止性的规范大多数已经成为法律的条文，用法律保护道德要求的实施，也是全面依法治国的需要。比如在这个案例中的最终判决，就是维护公共场所不许抽烟这个道德要求，也维护了履行道德的当事人的权利。那么，我们考察道德与法律的区别，就主要不是从内容上去寻找，而是要从作用方式上来把握。法律是由国家强制机关支撑的，它的作用方式是有组织性的、强制性的，而道德的特点恰恰是非组织性和非强制性，主要是依靠社会舆论、风俗习惯和内在良心等来实现的。所以，与法律等相区别，道德的特殊本质就在于它是一种非强制性的社会规范。

学生：那么，老师，您说的道德的特殊本质是不是就是道德的根本性质呢？

老师：你这个问题问得非常好！从一般意义上来讲，揭示了道德的特殊本质，也就可以说明道德的根本性质了。但是为了更好地说明道德的本质，还是要再探讨一下道德的本质属性。道德的本质属性，就是要寻找道德内容本身所独有的价值和特性。因为道德在内容上常常表现出一种规范约束的色彩，我们就会把规范性理解为道德的本质属性。但同时我们要看到，随着历史的不断发展，道德又不断呈现出满足人的主体发展需要的内容和价值。

一方面我们可以看到倡导性的道德规范越来越多，比如中华传统美德中的“讲仁爱、崇正义”的道德要求就属于“倡导性的道德”；还有“进取型的道德”要求也在不断增加，如创新、自强不息等。另一方面也不能否认道德也越来越多地表现出不断满足人自身权利和利益需要的内容，如党的十九大报告中提出的“坚持以人民为中心”的基本方略，还有社会主义核心价值观中所提出的“平等、公正、民主”等这些都是维护人的主体性的道德内容。

那从这个角度来看，道德存在的根本目的就是人们更好地存在和发展。

道德不仅是禁恶，更是向善，而向善的内容导向正是道德独有的价值和特性。所以，在道德的本质属性中，我们既要肯定道德规范的客观必然性，同时又要承认道德“满足人的主体性的目的属性”。由此，我们认为，道德的本质属性应该是“规范性与主体性的辩证统一”。

学生：老师，这是不是就是哲学上所说的透过现象看本质啊？

老师：是啊！不过我们还要透过另外一个现象来看道德的本质。刚才讲的桌子和椅子的例子你还记得吗？你看，桌子和椅子这类事物的外在形象是不是也是事物本质的对象化或者外化？就道德的本质来说也是如此。从道德的社会现象和外在表现来看，道德不仅包括道德观念、道德情感等精神活动，而且也包括道德行为、道德教育等实践活动，道德精神与道德实践总是不可分割的。因此我们会说，道德在本质上也是一种“实践理性或实践精神”。

学生：那老师讲到这里，我们可以说是比较全面地把握道德的本质了吧？

老师：是的，可以这么说。通过对道德的一般本质、特殊本质、本质属性、形式特征等方面的分析，我们应该可以对道德的本质加以把握和理解了。道德的本质就是在规范性和主体性的辩证统一中，非强制地反映和调节社会关系的一种实践精神活动。

学生：老师，我们刚才从理论上解读了道德的本质，这对我们个体的道德实践又有什么作用呢？

老师：你提的这个问题也非常重要。理论上认识道德的本质，对我们个体而言，就是要求在道德实践中去不断丰富道德的内涵和本质。它要求我们每一个人不仅要遵守道德的基本规范，也要不断努力发挥自身的主体能动性，不断地提升完善自我，去追求更高的道德境界。这也正像习总书记所说，要“激发人们形成善良的道德意愿、道德情感，培育正确的道德判断和道德责任，提高道德实践能力尤其是自觉践行能力，引导人们向往和追求讲道德、尊道德、守道德的生活，形成向上的力量、向善的力量”。

学生：习总书记的话太鼓舞人心了！我们一定要按照习总书记的指示去做一个有道德的人。

老师：非常好，这也正是我们理解道德本质的目的所在，也就是希望每一个人都能成为一个有道德的人。谢谢大家！今天就和大家分享到这里！不足之处敬请各位批评指正！

学生：谢谢老师的分享，非常有收获！再见！

老师：再见！

(资料来源：http://theory.gmw.cn/2019-01/23/content_32398618.htm，作者有删减)

第二节　道德的作用

道德是人的社会化根基。苏格拉底有一句名言：道德哲学涉及的不是小事，而是我们应当如何生活的问题。本节的主要内容有两个方面：一是道德生活化；二是道德社会化。

本节教学目标：认识人的社会化与道德的密切关系，理解“道德作为人的社会化根基”的生活化和社会化。

一、道德生活化

道德生活化，是指蕴含于生活的道德，包括有个人生活、家庭生活、社会生活、职业生涯之中的道德存在、道德判断和道德选择。

(一) 道德生活化的特征

时间上，人的道德社会化贯穿于人的一生。它是指人从一个自然的人学会过“道德生活”，与社会基本的道德价值系统取得共识，具有一定的道德判断和选择能力，并且不断地超越不适应的旧的道德价值体系，经历个人冲突后达到新的均衡状态的全部过程。科尔伯格(Lawrence Kohlberg，1927—1987)①用道德两难法进行研究发现，个体道德社会化发展具有阶段性且贯穿于人的一生。空间上，人的道德生活化是将道德融入全部生活空间之中，使之转化为人们的日常生活习惯和生活方式。家庭空间对人的社会化影响是多方面的，最根本的是对人的养育和造就，教化家庭成员如何做人，使家庭的每个成员都成为一个真正的人、一个社会需要的人。实质上，道德生活化是以规则促习惯。要承认民间规约及其多样性和差异性，发挥社会组织及学校在道德建设中的作用。②

(二) 道德生活化的场域

现代社会的公共秩序，不单单是宏观制度系统的强化和成熟，更根本的还需要公民美德的内在支撑。哲学家麦金泰尔③看得深刻，对于一个缺少正义美德的人来说，普遍的正义规范约束效果等于零。

1. 道德生活化的家庭教养

家庭是人的社会化开端，是人的社会化基础，对人的一生发生影响。《说文解字》有言“育，养子使之善也。”习近平总书记说：“作为父母和家长，应该把美好的道德观念从小就传递给孩子，引导他们形成美好心理，促进他们健康成长，长大后成为国家和人民有用的人。”④

(1) 家教的地位。家教与普通的知识教育不同，家教更注重人文礼俗和道德伦理的教养，是一种真正纯粹的德行生命养育。家、家族，既是文明的人类自我生产和繁衍的母体，也是社会组织结构的基本细胞，还是人类生命个体与社会组织生活之间的关键“链接”，因而有着无可替代的地位。家教是人类教育和教化的重要组成部分，是最初始的基本价值体认和连贯性的教育和教化。家、家族作为人类自我生产繁衍的核心单元，有其自然血亲属性，但决非纯粹自然的生命事件，它关乎人性、人道、人伦。家、家族作为社会细胞，决非仅仅是社会组织的开端，

---

① 科尔伯格(Lawrence Kohlberg，1927—1987)，美国儿童发展心理学家，他继承并发展了皮亚杰的道德发展理论，着重研究儿童道德认知的发展，提出了“道德发展阶段”理论，在国际心理学界、教育界引起了很大反响。

② 窦竹君. 关于道德生活化的思考[J]. 河北学刊，2014(03)：46-50.

③ 麦金太尔(MacIntyre，1929—)，主要成就在道德哲学、政治哲学、哲学史和神学等领域。他认为，当代西方社会的道德危机，源于一种严重的道德无序状态。著有《德性之后》《谁的理性？何种正义？》《马克思主义和基督教》《论无意识》《伦理学简史》《对时代自我形象的批判》《三种对立的道德探索观点：百科全书、谱系学和传统》《第一原理、终极目的与当代哲学问题》等。

④ 习近平关于注重家庭家教家风建设论述摘编[M]. 北京：中央文献出版社，2021：18.

更是社会文明教养、德行培育和文化传承的第一驿站。

(2) 家教的内涵。我国古代围绕着家和家族，形成产生了家谱、家教、家风、家训、家学、甚至家政(朱熹)。家教，即家庭教育或教养。家风，即作为伦理亲缘共同体的家庭(家族)在长期的家庭生活传承中，逐渐形成和积淀起来的日常生活方式、家庭文化风范和道德伦理品格。[①]家教，是家风形成的基础。家风是家教效应(即家庭或家族道德伦理风范和文明教养水准的外在显现)。家训，是维护家风的基本规范体系。家教的德育包括以下道德伦理品格的培养：勤俭治家、诚实为人、宽厚处事、崇学尊礼、温良恭让、善良宽容等方面，应是“治持教养、光耀门庭”的基本美德。虽然各家规矩训诫、家教方式不同，家风各异，但家教、家风的内涵互有重叠。家学，虽未普及，但对于殷实富裕且崇文重学的家庭和家族来说，家学不仅可以形成传统，并且对家教之醇和家风之正大有助益。

(3) 家教的类型。家庭是人生的第一所学校，父母是子女的第一任老师。家庭成员尤其是父母的行为方式是影响儿童社会化的直接模式。父母的教养方式对儿童的成长与社会化是非常重要的。美国发展心理学家鲍伦德(D. Baumrind)研究了家庭教养方式，归纳了四种类型：权威型(接受+控制)、专断型(拒绝+控制)、放纵型(接受+容许)和忽视型(拒绝+容许)。教养方式会对儿童的社会性发展和个性的形成产生重大影响。其中，权威型的教养方式最有利于儿童健康成长，这种积极的教养方式用八个字来表示，是管束、冀望、教导、关爱。

2. 道德生活化的社会教化

社会公德是具有社会公共性的属性。社会公共性是人类生存的社会本质的表现方式，是人的自我实现不可或缺的条件。社会公共性的分类，包括有结构的公共性、功能的公共性、沟通的公共性、观念的公共性和实践的公共性。

社会公共性与共同体休戚相关，必须把共同体问题与公共性问题统一加以考虑。马克思在《资本论》中简明地把社会主义和共产主义称为“自由人联合体”，是比资本主义社会更高级的、以每个人的全面而自由的发展为基本原则的社会形式。马克思强调要达到的理想就是人的自由全面发展。中国社会公共性在当代的发展，对于中国和世界的前途意义重大。人们的公共意识、公共精神的提高，对于社会公共性建设的影响是深远的，将有益于中国和谐社会的构建，进而也将有益于未来和谐世界的构建。[②]社会公共性具有普遍的规范性的，具有其宏观结构的

---

① 万俊人. 也说家教家风[N]. 光明日报，2014-03-18(第 3 版).

② 郭湛. 社会公共性研究[M]. 北京：人民出版社，2009：1.

外在普遍性特征，但人格典范、道德先进和品格卓越，依然是公共文化价值的精神根基，更是引领公共社会的内在价值力量。20世纪以来，中国家学式微，家族家谱渐消，家教渐被社会政治道德教化所替代，家风也慢慢淡出现代社会文化评价视野。这固然是现代性文化挤压的后果，需要认真反思。应该看到，现代社会的公共化程度越高，家教家风愈显珍贵。

人的社会化过程有赖于其所处的环境中是否具备社会所必需的社会条件。所谓人的社会化必需的社会环境，是指影响和作用于个体思想观念、心理特征和行为方式的全部社会因素，其主要包括家庭环境、学校环境、同龄群体、工作环境、传播环境等。学校环境对于进入学校的儿童和青少年来说，随着其年龄的长大，学校和教师的教育作用逐渐超过了家庭和家长的教育作用。学校成为儿童和青少年社会化的重要社会环境因素，它给学生提供了有组织有目的的系统化接受教育的各种条件，同龄群体环境是很重要的。同龄群体是指在年龄、兴趣爱好、家庭背景等比较接近的人们自发结成的社会群体。同龄群体是个人社会化的重要环境因素。这个群体往往有独特的亚文化，包括共同的思想观念、价值标准、兴趣爱好、隐语、符号等，对个体的社会化产生重要影响。研究发现，除了睡眠，青少年有74%的时间与他人相处，这个比例高于成年人。数据表明，七成以上的青少年遇到困难和烦恼时，并不会找父母商量，而是闷在自己心里，或将心里话告诉同性的同辈群体。社会环境是一个宽泛的概念，社会文化传播环境是指社会组织为社会成员传递信息所采用的各种通信手段所形成的社会环境。大众传媒通过新闻报道、舆论宣传、知识教育、生活娱乐等方式，为广大社会成员理解和接受社会所倡导的价值观念、奋斗目标、社会规范和行为方式等，提供一个广泛的社会环境条件。在现代社会，电视和网络则是重要的大众传播媒介。比如，CCTV的一档电视节目《感动中国》，被称作“中国人的年度精神史诗”。该节目推出十几年来，表彰了众多感人至深的人物，在重塑中国人道德价值观的同时，也帮助众多青少年树立积极的人生观和价值观。可见，传播媒介对人有一定的影响力。当一个人步入社会，开始职业生涯时，也意味着他要在全新的社会环境中，开始新的社会化阶段。这种新的环境必然促使个人开始一轮新的社会化活动，调整和发展自己的价值标准和行为方式，以达到真正适应现实社会生活的目的。

【阅读链接 5–5】

家庭教养的预见

家庭的教育和养育是一体的，父母对子女的教、养的类型，可以预见地对儿女产生烙印，形成终身的性格和习惯的影响。父母的类型大致有以下几种：

专断型家庭教养。这类家庭中的父母对子女的一切活动，悉数安排和决定，子女只能无条件服从。有关行为标准的是非对错，也全由父母独裁判决，子女只能无条件的遵守。子女行为如有偏差，父母便给予惩罚，不必向子女解释理由。专制型父母在管束和冀望上居于高层，在教导和关爱方面则居于低层。管而不教、严而苛刻，是专制型父母管教方式的主要特征。这种教养方式下的儿童大多很不理性，不讲道理，待人处事或处世简单潦草，态度粗暴，自以为是又自信心不足。

娇惯型家庭教养。这类家庭中的父母对儿童报以积极肯定的情感，但缺乏控制。父母放任儿童自己作决定，即使他们还不具有这种能力，例如，任由儿童自己安排饮食起居，纵容儿童贪玩、看电视。父母很少向孩子提出要求，如不要求他们做家务事，也不要求他们学习良好的行为举止；对儿童违反规则的行为采取忽视或接受的态度，很少发怒或者训斥儿童。这种教养方式下的儿童大多很不成熟，他们往往具有较强的冲动性和攻击性，而且缺乏责任感，合作性差，很少为别人考虑，自信心不足。

忽视型家庭教养。这类家庭中的父母对孩子既缺乏爱的情感和积极反应，又缺少行为方面的要求和控制，亲子互动很少。他们对儿童缺乏最基本的关注，对儿童的行为缺乏反馈，且容易流露厌烦、不愿搭理的态度。如果儿童提出诸如物质等易于满足的要求，父母可能会对此做出应答；然而对于那些耗费时间和精力的长期目标，如培养儿童良好的学习习惯、恰当的社会性行为等，这类父母则很少去完成。这种教养方式下的儿童与娇惯型教养方式下的儿童一样，具有较强攻击性，很少替别人考虑，对人缺乏热情与关心，这类孩子在青少年时期更有可能出现不良行为问题。

宽容型家庭教养。这类家庭中的父母在子女教养上，父母秉承对孩子有爱心和抱有极大热忱的态度，他们对孩子从来都是循循善诱的说理与解释，不用严厉的惩罚方式，给予孩子极大的自由，无论是在子女们的行为上，或者是在安排作息时间、金钱使用及交友上都放任子女自己抉择。他们在管教态度上是一致的，十分鼓励孩子们参与家庭决策。该类型的父母对儿童的发展创造了良好的基础。在宽容型父母教养下的儿童在童年期常常表现得活泼、快乐；拥有高自尊和较高的自我控制能力；有较少的传统的性别角色行为。在其青春期，也拥有高自尊、高社会和道德发展，学习成绩好，受教育水平较高。

(资料来源：黄希庭．心理学导论[M]．北京：人民教育出版社，2007：600)

【阅读链接 5-6】

家庭教育的案例

美国石油大王约翰·D. 洛克菲勒的儿子小约翰·D. 洛克菲勒是勤俭节约的人。小约翰一直认为自己是父亲巨额财产的管理者而不是拥有者。他把博爱当作毕生的事业，一生中为公共事业捐献了5000多万美元。他曾出资修缮凡尔赛宫，设立了阿卡狄亚和格兰德泰顿国家公园，捐献地皮给联合国在纽约设立总部。

这里，我们看到的是他在1920年5月1日写给儿子洛克菲勒三世的一封信。小约翰当时46岁，在信里他为14岁的儿子列出了财政要求。儿子洛克菲勒三世长大之后继承父亲的遗志，成为洛克菲勒基金委员会的主席。这封信的全文如下：

《爸爸和约翰的备忘录——零用钱处理细则》

1. 从5月1日起约翰的零用钱起始标准每周1美元50美分。

2. 每周末核对账目，如果当周约翰的财政记录让父亲满意，下周的零用钱上浮10美分(最高零用钱金额可等于但不超过每周2美元)。

3. 每周末核对账目，如果当周约翰的财政记录不合规定或无法让父亲满意，下周的零用钱下调10美分。

4. 在任何一周，如果没有可记录的收入或支出，下周的零用钱保持本周水平。

5. 每周末核对，如果当周约翰的财政记录合规定，但书写或计算不能令爸爸满意，下周的零用钱保持本周水平。

6. 爸爸是零用钱水准调节的唯一评判人。

7. 双方同意将至少20%的零用钱用于公益事业。

8. 双方同意将至少20%的零用钱用于储蓄。

9. 双方同意每项支出都必须清楚、确切地被记录。

10. 双方同意在未经爸爸、妈妈或斯格尔思小姐(家庭教师)的同意下，约翰不可以购买商品，并向爸爸、妈妈要钱。

11. 双方同意如果约翰需要购买零用钱使用范围以外的商品时，约翰必须征得爸爸、妈妈或斯格尔思小姐的同意。后者将给予约翰足够的资金。找回的零钱和标明商品价格、找零的收据必须在商品购买的当天晚上交给资金的给予方。

12. 双方同意约翰不向任何家庭教师、爸爸的助手或他人要求垫付资金(车费除外)。

13. 对于约翰存进银行账户的零用钱，其超过20%的部分(见细则第八款)，爸爸将向约翰的账户补加同等数量的存款。

14. 以上零用钱公约细则将长期有效，直到签字双方同时决定修改其内容。

以上协议双方同意并执行。

小约翰·D. 洛克菲勒(签名)

约翰·D. 洛克菲勒三世(签名)

(资料来源：杨辉. 教育孩子的80种美德[M]. 北京：中国长安出版社，2005：50-51.)

二、道德社会化

人的社会化也是人的道德社会化。有关道德社会化主要有三个方面内容：道德社会化的内涵；道德社会化的规律；道德社会化的作用。

(一) 道德社会化的内涵

在社会中，为了维护人们的共同利益，协调彼此的关系，便产生了调节人们行为的标准。人若遵守这些道德标准，便会受到舆论的赞许并感到心安理得，否则就会受到舆论的谴责并感到内疚。个人的行为如果能够根据社会标准来实行，那就是实现了道德社会化。人的社会化，是一个人形成社会属性、适应社会生活的过程，是社会按照一定的标准培养、塑造成为社会成员的过程，也是一个社会的文化不断延续和发展的过程。人的社会化包括以下四个方面。

(1) 生活知识和技能的社会化。个人生存和发展的首要前提是必须能够生活。而想要能够生活，除了具备一定的生活资料之外，还必须具备一定的生活知识，掌握最基本的生活技能。人要发展自身，完善自己的个性，首先要学习基本的生活知识。即个体社会化的首要内容是掌握个人生活的基本知识和基本技能，培养独立自理的生活能力。生活知识和技能的社会化主要是在家庭中完成的。随着社会的发展，人们对个人的生活知识与技能的要求也在不断提高。

(2) 社会角色的社会化。在社会中，人们在不同的成长时期扮演着不同的社会角色，每个社会角色有相应的社会责任。然而，个人并非天生就能扮演好各种社会角色，人们只有在个体社会化的过程中不断地进行角色学习和角色实践，才能逐步实现自身的社会化进程。因此，社会化的最后成果，是为社会培养一个符合社会要求的社会成员，使其在社会生活中担当一定的社会角色，并按社会结构的规定行动。

(3) 社会行为规范的社会化。每个社会都有一套自己的行为规范，用于规定和协调社会成员的社会行为，以维持和巩固社会秩序。社会行为规范作为人类行为的规矩和方式，包括风俗习惯、道德规则、生活准则、宗教戒律、政治规则、法律法规以及各种各样的规章制度等。因此，学习社会行为规范是个体社会化的一项基础性的重要内容。

(4) 职业知识和技能的社会化。在所有的社会中，根据社会分工的原则和要求，每个社会成员在达到一定年龄阶段后都要从事一定的职业。职业活动不仅是个体谋生的重要手段，也是个体形成个性、完善社会性的重要途径。职业知识和技能不是先天遗传的，因此，掌握职业知识和职业技能是个体社会化过程中的一项非常重要的基本内容。

(二) 道德社会化的规律

人的道德社会化是以生物遗传素质为基础的。人类个体在出生后由于受到生理发育上的限制，有长期的依赖生活期，这就决定了人一出生就要在一定的社会环境中生存，和他人发生社会交往活动，接受特定的风俗，养成与所处环境相适应的行为习惯。这个过程就是社会化过程，是由自然人到社会人的转变过程，也是道德社会化过程。每个人必须经过社会化才能使外在于自己的社会行为规范、准则内化为自己的行为标准，这是社会交往的基础。

人的道德社会化与社会环境因素影响关系密切。社会化是人类特有的行为，是只有在人类社会环境中才能实现的。在人的道德社会化过程中，个体不是被动地接受，而是主动地接受，并且积极地对社会联系系统进行社会化再生产。在不同的社会制度和阶级中，道德社会化具有不同的内容和方向。同时，人的道德社会化与社会关系的发展密不可分。人们在共同的社会生活中与他人发生错综复杂的关系，依次是家庭关系、同学关系和师生关系、家庭和学校以外的社会关系。人们必须依据社会标准处理好这些社会关系，否则难以适应社会。因此，道德社会化的实质就是人们认识并学会处理各种社会关系的过程。

人的道德社会化是不断学习与强化的过程。在不同社会条件下，道德社会化的内容是不同的。道德规范的掌握，首先是一个学习模仿的过程；其次是一个道德规则不断强化的过程。社会通过一定的奖励或者惩罚，对人的道德社会化起着直接的影响作用。在人的道德社会化过程中，个人的道德判断与道德认识起着重要作用。人具有接受道德社会化的潜在能力。人脑在容量和结构上与其他动物的脑有很大的差别，从而使人脑在功能上大大超过动物的脑，使人类具有接受社会化的一系列潜在能力，主要表现在语言能力、思维能力、高度的学习能力等方面。语言能力是人类个体接受社会化的一个重要条件。语言能力是以人类高度进化的大脑技能为基础的，这是其他动物所不具备的能力。人们大量的社会互动是通过语言来实现的，人们是借助语言来理解他人的思想和要求，没有这种社会互动，个体的社会化是难以完成的。思维能力是在社会化的过程中，人们运用思维对所接收的各种有关外部事物的信息加以分析、归纳、推理，形成判断，并把学到的知识、技能通过记忆存储在大脑中，并根据社会活动的需要，随时提取这些信息。人们在社会生活中通过理性思维对周围事物做出事实判断和价值判断，并在此基础上理解各种社会规范对自己的要求，确立自己的角色观念、价值观念和行为方式。高级学习能力是人类特有的语言能力和思维能力，使人类个体在社会化过程中表现出具有其他动物不可比拟的学习能力。动物也有学习能力，但是动物不具有抽象思维能力，所以，它们只限于直接或间接的模仿，而缺乏进行创造性活动的能力。人类意识活动中的意志能力，可以使人主动地加强自己的学习动机，使个体的社会化成为有目的、有计划、积极主动的活动。

总之，人的社会化，是指人接受社会文化的过程。人只有通过在人类社会环境中生活，形成人的语言、思想、感情、习惯和行为，成为适应社会生活的成员，才能成为真正意义上的人。社会环境不同于自然环境，它是人类物质文明和精神文明的结晶。个体只有通过学习社会生活知识、社会规范，掌握社会生活所应具备的技能，才能在社会中生存。因此，人的社会化的基本过程涉及两个方面：一是社会对个体进行教化的过程；二是个体与其他社会成员互动，成为合格的社会成员的过程。

(三) 道德社会化的作用

人的道德社会化的作用体现在以下两个方面。

(1) 道德是构建社会的人文基础；道德是一个国家和民族文明发展的原动力。从人的社会化的基本范畴来看，生活知识和技能、社会角色、社会行为规范以及职业知识和技能的社会化，都具有一定历史阶段的道德规范与要求，也意味着人的社会化过程是人的道德社会化过程。

(2) 道德是人的社会化的根基。道德社会化对于个体的生存、自我完善和发展有着更重要的作用。一个人形成良好的道德品质、道德人格，并完成道德社会化，不是一蹴而就的，而是要经过一个日积月累、长期循序渐进的过程。在不同的历史时期和道德环境中，个体的人格特征和道德品质状况具有很大的区别，它需要个体对自我生存、自我完善和发展等方面有着深刻的认识，还要分阶段地给自己提出自我社会化程度的目标要求，并逐步实现这些目标。

【阅读链接 5–7】

狼孩的事件

1920 年，在印度加尔各答东北的一个名叫米德纳波尔的小城，人们常见到有一种“神秘的生物”出没于附近森林，往往是一到晚上，就有两个用四肢走路的“像人的怪物”尾随在三只大狼后面。后来人们打死了大狼，在狼窝里终于发现这两个“怪物”，原来是两个裸体的女孩。其中大的年约七八岁，小的约两岁。这两个小女孩被送到米德纳波尔的孤儿院，人们还给她们取了名字，大的女孩叫卡玛拉，小的女孩叫阿玛拉。第二年，阿玛拉死了，而卡玛拉也只是活到 1929 年。

这就是曾经轰动一时的“狼孩”一事。无独有偶，世界上的其他地方还有出现类似的“熊孩”“猪孩”等，他们作为人类的个体，在出生后不久因为某种原因落入动物群体的生活环境中，与动物一起生活，失去了接受人类社会化的条件和机会。当他们再次被人们发现时，已变得与动物一样。因此，个人要想成为一名正常的社会成员，首先要经过社会化的训练。

(资料来源：https://wenku.baidu.com/view/bd43e7d949649b6648d747ca.html，作者有删减)

【阅读链接 5–8】

漂流在荒岛

影片《鲁滨逊漂流记》是基于真实的故事改编的，讲述了一个名为鲁滨逊的英国人在荒岛上生存了 28 年的故事。在荒岛上，鲁滨逊不知道时间，便跟着太阳作息，每一天都在门前的一棵树上作标记，记录着他来荒岛的日子。没有人和他说话，他就自己找乐子，唱歌喝酒，与动物说话。他在丰收的季节把麦子割下做成面包。他就这样过着独自一个人的日子。试问上例中的狼孩与鲁滨逊是否都是社会人？是否有区别？为什么？

(资料来源：https://baike.baidu.com/item/%E9%B2%81%E6%BB%A8%E9%80%8A%E6%BC%82%E6%B5%81%E8%AE%B0/1018994，作者有删减)

【阅读链接 5–9】

个体本位论和社会本位论

西方思想家在德育目的理论的探索上，派别众多，主要由“人本主义”“科学主义”两大思潮展开。前者强调以内在的个人的发展为宗旨的“个体本位论”；后者强调以适应外在社会的发展为目的的“社会本位论”。

一、个体本位论

在西方近代思想史上，“个体本位论”研究最突出的代表莫过于卢梭。他主张德育分期理论，认为人的成长和发展是一个自然的过程，不同的年龄阶段应有不同的教育原则、内容和方法。他从“天赋人权”的哲学观出发，认定人生而禀赋平等和自由的权利，人类天性的尊严是至高无上的，社会的发展必须从属于人性。他把对天性的培养作为德育目的的中心，即德育目的就是在培养儿童善良天性的基础上，培育同情心和爱的情感，以达到把自爱知心扩充到爱他人的仁慈、正义的道德境界。

被称为“现代教育学之父”的赫尔巴特是古典人本主义教育思想的集大成者。他认为，教育的起点就是个性，教育的任务就是要把个性扩展为多方面性；他还认为，教育的多方面目的又有一个不可或缺的必然性目的，即一个人必须具有的道德和人格。由此，赫尔巴特宣称，道德普遍地被认为是人类的最高目的，因此，道德也是教育的最高目的。

在人本主义教育中，人们呼唤教育回归塑造人本身的道德和精神需要，其主要代表人物为赫钦斯。他认为，人性是不变的，而且在本质上是始终如一的，同时知识就是真理，而真理在每个地方都是一样的，因此关于知识的教育在任何地方都是相同的。所以在任何地方都适用的教育目的就是理性、道德和精神诸力量的最充分的发展，其中德育是最有用的教育。

人本主义从人本身出发，以个体发展为目的，主张培养完善人性和完善品格为德育目的。它反映了对教育对象自身发展的重视，看到了德育应当适应教育对象的自身需要。但由于它们是建立在唯心史观的人性论和先验论的基础上，带有历史唯心主义色彩和过激的观念意识，难免否认或忽视了社会和历史发展等客观因素的重要性。而且，极易在现实中导致个性、自由和个人主义的绝对化。

二、社会本位论

在西方近代思想史上，康德为“社会本位论”的突出代表。在他看来，人是双重存在者，人作为自然物要服从必然，作为理性存在受意志自由支配。他从先验的纯粹理性的概念中，为人类找到了一个普通有效又有客观必然性的先验的道德律，即“善良意志”。这一普遍有效的人类社会共有的道德律支配着人们在道德境界中追求至善和至上人格，并决定着人们要对道德律无条件地敬重，而且只有服从“绝对命令”的行为，才是道德的行为。康德的道德律是理性对社会普遍的必然规律的认识。这对后人从社会需要出发论证德育目的理论是有启发性意义的。

现代科学主义教育理论与现代科技、生产和社会发展密切相关，最具代表的研究者是杜威。他从实用主义哲学出发，认为一切事物都是暂时的、变化的、连续的过程，他认为教育者必须警惕一般的和终极的目的，教育目的存在于教育过程之中。杜威还强调教育过程中的儿童中心地位只是实现教育社会自律的需要，教育的最终目的是培养拥有社会合作精神和民主观念，以及适应民主社会需要的人。同时，杜威又把由科技力量的增长带来的社会发展与道德的落后冲突，当作改良社会的中心环节，由此，杜威把教育的最高目的归结为德育目的。

第二次世界大战以后，结构主义成为一种反人本主义思潮，极力推崇科学和理性。结构主义从结构的整体性和各因素的制约关系出发，排挤贬低个人，认为个体的社会活动只是受集体无意识创造的社会结构的支配。从而，结构主义者力图将德育目的从服从人的内在精神需要转向为服务科学和社会的需要。他们主张德育目的就是要培养儿童自律的道德观念和能力，即培养与社会竞争和科技发展相联系的公正、平等、责任、协作等观念，训练为民主社会中平衡发展的公民。

科学主义思想家大都从社会出发，以社会发展为目的来阐述德育的目的，其发展方向越来越趋向于外在化，特别是到了结构主义时期，明确提出德育目的是要服务于社会经济发展和科技发展的社会需要。

(资料来源：https://wenku.baidu.com/view/1adb71dc5022aaea998f0f6e.html?fixfr=WPqTGEkWJy2%252FJN7XoQoINw%253D%253D&fr=income4-wk_go_search-search，作者有删减).

第三节　道德的修养

道德修养是一个亘古不变的话题，理想人格是一定阶级的道德原则、道德规范最集中的体现。本节主要内容有两个方面：一是道德信仰，二是道德修养的问题与建议。

本节教学目标：充分认识道德修养的价值，积极践行道德修养。

一、道德信仰

道德是为人类而存在的，道德具有一定的时代性和阶级性，也有具有一定层面的神圣性和向善性。有关道德信仰，主要有以下三个方面内容。

(一) 道德为人类而存在

道德起源于人类对生活原则的探寻，并以规范的形式把有利于个体和人类的发展的行为确立下来。道德既应为人们满足起码的生存需要提供必要的社会准则，又应为人们满足高层次的精神需要提供导向和行为方式。因此，道德本质上是产生并服务于人类需要的工具。道德的本质揭示了人作为道德的主体与道德之间的基本关系。道德是为人类而存在的，不是人类为道德而存在。道德是构建社会的人文基础，道德是一个国家和民族文明发展的原动力，同时也是人的社会化的根基。人类社会文明在很大程度上取决于社会道德的高低程度。道德与政治、法律、艺术等意识形式有密切的关系。如果道德由“工具”变为“目的”，那么，人由道德主体就会变为被道德役使的对象。例如，在人类社会存在有阶级的历史阶段，社会集团利益的斗争必然会造成社会的分化，形成统治阶级和被统治阶级的对峙。统治阶级的道德作为在全社会占支配地位的道德，一方面或多或少包含人类社会生活共同要求的一些因素，另一方面，这种道德的核心内容却是直接从他们的特殊利益中引申出来的，因而道德在本质上就成了阶级统治的工具。

(二) 道德的神圣性

道德信仰是把一定的道德理念和道德思想视为信仰，并身体力行的道德实践。道德神圣性的精神实质是信仰，信仰能满足人的超越性，蕴含着深刻的道德意义。神圣性作为道德的原初属性，决定了德育是神圣的活动。①

道德信仰的重建与回归，包括以下方面。

(1) 道德的基础是人类精神的自律。②马克思恩格斯都肯定了道德的自律和他律性，都强调自律与他律的统一。我们在讲道德自律性时，不应忘记这种自律是以承认他律为前提的。

(2) 道德神圣性的重建，传统文化资源都能做出积极的回应，因此，传统文化能够成为维护德育尊严，回归德育神圣性的重要资源。

(3) 道德的神圣性，使人们把它作为值得追求的事。只有如此，道德规范的作用才会由于具备自律的基础而得到保证。这种现象是潜在的，只有当它与某些社会原因结合在一起时，才会转化为现实。道德神圣性的回归是道德信仰和道德社会的根本出路。当前，虽然道德教育越来越强调其规范性，但如果因此导致了原初神圣性的遗失，其精神实质是信仰危机。要走出这种道德困境，重塑道德神圣性势在必行。神圣性以其对世俗的超越，从根本上为我们解决了人性中的多重冲突，比如有限与无限的对抗，个体与群体的矛盾，非理性与理性的分裂等。③

(三) 道德的向善性

从西方传统文化的向善性看，向善性是人的幸福本源之一。苏格拉底认为，道

① 宋晔. 道德教育神圣性的失落与回归[J]. 河南师范大学学报，2015(4)：177-180.

② 宋希仁. “道德的基础是人类精神的自律”释义[J]. 道德与文明，2000(3)：4-7.

③ 宋晔，李明. 守望道德教育的神圣性——困境、溯源与出路[J]. 东北师大学报，2018(5)：166-172.

德涉及的不是小事，而是我们应当如何生活的问题。亚当·斯密(Adam Smith，1723—1790)有两部重要的论著：《国富论》和《道德情操论》。在亚当·斯密的眼中，《道德情操论》更为重要，他认为追求财富的最终目的应使人们更加幸福，回到人的善性。从中国传统文化的向善性看，向善是中国人追求天人合一、追求永恒的信念[①]。中国传统文化的向善性是在个人—家庭—社会的内化与践行[②]，善的培育的第一场所在家庭[③]。《周易》有“积善之家，必有余庆”之说。儒家有“良知即至善，即天理”之说。佛教有“因果报应”之论。道家致力于“谋求立德、成就不朽”。道教有“善恶报应、善的信念”之观。孟子[④]的向善论是儒家道德的人性依据，“善是人之为人之本”。《中庸》有“自天子以至于庶人，亦是皆以修身为本”。修身的根本是觉悟善性、实践善性。知善知恶是良知，为善去恶是格物。由此可见，道德向善乃是中国人成长发展的立身之基、修身之要，是追求永恒的信念，[⑤]这些奠定了中华民族精神的基础，其普遍性、传承性、自觉性成为民族向上的力量。

道德向善性是指道德不仅是禁恶，更是向善。道德向善的内容导向，是道德独有的价值和特性。道德是人类社会生活发展到一定阶段的必然产物，它不仅源于人的社会生活需要，同时又服务于人的社会生活需要。我们把规范性理解为道德的本质属性之一。要通过什么抵达道德善性的？一是通过道德规范的作用。道

① 在中国古代，天、地、人是同源相生、同道相存、同场相在的共同体信念。黄天无亲，唯德是辅；天道无亲，常与善人，其中的道、天(理)与善心、良心相通相连。

② 在中国古代，善是知行合一的，要仁者爱人；己所不欲，勿施于人，己欲立而立人，己欲达而达人；要做到民胞物与，以实现大道之行、天下为公的大同社会。仁爱主义是集体主义的基础，与邻为善，互利共生，构成了交往的和平主义理念。仁爱主义、集体主义、和平主义是谋求人类共同生存、命运一体的道德价值观。

③ 在中国古代，家国一体，孝忠合一。孝悌为仁之本。孝是德之本、教之源。对父母先祖的爱、养、畏、敬，对兄长的尊敬、友爱，是孝悌文化的基础。要将感恩、敬畏、奉献、责任等道德意识、情感、价值作为家教和家风培育，谋求个人善行与社会善行的一体性，追求与实现家庭之善和国家之善的一致性。

④ 孟子(约公元前 372 年—前 289 年)，邹国人(山东邹城东南)，战国时期哲学家、思想家、政治家、教育家，与孔子并称“孔孟”。孟子宣扬“仁政”，最早提出“民贵君轻”思想，被韩愈列为先秦儒家继承孔子道统的人物，元朝追封为“亚圣”。孟子的言论著作收录于《孟子》一书。其中《鱼我所欲也》《得道多助，失道寡助》《寡人之于国也》《生于忧患，死于安乐》《富贵不能淫》等编入中学语文教科书中。作为传统善的文化的奠基者及推进者，孟子提出了“四端说”：恻隐之心，仁之端也；羞恶之心，义之端也；辞让之心，礼之端也；是非之心，智之端也。“人之初，性本善”是中国人启蒙教育及习成做人的基本认知，体悟并践行良知是个体道德修为的基础。

⑤ 王永智. 形成向上向善的力量[N]. 光明日报，2019-06-10(哲学版).

德规范具有的客观必然性，同时，道德满足人的主体目的性。二是通过道德的发展性。倡导性的道德规范越来越多；进取型的道德要求也在不断增加，如创新、自强不息等。三是通过道德的指引性。在正确的善恶观的指引下，道德规范社会成员在各个领域的行为。习近平总书记强调，“把培育和弘扬社会主义核心价值观作为凝魂聚气、强基固本的基础工程，继承和发扬中华优秀传统文化和传统美德，广泛开展社会主义核心价值观宣传教育，积极引导人们讲道德、尊道德、守道德，追求高尚的道德理想，不断夯实中国特色社会主义的思想道德基础。”[①]当前，必须加强全社会的思想道德建设，引导人们向往和追求讲道德、尊道德、守道德的生活，形成向上的力量、向善的力量。只要中华民族一代接着一代追求美好崇高的道德境界，我们的民族就永远充满希望。形成向上向善的力量是一个国家、民族精神凝聚力的集中体现。在不断增强文化自信、实现中华民族伟大复兴的进程中，培育弘扬中华优秀传统文化，推进社会向上向善力量的形成，是国有德而兴、人有德而立的基础。历史和现实的发展，都在不断呈现出满足人的发展需要的道德向善性。党的十九大报告中提出的“坚持以人民为中心”的基本方略，社会主义核心价值观中所倡导的“平等、公正”等，都是维护人的道德向善性的内容。从这个角度来看，道德存在的根本目的，就是为了人们更好地存在和发展。

【阅读链接 5-10】

无须他人提醒的自觉

作家梁晓声讲过一个故事：

有一次，在法国，他和两个老作家一同坐车去郊区。那天刮着风，不时有雨滴飘落。前面有一辆旅行车，车上坐着两个漂亮的法国女孩，不停地从后窗看他们的车。前车带起的尘土再加上落下的雨滴，车窗被弄得很脏。他们想超车，但路很窄，他问司机：“能超车吗？”司机说：“在这样的路上超车是不礼貌的。”

正说着，前面的车停了下来，一位先生下车走了过来，先对我们这辆车的司机说了几句话，然后把自己的车靠在旁边，让我们的车先过。

梁晓声问司机：“他刚才跟你说什么了？”司机转述了他的话：“一路上，我们的车始终在前面，这不公平！车上还有我的两个女儿，我不能让她们觉得这是理所当然的。”梁晓声说，这句话让他羞愧了好几天。

① 习近平谈治国理政(第一卷)[M]. 北京：外文出版社，2018：163.

这则故事告诉了我们道德植根于内心的素质，一种无须他人提醒的自觉，一种以承认约束为前提的自由，一种能设身处地为别人着想的善良。

(资料来源：https://max.book118.com/html/2018/0826/8011030076001121.shtm，作者有删减)

【阅读链接 5–11】

医生的神圣力量

这是2020年感动中国的无数个故事之一：

武汉市金银滩医院，是全国首家收治新冠病患者的定点医院。所有的病人都是危重病人，这是抗击疫情的最前线。作为医院院长张定宇日夜坚守，果断决策，妥善处理，带领全体医务人员为抗击疫情作出了重要贡献。张定宇院长本人还是个病人。2018 年 10 月，他被诊断为患有“渐冻症”。新冠疫情袭击武汉的时候，张定宇隐瞒了自己的病情，无法照顾被新冠感染的妻子。他一直坚守在防疫前线。

2020 年 9 月 8 日，张定宇被授予了“人民英雄”的国家荣誉称号。

《感动中国》的颁奖词：“步履蹒跚与时间赛跑，只想为病人多赢一秒；身患绝症与新冠周旋，顾不上亲人已经沦陷。这一战，你矗立在死神和患者之间。那一晚，歌声飘荡在城市上空，我们用血肉筑成新的长城。”

(资料来源：https://baike.so.com/doc/5143904-30563621.html，作者有删减)

【阅读链接 5–12】

如果道德约束的缺失

南斯拉夫的玛丽娜·阿布拉莫维奇，从 20 世纪 70 年代开始在行为艺术上进行实践，被称为“行为艺术之母”。1974 年，玛丽娜在意大利那不勒斯表演了《节奏 0》，这是“节奏系列”中最为惊险的行为艺术，是她最著名的作品之一。她尝试与现场观众进行互动，并力求现场观众成为她作品的一部分。在她展示的桌面上，有七十二种道具，包括枪、子弹、菜刀、鞭子等危险物品，观众可以使用任何一件物品对她做任何想做的事。尽管阿布拉莫维奇承诺自己承担行为艺术表演过程的全部责任，也预测过行为艺术过程的危险性和不确定性，但是，整个过程让她倍感失望甚至于绝望。现场的观众在缺少任何约束力之下，逐渐丧失理性，行为的尺度不断扩大，有人用口红在她脸上乱涂乱画，有人用剪刀剪碎她的衣服，有人用刀划破她的皮肤，甚至有人用带有子弹的枪对准她的脑袋。正如阿布拉莫维奇最后感慨：“这次经历我发现：一旦你把决定权交给公众，离丧命也就不远了。”试想，人类社会若缺少了道德的内在约束，将会是怎样的？

(资料来源：https://baike.baidu.com/item/%E7%8E%9B%E4%B8%BD%E5%A8%9C%C2%B7%E9%98%BF%E5%B8%83%E6%8B%89%E8%8E%AB%E7%BB%B4%E5%A5%87，作者有删减)

二、道德修养的问题与建议

道德修养是人的道德活动形式之一，是指个人为实现一定的理想人格而在意识和行为方面进行的道德上的自我锻炼，以及由此达到的道德境界。不同社会、时代和阶级的道德修养有不同的目标、途径、内容和方法。道德修养的根本问题，是按什么标准来修养的问题。伦理学上，又叫做道德理想。人们往往把所谓道德上完善的典范，当作人们的道德理想。马克思主义认为，在阶级社会中，道德理想有着鲜明的阶级性。理想人格是一定阶级的道德原则、道德规范最集中的体现。判断一种道德理想是否进步，是以其对社会生产力的发展能否起促进作用，是否符合社会发展规律和有利于最大多数人的利益为标准的。道德修养是一个亘古不变的话题，无论是在旧时环境还是在现代社会中，都存在其自身的价值。

(一) 道德修养的问题

面对现代社会的发展与变迁，道德修养需要面向以下四个问题。

1. 物质性的超越

追求物质的人，以攫取物质为唯一目的，绞尽脑汁甚至铤而走险，还要患得患失、忧心忡忡，终成为物质的奴隶。追求精神的人，以进化、文明为目标，发现、探索、提炼、开拓、改造人类历史的进程，终成为精神的倡导者和宣传者。道德修养是“精神”的一部分。如果把道德高尚者看作一个普通生存者的话，那么他仍需依赖一定的物质利益才能生存下去。因此，在这个意义上，他必须拥有其最基本的利益，或者说，他至少应当享有社会给他提供的最基本的物质生活条件。但是随着社会的发展，功利价值观念影响着人的价值观，有些人认为人生最重要的事就是努力实现个人利益最大化，把人的一切行为归结为经济行为，人生的意义在于占有尽可能多的金钱和物质财富，与此同时，也造成了他们的精神贫困，在行为方式和生活态度上追求低级趣味。在现代社会，物质利益的追求不是现代人和现代社会的唯一价值坐标，更不能将之看作现代人人格理想的全部内涵。亚里士多德(Aristotle，公元前384—前322)认为，幸福或者好生活不是一种静止的状态，而是一种进行中的生活方式，一种以德行为目的的行为。那最为平庸的人，把幸福和快乐等同，因此，他们以生活享受为满足。很明显是一种奴性的生活。在亚里士多德看来，享乐生活是最低层次的幸福。美国心理学家弗兰克(Viktor Emil Frankl，1905—1997)在总结人生时说，对人来说，最要紧的不是趋乐避苦，而是在乐或苦中看到价值意义。人是生活在一个有约束的世界里，习俗道德之所以有权威，是因为大多数人自觉地遵守它。道德给予个人欲望和行为的限制非常重要，没有这些传统信仰中的美德的作用，仅仅是物质生活的提高并不一定能带来真正意义上的幸福生活。

2. 规范化的遵循

道德的首要任务是告诉人们如何认识自己的生活目的，并为实现一种善的生活的内在目的而培植自我的内在品格和美德，使人知荣辱、辨善恶、重人格、讲国格、身心和谐、宁静幸福，体现人的尊严与价值，并在潜移默化中造就社会的和谐与秩序。在现代社会，随着市场经济的发展，人们偏重于外在行为的整合，具有外在性的诸种规范的地位上升，而具有内在性的德行的地位则相应降低，人们自我的道德直觉能力因日益强化的社会伦理约束而慢慢退化。有观点认为，社会的有序不在于人的内在修养，而在于外在各种的规范，即只要人人遵纪守法就足够了，因为只要外在的规则、规范完善和成熟了，就能保证个体的行为规范，根本无须个体自身内在的道德修养。

规章制度、法律甚至包括道德规范对社会有序、稳定发展的积极作用是显而易见的，但这种外在的形式，只要人还没有形成内在的德行，没有成为真正的自由的道德主体，就无法真正发挥其积极的作用，只能是一种空设。对个体来讲，不仅要遵守道德规范，更需要既得于心又形于外的德行，使得人的行为不仅合乎道德，而且出于道德，不为外在的道德所拘役。无论伦理规范系统多么周全和完备，如果缺乏个人自主美德的内在心理基础，便不可能内化为人们的实际行动。

美德的培养是要靠自我道德修养的。如果说行为规范侧重于规范的善恶及其对人的约束，那么，道德修养则更重视那些具有动机的、遵循原则的行动者自身素质的养成。如果说道德规范是道德善恶一般标准的具体化，道德品质是道德价值标准和义务规范在行动个体身上的内化和凝结，那么，道德修养则是实现这种内化和凝结的根本途径，是联结规范与美德的桥梁和纽带。我们通过修养将客观的义务变成主体“我想”“我要”的爱好与愿望，将社会的道德规范转化为个人的内在信念、情感、意志和良心，能够促进个人和社会的健康发展，这是道德修养的现代价值所在。因此，现代人必须更加自觉地提高道德修养，承担更多的道德责任，在更高的层次上发展和完善自身。

3. 科技化的应对

科技是推动社会发展的第一生产力，也是建设物质文明和精神文明的重要社会行为，承担着社会责任和道德责任。古希腊哲学家认为，智慧和知识是构成道德行为最重要的组成部分，他们提出了知识就是道德。德国现代物理学家包生尔认为，科学知识是构成人类道德的重要方面。他认为一个时代对知识的评价可以用作衡量时代精神的标准。可见，科学与道德彼此之间有着较深层次的内在联系。

科技是一把双刃剑，它能促进社会的发展，也有可能带来毁灭性的灾难。所以，科技发展必须重视伦理规范，以弘扬科技的正面效益，扼制其负面影响，更好地为人类造福。从这一点来说，科技发展必须遵守一定的伦理规范，一切不符合伦理道德的科技活动必将遭到人们的异议和反对，被送上道德法庭甚至受到法律的制裁。例如，现有社会存在种种危机，如克隆人问题、基因工程、基因组遗传信息的应用和隐私权问题、基因歧视问题、基因诊断与基因治疗问题、转基因食品与转基因农作物问题、遗传资源和多样性保护问题、基因武器以及核能应用问题等。它们涉及人类个体安全和国家安全、生物多样性和生态环境等重大问题，不可小觑。试想，如果克隆人的科技活动允许自由进行的话，就会出现人伦关系混乱、性别比例失调等社会问题，所以应该禁止。又如基因工程技术可以打破种属之间的遗传屏障，很容易在试管中进行各种遗传重组，制造出可能的“怪物”，直接威胁人类生命安全或破坏生态平衡。

因此，单方面地发展科学技术，不能使人一定得到幸福和满足。要缓解和减轻科技手段对人的控制、压抑以及破坏程度，必须需要道德修养的关怀。道德修养表征的是人的主体精神世界。作为人的一种自我意识，人文精神力求发现那些使人成为人或规定人之为人的东西，要追溯人何以为人而存在、人何以会具有那些属于人的东西。作为一种主体尺度，道德修养是人的本质力量的历史积淀和集中表现，它是人作为主体的一切活动的内在根据。它内蕴的是一种以人为本位、尊重人的尊严和价值、维护人的地位和权利、实现人的目的和理想的人本意识，体现了人类对人生价值和意义的追求，是人的精神的核心和灵魂。科学技术是中性的，科学技术是否运用得当，是否合理，这是科学技术本身所无法解决的，因为这不是一个技术上的问题，在很大程度上它是一个道德和价值观问题。所以，为保证科学技术的合理、正当运用，我们应该用道德来协调其发展，使其发挥对科技的导向与规范作用，让科技发展真正服务于人类。

4. 发展性的关注

应对科技化时代，更需要关注青少年的成长与发展规律。人的发展在整体上有阶段性和差异性的特征。

(1) 阶段性。每一个个体在不同的年龄阶段会表现出不同的身心发展特征及其主要矛盾，面临着不同的发展任务，这就是个体身心发展的阶段性。心理学家把少年期称为“危险期”“心理断乳期”。在这一时期，少年将会从心理上摆脱对成年人的依赖，表现了追求独立的倾向。身体状态的剧变、内心世界的发现、自我意识的觉醒、独立精神的加强等都是少年期所表现出的总体性阶段特征。前后相邻的阶段是有规律地更替的，在一段时期内，其发展主要表现为数量的变化，经过一段时间之后，发展由量变到质变，从而使得发展水平达到一个新的阶段。个体的发展在整体上具有一定的顺序，身心发展的过程和特点的出现也是具有一定的顺序。如身体的发展遵循着从上到下、从中间到四肢、从骨骼到肌肉的顺序发展，心理的发展由机械记忆到意义记忆，由具体思维到抽象思维，由喜、怒、哀、乐等一般情感到理智感、道德感、美感等复杂情感。

(2) 差异性。每一个个体存在一定的差异性。首先表现为性别的差异，它不仅是自然性上的差异，还包括由性别带来的生理技能和社会地位、角色、交往群体的差别。其次表现在身心构成的差异：有些是发展水平的差异，有些是心理特征的差异。需要说明的是，个体发展水平的差异不仅是由个人的先天素质、内在技能的差异造成的，它还受到环境、主体在发展过程中的努力程度和自我意识的水平、自我选择的方向的影响。人的发展的差异性还表现为不平衡性。有两个方面：一方面是指身心发展的同一方面的发展速度，在不同的年龄阶段是不平衡的。青少年的身高、体重在其全部发展过程中经历两个高峰，第一个高峰是在一岁左右，第二个高峰是在青春发育期。在这两个高峰期内，身高、体重的发展相比其他阶段要快得多。另一方面是身心发展的不同方面的发展速度不平衡。青少年身心的不同方面所达到的某种发展水平或成熟的时期是不平衡的，有的方面可能在较早年龄就达到较高水平，而有的方面则晚些。青春初期的孩子身高、体重增长已达到较高水平，而骨化过程却远远没有完成。

(二) 道德修养的建议

理论上认识道德的本质，对个体而言，就是要求在道德实践中去不断丰富道德的内涵和本质。它要求我们每一个人不仅要遵守道德的基本规范，也要不断努力发挥自身的主体能动性，不断地提升自我和完善自我，追求更高的道德境界。要激发人们形成善良的道德意愿、道德情感，培育正确的道德判断和道德责任，提高道德实践能力尤其是自觉践行能力，引导人们向往和追求讲道德、尊道德、守道德的生活，形成向上的力量、向善的力量。实践上，加强大学生的道德修养已成为新时期大学生思想政治教育的重要内容。在新的形势下，如何强化大学生的道德修养意识，提升其道德修养的水平和层次，并进一步转化为现实的道德行为，成为当下重要的事情。大学生作为面向现代化、面向世界、面向未来的一代新人，要担负跨世纪的历史重任，无疑应当坚持自我修养、培养高尚人格。自我修养是当代大学生成为现代人的必经之路。明确时代要求，坚持科学指导，增强自觉性和主动性，是大学生正确而积极地进行自我修养的重要前提和基本条件。下面，道德修养有以下三个方面建议。

1. 加强文化素质修养

世界上许多国家都在进行面向21世纪的高等教育改革与探索，其基本着眼点是如何提高人才素质培养。素质是一个内涵丰富的概念。素质主要包括文化素质、思想道德素质、业务素质、心理和身体素质等。在诸多素质中，文化素质是基础性的素质，它对于其他素质的形成和发展有很大的影响力和很强的渗透力。一般情况下，具有较高文化素质的人，同样具有较高的思想道德境界和人生追求，那么，这个人的业务水平和专业能力也会得到充分发挥和更大提高。文化素质的高低不仅仅影响大学生世界观、人生观、价值观的形成，同样对于大学生心理和身体素质的改善影响力也很大。值得注意的是，文化并不等同于文凭，也就是说，文凭的高低与文化素质的高低并不成正比。新时代青年大学生，除了应具备本身所学的专业知识之外，还应当具有较高的文化素质，大学生在大学阶段积极进行文化素质修养是非常必要的。大学生应当从以下三个方面努力。

(1) 学习中国传统文化，特别是文学、历史和哲学等方面的知识。古代中国的文学，尤其是古典文学，有许多中国传统文化的优秀之作。大学生应当多阅读中国古典名著，特别是经典著作选读，对汉赋、唐诗、宋词、元曲、明清小说等应有所了解。在汲取传统文化精髓的同时，大学生要了解中国历史，读史明哲，知史爱国，并增强中国古哲学修养及理论思维。

(2) 主动选修通识教育课程，特别是人文社会科学方面的课程。目前许多高校逐步建立大学生文化素质教育课程体系，例如通识教育、人文社会科学等方面的选修课，为大学生扩大视野，增强文化底蕴，进行文化素质修养创造了条件。大学生们应从自己的实际情况出发，处理好文化素质修养和专业学习的关系，调整并完善自己的知识结构，为自己的全面发展打下基础。

(3) 积极参加多种形式的校园文化活动和校园文化建设。校园文化，既包括各种讲座、各种社团活动、各种科技节与文化节，也包括各种自然景观、人文景观的建设等。大学生通过参加丰富多彩的校园文化活动和校园文化建设，不仅可以提高自己的各项能力，还可以培养自己健全的心理、良好的性格、高雅的情趣和对真善美的追求以及正确的审美观和价值观等。文明的育人环境对大学生心灵的陶冶、精神的激励、素质的提高是任何显性课程都无法替代的。

2. 加强思想政治修养

大学生除了提升自身的文化素质以外，还应当具有较高的思想觉悟、较新的思想观念和思想境界。思想政治修养是形成大学生人生观、世界观和价值观的核心部分，是大学生的思想观念、政治立场、价值取向等方面素养和能力的综合体现，反映着一个人的思想政治境界和道德风貌。良好的思想政治修养是促进社会发展进步的重要保障和基础。大学生肩负着国家和社会、家庭的希望，应关注当下的国计民生和社会改革。大学生的思想活跃而激进，拥有各种新观念和新思想，但他们的思想意识并不稳定，易被敌对势力的宣传所迷惑。因此，在多元价值观并存的当下，大学生群体应确立符合社会发展要求的价值观，并使之内化为理论的自觉和实践的自主，积极主动地参与自身思想道德素质的自我创造、自我建构、自我养成、自我完善。此外，大学生还应当具有较高的政治素质。这种素质应当由政治态度、观点、立场、信念和方向等因素由表及里、由浅入深地有机构成。大学生对社会重大事件应有自己明确的态度，而不是“见风使舵”“风吹一边倒”，更不能表里不一、口是心非。大学生在处理和应付重大政治问题时，应有鲜明的立场和正确的政治观点，这要求大学生应具有政治觉悟、政治理想、信念和方向的集中统一。

3. 加强道德品德修养

道德品德是个体在学习和实践社会行为规范的过程中，经过锻炼所形成的比较稳固的品质和德行。品德修养是形成优良品德的途径和过程，品德是经过自我修养所能达到的目标。因此，加强自我品德修养，是每个大学生锻炼成才的一个基本条件。

有这样一则寓言故事。有一个年轻人在漫长的人生路上跋涉，到了一个渡口的时候，他已经拥有了“健康”“美貌”“诚信”“机敏”“才学”“金钱”“荣誉”七个背囊。渡船出发时风平浪静，过了不久，风起浪涌，小船上下颠簸，险象环生。艄公说：“船小负载重，客官须丢弃一个背囊方可安渡难关。”看见年轻人哪一个都不舍得丢，艄公又说：“有弃有取，有失有得。”年轻人思索了一会儿，最终把“诚信”抛进水里。虽然这是一则寓言，但是在现实生活中，又有多少人为了满足自己的私欲，而丢失了最为重要的“诚信”？诚信本是人之为人的最基本的品德，是人的立身之道、做人之本。在人生道路中一个小小的“失信”动作，有可能带来的各种后遗症，在今后要用更多的精力加以弥补，正所谓得不偿失。作为一名大学生，要时刻明白道德修养不是一句简单的口号，它也不是一件小事，而是身边实实在在的具体行为。

学习社会规范是自我品德修养的重要内容。人类自从组成社会以来，就逐渐产生了日益增多的社会规范。它是人们社会关系的产物，具有一定的历史性和时代性。在不同的历史空间、不同的社会制度下，社会规范有着不同的内涵。作为当代的大学生，我们应自觉学习和遵守各种社会规范，它是衡量一个人自我品德修养水准高低的标志。我们倡导大学生从自身做起，从身边的小事做起，在食堂杜绝浪费，坚决执行“光盘行动”；在自习教室保持安静、整洁，不喧哗，不占座；在考场杜绝考试作弊，诚实不欺；在公共场合自觉遵守秩序等；在日常生活中养成好习惯，摆正德与才的关系，从各方面发展自我、完善自我。

思考题

1. 何谓“道德”？它有哪些特征？
2. 如何理解“道德是人的社会化根基”？
3. 在历史的长河中，如何看待经济和道德的关系？
4. 如何理解“诚”与“信”的关系及其实践意义？
5. 结合自身，谈谈在当下社会，如何进行自身修养？

第六章
法 治 意 识

我们应该明确地意识到，法是国家的产物，是统治阶级意志的体现。法是社会制度之一，亦是社会规范之一。应该做到，尊重他人权力和依法履行义务。

◎ 本章主要内容

一、法的发展

二、法治的认识

三、权利与义务

◎ 教学目标

通过学习，要认识法的发展，要理解当代中国法治方略，形成法治意识，树立法治信仰，维护法律权威。

第一节 法的发展

法是人类社会文明发展的产物，也是人类政治文明的重要成果。法律不是从来就有的，但也不是永恒存在的。法律的性质总是与所在社会的生产关系相适应的。本节的主要内容有三个方面：一是法的发展形式；二是法的发展规律；三是当代中国法治方略。

本节教学目标：了解法的发展形式和发展规律，认识当代中国法治方略。

一、法的发展形式

法的发展，是指随着社会的变迁而发生的法的变化和转型。它反映的是法律变化的内在规律，也反映法律与外在社会环境之间的互动等问题。法的发展途径，涉及法律发展的资源、道路等内容。

(一) 继承或移植

法律的发展，从资源选择上看，有两种可能的途径：

(1) 法的继承性。任何一国法律的发展都必须基于本国的传统，因为传统是一国法律发展的根基，抛开传统的法律发展注定要失败。从传统法制中寻找法律发展的资源，是法律发展的重要方式。当然，对传统法制资源的继承要用“扬弃”的态度来对待。

(2) 法的移植型。对异域法律资源的移植，也是法律发展的重要途径。法律的发展应当是保持开放性的，即向异域法律资源开放。只有不断地从异域法律中汲取对自身有益的资源，法律才能不断地向前发展。从文化的角度看，一种文化的生命力就在于它的创造性，只有善于从文化中吸收新的智慧源泉，才能更好地发展。法律作为人类文化大系统中的子系统，也应当遵循文化发展的这一要求。

(二) 演进与建构

法律的发展，从道路选择上看，有两种可能的途径：

(1) 法的演进型，是指建基于经验理性之上，主要依靠法律自身的试错、进化，而较少借助人为的设计来发展法律的途径。英美的法律发展在很大程度上是依循此条道路前进的[①]，“英国宪法是历史长期发展的产物，具有极强的延续性，无论其成文的宪法性法律，还是不成文的惯例和判决，都是经过相当长时期的积累逐渐定型、完善的。新的宪法原则和精神的发展，并不意味着彻底否定旧的宪法渊源，而是对旧的渊源的继承和充实，使其能够顺应社会政治经济发展的要求。”[②]

(2) 法的建构型，是指主要依靠社会精英的建构理性并通过某种整体设计的形式来发展法律的途径。这种形式的法律发展往往都借助于大规模预见性立法活动。就地域来看，其主要在欧洲大陆以及曾经是欧陆国家殖民地的国家和地区盛行。在这些国家和地区，法律的精粹往往是大部头的法典，如 1804 年《法国民法典》、1896 年《德国民法典》等都是大陆法国家非常具有代表性的法典。

上述演进型与建构型两种形式的法律发展，并不是相互排斥的，而是可以共存的。实际上，很多国家的法律发展都是以这两种方式齐头并进的，从这些国家立法的形式中可以看出，法律中既有体现社会精英理性的预见性立法，也有反映人们生活和社会实践的总结性立法。

二、法的发展规律

法律的发展规律是遵循人类社会历史的发展规律的。法的起源，是指法从无到有的产生过程。法律是随着私有制、阶级和国家的产生而产生的，也将随着私有制、阶级和国家的消亡而消亡。奴隶制法律、封建制法律和资本主义法律，都是建立在私有制经济基础上的法律制度，而社会主义法律是人类历史上唯一以公有制为基础的法律制度。

法律的性质总是与所在社会的生产关系相适应的。原始社会没有国家和法，原始氏族、部落或部落联盟以血缘关系为基础，氏族成员地位平等，实行民主管理，氏族兼具管理、组织和生产，一切争端和纠纷由氏族或部落来解决的[③]。原始社会末期，随着生产工具的改进和生产力的提高，劳动产品有了剩余，私有制产

---

① 例如，英国的《宪法》是通过近八百年发展而逐渐完善的。从 1215 年的《自由大宪章》开始后，经由 1628 年的《权利请愿书》、1679 年的《人身保护法》、1689 年的《权利法案》、1701 年的《王位继承法》等，加上期间不断积累的一些宪法判例和宪法惯例，至今已经发展成为不成文宪法的典范。在这发展过程中，英国宪法少有人为设计的痕迹，几乎每一次发展都是人民斗争和呼唤的结果。

② 何勤华. 外国法制史[M]. 北京：法律出版社，1997：212.

③ 例如，禁止氏族内部通婚；死者的财产必须留在氏族内，归氏族所有；同一氏族的成员要相互援助，必要时进行血亲复仇；氏族有共同的墓地、共同的宗教典礼；氏族可以推选和任意撤换酋长和军事首领；氏族设议事会，作为氏族的最高权力机关等。

生了。随着私有制的出现，原始社会的日常习惯与规范逐渐出现了阶级性，原有的自然而平等的社会结构出现了分化。当原有的经济结构和社会结构都发生重大转变，社会关系随之转变，社会需要新的调整机制。统治阶级需要有预见地制定或认可新的法律规范，以确保、维护和发展有利于本阶级的利益，以实现它对社会的有效控制。可见，法律在起源与发展过程中，遵循着一定的规律。

(一) 习惯法的产生

在原始社会的群居阶段，人们之间自发地形成一些习惯，它们根源于群居者的共同生活，如关于劳动分工、食物分配等习惯，这些习惯在相当长的一段时间内调整着人们的生活。随着人类进入氏族和部落时代，原始习惯逐渐转化为氏族习惯或部落习惯，这些习惯同样根源于氏族或部落的共同生活，如同态复仇、血亲复仇、祭祀礼仪等，是以氏族或部落为适用范围，并且也以氏族组织强制力为保障。在国家出现之后，掌权者便开始有意识地吸收原始习惯中的一些有利于维持社会秩序的成分，由此制定制度，从而使习惯上升为习惯法。

(二) 国家法的产生

随着人类社会生活的日益复杂化，习惯及习惯法往往不再能胜任调整社会生活的需要。于是，人们便开始以国家的名义，进行自觉的预见性立法，即国家法。从一个视角分析，即法律从不成文法到成文法，再到法典法。如习惯法往往是以口耳相传的不成文形式存在的；但自从国家及其机关开始有意识立法以来，法律即表现为成文的制定法形式。从另一个视角分析，就制定法而言，其最高形式为法典法，即由立法者按照一定的格式、体例，自觉地、预见性地设计、建构出来的一整套行为规范。它往往由一个部门之内所有法律规范构成。可见，从历史的角度上来看，习惯法晚于习惯出现，国家法晚于习惯法出现，即后者于前者而言，是一种更为高级的规范形式。

三、当代中国法治方略[①]

在当代，中国走上法治的道路，既是经济发展、社会进步的客观要求，也是确保国家长治久安的根本保障。下面阐述的主要内容有三个方面：当代中国依法治国基本方略的提出背景、提出过程和发展完善。

---

① 万其刚. 依法治国基本方略的提出和发展[EB/OL]. http://npc.people.com.cn/n/2014/1118/c14576-26046559.html.

(一) 提出的背景

众所周知，依法治国作为国家治理的基本方略，是逐步提出来的。中华人民共和国成立到改革开放以前，各种条件决定了当时我们党和国家不可能提出依法治国基本方略，更不可能实施依法治国基本方略。

1978 年，党的十一届三中全会以后，伴随着党和国家对执政规律认识的逐步深化，相应地，我们对法制建设的重视也是空前的。正是基于对历史的深刻反思和对经验教训的认真汲取，党和国家作出了加强民主法制建设的重大决定。

1988 年 8 月至 1995 年，是依法治国基本方略的初步形成阶段。这一阶段我们进一步提出了要实行法治、反对人治。可以认为，这是党的十一届三中全会以来发展社会主义民主、健全社会主义法制的必然结果和自然延伸，也是依法办事、依法管(治)理的理论与实践的进一步升华，为明确提出依法治国基本方略打下了最为坚实的基础。

(二) 提出的过程

1996 年至 1999 年 3 月是依法治国方略的正式提出阶段。这是治国方式的根本转变，不仅在党的政治报告中确定下来，而且已载入《中华人民共和国宪法》。

1996 年 2 月 8 日，中共中央又一次举办法律知识讲座，中国社会科学院法学研究所研究员王家福讲授了《关于依法治国，建设社会主义法制国家的理论和实践问题》。讲座结束时，江泽民同志发表讲话，深刻阐述了“依法治国”的内涵，指出“加强社会主义法制建设，依法治国，是邓小平同志建设有中国特色社会主义理论的重要组成部分，是我们党和政府管理国家和社会事务的重要方针。实行和坚持依法治国，就是使国家各项工作逐步走上法制化的轨道，实现国家政治生活、经济生活、社会生活的法制化和规范化；就是广大人民群众在党的领导下，依照宪法和法律的规定，通过各种途径和形式参与管理国家事务、管理经济和文化事业、管理社会事务；就是逐步实现社会主义民主的制度化、法律化。”这是中国第三代党中央领导关于未来治国方略和政治走向的一次公开宣示。

1996 年 3 月，在第八届全国人民代表大会第四次会议上，田纪云同志所做的全国人大常委会工作报告明确提出：要“坚持和实行依法治国的方针，认真履行宪法赋予的职责，进一步健全人民代表大会制度，做好立法、监督和其他各项工作，积极推进建设社会主义法制国家的进程，保障改革开放和现代化建设的顺利进行。”乔石同志在这次全国人大会议闭幕会上的讲话中提出“依法治国是国家稳定发展、长治久安的根本保障”,“依法治国,建设社会主义法制国家”是“指导今后我国现代化建设的一条十分重要的方针”。

1997 年 9 月,中国共产党第十五次全国代表大会胜利召开。江泽民同志在报告中明确阐述了社会主义初级阶段的基本路线和纲领,提出“建设中国特色社会主义的政治,就是在中国共产党的领导下,在人民当家做主的基础上,依法治国,发展社会主义民主政治。”同时,还进一步全面地阐述了政治体制改革和民主法制建设的有关问题。十五大报告中,提出了“在坚持四项基本原则的前提下,继续推进政治体制改革,进一步扩大社会主义民主,健全社会主义法制,依法治国,建设社会主义法治国家。”的要求;进一步明确了“依法治国”的含义;正式提出:“依法治国,是党领导人民治理国家的基本方略”。强调“依法治国把坚持党的领导、发扬人民民主和严格依法办事统一起来,从制度和法律上保证党的基本路线和基本方针的贯彻实施,保证党始终发挥总揽全局、协调各方的领导核心作用。”在我们党的历史上,把“依法治国”作为“党领导人民治理国家的基本方略”明确提出来是第一次;把这一基本方略写进党的政治报告中也是第一次。

1999 年 3 月,第九届全国人民代表大会第二次会议通过的宪法修正案,在宪法第五条增加一款,作为第一款,规定:“中华人民共和国实行依法治国,建设社会主义法治国家。”田纪云同志在《关于中华人民共和国宪法修正案(草案)的说明》中指出:“将‘依法治国,建设社会主义法治国家’写进宪法,对于坚持依法治国的基本方略,不断健全社会主义法制,发展社会主义民主政治,促进经济体制改革和经济建设,具有重要的意义。”至此,“依法治国”这一治国基本方略正式载入宪法,完成了从党的主张向国家意志的转变。依法治国基本方略宪法地位的确立,进一步成为一切组织和个人都必须遵循的根本准则。

(三) 发展与完善

进入 21 世纪,中国对依法治国基本方略的认识在不断深化,实践也在不断推进,其最大的特点就是强调要让依法治国基本方略得到贯彻落实。在新时期,从理论观念到现实实践,都贯穿了一条主线,就是贯彻实施依法治国基本方略,并将这一基本方略全面落实到党和国家的各项工作之中去。

2002 年 11 月,中国共产党第十六次全国代表大会明确提出了全面建设小康社会的奋斗目标,提出“社会主义民主更加完善,社会主义法制更加完备,依法治国基本方略得到全面落实”;指出“发展社会主义民主政治,建设社会主义政治文明,是全面建设小康社会的重要目标”;强调“发展社会主义民主政治,最根本的是要把坚持党的领导、人民当家作主和依法治国有机统一起来。党的领导是人民当家作主和依法治国的根本保证，人民当家作主是社会主义民主政治的本质要求，依法治国是党领导人民治理国家的基本方略。”这不仅明确了三者有机统一的原则，还阐述了三者的关系。

2007 年 10 月，中国共产党第十七次全国代表大会提出“依法治国基本方略深入实施，全社会法制观念进一步增强，法治政府建设取得新成效”，强调要坚持中国特色社会主义政治发展道路，坚持党的领导、人民当家作主、依法治国有机统一，提高科学执政、民主执政、依法执政水平，保证党领导人民有效治理国家，依法治国是社会主义民主政治的基本要求。中国共产党第十七次全国代表大会明确要求“全面落实依法治国基本方略，加快建设社会主义法治国家”；坚持科学立法、民主立法，完善中国特色社会主义法律体系；加强宪法和法律实施，维护社会主义法制的统一、尊严、权威。

2012 年 11 月，中国共产党第十八次全国代表大会提出“全面推进依法治国”，确保到 2020 年实现全面建成小康社会宏伟目标时，“依法治国基本方略全面落实，法治政府基本建成，司法公信力不断提高，人权得到切实尊重和保障。”强调“法治是治国理政的基本方式”，更加注重改进党的领导方式和执政方式，保证党领导人民有效治理国家；更加注重发挥法治在国家治理和社会管理中的重要作用。这在党的报告中是首次把法治确立为治国理政的基本方式，首次要求更加注重发挥法治在国家治理中的重要作用。

2017 年 10 月，中国共产党第十九次全国代表大会把坚持全面依法治国确立为习近平新时代中国特色社会主义思想和基本方略的重要内容，进一步明确了全面依法治国的科学内涵和实践要务，并就如何深化依法治国实践作出全面部署，为建设社会主义法治国家提供了科学指导。十九大重申全面推进依法治国总目标是建设中国特色社会主义法治体系、建设社会主义法治国家，将坚持全面依法治国作为习近平新时代中国特色社会主义思想最重要、最核心的内容之一，为全面依法治国向纵深发展提供了理论指引；将坚持全面依法治国确立为新时代坚持和发展中国特色社会主义的基本方略之一，提升了全面依法治国在推进国家治理现代化和建设社会主义现代化强国中的基础性、支持性、引领性作用。十九大强调，全面依法治国是中国特色社会主义的本质要求和重要保障。坚持全面依法治国，必须把党的领导贯彻落实到依法治国全过程和各方面，坚定不移走中国特色社会主义法治道路，完善以宪法为核心的中国特色社会主义法律体系，建设中国特色社会主义法治体系，建设社会主义法治国家，发展中国特色社会主义法治理论，坚持依法治国、依法执政、依法行政共同推进，坚持法治国家、法治政府、法治社会一体建设，坚持依法治国和以德治国相结合，依法治国和依规治党有机统一，深化司法体制改革，提高全民族法治素养和道德素质。

依法治国，是中国共产党深刻总结中国社会主义法治建设经验教训作出的重大抉择，其战略地位随着中国特色社会主义事业的推进不断强化。党的十五大提出依法治国是党领导人民治理国家的基本方略，党的十八大把法治确定为治国理政的基本方式，党的十九大进一步把坚持全面依法治国上升为新时代坚持和发展中国特色社会主义的基本方略之一，法治的地位提升到了前所未有的新高度，全面依法治国踏上新征程。①

2020 年 11 月，中央全面依法治国工作会议在北京召开。这次会议的一个重要成果，就是首次提出习近平法治思想。习近平法治思想内涵丰富、论述深刻、逻辑严密、系统完备。就其主要方面来讲，就是习近平总书记在这次会议重要讲话中精辟概括的“十一个坚持”：坚持党对全面依法治国的领导；坚持以人民为中心；坚持中国特色社会主义法治道路；坚持依宪治国、依宪执政；坚持在法治轨道上推进国家治理体系和治理能力现代化；坚持建设中国特色社会主义法治体系；坚持依法治国、依法执政、依法行政共同推进，法治国家、法治政府、法治社会一体建设；坚持全面推进科学立法、严格执法、公正司法、全民守法；坚持统筹推进国内法治和涉外法治；坚持建设德才兼备的高素质法治工作队伍；坚持抓住领导干部这个“关键少数”。这“十一个坚持”，既是重大工作部署，又是重大战略思想，我们必须深入学习领会，抓好贯彻落实。

2021 年 3 月，十三届全国人大四次会议表决通过了关于国民经济和社会发展第十四个五年规划和 2035 年远景目标纲要的决议。规划纲要提出了坚持中国共产党领导、人民当家作主、依法治国有机统一，推进中国特色社会主义政治制度自我完善和发展；提出了“加强社会主义民主法治建设，健全党和国家监督制度”的三方面重要内容。

(1) 发展社会主义民主。坚持和完善党总揽全局、协调各方的领导制度体系，把党的领导落实到国家发展各领域各方面各环节。坚持和完善人民代表大会制度，加强人大对“一府一委两院”的监督。坚持和完善中国共产党领导的多党合作和政治协商制度，提高中国特色社会主义参政党建设水平，提高建言资政和凝聚共

---

① 陈冀平. 奋力推进新时代全面依法治国基本方略[J]. 求是，2018(1).

识水平。全面贯彻党的民族政策，坚持和完善民族区域自治制度，铸牢中华民族共同体意识，促进各民族共同团结奋斗、共同繁荣发展。全面贯彻党的宗教工作基本方针，坚持我国宗教中国化方向，积极引导宗教与社会主义社会相适应。健全基层群众自治制度，增强群众自我管理、自我服务、自我教育、自我监督实效。发挥工会、共青团、妇联等人民团体作用，把各自联系的群众紧紧凝聚在党的周围。完善大统战工作格局，巩固和发展大团结大联合局面。全面贯彻党的侨务政策。

(2) 全面推进依法治国。坚定不移走中国特色社会主义法治道路，实施法治中国建设规划。健全保障宪法全面实施的体制机制。完善立法体制机制，加强重点领域、新兴领域、涉外领域立法。实施法治政府建设实施纲要，坚持和完善重大行政决策程序制度。深化司法体制综合配套改革，完善审判制度、检察制度、刑罚执行制度、律师制度，全面落实司法责任制，加强对司法活动监督。实施法治社会建设实施纲要，完善公共法律服务体系、法律援助和国家司法救助制度。

(3) 完善党和国家监督体系。健全党的统一领导、全面覆盖、权威高效的监督体系，形成决策科学、执行坚决、监督有力的权力运行机制。落实全面从严治党主体责任、监督责任，强化政治监督，深化政治巡视并强化整改落实。推进纪律监督、监察监督、派驻监督、巡视监督统筹衔接。深化纪检监察体制改革。完善权力配置和运行制约机制，构建全覆盖的责任制度和监督制度。坚持无禁区、全覆盖、零容忍，一体推进不敢腐、不能腐、不想腐，营造风清气正的良好政治生态和发展环境。深化反腐败国际合作。完善作风建设长效机制，持续纠治形式主义、官僚主义，切实防止享乐主义、奢靡之风反弹，坚决整治群众身边的腐败和不正之风。

第二节　法治的认识

人类社会发展的事实证明，依法治理是最可靠、最稳定的治理。本节的主要内容有两个方面：一是法治与法治信仰；二是全面依法治国。

本节教学目标：认识法治的思想与实体、公民的权利与义务，树立法治信仰。

一、法治与法治信仰

法治是根据法律治理国家。依法治国就是依照宪法和法律来治理国家。依法治国，是中国共产党领导人民治理国家的基本方略，是发展社会主义市场经济的客观需要，也是社会文明进步的显著标志，还是国家长治久安的必要保障。依法治国，建设社会主义法治国家，是人民当家作主根本保证。下面，主要的内容有两个方面，一是法治的本质与作用，二是法治信仰的内涵。

(一) 法治的本质与作用

关于法治的认知，一是法治的词源与要件，二是法治的本质与作用。

1. 法治的词源与要件

在西方，“法治”一词最早出现于古希腊亚里士多德的《政治学》上。亚里士多德在《政治学》中明确指出：“我们应该注意到邦国虽有良法，要是人民不能全部遵循，仍然不能实现法治。”亚里士多德强调，法治的核心是良法的全部遵循。同时强调良法不是与自由相对的行为约束，“法律不应该被看作和自由相对的奴役，法律毋宁是拯救”。[①]这种把法律和人类生存命运联系在一起的想法，在一定程度上就把法治与人类的信仰联系到一起。如果法律本身不是良好的法律，人们也不可能信任法律、依靠法律，进而信仰法治。如果人们没有法治信仰，即使是良好的法律也不可能获得普遍的遵循。亚里士多德指出法治应包含两重含义：已成立的法律获得普遍的服从，而大家所服从的法律又应该是良好的法律。也就是，法治的意义，在于强调治国的依据是法律，任何人都应当遵守法律；治国的主体是人民；治国的客体是包括最高统治者在内的所有人。所以，法治是法的统治，是人民用自己间接或直接制定的法律来统治自己，不可能只是少数人的统治，而是按照能够准确集中和反映大多数人的利益的民主程序制定的法律的统治，只有法律是国民共同意志的体现或公益，其他有关形式都不具备这种地位。

在中国，“法治”一词很早就出现于春秋时期的《晏子春秋·谏上九》，有“昔者先君桓公之地狭于今，修法治，广政教，以霸诸侯。”《淮南子·氾论训》有“知法治所由生，则应时而变；不知法治之源，虽循古终乱。”《史记·廉颇蔺相如列传》有“(赵奢)收租税而平原君家不肯出租，奢以法治之，杀平原君用事者九人。”1907年，梁启超[②]讲“圣人之治出于己，圣法之治出于理”，于是就有人把“圣人

---

① 冯玉军. 寻找法治的力量：外国经典法律格言赏析[M]. 北京：北京师范大学出版社，2010：150.

② 梁启超(1873—1929)，中国近代思想家、政治家、教育家、史学家、文学家，戊戌变法领袖之一、中国近代维新派、新法家代表人物。师从于康有为，维新变法前，与康有为一起联合各省举人发动公车上书，先后领导北京和上海的强学会，与黄遵宪一起办《时务报》，任长沙时务学堂的主讲，著《变法通议》做宣传。变法失败逃亡日本，政治思想逐渐保守，推动君主立宪。辛亥革命后一度入袁世凯政府担任司法总长；之后对袁世凯称帝、张勋复辟等严词抨击，并加入段祺瑞政府。他倡导新文化运动，支持五四运动。其著作合编为《饮冰室合集》。

之治”概括为“人治”，把“圣法之治”概括为“法治”。作为先秦法家集大成者，韩非子[①]有这样的论断：“国无常强，无常弱。奉法者强，则国强；奉法者弱，则国弱。”其意是，一个国家的强弱富贫，不是一成不变的。如果奉行法治，国家就会富强；如果背弃法治，国家就会贫弱。但在封建社会制度下，法治终究是封建君王统治的人格化工具[②]，虽有“刑过不避大臣，赏善不遗匹夫”(韩非子)“同功者，同赏；同罪者，同罚”(管仲)“王子犯法与庶民同罪”(商鞅)的公平正义，但在封建制度下，法治并没有具备发展的实质条件。

法治的要件。法治的完整意义指法治同时具有精神的、实体的、形式的要件。只有三个要件统一了，才能有完整意义上的法治。

(1) 法治的精神要件。当代中国社会主义法治建设的目标是一个民主法治社会中所普遍尊崇的法律至上、公平正义、保障人权、权力制约、社会和谐等价值追求的总和。上述法治的精神要件具有重要的指导意义。法律至上是人民的意志至上。任何人或组织都必须在法律的范围内活动，都没有凌驾于法律之上的特权，这也是法治区别于人治的根本不同。在当代中国，法律至上要求执政党要依法执政，国家立法机关要为全社会提供优质的法律规范，政府要依法行政，司法机关要正确适用法律，广大人民群众要自觉遵守法律，正确行使权利，忠实履行义务。公平正义是中国特色社会主义的本质要求。不论是作为价值原则，还是作为制度规则，只有真正做到坚持公平正义，建立以权利公平、机会公平、规则公平、分配公平为主要内容的社会公平保障体系，法律才是受到普遍尊重的良法，才能真正维护人民的利益，促进社会和谐发展。保障人权是法治精神的精髓所在。其法律的表述是以人的权利为本，充分尊重和保障人权。人权是人依其自然属性和社会属性所应享有的权利，天赋人权，其核心是使每个人的人格、精神、道德和能力获得最充分自由的发展。任何人所享有的权利不是抽象的，都是由国家宪法和法律规定并加以保障的。法律的制定实施目的是通过对人的行为加以规范，从而保障每个人的自由、价值和权利实现，因此，尊重和保障人权是法治社会的基本

---

① 韩非子(约公元前 280—前 233 年)，中国古代思想家、哲学家和散文家，法家学派代表人物。战国末期，韩国新郑人。韩非是法家思想之集大成者，集商鞅的“法”、申不害的“术”和慎到的“势”于一身，将辩证法、朴素唯物主义与法融为一体，为后世留下了大量言论及著作。其学说一直是中国封建时期统治阶级治国的思想基础。著有《孤愤》《五蠹》《内储说》《外储说》《说林》《说难》等，后人收集整理编纂成《韩非子》一书。

② 例如，奴隶制时期“一切皆从天子出”的天子至上，封建制时期“天下事无大小皆决于上”的君主至上，中世纪时期“国王便是律”的国王至上等。

特征，是法治精神的精髓所在。权力制约是法治精神的重要原则。在孟德斯鸠[①]看来，一个自由的健全的国家必然是一个权力受到合理、合法限制的国家，因为从事物的性质来说，要防止滥用权力就必须以权力限制权力，这也是法治精神的重要原则。为了确保权力正确行使，保证人民赋予的权力始终用来为人民谋利益，就必须让权力在阳光下运行，注重发挥制度的作用，建立健全决策权、执行权、监督权既相互制约又相互协调的权力结构和运行机制，增强监督合力和实效等，真正做到有权必有责、用权受监督、违法要追究。社会和谐是法治精神的最终归宿。社会和谐首要的特征是民主法治，只有加强民主法治，才能保障社会有秩序的运行，确保社会和谐稳定、国家长治久安、人民享有殷实安康的生活。所以，和谐社会和法治社会的目标是一致的，二者都追求在规则和秩序范围内的社会和谐与进步。因此，和谐社会的构建必须弘扬法治精神，达致社会秩序井然、公平公正、人人安居乐业、各得其所、和睦相处的状态。

(2) 法治的实体要件。这是指依据法治的精神而被奉行的法制原则以及由这些原则所决定的、形成为制度的法律内容。有四个实体要件：国家公共权力、国家责任、公民个人权利、公民个人义务。前两者是约束公权，后两者是保障私权。国家公共权力是法治国家最基本的要求，一切公共权力源于法律，且受制于法律，没有法律授权的公共权力不得行使。国家责任是法治国家不可逃避的责任。国家公权力在国家具有了经济职能之后，权力责任也相应增加，除了滥权所产生的责任及怠权所产生的责任外，还负有满足公民权利请求的责任和由管理而带来的保证责任。公民个人权利是指国家尊重和保障人权。“法治的真谛是人权”，形式法治只是表面上的依法办事，实体法治则是依法办事、依法行政、最终保障人权。公民个人义务是指法治国家的公民应承担的义务：一是为实现国家利益和公共利益而须承担的基本义务；二是与自己的权利相对应的义务；三是自愿承担的义务。公民义务的法定化，也称“公民法外无义务”，任何对公民施加的法律以外的义务，公民有权拒绝。如乱收费、乱摊派、乱罚款，实质是要求公民履行法律规定之外的义务。

(3) 法治的形式要件。这是指法治实体要素的表现方式及其实现条件。法治形式要件有三项：法治的制度体系、法治的司法体系、法治的信仰体系。具体说。

① 孟德斯鸠(Montesquieu，1689—1755)，法国启蒙思想家、法学家。孟德斯鸠是18世纪法国启蒙时代的著名思想家，也是近代欧洲国家比较早的系统研究古代东方社会与法律文化的学者之一。孟德斯鸠的著述虽然不多，但影响广泛，著有《论法的精神》《波斯人信札》《罗马盛衰原因论》，尤其是《论法的精神》这部集大成的著作，奠定了近代西方政治与法律理论发展的基础。

法治的制度体系要保障国家法制的统一性，即要求法律内部不能有冲突，要求立法科学化、立法一体化、立法价值化都要有所体现。要求下位法必须服从上位法，法规以外的制度要服从法规。法治的司法体系要建立一个独立公正的司法系统，赋予法院解决社会纠纷和矛盾的职能。司法中立性，既是程序正义原则，也是实体正义要求。司法中立性的目的是追求审判的公正。一旦司法公正受到质疑，社会公正也就荡然无存了。执法者要知法懂法守法。法治社会是指政党和其他社会共同体行使社会公权力的法治化。《中华人民共和国公务员法》第六十条之规定：若公务员执行公务时，认为上级的决定或者命令有错误的，可以向上级提出改正或者撤销该决定或者命令的意见。这是法律赋予下级公务员的批评权、建议权。如果上级公务员不收回命令，那么执行以后，由上级公务员承担法律后果，这便是下级公务员的免责权。因此，这里包含两个公务员权利：建议权和免责权。此外，明显违背法律的决定和命令，但是上级没有收回还是要求下级执行，此时，如果下级公务员执行了，便要和上级一起负责。我们可以把这种权利叫做抗命权，其实质就是法律允许公务员对严重违背法律的决定和命令进行抗命。在此，下级服从上级是公务员的基本义务，而所有的公务员都向法律负责却是公务员的首要义务。

2. 法治的本质与作用

本质上，法律是上层建筑的组成部分。法律是统治阶级意志的体现，法律是上层建筑的组成部分，而是由社会的物质生活条件决定的。换句话说，法律并不是凭空出现的，法的本质必须是这样一种存在：以它为基础产生的法，在它的引导下得以发展，并持续地依照其规定性建构体系，这是法的本质的实质条件。社会物质生活条件是指与人类生存相关的物质资料的生产方式、地理环境和人口等。其中，生产方式是决定法律的本质、内容和发展方向的根本因素。有什么样的生产方式就有什么性质和内容的法律。法律是统治阶级意志的体现。在阶级社会中，法律体现的是统治阶级的整体意志，不是统治阶级内部个别人的意志，也不是统治者个人意志的简单相加。统治阶级不仅迫使被统治阶级服从和遵守法律，而且要求统治阶级的成员也遵守法律。法律所体现的统治阶级意志并不是统治阶级意志的全部，而是上升为国家意志的统治阶级意志，即通过国家立法的形式所体现的意志。

作用上，法治是法对人们的社会生活和行为产生的影响及效果。法治的作用有七个方面，有指引作用、强制作用、评价作用、预测作用、社会作用、管理作用、教育作用。具体如下。

(1) 指引作用是指法所具有的通过规定人们在法律上的权利、义务以及违法的法律责任，从而对人们的行为所起到的普遍指导、引领作用，它体现法的自律功能。法的目的在于引导人们的行为，使人们的行为符合法律的要求。所以，指引作用是法的最重要的作用。

(2) 强制作用是指法能够运用国家强制力对违法者施以强制措施来保障自己得以充分实现的功用和效能。它是法得以实现的最终保障。没有强制作用，法的指引作用会大大降低，法的评价作用将会在很大程度上失去意义，法的预测作用也会受到怀疑，法的教育作用必然受到严重影响。所以，法的强制作用是法的其他作用的保障。

(3) 评价作用是指法所具有的一种评价尺度，能够对人的行为的法律意义进行衡量、评价的作用。法的评价作用体现了法的他律功能。法的评价标准主要是合法与违法，法通过这种评价来影响人们的价值观念和是非标准，从而达到正确地指引人们行为的效果。

(4) 预测作用是指法所具有的能使人们预先估计到某种行为在法律上的评价及其必然导致的后果的功能。法的预测功能，人们可以预先估计到法律对某种行为或肯定或否定的评价，并预测到自己行为的结果，进而根据这种预知来决定自己行为的取舍和方向。法的预测作用在于法律提供给人们一种既定的行为标准，预测作用的真正实现有赖于法律规范的公开性、确定性、不溯及既往性和稳定性。

(5) 社会作用是调整社会利益的作用。法律所体现的意志背后实际上是各种利益，包括政治、经济等各方面的利益。法律通过对利益的调控实现对社会关系的调整，法律是由一定的社会物质生产方式决定的利益和需求的表现，任何立法活动都是按照一定的原则和方法对社会利益进行的分配。法律将国家的政治、经济制度固定化，以保证其权威性、稳定性；法律确认社会各阶级、各阶层的地位，协调他们之间的利益关系。

(6) 管理作用是管理社会公共事务的作用。所谓社会公共事务，是指由一定的社会性质所决定的具有普遍社会意义的事务。法的管理社会公共事务的作用，是法所具有的基于其社会性或共同性，对社会公共事务的管理功能。法的管理社会公共事务的作用，在任何有法律的社会都是存在的，它并不以阶级矛盾的存在为前提。从客观上讲，实施执行社会公共事务管理职能的法律规范，能为全体社会成员带来利益。

(7) 教育作用是指法所具有的通过法律的规定本身以及法的实施活动,影响人们的思想和行为，培养和提高人们的法律意识，从而引导人们依法办事的功用和效能。法的教育功能具有独特的预防作用和现实意义，一部缺乏教育功能的法律，很难得到人们的认同与尊重，也很难得到自觉遵守。“法律的格言是这些：体面地生活，不伤害任何人，使每个人做应当做的事”[①]。

(二) 法治信仰的内涵

伯尔曼[②]说,“法律必须被信仰，否则它将形同虚设。”[③]许多人都知道这句话，都认同这句话，并据此论证若要建设一个法治社会，必须建立法律至高无上的权威，使法律成为人们的信仰。法治信仰是社会主体对法律治理现象的一种主观把握方式，是社会主体依法管理国家和治理社会的经验凝结，是社会主体在对法治现象理性认识的基础上自然产生的一种认同感、皈依感和神圣体验，是调整社会关系进行社会秩序安排的主流意识形态。法治信仰主要有三个内涵：

(1) 法治信仰是一种社会意识形态和文化形式。信仰是伴随着社会生活发展起来的精神现象。在人类的精神生活中，信仰处于社会意识的最高层次，统摄其他意识形态。法律不仅是一套行为规则，而且还是自由、民主、正义、安全的制度化价值体系。法治信仰的本质是对法律价值和法治功能的一种坚定不移的信任，是对法律所确立的价值目标和法治所蕴涵的功用效能的始终不渝的追求。在人们的社会意识中，法治是实现政治民主、维持社会秩序、保障人权的理性机制。只有信仰法治、依靠法治，才能实现个人和国家的价值梦想。法治作为国家管理和社会治理的制度机制，应该与人们的内心信仰和精神追求相一致。只有在法律通过其仪式、传统、权威与普遍性触发并唤起他们对人生的全部内容的意识，对终

---

① 这句话，出自乌尔比安(Domitius Ulpianus，约 170—228)。乌尔比安是古罗马著名法学家，著有《论萨宾派》51 篇和《法令集》81 篇。东罗马帝国皇帝查士丁尼在位(527—565)时，于公元 533 年底颁布施行的《学说汇纂》，约三分之一的内容引自他的著作。他在法学上首创“公法”和“私法”的体系，主张保护奴隶主私有财产制，对后世资产阶级法学曾具有重大影响。

② 伯尔曼(Harold J. Berman，1918—2007)，世界知名的比较法学家、国际法学家、法史学家、社会主义法专家，以及法与宗教关系领域最著名的先驱人物。他对中国当代法学界也产生过重大影响，是中国法学界比较熟悉的外国法学家。曾任美国爱莫蕾法学院教授、哈佛大学法学院荣誉教授。

③ 这句话，出自伯尔曼 1971 年在波斯顿大学的讲演集《法律与宗教》。当时西方社会法律与宗教脱节，法律失去原有神圣性。只有让法律抵达人心，只有在全社会高度弘扬法治精神，法治方能“形神兼具”。鉴于此，伯尔曼指出，没有信仰的法律将退化成为僵死的教条，而没有法律的信仰也易于变为狂信，并呐喊“法律必须被信仰，否则它将形同虚设”。

极目的和神圣事物的意识的时候，人们才会产生这样的感觉。法律的权威源自人民的内心拥护和真诚信仰。人民权益要靠法律保障，法律权威要靠人民维护。必须弘扬社会主义法治精神，建设社会主义法治文化，增强全社会厉行法治的积极性和主动性，形成守法光荣、违法可耻的社会氛围，使全体人民都成为社会主义法治的忠实崇尚者、自觉遵守者、坚定捍卫者。

(2) 法治信仰是社会治理的经验凝结和理性选择。法治信仰是建立在社会交往和社会组织方面的经验基础上，在人类法律制定和实施的历史活动中逐渐地转化成一种法治文化传统。人们对法治的信服和尊重，是人类在社会交往和社会组织方面的经验凝结和理性选择。社会生活必须要有一定的安全感，社会关系必须要有一定的稳定性，这都需要通过一定的社会规范体系建立某种社会期望结构，人们逐渐地意识到只有法律体系和法治机制具有这种社会预测功能。人们发现只有法律才能和平地解决社会纠纷，只有法治能够给人们带来稳定的社会秩序和必要的社会安全感。在人类政治文明和社会文化的发展进程中，法治是民主政治的基础，是迄今为止人类所能找到的驯服政治权力、保障人权的最好工具。因此，法治信仰是人们长期的法律实践经验的积累和理性思维活动的结晶。

(3) 法治信仰是一种思想情感和精神寄托。法治信仰是在理性认识基础上形成的一种神圣的体验，是一种在长期的体验过程中建立起来的心理认同感，既有现实性又有超越性。如果法治不能带给人们一定的现实感受，就不能渗入人们的思想情感之中，如果法治无法带给人们超越社会现实的神圣性，就不能成为人们的精神寄托和价值追求。只有法律代表了人们的正义观念，成为社会正义实现的制度权威，法治才能触动人们的心理和情感，从而成为一种理想信念和文化力量。在现代社会，法律与人的尊严紧密联系在一起，法律是人们在陌生社会环境中进行社会交往、安排事务、体面生活的基本保障手段。只要法律具有了神圣不可侵犯的尊严和至上的权威，人的尊严和自由就能够得到有效的保护。所以，法治信仰就是人们对法治的精神寄托，是对法治保障安全和自由、呵护尊严和幸福的功能期待。信仰法治意味着法律不是与自己无关的外在强制力量，而是自己生活中的一部分，法律不仅是自己的生活方式和生存模式，而且是人们进行价值评价和思想情感交流的载体。

二、全面依法治国

依法治国是党领导人民治理国家的基本方略。2012 年，习近平同志指出：“我们必须坚持把依法治国作为党领导人民治理国家的基本方略、把法治作为治国理政的基本方式，不断把法治中国建设推向前进。”①

（一）全面依法治国的意义

党的十八大以来，以习近平同志为核心的党中央对全面依法治国做出了一系列重大决策，提出了一系列重大举措。系统地回答了全面依法治国的重大理论和实践问题，全面阐述了法治的定位、目标、道路、布局、方针等基本问题，成为推进新时代中国特色社会法治建设的科学指南，形成了当代中国法治体系。依法治国基本方略与治国理政基本方式的提出，不仅把法治上升到中国共产党治国理政的权威高度，而且在中国甚至人类法治文明和政治文明史上都产生了重要影响。

新时代中国共产党把全面依法治国纳入“四个全面”发展战略，党的十九大提出依法治国是党领导人民治理国家的基本方略，赋予依法治国在治国理政中的基础性、战略性地位。依法治国是坚持和发展中国特色社会主义的本质要求和重要保障。依法治国是实现国家治理体系和治理能力现代化的必然要求。依法治国是实现国家长治久安与人民幸福安康的根本保障。

（二）走中国特色社会主义法治道路②

全面推进依法治国，必须坚定不移走中国特色社会主义法治道路③。走中国特色社会主义法治道路，最根本的是坚持党的领导；坚持人民的主体地位，要坚持依法治国和以德治国相结合，要坚持从中国实际出发。

中国特色社会主义法治道路，最根本的是坚持党的领导。党的领导和社会主义法治是一致的，社会主义法治必须坚持党的领导，党的领导必须依靠社会主义法治。这是社会主义法治的根本要求。习近平总书记明确指出：“党和法的关系是一个根本问题，处理得好，则法治兴、党兴、国家兴；处理得不好，则法治衰、党衰、国家衰。”④“‘党大还是法大’是一个政治陷阱，是一个伪命题。对这个问题，我们不能含糊其辞、语焉不详，要明确予以回答。”⑤“全面推进依法治

① 中国共产党第十八届中央委员会第四次全体会议文件汇编[M]. 北京：人民出版社，2014：78.

② 中共中央党校(国家行政学院). 习近平新时代中国特色社会主义思想基本问题[M]. 北京：人民出版社，2020：244-247.

③ 中国共产党第十八届中央委员会第四次全体会议公报(2014 年 10 月 23 日通过)

④ 中国共产党第十八届中央委员会第四次全体会议文件汇编[M]. 北京：人民出版社，2014：78.

⑤ 习近平. 领导干部要做尊法学法守法用法的模范 带动全党全国共同全面推进依法治国[N]. 人民日报，2015-02-03(第 1 版).

国这件大事能不能办好，最关键的是方向是不是正确，政治保证是不是坚强有力。”[①]必须把党的领导贯彻到依法治国全过程和各方面，坚持党领导立法、保证执法、支持司法、带头守法，把依法治国基本方略同依法执政基本方式统一起来；把党总揽全局、协调各方同人大、政府、政协、审判机关、检查机关依法履行职能和开展工作统一起来；把党领导人民制定和实施宪法法律同党坚持在宪法法律范围内活动统一起来。习近平总书记旗帜鲜明地指出，我们强调党在依法治国全过程和各方面的领导地位以及作用的发挥，绝不是强调“党大”，而是强调两者之间具有的内在高度一致性。把党总揽全局、协调各方同人大、政府、政协、审判机关、检察机关依法依章程履行职能、开展工作统一起来，就是它们内在一致性的集中体现的一个重要方面。决不能把二者孤立起来、割裂开来，更不能把二者截然对立起来，否则我们就难以把党的领导贯彻到全面推进依法治国当中。

中国特色社会主义法治道路，最基础的是坚持人民的主体地位。坚持人民主体地位是社会主义法治的本质属性。“我国社会主义制度保证了人民当家作主的主体地位，也保证了人民在全面依法治国中的主体地位。”[②]人民是依法治国的主体和力量源泉，必须坚持法治为了人民、依靠人民、造福人民、保护人民，保证人民在党的领导下依照法律规定，通过各种形式和途径管理国家事务，管理经济和文化事业，管理社会事务。必须坚持把体现人民利益、反映人民愿望、维护人民权益、增加人民福祉落实到依法治国的全过程，使法律及其实施充分体现人民意志，保障人民利益为出发点和落脚点，保障人民依法享有广泛的权利和自由，承担应尽的义务；必须坚持扩大人民有序政治参与，保障人民依法实行民主选举、民主协商、民主决策、民主管理、民主监督。同时，要教育引导人民认识法律既是保障自身权利的有力武器，也是必须遵守的行为规范，使得法律为人民所掌握、所遵守、所运用。

中国特色社会主义法治道路，要坚持依法治国和以德治国相结合。法安天下，德润人心。“法律是成文的道德，道德是内心的法律。法律和道德都具有规范社会行为，调节社会关系，维护社会秩序的作用。”[③]法律的有效实施离不开道德的有力支持。要重视道德对法律的支撑作用，重视道德的教化作用和对法治的滋养作用，提高全社会的文明程度，在道德体系中要体现法治要求，突出法治内涵，注

① 习近平. 领导干部要做尊法学法守法用法的模范 带动全党全国共同全面推进依法治国[N]. 人民日报，2015-02-03(第1版).

② 习近平. 加快建设社会主义法治国家[J]. 求是，2015(1)：3.

③ 习近平谈治国理政(第二卷)[M]. 北京：外文出版社，2017：133.

重培养人们的法律意识、法治观念、规则意识、法治信仰，努力使道德体系和法治体系相衔接、相协调、相促进，引导人们自觉履行法定义务、社会责任、家庭责任，营造全社会讲法治、守法治的人文环境。要把道德要求贯穿到法治体系中，以法治承载道德理念，道德才有可靠制度支撑。法律法规要树立鲜明的道德导向，弘扬美德义行，立法、执法、司法都要贯穿社会主义核心价值观，都要体现社会主义道德要求，使社会主义法治成为良法善治。坚持法治与德治在国家治理中相互补充、相互促进，相得益彰。

中国特色社会主义法治道路，要坚持从中国实际出发。世界上没有普适的、唯一的法治道路，任何一个国家选择何种法治道路必须从本国历史、现实和国情出发。习近平总书记指出："全面推进依法治国必须走对路。如果路走错了，南辕北辙了，那再提什么要求和举措也都没有意义了。"[①]中国特色社会主义法治道路，是社会主义法治建设成就和经验的集中体现，是建设社会主义法治国家的唯一正确道路。坚持从中国实际出发，要同推进国家治理体系和治理能力现代化相适应。既不能罔顾国情，超越阶段，也不能因循守旧、墨守成规，而是要突出中国特色、实践特色、时代特色；既要从优秀传统法治文化中汲取丰厚滋养，挖掘和传承中华法律文化精华，又要总结和运用党领导人民实施法治的成功经验，围绕社会主义法治建设的重大理论和实践问题，不断丰富和发展符合中国实际、体现社会发展规律的社会主义法治理论，为依法治国提供理论指导和学理支撑。在学习借鉴世界优秀法治文明成果的过程中，必须坚持以我为主、为我所用、认真鉴别、合理吸收，绝不能搞全盘西化和全盘移植。

(三) 全面深化依法治国实践[②]

习近平总书记提出："要坚持依法治国、依法执政、依法行政共同推进，坚持法治国家、法治政府、法治社会一体建设。"[③]这个重要论述指明了全面依法治国的关键要素和重要环节，明确了新时代法治建设的总体布局和重要任务。深化新时代依法治国的实践，加快建设社会主义法治国家，必须把全面依法治国作为一个系统性工程，统筹兼顾、把握重点、整体谋划，充分调动各方面的积极性和主动性，形成协调发展的法治建设良好局面。

---

① 习近平. 加快建设社会主义法治国家[J]. 求是，2015(1)：3.

② 中共中央党校(国家行政学院). 习近平新时代中国特色社会主义思想基本问题[M]. 北京：人民出版社，2020：247-250.

③ 中国共产党第十八届中央委员会第四次全体会议文件汇编[M]. 北京：人民出版社，2014：78.

1. 坚持依法治国、依法执政、依法行政的共同推进

依法治国、依法执政、依法行政是有机联系的整体，三者本质一致、目标一致、成效相关，必须相互配合、共同推进，形成合力。

(1) 依法治国是我国宪法确定的治理国家的基本方略。要把法治理念贯彻到治国理政的各个环节，贯穿到改革发展的全过程，贯穿到经济、政治、社会、文化、生态文明建设的各个领域，确保一切组织和个人都在法律范围内活动。

(2) 依法执政是党治国理政的基本方式。要不断改进党的领导方式和执政方式，增强依法执政意识，坚持以法治的理念、法治的体制、法治的程序开展工作，推进依法执政的制度化、规范化、程序化。习近平总书记指出："依法治国首先要坚持依宪治国，依法执政首先要依宪执政。"①这一论述充分体现了党中央注重宪法作为国家根本法的重要作用。把领导人民制定和实施宪法法律同党坚持在宪法法律范围内活动统一起来。

(3) 依法行政是行政机关履行政府职能，管理经济社会事务的主要方式。要依法全面履行职能，坚持法定职责必须为，法无授权不可为，不断健全依法决策机制，完善执法程序，严格执法责任，做到严格规范公正文明执法。要全面推进政务公开，强化对行政权力的制约和监督，建立权责统一、权威高效的依法行政体制。

2. 坚持法治国家、法治政府、法治社会一体建设

习近平总书记指出："法治国家、法治政府，法治社会三者各有侧重、相辅相成，法治国家是法治建设的目标，法治政府是建设法治国家的主体，法治社会是构筑法治国家的基础。"②在法治国家建设方面，必须以建设中国特色社会主义法治体系为总抓手，加快形成完备的法律规范体系、高效的法治实施体系，严密的法治监督体系，有力的法治保障体系，形成完善的党内法规体系。在法治政府建设方面，各级政府必须在党的领导下，在法治轨道上开展工作，加快建设职能科学，权责法定、执法严明、公开公正、廉洁高效、守法诚信的法治政府。在法治社会建设方面，要深入开展法治宣传教育，在全社会弘扬社会主义法治精神，传播法律知识，建设社会主义法治文化，树立宪法法律至上，法律面前人人平等的法治理念，形成尊法、信法、守法、用法、护法的良好社会氛围。要坚持法治教育与法治实践相结合，广泛开展依法治理活动，提高社会管理法治化水平。

需要指出的是，依法监察是落实新形势下全面依法治国实践的重大举措，是

① 习近平. 加强党对全面依法治国的领导[J]. 求是，2019(4)：3.

② 习近平. 加强党对全面依法治国的领导[J]. 求是，2019(4)：3.

推进中国特色社会主义政治体制改革的重要内容。依法监察就是通过法律方式保证依规治党与依法治国、党内监督与国家监察有机统一，以法治思维和法治方式开展反腐败工作，将党内监督同国家机关监督、民主监督、司法监督、群众监督、舆论监督贯通起来，不断提高党和国家的监督效能。依据宪法法律深化国家监察体制改革，是以习近平同志为核心的党中央作出的事关全局的重大政治体制改革，是强化党和国家自我监督的重大决策部署。

3. 推进科学立法、严格执法、公正司法、全民守法

推进科学立法、严格执法、公正司法和全民守法是新时代我国法治建设的指导方针，它明确了每一个主要环节的重点要求，构成了新时代全面依法治国的基本工作格局。

(1) 科学立法是法治建设的重要前提。在中国特色社会主义法律体系基本形成以后，人民群众对立法的期盼已经不是有没有，而是好不好，管用不管用，能不能解决实际问题，对提高立法质量的要求越来越高。要按照党的十九大的部署，切实推进科学立法、民主立法、依法立法，做好立改废释工作。要尊重和体现立法的客观规律，贯彻公平公开公正原则，使所立之法遵法理、合事理、通情理，不断提高立法质量。要坚持立法为了人民，依靠人民，不断拓宽公民有序参与立法途径，使立法反映人民意志，得到人民拥护。要依照法定权限和程序立法，维护社会主义法制的统一和尊严。

(2) 严格执法是法律落实的关键环节。执法者必须忠实于法律。行政机关是实施法律法规的重要主体，要带头严格执法，维护公共利益、人民权益和社会秩序。要全面推行权力清单、责任清单、负面清单制度，确保行政机关在法律范围内活动。不断改进执法方式，杜绝粗暴执法、选择性执送，钓鱼执法等不良现象，有效解决执法不作为、乱作为等突出问题。要完善执法程序，建立健全行政裁量权基准制度，确保法律公正有效实施。

(3) 公正司法是维护社会公平正义的最后一道防线。司法公正对社会公正具有重要引领作用，司法不公对社会公正具有致命破坏作用。要促进司法公正，就必须深化司法体制改革。司法体制改革在全面深化改革、全面依法治国中具有重要作用，对推进国家治理体系和治理能力现代化意义十分重大。要全面落实司法责任制，深入推进以审判为中心的刑事诉讼制度改革。开展综合配套改革试点，提升改革整体效能。必须深刻认识司法责任制在司法体制改革中的关键作用。通过推动司法责任制改革，促进解决制约司法公正的难点问题，同时引领其他改革措施形成合力。因此，要深化司法体制综合配套改革，全面落实司法责任制，完着司法管理体制和司法权力运行机制，加强对司法活动的监督，加快建设公正高效权威的社会主义司法制度，不断提高司法质量，效率和公信力，让人民群众在每一个司法案件中感受到公平正义。

(4) 全民守法是法律发挥作用的社会基础。要加大全民普法力度，树立宪法法律至上，法律面前人人平等的法治理念，引导群众办事依法，遇事找法，解决问题靠法，自觉做法治的忠实崇尚者、自觉遵守者、坚定捍卫者。各级党组织和全体党员要带头尊法、学法、守法、用法，任何组织和个人都不得有超越宪法法律的特权，绝不允许以言代法、以权压法、逐利违法、徇私枉法。

第三节 权利与义务

权利与义务是法和法学的基本范畴，是法律思想体系的核心内容。下面，阐述的内容有两个方面：一是权利的思想；二是权利与义务的认知。

一、权利的思想

权利的思想是现代法学中的核心概念。古希腊古罗马以至中世纪还没有明确的法定权利的概念。权利和义务是在国家和法产生之后才出现的法律概念。奥斯汀[①]认为法律中有权利、义务、损害、制裁、惩罚和赔偿等概念，这六个概念中，第一个概念便是权利。数百年来，关于权利的定义数十种。其中，较有影响的权利思想有很多，不限于以下几种。

(1) 权利的利益说。冯·耶林[②]等认为，权利的基础是利益，权利是法所承认

① 奥斯汀(Austin John，1790—1859)，分析法学派创始人。他的法学思想基础是实证主义哲学，由三个问题组成：法学研究的范围、法和道德的关系、法的概念。他认为，立法的目的在于最大限度地促进人类幸福，他的出发点是法学只应研究“实际上是这样的法”即实在法，而不是像自然法学家那样研究“应当是这样的法”即理想法或正义法。他认为一般法学不同于一国的或特殊的法学。一般法学的任务是从逻辑上比较分析各种成熟的实在法制度的共同原则、概念和特征，包括权利、义务、损害、制裁、惩罚和赔偿等重要概念。分析法学派的名称即由此而来，著有《法理学范围》《法理学讲义》。

② 耶林(Rudolph von Jhering，1818—1892)，德国法学家，新功利主义法学派创始人，著有《罗马法的精神》(全四卷)。耶林在维也纳法学会上发表了一篇演讲《为权利而斗争》，获得了极大反响，两年内即印到了十二版，被译为二十多种文字。其内容有“法的起源”“斗争是法的生命”“为权利而斗争是对自己的义务”“主张权利是对社会的义务”“为国民生活权利而斗争的重要性”“现代罗马法与为权利而斗争”。耶林的论点富于激情，但论证和结论雄辩而有力，在他生命最后二十年间，出版了宏伟巨著《法的目的》(全二卷)。

和保障的利益；是受政府保障的利用他人而满足自己的要求。不管权利的客体具体是什么，对权利主体来说，它总是一种利益；而义务则是一种负担。

(2) 权利的自由说。主要有霍布斯[①]、斯宾诺莎[②]、康德[③]、黑格尔[④]、霍姆斯[⑤]等关于权利的思想。

(3) 权利的关系说。霍菲尔德[⑥]认为权利是一个关系范畴，是一种内在的法律关系，包含法律利益，也包含法律负担[⑦]。英文用 Duty 来表述，包含“欠债应还”的意思，可以理解为是一个人可以向义务人索要的意思。可见，权利理论学说是西方法学的核心概念和重要理论。

1. 霍布斯的权利思想

霍布斯从自然状态开始演绎自然权利。他认为每一个人都天生具有得到他人身体在内的一切东西的自然权利。每个人都要保护自己的身体、生命和自由的自然权利。这两个权利形成了强烈的冲突，暗含着人人平等的思想，这种平等表现为拥有一切物体的平等状态和保卫自己平等的权利。但是，人人平等的状态反而引发了人人的猜忌和仇恨，使人产生了更大的恐惧。因此，从自然状态就过渡到公民社会。于是，人人都服从理性的指导，根据理性所给予人的规则办事，这就是自然法。自然法可以指导人的道德行为，所以也是道德法。这其中包括寻求和平，信守和平。也包括在别人也愿意的情况下，一个人在为了和平和自保的范围内，会认为有必要放弃那种对一切事物的权利，而且他会满足于对别人所具有的自由。这个自由与他允许别人对自己所具有的自由是同样多的。所以，这种自由的转移或者说这种权利的放弃，将他转让给会议，他们代表了全体人的意志，以

---

① 霍布斯(Thomas Hobbes，1588—1679)，英国政治家、哲学家、社会学家，启蒙运动时期杰出人物，著有《论政体》《利维坦》《论公民》《论社会》等。

② 斯宾诺莎(Baruch de Spinoza，1632—1677)，近代西方哲学家，与笛卡尔、莱布尼茨齐名，著有《笛卡尔哲学原理》《神学政治论》《伦理学》《知性改进论》等。

③ 康德(Immanuel Kant，1724—1804)，德国古典哲学创始人，启蒙运动时期思想家。被认为是继苏格拉底、柏拉图和亚里士多德后西方最具影响力的思想家之一，著有《纯粹理性批判》《实践理性批判》《判断力批判》等。

④ 黑格尔(G. W. F. Hegel，1770—1831)，德国哲学家，著有《精神现象学》《逻辑学》《哲学科学全书纲要》《法哲学原理》《美学讲演录》《世界史哲学讲演录》《哲学史讲演录》等。

⑤ 霍姆斯(Wendell Holmes，Jr. ，1841—1935)，美国法学家，美国最高法院大法官。著有《普通法》等。

⑥ 霍菲尔德(Newcomb Hohfeld，1879—1918)美国法学家，分析法学代表人物，著有《司法推理中适用的基本法律概念》等。

⑦ 杨心宇. 法理学研究：基础与前言[M]. 上海：复旦大学出版社，2002：188.

他们的人格代表全体人的人格。这种权利的转让就是订立契约。契约就是说，我同意放弃我管理自己的权利，将它给予这个人或那个人的会议，只要你也同样放弃你的权利，将这种权利给予他，并认可他的一切行动。这种按照契约组成的集团就是国家，国家可以依据人们的授权保卫和平，抵御外敌。在国家内，承担统一人格的人，就是统治者，其他人是他的臣民。他把国家比作“利维坦”，表示是人类为了自身利益不得已组成国家。而国家的力量是一种强制力，他所代表的恐惧使得契约得到履行。

2. 斯宾诺莎的权利思想

斯宾诺莎依据自然法则的理论建立自己的学说。他认为，国家是每个人将自己的自然权利移交给社会后，按照彼此的契约建立起来的。国家政权不得侵害人民在缔结契约后仍保留的权利。以此为论据，他论证了言论自由和信仰自由的合理性。斯宾诺莎谴责君主专制，认为君主制下充满奴役、野蛮和荒凉。他认为民主制是国家的最好形式，最合乎自然，而且最接近自然界赋予每个人的自由。斯宾诺莎反对宗教的黑暗腐朽，指出宗教是同封建暴政紧密联系在一起的。

3. 康德的权利理论

康德强调自由是只在一个人的行为是否与他人的自由相协调时才受到尊重。权利是受法所保护和限定的自由，义务则是不干预他人的意志自由和行动自由的约束。如果说人有自然的权利或叫天赋的权利(即每个人作为理性存在者天生就有的权利)与获得的权利(即通过法律契约得到的权利)，那么，所有这些权利实际上都必须以上面所说的权利属性为前提。作为绝对命令的道德法则的绝对性不仅表明人的义务的绝对性，同时也表明人的权利属性的绝对性，因而表明每个人所拥有的普遍权利的绝对性。而道德法则的绝对性则来自于人的理性自由的绝对性即无条件性。因此，从根本上说，人的一切权利及其绝对性，即不可损害、不可剥夺、不可替代，都来源于自由。

康德说我们只有通过道德命令(它是义务的直接指令)，才认识到我们自己的自由，而一切道德法则，因而一切权利和义务，都来源于我们的自由；但把责任加于他人的能力，也即权利的概念是后来从道德命令展开出来的。意思是说，我们的一切道德法则、权利和义务都来自我们的自由，都以我们的自由为前提，但是，我们却是从道德法则那里认识到我们的自由，并且也是从道德法则那里认识到我们的权利。所以，在权利学说里，康德是根据最高的道德法则来展开他的权利概念与权利原则。权利，是指法律赋予人实现其利益的一种力量。权利与义务相对应。权利是法学的基本范畴之一，是人权概念的核心词，是法律规范的关键词。一般看，权利是法律赋予权利主体作为或不作为的许可、认定及保障。义务，是义务人为满足权利人的利益而为一定行为或不为一定行为的必要性，义务具有法律强制性。没有义务的存在，便无法确保权利的行使。义务意味着约束、禁止等。义务的形成于自然状态中为了避免彼此之间的冲突与争斗，需要订立一定的社会契约，约束和限制人的感性冲动与要求。这个契约的第一性规则就是义务性规则。

二、权利与义务的认知

对权利与义务的认知，主要包括以下三个方面。

(一) 权利与义务的内涵

权利和义务是法规范的核心内容，是法关系的基本要素。其本质是国家按照统治阶级的价值准则和利益标准，在社会成员之间分配利益和负担的方法，是统治阶级的国家为调整各种利益冲突，而建立和维护阶级统治秩序、社会生活秩序、生产和交换秩序、权力运行秩序的任务向各个阶级、集团、个人的落实。在这种分配和落实的过程中，一方面，人们得到国家认可的利益，受到一种特别的保护，取得了在统治阶级根本利益容许的范围内进行活动的条件。另一方面，人们承受了某种负担，必须按照统治阶级的意志完成与权利享有者行使权利相适应的行为。权利和承担在种类和数量是不同的。应把法规范和法关系联系起来考察权利和义务，即要从静态和动态两个方面考察权利和义务。相关说明。法定权利和义务是由现行法规定的，离开法的规定，主张、享受、强迫、禁止的一切行为都不能得到法的支持。权利和义务是统治阶级的价值观念和根本利益，并由法加以承认和保护的。权利和义务是有明确的界限的。所体现的利益及采取的行动是以社会承受能力为限度的。权利和义务是手段。它们是统治阶级的国家分配利益和负担，维护统治阶级利益或社会普遍利益，实现阶级统治、公共管理、社会控制的手段，是社会成员实现自己的利益和选择的手段。权利是一种能动的手段。法定权利给了权利主体在法定范围内表现意志、做出选择、从事一定活动的自由，包括在一定条件下转让权利或交换权利的自由。权利的能动性指同样的权利由于人们的各自的能力、条件和权利意识不同，实现的程度也不一样。义务是必须履行的。

(二) 权利与义务的类型

认识法律的权利和义务的内涵，可以按照以下方面分类方式加以系统地认识。

有关权利与义务的分类方式主要有三种分类依据。

1. 依据“主体和因果”分类

根据权利和义务的主体形式，可分为四种：个体权利和义务、集体权利和义务、国家权利和义务、人类权利和义务。①个体权利是自然人依法所享有的政治权利、经济权利、文化权利和社会权利，通常叫做公民权利。个人义务是自然人依法承担的义务，其中包括其他个体的义务、对集体的义务和对国家的义务。②集体权利是社会团体、企事业组织、法人等集体所享有的各种权利，集体义务则是它们依法承担的义务。③国家权利是国家作为法律关系的主体以国家或社会的名义所享有的各种权利，如对财产的所有权、审判权、检察权、外交权等。国家义务是国家依法承担的义务，保护公民的合法权益，如为老人、病人或丧失劳动能力的人提供物质帮助等。④人类权利是指人类作为一个整体或地球上的所有居民共同享有的权利，如环境权、和平权、发展权等。人类义务是指人类每个成员、群体、各个国家都应承担的义务，如尊重人格、不互相伤害，禁止种族歧视和迫害，维护世界和平、维护生态平衡等。

根据权利和义务的因果关系，可分为两种：第一性权利和义务与第二性权利和义务。第一性权利是直接由法律赋予的权利或由法律授权的主体依法通过其积极活动而创立的权利，如财产所有权、缔约权、合法契约中双方当事人的权利。第一性义务与第一性权利相对，由法律直接规定的义务或由法律关系主体依法通过积极活动而设定的义务，其内容是不许侵害他人的权利，或适应权利主体的要求而作出一定行为的义务。第二性权利也称为补救权利，是在原有权利受到侵害时产生的权利，如诉讼权等。第二性义务与第二性权利相对，其内容是违法行为发生后所应负的责任，如违约责任、侵权责任等。

2. 依据“存在的形态”分类

依据权利和义务的存在形态，可分为四种：法定权利和义务、现实权利和义务、应有权利和义务、习惯权利和义务。

(1) 法定权利和义务。法定权利是通过实在法律明确规定或通过立法纲领、法律原则加以宣布的、以规范与观念形态存在的权利。它是统治阶级的主观权利意志客观化的结果。所以也称作“客观权利”。在重视法治和人权的国家，法定权利是权利的主要存在形态。法定权利不限于法律明文规定的权利，也包括根据社会经济、政治和文化发展水平，依照法律的精神和逻辑推定出来的权利，即“推定权利”。任何权利立法都不可能像流水账那样把人们应当享有的权利一一列举出来。法定义务是法律明文设定的、以法律规范的形式存在的义务。对公民、法定义务一般限于法律明文规定，不得作扩大推定，即不能推定法律禁止之外还有法律义务。

(2) 现实权利和义务。现实权利，即主体实际享有与行使的权利，亦称“实有权利”。这种权利是通过主体的主观努力而实现的，所以也称为“主观权利”。现实权力是权力运行的终点，又是新权力运行的起点。因而现实权利是法定权利的另一种参照和评价标准。法定权利只有转化为现实权利，才能成为或再现生活的事实，才对主体有实际的价值，才是真实和完整的；对国家来说，才算实现统治阶级的意志和法律的价值。

(3) 应有权利和义务。应有权利是权利的初始形态，它是特定社会的人们基于一定的物质生活条件和文化传统而产生出来的权利需要和权利要求，是主体认为或被承认应当享有的权利。由于应有权利又往往表现为道德上的主张(以道德主张出现)，所以也被称为“道德权利”。应有义务是虽未被法律明文规定，但根据社会关系的本质和法律精神应当由主体承担和履行的义务，通常以“道德义务”的形式存在，但不是纯粹的道德义务。

(4) 习惯权利和义务。习惯权利是人们在长期的社会生活过程中形成的或从先前的社会承传下来的，表现为群体性、重复性自由行动的一种权利。习惯权利也是法外权利，如中世纪西欧各国贵族对农奴新娘的初夜权。被统治阶级的习惯权利则是被剥削、被压迫的劳动人民为了维护生存而争取和保存下来的权利。在剥削阶级社会，穷人承担着数不尽的习惯义务。

3. 依据“重要与效力”分类

根据权利和义务的重要程度，可分为两种：基本权利和义务与普通权利和义务。

(1) 基本权利和义务是人们在国家政治生活、经济生活、文化生活和社会生活中的根本权利和义务，是源于社会关系的本质，与主体的生存、发展、地位直接相关，是人生而应当有之的，不可剥夺、转让、规避、且为社会公认的，因而也可说是“不证自明的权利和义务”。它们是人们在基本政治关系、经济关系、文化关系和社会关系中所出地位的法律表现，一般由宪法或基本法确认或规定。

(2) 普通权利和义务即非基本的权利和义务，是人们在普通经济生活、文化生活和社会生活中的权利和义务，通常由宪法以外的法律或法规规定。如合同法、民法中关于缔约人权利和义务的规定。

根据权利和义务的效力范围，可分为两种：一般权利和义务与特殊权利和义务。

(1) 一般权利是权利主体无特定的义务人与之相对，而以一般人(每个人)作为可能的义务人。它的内容是排除他人的侵害，通常要求一般人不得做出一定的行为。国家的安全权、独立权，公民的各项自由权、财产权等均属于此类。一般义务是无例外的适用于每个人；每个义务主体无特定的权利人与之相对。一般义务的内容通常不是积极的作为，而是消极的不作为。例如，任何人不得损害国家的独立和安全，不得损害其他公民的人身自由。

(2) 特殊权利是权利主体有特定的义务人与之相对，权利主体可以要求义务人做出一定行为或抑制一定行为。特殊义务是义务主体有特定的权利主体与之相对，义务主体应当根据权利主体的合法要求作为一定行为，以其给付、协助等行为使特定权利主体的利益得以实现。根据权利主体依附实现其意志和利益的方式可划分为行动权利和消极义务与接受权利和积极义务。行动权使得主体有资格做某事或以某种方式采取行动，接受权使主体有资格接受某事物或被以某种方式对待。选举权和被选举权就是一对典型的行动权和接受权。

(三) 权利与义务的关系

权利是一个法律概念，一般指了赋予人们的权力和利益，即自身拥有的维护利益之权。它表现为享有权利的公民有权作出一定的行为和要求他人作出相应的行为。权利，是法学的基本范畴，人权概念的核心词，是法律规范的关键词。在家庭、社会、国家、国际关系中隐含或明示的最广泛最实际的一个内容。权利通常包含权能和利益的两个方面。权能是指权利能够得以实现的可能性，它并不要求权利的绝对实现，只是表明权利具有实现的现实可能；利益则是权利的另一主要表现形式，是权能现实化的结果。权能具有可能性，利益具有现实性。也可以说，权能是可以实现但未实现的利益；利益是被实现了的权能。因此，权利有应然权利和实然权利之分。对权利与义务的理解，是以理性化、理论化、知识化和体系化为特征，也是人们对法律现象的自觉反映形式。下面，阐述权利与义务的主要关系：依存、对等、守恒。

1. 权利和义务的依存关系

权利和义务的关系是不可分割，相互依存，一个社会的权利总量和义务总量是相等的。没有权利，义务的设定就失去了目的和根据。没有义务，权利的实现也就成为空话。权利与义务是相互关联的，主要表现以下情况。

(1) 不对等。在具体的法关系中，一部分人或一个人享有权利，另一部分人或另一个人承担义务的情况。①

(2) 同一性。同一主体既享有权利，也承担义务。有两类情况：一是处于统治地位、几乎只享有权利的这部分人，也要承担和履行一些义务；二是处于被统治地位、几乎只尽义务的这部分人，也能享有一些权利。前者属于统治阶级内部个人的行为必须服从其阶级的整体利益的问题。统治阶级的成员享有权利，又要对其他成员的权利做出适应行为，不能侵犯他人的权利。这既可以说是一种义务，也可以说是他所享有的法定权利的界限，是他享受权利的前提。②

(3) 复合性。在法规范的体系中，有不少权利和义务复合规范。一方面是权利，另一方面是义务。按照这种法关系，主体的权利同时又是义务。有两种情况：一是在同一法关系中，主体的权利也是义务；二是同一行为在一种法关系中是权利，在另一种法关系中是义务。③

2. 权利和义务的对等关系

权利与义务的关系是权利义务理论的基本内容。正如马克思所言“没有无义务的权利，也没有无权利的义务。”

(1) 对立统一。法律关系主体所拥有的全部权利，一部分以他人履行义务而获

---

① 例如，在因侵权而发生的债的关系中，债权人享有权利，债务人则承担着义务。又如，在阶级社会，从法对权利和义务的规定上直接表现为，统治阶级享有权利，被统治阶级只尽义务。

例如，奴隶制国家几乎把一切权利赋予奴隶主阶级，却几乎把一切义务推给奴隶阶级。封建制国家的情况也如此。如在我国封建社会，皇帝掌握统治一切臣民的最高政治权利，享有对一切资源和财富的占有权和支配权，皇亲国戚和高官达贵，也分别享有与自己身份相称的特权，而广大劳动人民却承担和履行各种各样的义务。在欧洲封建制国家，也几乎是封建主只享有权利，农民只承担和履行义务。

② 例如，无论是奴隶主、封建主还是资本家，他们对于其同类都不能任意吞食。他们互有权利，又有互相尊重对方的权利，做出适应行为的义务。除此之外，他们还要为其整个阶级履行一些实实在在的义务，如为他们的国家效忠、进贡、纳税、甚至服兵役等义务。被统治者也享有某些权利，则可被视为统治阶级为了巩固其统治地位，给被统治者规定的一种义务界限。它从另一角度体现了统治者所享有的权利的界限。

例如，奴隶承担着尽不完的义务，但相对于过去的战俘或者没有高利贷可借就要被杀死或饿死者来说，他也获得了作为奴隶主的私有财产而受到保护的权利。在封建制国家，广大农民依法享有一些附着在地主土地上独立经营和独立生活的权利。在资本主义国家，广大工人不仅获得了人身自由权利，而且获得了法律上的平等权利。同一主体既享有权利也履行义务的情况普通存在于普通法的关系和诉讼法的关系中。

例如，在合同关系中，缔约双方同时享有权利和承担义务，不过各自的权利和义务的内容不同；再如在刑事诉讼过程中，被告一方面有必须如实地回答问题的义务，另一方面他也有辩护的权利。

③ 例如，在流行病区，接受免疫治疗是居民的权利，又是居民的义务。

例如，根据宪法和义务教育法的规定，接受教育既是公民的一项义务，也是公民的一个权利。

例如，国家税务工作人员依法向纳税人征税，就税务工作人员同纳税人之间的法关系来说，是税务工作人员的权利；可是，就税务工作人员同国家的法关系来说，则是税务工作人员应尽的义务。

得，一部分以自己履行义务而获得。从这一理论出发，权利义务关系对同一主体形成两种形式：当他人履行义务而自己是单纯的权利主体时，权利和义务以分离的形式统一于一组关系中；当该主体既享有权利又履行义务而具有双重性时，权利和义务以相合形式统一于一组关系中。我们把这种关系称为权利和义务的对立统一关系。表现在：权利义务的相互对应、相互依存、相互转化的辩证过程。其中，相互对应，即任何一项权利都必然伴随着一个或几个保证其实现的义务，而不管这个义务是权利人的还是他人的。相互依存，即权利以义务的存在为存在条件，义务以权利的存在为存在条件，二者缺一不可，如婚姻中的男女关系，缺少彼此，无法形成夫妻关系。相互转化，即权利人在一定条件下要承担义务，义务人在一定条件下要享受权利，法律关系中的同一人既是权利主体又是义务主体。从一个角度看主体是权利人，从另一个角度看，该主体是义务人，也可能既是权利人又是义务人。

(2) 等量定律。如果把权利作为数轴的正方向，义务作为数轴的负方向，则权利每向前一个刻度，义务就向相反的方向延展相同的刻度，权利的绝对值总是等同于义务的绝对值。这种关系适合于每一社会主体。一个为社会履行义务量多的人，必然社会应赋予其更多量的权利，这种量的对等关系是社会公正与正义的基本标准。如果允许没有贡献的权威存在，如果允许没有劳动的财富存在，那么，必定是作了贡献的人反而受制于人，付出劳动的人反而成为愈加贫穷的人，这种社会便是容忍罪恶存在。总量平衡关系在具体主体身上的不公，证明了社会实体的不正义。

3. 权利和义务的守恒定律

权利和义务的守恒定律，有以下三个方面。

(1) 权利与义务的比例定律。法治把法作为主体，把社会所有人作为客体。法治不承认法律之外另有主宰法的而不被法制约的主体。在权利义务的总量不变的前提下，私权利义务与公共权利义务成反比例关系。私权利主体间的权利义务成等比例关系。权利义务相对于一国经济、社会文化及民主的状况成正比例关系。在现实的法治实践中确实存在缺少政府和民众的有效互动。分析原因主要在于民众对于自身的权利不知道，知道法治执行不彻底、不执行的结果导致的。

(2) 权利与义务的本位定律。用权利义务守恒定律来分析公民与国家间的关系，可以发现，以国家权利为标准强制公民只有服从的义务，是义务本位的法。以公民权利为标准判断国家是否服从于公民权利为根本义务，是权利本位的法。

民主制的法应是权利本位的法。在这里，法国提供了经验，就是把人的权利宣告出来。“权利告示”的法治原理在于，法律每宣告公民的一项权利，就等于同时宣告了国家权力的禁区。权利宣言与其说是法律告知公众有多少权利，不如说是法律在告知权力有多大限度。在权利与权力的关系上，国家权力的行使以为公民创设权利实现的条件为目的，如果背离了该宗旨，权力便会受到改造。国家权力以公民权利为运行界限，而两权界限由法律明定之。

(3) 权利与义务的价值定律。无论是权利还是义务，其设立目的都等于立法目的。权利和义务都是主体所需要的，共同构成主体支配客体的手段。以个体需要而言，权利与义务对同一主体同时贡献激励与抑制、主动与被动、受益与付出等对应的机制。以社会需要而言，当创造及革新为人们所追求时，权利的功能就会被人们格外重视；而当稳定、秩序与安全为人们所珍视时，义务的功能更能满足人们的要求。法律权利是法律赋予权利主体作为或不作为的许可、认定及保障。

综上所述，在法治社会中，公民都应该加强和培养法律意识。权利意识和义务意识是法律意识的重要组成。关于公民的权利和义务的法律知识，需要我们进一步学习、领会和理解。权利意识，首先要正确理解权利的概念界定。权利，是国家通过法加以规定并体现在法关系中的，人们在统治阶级的根本利益或社会普遍利益范围内做出选择、获得利益的一种能动手段。义务意识，首先要正确理解义务的概念界定。义务，是国家规定并体现在法关系中的，人们应该和必须适应权利主张而做出或抑制一定行为的负担或约束。

【阅读链接 6-1】

法治思维的含义和特征

师：大家好！树立法治思维是全面推进依法治国的要求，今天，我们来谈谈法治思维及其特征。小周，我想先问你一个问题：假设某天你开车出门，被后面的车追尾了，你会选择争吵、私了，还是报警呢？

生：我会选择报警。因为我觉得由警察来处理交通事故更加公平，心里踏实。

师：嗯，很好。你的选择，就是法治思维导向的结果。具有“法治思维”，就是在我们面对问题的多种解决方式时，首先考虑的是哪一种方式更符合法律规定、法治精神。处理交通事故是交警的职责，由他来处理更公正、权威，所以你选择报警而非私了，就是你的法治思维在起作用。所谓法治思维，是指以合法性为出发点，以追求公平正义为目标，按照法律逻辑和法律价值观思考问题的思维模式。

生：老师，了解了法治思维的含义，您再给我们讲讲法治思维的特征吧。

师：好的。首先，法治思维是规则思维。规则思维，就是以既定的法律规则为依据，运用法律规则中的法律术语进行观察、思考和判断。法治是规则之治，在有规则之后，尊崇规则成为第一要务。法治思维尊重规则，特别强调人们要坚守“合法性”为谋划处事的“底线”，以“是否合法”作为出发点来思考问题，进行合法与非法的预判。

现在，代驾在我们日常生活中已经很普遍了。以前，不少人喝了酒照样开车；今天，人们要么开车不喝酒、喝酒不开车，要么喝酒后找代驾。这个变化，正是人们服从规则权威的体现。不难想象，一个出门走路都不守规则的人，还能遵守其他什么规则。马克思说过：“在专制的国家里，国王就是法律；在民主的国家里，法律就是国王。”这也说明了对法律怀有敬畏之心，才是法治思维。

其次，法治思维是程序思维。法律程序是人们进行法律行为必须遵循的法定的时间或空间上的步骤和形式，是实现实体权利和义务的合法方式及必要条件。人治思维普遍轻视程序，人们常常因为权宜之计而随意抛弃既定程序，造成权力运行恣意专横，践踏公平正义。而法治思维重视程序，强调严格按照法律程序办事办案，一方面可以防止权力恣意，起到维护公民权利的作用；另一方面，可以防止公众猜疑，起到维护政府公信力的作用。

生：老师，前几天我在路上看到有个司机违章被交警拦下，交警对司机行礼后出示了证件，过一会儿违章就处理完毕。交警行礼、出示证件等行为就体现了按程序执法吧？

师：没错，交警是在按执法流程办案。依照法定程序行使权力，有助于增强法律实施的可接受性，能使处理结果更具有公信力和权威性。小周，你注意过正义女神的眼睛是被布蒙上的吗？

生：注意到了。

师：这体现了一句格言：程序，是维护正义的蒙眼布。即使是正义女神，她面临的情感因素也太多，难免不为情感所左右，只有蒙上双眼才能做到真正的公正。这在法治思维上就体现为强调程序正义。

师：下面，我们来看法治思维的第三个特征：法治思维是权利本位思维。权利本位是指在国家权力与公民权利的关系中，公民权利是决定性的、根本的；在法律权利与法律义务之间，权利是决定性的，起主导作用的。

法治思维是权利本位思维，一方面要求行为人具有“私权神圣”的意识，对私权利提供保护。比如党政官员在处理涉及公民利益的事务时，必须从公民权利的角度出发，考虑相关处理是否会牵涉或影响到他们的某种权利。执法者具有法治思维，就能多从公民权利角度考虑，避免侵权行为的发生。

另一方面，法治思维作为权利本位思维还要求人们具有人权意识，尊重和保障人权。例如，在2015年2月，最高人民法院明确禁止让刑事在押被告人或上诉人穿着囚服等具有监管机构标识的服装出庭受审。作为一个犯罪嫌疑人，其并不是已经确定为罪犯，因此不能给他以符号、标注、有罪的标签，只有经过庭审辩论后才能确定他是否构成犯罪。禁止“穿囚服受审”标志着我国司法保护人权制度的进步，这是对被告人权利的尊重，鲜明体现出对法治精神的遵循。

生：老师，我懂了，法治思维以权利为本位。另外有句话是“公民权利是权力的边界”，这意味着在对公民权利保护的同时也要对国家的公权力进行制约吗？

师：对的，法治的一项重大任务在于：对公民的私权利提供保护和对国家的公权力进行制约。这使得我们要认识法治思维的第四个特征：法治思维是权力控制思维。任何不受约束的权力都会膨胀甚至腐败。正如习近平总书记指出：“权力是一把双刃剑，在法治轨道上行使可以造福人民，在法律之外行使则必然祸害国家和人民。”

法治思维以“权由法定、权依法使”等基本法治观念为基础，能有效地规范和约束权力。具备法治思维，要坚持“公权力，法无授权便无权”。要做到：一是注重权力依据，不经法律法规设定的权力不是合法的权力；二是注重权力的界线，防止越权。

生：老师，法治要求权力受到控制，也就是所谓“把权力关进制度的笼子”吧。

师：是的。我们来看看法治思维是科学思维这一特征。科学精神，就是实事求是的精神。在法律领域，就是“以事实为依据、以法律为准绳”的精神。法治思维作为一种科学思维，表现在对待事实和证据的态度上。执法、司法过程中的所谓“以事实为依据”，其实是指“以证据为根据”。用法律去评价一个人，需要依证据做出事实判断。如果有证据可以证明，就构成一个法律事实。如果证据是非法取得的或者证据灭失了，那只能放弃对事实的认定。这种对待事实及证据的态度，是法治思维的有机组成部分，体现了实事求是的科学精神。

生：那我们在日常生活如购物要保存好发票、借款要写借条等都是保护好证据，是法治思维的一种表现吗？

师：是的。法治思维是科学思维还表现在它处理法与情的关系上。法治思维是以事实和规则的认定为中心的思维活动，首先应服从规则及其逻辑，强调按法律逻辑思考、分析和解决问题，不受大众化情感因素的左右。所谓“法不容情”正体现了这点。

生：老师，了解了法治思维的特征，我明确了法治思维守规则、重程序、保护权利、制约权力，并体现实事求是的科学精神。

师：你总结得不错，法治思维是符合国家治理现代化和全面推进依法治国的思维之一。只有当法治被大多数人所信仰，法治思维成为一种习惯，依法治国才能水到渠成。我们今天就讨论到这里，谢谢大家！

(资料来源：https://theory.gmw.cn/2019-01/23/content_32398549.htm，作者有删减)

【阅读链接 6-2】

全面理解法律权利与法律义务的关系

生：老师，您好！我听说前不久国家出台了一个规定，说如果群成员在微信群里发布一些过激、粗俗或者侮辱性的语言，群主要承担责任？

师：是的！国家网信办印发了《互联网群组信息服务管理规定》，它确实要求互联网群组的建立者、管理者要履行群组管理的责任，也就是说“谁建群谁负责”“谁管理谁负责”，我们要按照法律法规、用户协议和平台公约，规范群组网络行为和信息发布。这个规定从 2017 年 10 月 8 日开始正式施行。

生：国家是要立法限制网友的言论自由吗？

师：哦，不能这么说！

生：网络群组本就是大家互相联系、发表意见的一个纽带，如果不是为了限制大家的言论自由，那我们怎么来理解出台的这个规定呢？

师：我们可以从法律权利与法律义务的关系上来对这个规定进行理解。你们知道，法是以权利和义务为机制来调整人的行为和社会关系的。从法理学的角度，我们可以把法律权利、法律义务的关系概括为：结构上的相关关系、数量上的等值关系、功能上的互补关系，价值意义上的主次关系。

生：什么叫“结构上的相关关系”？

师：结构上的相关关系，就是说权利、义务是相互依存、相互贯通的。相互依存是指法律权利和法律义务是不可能孤立存在和发展的，一方的存在和发展必须以另一方的存在和发展为条件。那么，两者的相互贯通则表现为权利和义务的相互渗透、相互包含和在一定条件下的转化。比如说，咱们的父母子女关系，你未成年时，父母养育你是他们的义务，得到父母的关爱是你的权利；当父母年老了，你对他们的赡养则是你的义务，他们要求你赡养就成了他们的权利。所以，在一般的法律关系中，每一个主体在享有权利的同时，都对应承担一定的义务。权利以义务的存在为条件，义务以权利的存在为条件，缺少任何一个方面，另外一方也就不存在了。

生：那是不是说互联网上的权利义务关系也应该表现出这个特点：网络提供给我们享有权利的平台，我们在这个平台上享受权利的时候也应该有遵守相关法律法规，履行文明互动、理性表达的义务？

师：嗯，非常正确！

生：我记得马克思说过这样一句话："没有无义务的权利，也没有无权利的义务。"是不是可以用这句话来理解法律权利义务数量上的等值关系？

师：嗯，你说得非常好！这一基本原理告诉我们，社会中的权利和义务是对等设置的，权利总量与义务总量是相等的。我们用个比喻来说，假如我们用数轴来表示权利和义务的走向，将既不享有权利、也不履行义务的状况表示为零的话，那么，权利和义务的关系就可以表示为，以零为起点，向相反的两个方向的延伸，权利是正数，义务是负数。这时候，正数每扩展一个刻度，负数也一定扩展一个刻度，而正数与负数的绝对值总是相等的。这个关系式的原理适用于每一个社会主体。那么，在具体的法律关系中，权利、义务则互相包含。

生：老师，您能举个生活中的例子吗？

师：好！比如我们网上购买东西，你有要求商家提供符合质量要求的商品的权利，同时你还有付款的义务吧？反过来说，你的权利和义务是不是就是商家的义务和权利呢？所以，就整个社会而言，只有权利和义务在总量上处于等额状态，利益的付出与获得才能达到平衡，社会生活才不至于混乱，在虚拟的网络世界中也应该是这样。我们平时所说的特权，从一定意义上来说，就是由于一部分人享受过多的、非法的权利，而导致的权利和义务的失衡。因此，权利的范围就是义务的界限，义务的范围也就是权利的界限，法律权利和义务呈现出等值等量的关系。

生：您前面所说的我理解了。但是，法律中的权利义务如何实现功能互补呢？

师：好，我们从立法技术的角度来回答你这个问题。立法技术有授权性规范和义务性规范两个方面。法律中对权利的直接规定一般采用授权性规范，用 "可以""有权"等方式来表示。比如，《婚姻法》规定，男性，年满 22 周岁，可以结婚。但是，你结，还是不结呢？你可能结，也可能不结，可以自己自由选择。因而，授权性规范给予权利主体行为选择的可能性，它对人的行为的指引具有一定的不确定性。但如果你决定了要结婚，那么，按照《婚姻法》的规定，你就必须亲自到婚姻登记机关去登记，不得代理，这个就是义务性规范。义务性规范意味着人的行为无可选择，它是一种确定的指引。义务性规范一般采用"必须""应当"等方式表示国家所不赞成、反对或禁止的行为。授权性规范和义务性规范这两种立法技术的目的是一致的，都是为了实现法的目标、法的价值，它们只是以各自不同的特点，互相补充、互相联系，从而构成法律调整的网络。

生：既然法律权利义务功能互补，那是不是说两者具有同等的法律价值呢？

师：你提出了一个非常重要的法律争论问题。你的问题实际上说的是法律体系价值意义上的主次关系。在法律体系中究竟是权利本位还是义务本位，目前在法学界有争议。但我认为，我们现在的法律体系应该是权利本位的，也就是说是权利为主、义务为辅的。

生：老师您提出这个观点的依据是什么呢？

师：我们先来看看权利本位法律体系的一些特征：比如，追求法律面前人人平等；强调权利是义务存在的依据和意义；规定法律的力量仅限于禁止一个人损害别人的权利，而不能禁止他行使自己的权利；在私权的行使上，明确法无禁止则自由等。

那再来看看我们现在法治建设的情况：习总书记在党的十九大报告中明确指出："全面推进依法治国总目标是建设中国特色社会主义法治体系、建设社会主义法治国家"，也提出了推进合宪性审查工作、用留置取代"两规"措施、成立中央全面依法治国领导小组等。

党的十九大以后，党中央依法反腐、惩腐力度不减，以坚持不懈反腐换来海晏河清、朗朗乾坤，这些都标志着我国社会主义法治建设进入了新时代，人民群众的民主权利进一步彰显，获得感进一步加强。所以，我们现在的法律体系是权利本位的，是以人民权利的实现为第一要务的。

生：听了老师您专业的分析，我对法律权利和法律义务有了更深的了解。您能不能简要概括一下两者之间的关系，方便我向身边的同学普及。

师：嗯，好的。第一，我们要明确的是，国家网信办出台的这个规定，目的不是为了限制网友们的言论自由，恰恰相反，是为了能让更多的人更好地行使自己的权利；第二，法律权利与法律义务总是相伴随而存在的。我们在享受网络带来的权利时，也必须要履行相应的义务。国家网信办的规定就是从部门规章的层面、规定了网民们相应的义务。第三，从社会层面上来说，法律权利和法律义务的总量是相等的。最后我们要明确，我国进一步完善社会主义法律体系的最终目的，是为了最大限度地保护最广大人民群众的利益。

生：我们明白了，谢谢老师！再见！

(资料来源：http://theory.gmw.cn/2019-01/24/content_32404569.htm，作者有删减)

思考题

1. 法的发展过程与什么有关？
2. 法的作用有哪些？
3. 法治国家的构成要件有哪些？
4. 你是如何看待中国社会的"依法治国"之路的？
5. 当你的权利与义务发生冲突时，你将如何做？

第七章 爱国主义

古今中外，一个民族的兴衰往往与民族精神的弘扬和抑制紧密相关。民族精神对于一个民族的生存和发展具有极为重要的意义。经过千年的发展，中华民族弘扬和培育了以爱国主义为核心的中华民族精神。这种民族精神既是中华民族最深厚的精神传统，也是动员和鼓舞中国人民团结奋斗的精神旗帜，是推动中国社会历史发展的巨大力量。

◎ 本章主要内容

一、中华民族精神

二、爱国主义

三、新时代爱国主义教育

◎ 教学目标

认识中华民族精神，了解爱国主义的历史内涵和当代价值，弘扬新时代爱国主义精神。

第一节 中华民族精神

在历史长河中，中华民族铸造了特有的精神秉性和价值取向，形成了以爱国主义为核心的民族精神。本节的主要内容有两个方面：一是中华民族的词源与象征；二是中华民族精神的核心与内涵。

本节教学目标：希望大学生通过对本节的学习，认识与了解中华民族的内涵，学习中华民族精神。

一、中华民族的词源与象征

中华民族是由中华人民共和国政府官方定义为中华人民共和国境内获得认定的五十六个民族的统称。中华民族是代表中国现代民族的共同体名称。中国是一个以汉族为主体、五十六个民族共同组成的统一的多民族国家。

(一) 中华民族的词源

中华民族的概念，最早由梁启超在其1902年《论中国学术思想之变迁之大势》的著作中提出，相关的历史学及人类学理论有费孝通的多元一体论，以及许倬云的《我者与他者的转化及混合》。中华民族乃是中国作为国家共同体的一个国族概念。中华民族有两个别称，一是“中华儿女”，二是“炎黄子孙”(或“黄帝子孙”)。这两种称呼有时候通用，都是指中华民族。但大同之中又有小异，“中华儿女”之称是近代才出现的，含义偏重于文化(是共同接受中华文化的群体)；“炎黄子孙”(或黄帝子孙)之称古已有之，含义偏重于血缘(有共同的祖先)。

虽然“中华民族”是在近代出现的相对于外国民族而言的概念，但中华民族实体远在数千年前就形成了。自古以来，中华民族就是一个由五十六个民族构成的共同体。“中华民族”是“中华儿女”“炎黄子孙”等词语的引申和发展，包含中国境内非汉族的少数族群，有时延伸包括中国境外汉人或海外华人。

【阅读链接 7–1】

“炎黄子孙”和“海外赤子”

何谓“炎黄子孙”？

“炎黄”是指中国原始社会中两位不同部落的首领炎帝和黄帝。炎帝传说是中国上古时期姜姓部落的首领。炎帝部族自西方游牧进入中原，与以蚩尤为首领的九黎族发生长期的部落间冲突，最后被迫逃避到涿鹿(今河北省)。后来，炎帝部族得到黄帝一族援助，攻杀蚩尤。炎黄两族在阪泉发生了三次大冲突。黄帝一族打败了炎帝一族，由西北进入了中原地区。黄帝一族与炎帝一族又与居住在东方的夷族、南方的黎族、苗族的一部分逐渐融合，形成了春秋时期的华夏族，汉朝以后称为汉族。在当时中原地区的民族和部落中，黄帝一族的力量较强，文化也较高，因而黄帝一族就成了中原文化的代表。炎黄二帝成了汉族的始祖，也被人们称为中华民族的始祖。因而，人们往往称中华民族是“炎黄子孙”。

何谓“海外赤子”？

“赤子”本指婴儿。《尚书·康诰》中有：“若保赤子，惟民其康乂。”《孔颖达疏》中有：“子生赤色，故言赤子。”《孟子·离娄下》中有：“大人者，不失其赤子之心者也。”“赤子”还引申为子民百姓，最早见于《汉书·龚遂传》中“故使陛下赤子，盗弄陛下之兵于潢池中耳”。唐朝贞观年间，唐太宗殿试射箭比赛。大臣们劝道：“人们张弓挟矢立在殿前，距离陛下如此之近，万一有狂妄无知之徒暗中向您发射，您又没有戒备，可大大伤害社稷啊！”唐太宗答道：“王者视四海为一家，封域之内，皆朕赤子，朕一一推心置其腹中，奈何宿卫之士亦加猜忌乎！”据此人们便从中引出“海内赤子”一词。“海外赤子”则是从“海内赤子”转换演变而来。后来“海外赤子”被海外侨胞用以表达他们热爱祖国、向往祖国的赤诚之心。

(资料来源：https://baike.baidu.com/item/%E7%82%8E%E9%BB%84%E5%AD%90%E5%AD%99/349486，作者有删减)

(二) 中华民族的象征

中华民族的概念现在不再是单一的中国各民族的代称，而是一个与中国的民族、地域、历史紧密相连的整体的代称。从爱国主义的角度来看，“中华民族”一词已成为民族精神、民族情感的凝聚和象征。正如费孝通先生所言，五十六个民族已结合成相互依存的统一而不能分割的整体，在这个民族实体里，所有归属的成分都已具有高一层次的民族认同意识，即共休戚、共存亡、共荣辱、共命运的感情和道义。

二、中华民族精神的核心与内涵

民族精神，是指一个民族在长期共同生活和社会实践中形成的，为本民族大多数成员所认同的价值取向、思维方式、道德规范、精神气质的总和。中华民族精神，是中华民族在五千多年的历史长河中，在中华儿女长期改造世界的社会实践中形成的，是推动全国各族人民为实现中华民族伟大复兴而不懈努力的强大动力，是中华民族的灵魂。中华民族精神，积千年之精华，博大精深，根深蒂固，是中华民族生命机体中不可分割的重要成分[①]。在五千多年的发展中，中华民族形成了以爱国主义为核心的团结统一、爱好和平、勤劳勇敢、自强不息的伟大民族精神。中华民族精神具有丰富的内涵，其中每种精神要素都不是完全孤立的，而是相互作用、相互补充的。

(一) 中华民族精神的核心

中华民族史就是一部爱国史。从古至今，一大批爱国志士为了维护祖国统一和民族团结，艰苦奋斗，英勇拼搏，无私奉献，舍小家顾大家，被传为佳话。例如：在古代，文天祥被俘后宁死不屈，从容赴难，留下“人生自古谁无死，留取丹心照汉青”的正气之歌。在近代，吉鸿昌英勇抗日，不幸被捕，在英勇就义前，他用树枝做笔，写下“恨不抗日死，留作今日羞。国破尚如此，我何惜此头！”的气壮山河的绝句。在现代，著名桥梁专家茅以升在美国获得工科博士学位，有人劝他留在美国，说“科学无祖国”，茅以升毅然拒绝。茅以升说：“纵然科学无祖国，科学家却是有祖国的。我是中国人，我的祖国更需要我。”改革开放以来，中国在经济、文化、科技等领域取得了举世瞩目的成就，其国际地位不断上升，其中不乏爱国主义传统的继承。爱国主义是动员和鼓舞炎黄子孙团结奋斗的一面旗帜、一种精神支柱，是推动中华民族前进和发展的巨大动力。

爱国主义是中华民族精神的核心。中华民族精神的内涵都以此为主线来延伸和展开。中华民族有史以来就有对生于斯、长于斯的故土、祖国的一种眷恋之情，这种情感把个人与伟大的祖国联系起来，强化了祖祖辈辈生息繁衍的故土及传统文化的归属感和自豪感。这种感情经过悠久岁月的积淀、世代相传，发展成为爱国主义传统。爱国主义是人们对祖国的一种深厚感情，其主要表现有：对祖国大好河山、文化传统及人民的热爱；强烈的民族自豪感、自尊心和坚定的自信心；具有忧国忧民的博大胸怀；把个人利益和国家、民族利益联系在一起；为祖国的统一、独立、安全、繁荣富强而艰苦奋斗和无私奉献的精神等。

(二) 中华民族精神的内涵

中华民族精神，包括有团结统一和爱好和平的传统，勤劳勇敢和自强不息的美德等丰富内涵。

(1) 团结统一的传统。团结统一是中华民族的立身之本。所谓团结统一，即为

① 江泽民. 论社会主义精神文明建设[M]. 北京：中央文献出版社，1999：146.

了实现共同的目标和理想，各民族在和睦友好、和谐一致的思想和行动中所表现出的凝聚力和向心力。中华民族的团结统一精神源远流长，是五千多年来中华民族生生不息、发展强大的精神支柱。从遥远的古代起，各族人民就建立起了紧密的政治、经济和文化联系。唐朝时期，文成公主入藏，带去了大量的手工艺品、医药书籍及生产技术，促进了吐蕃经济和文化的发展。近代以来，面对西方列强的侵略，各族人民更是同仇敌忾，合力抗敌。例如，在抗日战争时期，彝族、白族、傣族等各族人民在滇西修筑滇缅公路，抗击日寇。这些无不体现了中华民族团结统一的精神。中国是一个统一的多民族国家。中华民族是“由许许多多分散孤立存在的民族单位，经过接触、混杂、联结和融合，同时也有分裂和消亡，逐渐形成的一个你来我去、我来你去、我中有你、你中有我，而又各具个性的多元统一体”[①]。在漫长的历史岁月中，这一多元统一体虽有分合和离乱，但统一的时期远远多于分裂时期，其根本原因就在于中华民族有团结爱国、维护统一、和睦相处的优秀传统。新时期，我国处理民族问题的基本原则是：维护祖国统一，反对民族分裂，坚持民族平等、民族团结、各民族共同繁荣。

(2) 爱好和平的传统。中华民族历来以爱好和平著称于世，“爱好和平”渗透在中华儿女的价值观念、国民性格中，是中华民族精神的重要组成部分[②]。所谓“和平”不仅体现在国与国之间的友好交往、休戚与共上，而且表现在国内各民族以和为贵、携手共进等方面。先秦思想家提出的“亲仁善邻，国之宝也”的思想就反映了古代中华儿女渴望同各国人民友好相处；古代丝绸之路、郑和下西洋是中华民族对外和平交往的历史见证。“以和为贵”深深扎根于我们的民族传统之中，并成为指导中华民族处事的行为准则和道德规范。例如在对外关系上，中华民族坚持独立自主的和平外交方针，奉行睦邻的外交政策，从抗美援朝到抗法援越等，中华民族为国际和平做出了重大贡献。

(3) 勤劳勇敢的美德。中华民族是具有两千多年自然经济的小农社会，悠久的农耕文明培养了广大劳动人的勤劳美德，并使中华儿女重视勤劳，认为“业精于勤，荒于嬉”，强调“民生在勤，勤则不匮”。勇敢是中华儿女广为推崇褒扬的美德，它是面对强暴、艰难困苦时表现的无所畏惧的精神。勤劳勇敢与中华民族精神的其他要素是有机联系在一起的。当一个人有爱国之心，有团结统一和爱好和

① 费孝通. 中华民族多元一体格局[M]. 北京：中央民族学院出版社，1989：1.

② “中国人天生的态度就是宽容和友好，以礼待人并希望得到回报。假如中国人愿意的话，他们将是世界上最强大的国家，但他们希望的只是自由而不是支配。”——英国哲学家罗素

平的精神品格，他的勤劳才有强大的动力，才有真正的意义；他才能在民族生死存亡关头，挺身而出，为维护祖国统一、安全、和平英勇奋斗。今天，我们倡导勤劳勇敢的民族精神，就是要充分调动和发挥中华儿女的主动性、积极性和创造性，艰苦奋斗，为实现现代化和中华民族伟大复兴尽职尽责。

(4) 自强不息的美德。在历史长河中，中华民族历经磨难而不坠，几次面临厄运而不倒，转危为安，依靠的便是自强不息的伟大精神。自强不息反映了中华民族努力向上的拼搏精神，显示中华民族不畏艰险的坚强意志。张岱年先生把“中华民族精神”概括为“自强不息、厚德载物”。它来自《周易·乾·象》的“天行健，君子以自强不息。地势坤，君子以厚德载物。”其意为：天(即自然)的运动刚强劲健，君子处世应像天一样，自我力求进步，刚毅坚卓，发愤图强，永不停息；大地的气势厚实和顺，君子应增厚美德，容载万物。即君子应该像天宇一样运行不息，即使颠沛流离也不屈不挠；接物度量要像大地一样没有任何东西不能承载。

【阅读链接 7-2】

华侨旗帜，民族光辉

许多去厦门旅游的人都会去集美学村、厦门大学。这不仅仅是因为那里景色宜人、英才辈出，是当地的著名人文旅游景点，更重要的还在于，它们都跟一位曾经被毛泽东誉为“华侨旗帜”“民族光辉”的爱国人士陈嘉庚先生联系在了一起。

陈嘉庚先生是伟大的爱国主义者、杰出的华侨领袖、著名实业家、教育家和社会活动家。陈嘉庚于 1874 年 10 月 21 日出生在福建省同安县集美社(现厦门市集美区)。十七岁到新加坡从父经商，后独立经营菠萝罐头厂、米店和橡胶园等。陈嘉庚身居异邦，心怀乡国，经营实业不谋私利，立志报效祖国，故倾资兴办教育等公益事业，以尽国民天职。他认为“教育为立国之本，兴学乃国民天职”。他于 1913 年在家乡创办集美小学，后又增办师范、中学、水产、航海、商业、农业等校，统称为“集美学校”。1921 年，陈嘉庚创办厦门大学，为海内外培养高等人才。他家有数百万财产，晚年却为自己规定极低的伙食标准即每天五角钱，经常吃番薯粥、花生米、豆干、腐乳加上一种鱼。他身体力行的座右铭是“应该用的钱，千万百万也不要吝惜，不应该用的钱，一分也不要浪费。”1952 年定居集美后，他仍继续募资、筹划扩建学校规模。在他的倡导下，许多华侨捐资兴学蔚然成风，影响深远。他重视国内外的华侨子弟教育，为鼓励华侨子弟回祖国升学，倡办集美华侨补习学校。

陈嘉庚赤诚爱国，一心振兴中华。1910 年，他在新加坡参加中国同盟会，募集巨款赞助孙中山革命活动。1937 年抗战爆发后，他组织“南洋各属华侨筹赈祖国难民总会”并被选为主席，领导支持祖国抗日救亡。1938 年，他倡立“南洋华侨筹赈祖国难民总会”，任主席，每年募款达一亿六千多万元，并组织司机和机工三千多人回国为抗战服务。1940 年 3 月，他亲率“南洋华侨回国慰劳视察团”回国慰劳、考察，并冲破国民党政府种种障碍，到达延安，对抗日根据地干部廉洁奉公、军民团结抗战热情称颂，从此断定“中国的希望在延安”。太平洋战争爆发后，他组织“新加坡抗敌动员总会”，动员华侨从各方面积极抗敌，曾屡遭敌人迫害。脱险后，各界人士在重庆举行“陈嘉庚安全庆祝大会”，毛泽东题“华侨旗帜，民族光辉”以褒赠。抗日战争胜利后，陈嘉庚积极投身反蒋反美的民主运动，支持解放战争。

1949 年 9 月，陈嘉庚应邀参加中国人民政治协商会议第一届全体会议，被选为全国政协常委。1950 年回国定居在厦门集美，继续为祖国社会主义建设事业奔忙。他年逾古稀仍不辞劳苦到祖国各地视察，致力于祖国社会主义建设事业，并对推动华侨爱国大团结、支持祖国和家乡建设起到积极作用，临终时仍念念不忘祖国统一大业。陈嘉庚于 1961 年 8 月 12 日在北京病逝，终年八十七岁。在追悼会上，陈毅在吊唁的时候激动地说：“陈嘉庚先生是一个有骨气的中国人。作为华侨领袖来说，他是一个杰出的爱国主义者，追随革命，善始善终，值得后人学习。”陈嘉庚先生去世后，国家给予国葬的哀荣，灵柩运回，安葬于集美“鳌园”中。

(资料来源：贺春旎. 陈嘉庚：“华侨旗帜”“民族光辉”[M]. 福州：福建人民出版社，2016.)

第二节 爱国主义

中华民族的爱国主义传统有悠久的历史渊源，中华民族史就是一部中国人的爱国主义奋斗史。本节的主要内容有两个方面：一是爱国主义的传统；二是爱国主义的内涵与价值。

本节教学目标：系统地认识与了解爱国主义的历史传统与当代价值。

一、爱国主义的传统

爱国主义在古代、近代和现代等不同历史时期，具有不同的表现形式和时代特征。

(一) 古代爱国主义

中国是世界上历史最悠久的国家之一，中华民族的祖先很早就生活在长江、黄河流域。在这片土地上，炎黄子孙为国家的兴旺发达、祖国统一、民族团结、人民利益不屈不挠，英勇斗争，树立起了一座座不朽的爱国主义丰碑。

古代中国爱国主义，主要表现有以下几种。

(1) 维护祖国统一和民族团结。例如，1661 年，中国明末清初的民族英雄郑成功率兵两万五千人、战舰近五百艘，在台湾人民的支持下，经过九个月激战，击败荷兰殖民者，使被荷兰人侵占了 38 年之久的台湾终于回到了祖国的怀抱。

(2) 反抗民族压迫和外来侵略。例如，岳飞“精忠报国”、戚继光抗倭。14 世纪初，日本武士、商人和浪人到中国沿海地区进行武装走私和抢劫烧杀的海盗活动，历史上称之为“倭寇”。在倭寇长期为患之时，明朝军队中涌现了抗倭名将戚继光。戚继光组织训练了三千多人的新军，数次率军大败倭寇。至 1565 年，他军歼灭了浙江东部、福建、广东等地的倭寇。东南沿海倭患完全解除。

(3) 创造灿烂的中华文明。例如，明代医药学家李时珍尝百草，完成了举世闻名的《本草纲目》；将中国文明输往西方的“丝绸之路”；作为古代世界上规模最大的防御建筑工程的万里长城；包括活字印刷术、火药、指南针、造纸术在内的“四大发明”等。关于“四大发明”中的印刷术、火药和指南针，英国哲学家弗兰西斯·培根[①]说过：这三样东西改变了世界的面貌。第一种在文学上，第二种在战争上，第三种在航海上。没有一个帝国、一种宗教、一个赫赫有名的人物，其影响可以超越这三种文明对人类产生更大的力量和影响。

(二) 近代爱国主义

当清政府推行闭关锁国的政策严重阻碍中国经济发展时，工业革命在欧美等西方国家先后完成。迅速崛起的西方资本主义国家为了扩大商品市场、争夺原料产地，把侵略的矛头指向资源丰富的中国。1840 年，以英国为首的殖民者发动了一场旨在瓜分中国的侵略战争。自鸦片战争后，西方列强又陆续发动了数次大规模侵华战争，近代中国沦为半殖民地半封建社会。帝国主义和中华民族的矛盾、封建主义和人民大众的矛盾成为近代中国的两个基本矛盾。这一主要矛盾的变化也标志着中国人民的爱国主义运动进入一个新的历史时期。这段时期，中国人民的爱国主义运动继承了古代爱国主义的优良传统，并表现出新的特征。其主题是救亡图存，维护祖国独立和捍卫祖国领土完整。

近代爱国主义主要体现在以下两点。

(1) 集结在爱国主义旗帜下的各阶层人士的英勇斗争。在近代，国家被瓜分剥

---

① 培根(Francis Bacon，1561—1626)，英国文艺复兴时期散文家、哲学家。英国唯物主义哲学家，实验科学的创始人，是近代归纳法的创始人，又是给科学研究程序进行逻辑组织化的先驱。著有《新工具》《论科学的增进》《学术的伟大复兴》等。

削、领土被侵吞、人民被奴役、财富被掠夺的残酷现实激发了一大批爱国者的爱国之情。这些爱国者来自不同的阶层，代表不同的利益，但是在爱国主义旗帜下，他们通过不同的方式投入了为抵抗侵略、振兴中华的斗争中。例如，1900 年爆发的义和团运动，该运动是一场以农民群众为主体的反帝爱国运动；林则徐的正义禁烟运动，林则徐是地主阶级中爱国将领的典型代表；以康有为、梁启超为代表的资产阶级改良派推动的维新变法运动；1919 年在北京发生的一场以青年学生为主，广大群众、市民、工商人士等共同参与的五四运动；以工人阶级为阶级基础的中国共产党积极领导中国人民的抗日战争与解放战争等。

(2) 把救亡图存和向西方学习相结合。近代先进的爱国者为了实现富国强兵的目的，并没有把抵抗帝国主义的侵略和学习他们先进的技术与文化对立起来。有部分爱国者甚至认识到，西方列强既是侵略者，也是先进文化、技术的拥有者，若想抵抗侵略，必须向自己的对手学习。例如，魏源提出的“师夷长技以制夷”的思想，意即学习西方先进技术，抵抗侵略，克敌制胜，使中国富强起来；以孙中山为代表的资产阶级革命派学习西方先进的政治制度，通过革命的手段推翻封建专制，实行民主共和；以毛泽东为代表的中国共产党人，接受和学习马克思列宁主义，并在其指导下组织和领导了无数次反抗列强侵略和反对封建主义剥削的斗争，最后推翻了三座大山，实现了民族独立和团结的目标，建立了中华人民共和国。

(三) 现代爱国主义

自中华人民共和国成立至今，中国人民不仅成了国家的主人，而且在经济、文化等方面也获得了较大程度的满足，综合国力日益增强，香港和澳门相继回归。中华人民共和国成立后，爱国主义与维护国家主权、安全和国家发展利益联系在了一起。

爱国主义与拥护祖国统一。中华人民共和国成立后，爱国是最基本的政治原则。中国宪法规定公民有“维护国家统一和各民族团结的义务”，有“维护祖国安全、荣誉和利益的义务，不得有危害祖国的安全、荣誉和利益的行为”。热爱自己的祖国不仅是一个道德问题，更是一个政治原则问题。爱国主义与维护国家安全、拥护国家统一紧密联系在一起。在拥护祖国统一问题上，邓小平同志指出：“港澳、台湾、海外的爱国同胞，不能要求他们都拥护社会主义，但是至少也不能反对社会主义的新中国，否则怎么叫爱祖国呢？”①作为港澳、台湾、海外的中华儿女，不要求其拥护祖国大陆实行的社会主义制度，但不能损害社会主义祖国的利益，不能不拥护祖国统一。台湾是中国领土不可分割的一部分，世界上只有一个中国，应维护祖国统一之同、存意识形态之异。

中国政府重视巩固和发展爱国统一战线，将其作为全面建成小康社会、实现现代化、实现中华民族伟大复兴中国梦的重要法宝。新时期的爱国统一战线包括两个范围的联盟：一个是大陆范围内，以爱国主义和社会主义为政治基础的团结全体劳动者、建设者和爱国者的联盟，这是统一战线的主体和基础；另一个是大陆范围以外的，以爱国和拥护祖国统一为政治基础的团结台湾同胞、港澳同胞和海外侨胞的联盟，这是统一战线的重要组成部分。

经济全球化下的爱国主义。所谓“经济全球化”，是指生产要素以空前的速度和规模在全球范围内流动，以寻求相应的位置进行最佳的资源分配。经济全球化作为当今时代发展的重要趋势，是国家社会中影响民族国家行为的重要力量。它是一把“双刃剑”，在极大地促进各国经济发展的同时，也带来了挑战。有人提出疑问：经济全球化下爱国主义是否已经过时？在经济全球化背景下，科学技术的发展和利用是跨国界的，商品在全世界销售，资本跨国界流动，信息跨国界共享，各国公民在世界范围内不断流动。以欧盟为例，欧盟实行统一的对外贸易政策，使用统一的货币，其商品、资本、劳动力自由流动，从一国到另一国没有繁杂的手续。其他各国在全球化背景下，也在不断尽力打破贸易壁垒。所以，在经济全球化背景下，人力、资本、商品等都在不断超越民族国家的界限，不断对民族国家的主权提出挑战。另外，在全球化的今天，更多的人有了机会和条件出国留学、旅游、移民等，他们接触到很多与我们的价值观迥异，甚至是对立的价值观、世界观。随着外来文化的进入，有些年轻人搞不清楚哪些文化传统是本民族的，哪些是外来的，以至于造成文化认同和传承上的危机。

那么，民族国家的概念会不会慢慢淡化直至消失呢？爱国主义今天会不会已经过时了呢？事实上，爱国主义没有过时，也不会过时。虽然在经济全球化进程中会出现超越民族国家界限的现象，但是，民族国家依然是国际交往、国际经济和政治生活的主体。各发达国家在享受经济全球化带来的利益的同时，也在坚持和凭借国家主权来避免全球化给自己国家带来的危害，且这种维护民族利益的努力不仅没有减退，反而在增多。另外，由于经济全球化是在西方发达国家主导下

① 邓小平. 关于思想战线上的问题的谈话[A]，邓小平文选(第二卷)[M]. 北京：人民出版社，1994：392.

进行的，发展中国家在其中处于被动和弱势地位，往往受到西方发达国家的威胁甚至沦为其附庸。发展中国家为了摆脱对发达国家的依附地位，更是会将国家作为维护本国利益、抗衡大国控制的最具实力的权威力量。在经济全球化时代，国家不是全球化的牺牲品，而是其推动者和保护者。只要国家在，爱国主义就有坚实的基础。

经济全球化背景下如何弘扬爱国主义传统？中国现代著名历史学家钱穆说："我认为中国五千年来，传统相承所建立的和平统一的民族国家，这是人类稀有的杰出伟大的贡献。"①在经济全球化背景下，我们依然需要弘扬爱国主义传统，需要倡导爱国主义。一方面，我们需要把全球意识与爱国主义结合起来。经济全球化的浪潮势不可挡，世界经济越来越形成一个整体，这是我们不可回避、需要承认和接受的现实。我们参与全球化并不意味着我们要屈从于西方霸权，并不意味着可以放弃自己的民族利益。相反，我们更要以维护本民族和国家的利益为己任，更要培养和发扬爱国主义精神。只有倡导和坚持爱国主义，一个国家才能在经济全球化下，正确处理引进和保护民族经济的关系，才能认清以美国为首的西方国家实行的贸易保护主义的实质，才会理性地参与国际经济竞争和合作，维护国家安全和利益。另一方面，我们要以理性的姿态参与全球化进程。在全球化背景下，国与国之间的联系会更紧密，一国的国民与其他国家的国民之间的接触、交流也越来越多。在这样的背景下，我们在强调自己爱自己的祖国时，还需要接受别人爱他们的国家。另外，要避免狭隘的民族主义。狭隘民族主义往往对本民族进行过度的颂扬和崇拜，而拒绝接受其他民族、国家的先进东西，盲目排外，闭关锁国。

二、爱国主义的内涵与价值

(一) 爱国主义的内涵

目前国内外对"爱国主义"尚无统一的界定，比较普遍的看法是，爱国主义是对祖国的忠诚与热爱，核心是关心和维护国家与民族的生存发展、繁荣富强等根本利益。"爱国主义"是爱国主义情感、爱国主义觉悟和爱国主义行为的统一。其中，爱国主义觉悟是爱国主义情感和行为的中介。爱国主义情感具有朴素性和情绪化的特点，它需要理性的爱国主义觉悟的规范和约束，否则就可能引发不理智的爱国行为。爱国主义行为需要爱国主义觉悟的指导。理性的爱国主义行为需要有正确的爱国主义觉悟的指导、支配。由此，爱国主义行为所产生的作用力方

① 茅家琦. 台湾三十年[M]. 郑州：河南人民出版社，1988：442.

向才会与社会历史发展方向相一致，而不会阻碍历史的进步和民族的发展。

1. 爱国主义情感

爱国主义情感是爱国主义的基础，是个体与祖国依存关系的反映。每个人都需要在社会中获得生存发展的物质条件和精神家园。这一切的实现离不开祖国，并首先得之于祖国。爱国主义情感是人们对祖国的一种直接感受和情绪体验，表现形式是多样化的。爱国主义情感是李白“床前明月光，疑是地上霜。举头望明月，低头思故乡”中所表达的“月是故乡明”的情愫；是肖邦在自己的祖国波兰遭受沙皇奴役时，带走的一只装满祖国泥土的银杯，是他创作的表达爱国主义情感的诸多钢琴作品；是遍布世界各地的中华儿女、炎黄子孙的情系故土；是画家吴冠中的那幅画《根》[①]；是当代诗人王怀让的《我骄傲，我是中国人》；是诗人艾青的《我爱这土地》。所有人对祖国的热爱和忠诚都是从他们生活的土地上、从父老乡亲开始的。对家乡山山水水的眷恋、“老乡见老乡，两眼泪汪汪”的这种直观、朴素的思乡情是爱国主义情感产生的基础。随着社会实践范围的不断扩大和这种朴素的家园情感的日积月累，人们逐步从对故乡的爱扩展到对民族和国家的爱，从对故土的眷恋之情扩展到对民族和国家的归属感，并逐步树立起对民族和国家的自信心、自尊心和自豪感。

2. 爱国主义觉悟

爱国主义情感是一种对祖国的直接“感觉”和情绪体验。爱国主义觉悟则是一种对个人与祖国关系的深刻理解和认识，是对祖国的历史、现状、国际关系以及个人与祖国的关系的一种科学的理性认识。毛泽东同志在《实践论》中说：“感觉到了的东西，我们不能立刻理解它，只有理解了的东西才更深刻地感觉它。感觉只解决现象问题，理论才解决本质问题。”只有当人们真正意识到个人与祖国的关系，个人对祖国应尽的义务时，爱国主义情感才会更坚定、自觉和牢固，也才会主动外化为爱国主义行为。爱国主义觉悟的培养，需要我们做到三点：将爱国主义作为调整个人与国家、民族关系的最基本的道德规范；将爱国主义作为正确认识个人与祖国价值关系的人生价值准则，强调将自己与国家命运联合在一起，以实现祖国的独立、富强繁荣为己任，自觉服从国家的需要，维护国家的利益；将爱国主义作为一个重要的政治原则。“皮之不存，毛将焉附”，爱国是社会政治稳定的需要，是人民安居乐业的需要。

① 吴冠中对其画《根》的解释：“隔海的骨肉同胞在寻根，流落异国的亲人要叶落归根。现在有的年轻人想远走高飞，但我相信他们即使走得很远、很远，但还是要归根，会回来报效祖国的。”

爱国主义体现了每一个中华儿女对祖国的责任，这种责任不仅是社会发展的客观要求，也是每一个人自身发展的客观需要。一个人能够成为什么人，应该成为什么人，在很大程度上要依赖于社会，依赖于生于斯、长于斯的祖国。祖国给个人的成长发展创造条件，为个人实现人生价值的征程指明方向。伟大的人生目标往往产生于对祖国深沉的爱。一个人对祖国爱得越深，其历史责任感就越强，人生目标就越明确，人生信念就越坚定。周恩来说过“为中华之崛起而读书。”詹天佑说过“各出所学，各尽所知，使国家富强不受外侮，足以自立于地球之上。”鲁迅说过“惟有民魂是值得宝贵的，惟有它发扬起来，中国才有真进步。”古往今来，每一个时代都有若干历史风流人物，有政治家、科学家、文学家。这些历史人物被载入史册，无一不是忠诚的爱国者，无一不是因为他们心中常常怀揣着一颗滚滚的赤子之心。爱国主义是中华民族的优良传统,继承和弘扬爱国主义优良传统是每个中国人的基本要求。

3. 爱国主义行为

爱国主义行为是人们身体力行，通过维护民族和国家利益、报效祖国的实际行动来实践爱国情感和爱国觉悟。一方面，爱国主义行为受爱国主义情感和爱国主义觉悟的指导。因为人是社会动物，其一举一动都受到一定社会观念的指导和约束。另一方面，爱国主义行为是爱国主义情感和爱国主义觉悟的客观外化，是其落脚点和归宿，也是爱国主义的最终目的。爱国主义行为是衡量一个人到底是不是爱国者的重要标准。把“爱国”停留在“口头”上的人，即空谈爱国的人不会真正地爱国。只有将爱国之情、爱国之心化作爱国之行，做到爱国的情感、觉悟和行为一致的人，方可称为一个真正的爱国主义者。

(二) 爱国主义的价值

对于任何一个多民族国家，国家统一和民族团结始终代表了社会历史的发展方向，代表了各族人民的共同心愿。每个国家都把维护祖国统一和民族团结作为爱国主义的重要内容。爱国主义的价值主要体现在以下四个方面：国家和民族兴旺发达的精神支柱；祖国统一和民族团结的精神纽带；中华民族伟大复兴的强大动力；实现人生价值的力量源泉。

1. 国家和民族兴旺发达的精神支柱

古埃及、古巴比伦、古印度和古中国是人类文明最早诞生的地区，是世界四大文明古国。在这四大文明古国中，只有中华文明历经沧桑而从未间断，其他三个古文明都已消失。早在19世纪，德国哲学家黑格尔在比较了各个文明古国的发展史之后就曾断言，只有黄河、长江流过的那个中华帝国是世界上唯一持久的国家。一百年后，英国著名学者罗素也发出类似的惊叹："自孔子以来，埃及、巴比伦、波斯、马其顿，包括罗马的帝国，都消亡了；但是中国却以持续的进化生存下来了。"[①]中华文明得以绵延几千年而不曾间断有着非常复杂的原因。可以肯定的是，中华民族之所以顽强地走到今天，一个非常重要的原因就是千百年来中华民族的爱国主义传统从形成到不断地延续、积淀和发展，既塑造着整个中华民族的精神品格，也深深地印刻在中国人民的民族意识中。正因为如此，才有了"天下兴亡，匹夫有责""以国家之务为己任""苟利国家生死以，岂因祸福避趋之"的豪言壮语。千百年来，正是这些传统和美德不断发扬光大，成为激励炎黄子孙为祖国和民族兴旺发达而奋斗的道德规范、精神力量。

2. 祖国统一和民族团结的精神纽带

自古至今，爱国主义作为凝聚中华民族的伟大精神力量，使广大中国人民团结在一起，使中国虽经内忧外患但仍巍然屹立。经过长期的发展，爱国主义发展为内涵多元的民族情感，并根植于炎黄子孙的思想观念深处。在爱国主义中，"国"的含义是宽泛的：从"国籍"角度，"国"是指"国家"；从历史的"祖籍"角度，"国"是指祖先开辟的生存之地，后经生生不息地传宗接代繁衍至今而形成的疆域，即"祖籍国"。历史上，"祖国"二字就有"祖先的国度"之意。从第二个界定可以看出，中国也是外籍华人的祖国。对于中国人来说，不管是土生土长的内地中国人，还是港澳台同胞和海外的华侨、拥有中国血统的华人，都应该为自己是中华民族的成员而感到无比自豪，并承担起实现中华民族伟大复兴的历史责任。

爱国主义是中华民族悠久的优良传统。中华民族有酷爱自由、追求进步、维护民族尊严和国家主权的光荣传统。对外来侵略者无比痛恨，对卖国求荣的民族败类无比鄙视，对爱国仁人志士无比崇敬，爱国已经成为我们宝贵的民族性格。千百年来，这种民族精神已成为中华民族的名片，成为一种道德规范和政治原则，为维护祖国统一和增进民族团结发挥着巨大作用。中华民族是一个多民族的统一体，由五十六个民族组成。历史上，中国经历过多次分裂，但分久必合，统一始终是主流。例如，春秋时期，诸侯压倒天子，出现了政治上分裂割据的局面，到了战国时代，战乱不已，民不聊生。秦始皇凭借秦国强大的经济和军事实力，于公元前221年建立秦朝，完成了祖国统一大业。据统计，在漫长的历史发展过程

① [英]罗素. 中国问题[M]. 秦悦，译. 上海：学林出版社，1996：10.

中，统一约占三分之二以上的时间，分裂割据则占不到三分之一的时间，而且越到后期，分裂的时间越短……这充分说明，在中华民族五千年的文明史上，统一是历史发展的主流。维护祖国统一和民族团结是中华民族的人心所向，是中华民族爱国主义的光荣传统。

3. 中华民族伟大复兴的强大动力

近代以后，中国逐步成为半殖民地半封建社会，国家蒙辱、人民蒙难、文明蒙尘，中华民族遭受了前所未有的劫难。中国共产党一经诞生，就把为中国人民谋幸福、为中华民族谋复兴确立为自己的初心使命。一百年来，中国共产党团结带领中国人民进行的一切奋斗、一切牺牲、一切创造，归结起来就是一个主题：实现中华民族伟大复兴。党的十八大以来，中国特色社会主义进入新时代，实现第一个百年奋斗目标，明确实现第二个百年奋斗目标的战略安排，党和国家事业取得历史性成就、发生历史性变革，为实现中华民族伟大复兴提供了更为完善的制度保证、更为坚实的物质基础、更为主动的精神力量。中华民族迎来了从站起来、富起来到强起来的伟大飞跃。[①]实现中华民族的伟大复兴，既是新时代的宏伟奋斗目标，也是新时代爱国主义的历史主题。在实现中华民族伟大复兴的历史进程中，爱国主义具有很强的凝聚力和感召力，是动员和鼓舞人民群众团结奋斗的一面旗帜，激发广大人民群众的爱国主义热情，弘扬以爱国主义为核心的民族精神和以改革创新为核心的时代精神，加强中华儿女大团结，凝聚起全体中国人民实现中华民族伟大复兴的磅礴力量，投入全面建设社会主义现代化国家的伟大事业，万众一心，自强不息，艰苦奋斗，顽强拼搏，就一定能战胜任何困难，实现人民所企盼的中华民族伟大复兴的目标。实现中华民族的伟大复兴，既是新时期的宏伟奋斗目标，也是新时期爱国主义的历史主题。在实现中华民族伟大复兴的历史进程中，爱国主义具有很强的凝聚力和感召力，是动员和鼓舞人民群众团结奋斗的一面旗帜，有利于将人民群众的爱国热情凝聚到实现中华民族的伟大复兴上来。

中华人民共和国成立后，我们虽然取得了民族独立，但有关国家主权和安全的斗争并未停止。爱国主义一个非常重要的内容就是维护国家主权和安全。20世纪末，按照邓小平同志“一国两制”的基本方针，香港和澳门顺利回归祖国，这是祖国和平统一大业的伟大胜利。但是，至今台湾问题尚未解决，海峡两岸仍被人为分割。这种情况严重违背了中华民族的爱国主义传统和包括台湾同胞在内的中国各族人民的愿望，只有祖国完全统一才有民族的全面振兴。实现中华民族的

① 习近平在庆祝中国共产党成立100周年大会上的讲话[N]. 人民日报，2021-07-01(第1版).

伟大复兴，需要继续发扬爱国主义精神，需要在促进祖国完全统一方面做出更多的努力。

4. 实现人生价值的力量源泉

爱国主义体现了每一个中华儿女对祖国的责任，这种责任不仅是社会发展的客观要求，也是每一个人自身发展的客观需要。一个人能够成为什么人，应该成为什么人，在很大程度上要依赖于社会，依赖于生于斯、长于斯的祖国。祖国给个人的成长发展创造条件，为个人实现人生价值的征程指明方向。伟大的人生目标往往产生于对祖国深沉的爱。一个人对祖国爱得越深，其历史责任感就越强，人生目标就越明确，人生信念就越坚定。周恩来说过："为中华之崛起而读书。"詹天佑说过："各出所学，各尽所知，使国家富强不受外侮，足以自立于地球之上。"鲁迅说过："惟有民魂是值得宝贵的，惟有它发扬起来，中国才有真进步。"古往今来，每一个时代都有若干历史风流人物，有政治家、科学家、文学家。这些历史人物被载入史册，无一不是忠诚的爱国者，无一不是因为他们心中常常怀揣着一颗滚滚的赤子之心。爱国主义是中华民族的优良传统,继承和弘扬爱国主义优良传统是每个中国人的基本要求。

习近平总书记说："未来属于青年，希望寄予青年。一百年前，一群新青年高举马克思主义思想火炬，在风雨如晦的中国苦苦探寻民族复兴的前途。一百年来，在中国共产党的旗帜下，一代代中国青年把青春奋斗融入党和人民事业，成为实现中华民族伟大复兴的先锋力量。新时代的中国青年要以实现中华民族伟大复兴为己任，增强做中国人的志气、骨气、底气，不负时代，不负韶华，不负党和人民的殷切期望！"①

第三节　新时代爱国主义教育

新时代爱国主义教育，对于振奋民族精神、凝聚全民族力量，夺取新时代中国特色社会主义伟大胜利，实现中华民族伟大复兴的中国梦，具有重大而深远的意义。本节的主要内容有两个方面：一是教育要求；二是教育内容。

本节教学目标：通过学习，系统地认识新时代爱国主义教育的总体要求，认识新时代爱国主义教育思想体系，弘扬新时代爱国主义。

---

① 习近平在庆祝中国共产党成立100周年大会上的讲话[N]. 人民日报，2021-07-01(第1版).

一、教育要求

新时代爱国主义教育的指导思想，是坚持以马克思列宁主义、毛泽东思想、邓小平理论、“三个代表”重要思想、科学发展观、习近平新时代中国特色社会主义思想为指导，增强“四个意识”，坚定“四个自信”，做到“两个维护”，着眼培养担当民族复兴大任的时代新人，始终高扬爱国主义旗帜，着力培养爱国之情、砥砺强国之志、实践报国之行，使爱国主义成为全体中国人民的坚定信念、精神力量和自觉行动。

坚持用习近平新时代中国特色社会主义思想武装全党、教育人民。习近平新时代中国特色社会主义思想，是马克思主义中国化最新成果，是党和人民实践经验和集体智慧的结晶，是中国特色社会主义理论体系的重要组成部分，是全党全国人民为实现中华民族伟大复兴而奋斗的行动指南，必须长期坚持并不断发展。要深刻理解习近平新时代中国特色社会主义思想的核心要义、精神实质、丰富内涵、实践要求，不断增强干部群众的政治意识、大局意识、核心意识、看齐意识，坚决维护习近平总书记党中央的核心、全党的核心地位，坚决维护党中央权威和集中统一领导。要紧密结合人们生产生活实际，推动习近平新时代中国特色社会主义思想进企业、进农村、进机关、进校园、进社区、进军营、进网络，真正使党的创新理论落地生根、开花结果。要在知行合一、学以致用上下功夫，引导干部群众坚持以习近平新时代中国特色社会主义思想为指导，展现新气象、激发新作为，把学习教育成果转化为爱国报国的实际行动。

坚持爱党爱国爱社会主义相统一。中国共产党是爱国主义精神最坚定的弘扬者和实践者，一百年来，中国共产党团结带领全国各族人民进行的革命、建设、改革实践是爱国主义的伟大实践，写下了中华民族爱国主义精神的辉煌篇章。新中国是中国共产党领导的社会主义国家，祖国的命运与党的命运、社会主义的命运密不可分。当代中国，爱国主义的本质就是坚持爱国和爱党、爱社会主义高度统一。要区分层次、区别对象，引导人们深刻认识党的领导是中国特色社会主义最本质特征和最大制度优势，坚持党的领导、坚持走中国特色社会主义道路是实现国家富强的根本保障和必由之路，以坚定的信念、真挚的情感把新时代中国特色社会主义一以贯之进行下去。

二、教育内容

新时代爱国主义教育内容，主要有以下两个方面。

(一) 中国梦的鲜明主题

习近平总书记在主持中央政治局第二十九次集体学习时指出："实现中华民族伟大复兴的中国梦，是当代中国爱国主义的鲜明主题。"这一重要论述，对于我们正确认识、深刻理解中国梦及其与当代中国爱国主义的关系，具有重要理论指导和实践引领意义。新时代爱国主义教育，要把实现中华民族伟大复兴的中国梦作为鲜明主题。新时代爱国主义教育，要深入开展中国梦教育，引导人们深刻认识中国梦是国家的梦、民族的梦，也是每个中国人的梦，深刻认识中华民族伟大复兴绝不是轻轻松松、敲锣打鼓就能实现的，要付出更为艰巨、更为艰苦的努力，争做新时代的奋斗者、追梦人。

在中国特色社会主义道路上实现中华民族伟大复兴。中国共产党是中国工人阶级的先锋队，同时，是中国人民和中华民族的先锋队。中国共产党以实现社会主义，共产主义为奋斗目标，承担着实现中华民族伟大复兴的历史使命。坚持和发展中国特色社会主义，集中体现着实现社会主义、共产主义与实现中华民族伟大复兴的有机结合。在中国特色社会主义道路上实现中华民族伟大复兴，需要一代又一代中国共产党人带领人民接续奋斗。

实现中华民族伟大复兴是中国共产党人的历史使命。领导中华民族走向复兴，不仅是中国近代历史发展赋予中国共产党人的历史使命，更是中国共产党人的自觉选择与主动担当。中国共产党自诞生之日起，就把为中国人民谋幸福、为中华民族谋复兴作为初心和使命。党的性质、理想和宗旨，注定了她必须以实现民族独立、国家富强为己任，为实现民族复兴倾注全部智慧和心血；注定了她必须紧紧团结和依靠最广大的人民群众，从中获取推动历史进步的巨大力量。为了实现中华民族伟大复兴的历史使命，无论是弱小还是强大，无论是顺境还是逆境，中国共产党都初心不改、矢志不渝，敢于克服任何困难，甘于付出任何牺牲，勇于修正任何错误，团结带领中国人民进行新民主主义革命、社会主义革命和社会主义建设、改革开放新的伟大革命，中华民族迎来了从站起来、富起来到强起来的伟大飞跃。事实证明，正是在中国共产党领导下，中华民族才彻底摆脱了任人宰割的悲惨局面，中国人民才彻底告别了贫穷落后的羸弱状态。在当代中国，只有中国共产党能够带领中国人民实现民族复兴的历史伟业。党的十八大以来，以习近平同志为核心的党中央接过历史接力棒，团结带领全党全国各族人民统筹推进"五位一体"总体布局，协调推进"四个全面"战略布局，推动党和国家事业取得历史性成就，发生历史性变革，中国特色社会主义进入新时代，全面建成了小康社会，中华民族伟大复兴迎来前所未有的光明前景。与此同时，我国改革进入深水区，面对的都是难啃的硬骨头；发展进入矛盾凸显期，各种风险考验交织叠加。正如习近平同志指出的，“我们现在所处的，是一个船到中流浪更急。人到半山路更陡的时候，是一个逾进逾难，逾进逾险而又不进则退，非进不可的时候。”①在此关键的历史节点上，唯有中国共产党能够发挥思想上、政治上的主心骨作用，保持政治定力，凝聚起全党全国各族人民的磅礴力量，继续朝着中华民族伟大复兴的目标奋勇前进。

中国梦的本质是国家富强、民族振兴、人民幸福。党的十九大指出:“实现中华民族伟大复兴是近代以来中华民族最伟大的梦想。”②这一伟大梦想有着深厚的历史积淀和丰富的思想内涵，凝聚了几代中国人的夙愿，体现了中华民族和中国人民的整体利益，是每一个中华儿女的共同期盼。2012 年 11 月，习近平同志率领十八届中央政治局常委会全体同志和中央书记处同志参观《复兴之路》展览时，首次提出了中国梦的概念。2013 年 3 月，在第十二届全国人民代表大会第一次会议上的讲话中，习近平同志指出“实现中华民族伟大复兴的中国梦，就是要实现国家富强、民族振兴、人民幸福，既深深体现了今天中国人的理想，也深深反映了我们先人们不懈追求进步的光荣传统”③，进一步阐明了中国梦的基本内涵。

中国梦内涵丰富、意蕴深远，最鲜明的特点是“使国家、民族和人民的命运紧密相连，把国家的追求、民族的向往和人民的期盼融为一体”。④习近平同志指出:“历史告诉我们，每个人的前途命运都与国家和民族的前途命运紧密相连。国家好、民族好，大家才会好。”⑤从国家层面看，中国梦就是强国梦，要彻底摆脱国家贫弱，全面建设社会主义现代化强国；从民族层面看，中国梦就是振兴梦，要彻底摆脱落后，使中华民族更加坚强有力地自立于世界民族之林，为人类追求和平与进步的崇高事业做出更大贡献；从人民层面看，中国梦就是富裕梦，要彻底摆脱贫困，努力过上更加美好的生活。中国梦是国家的梦，是民族的梦，归根到底是人民的梦。⑥人民是中国梦的主体，是中国梦的创造者和享有者。中国梦最

---

① 习近平. 论坚持全面深化改革[M]. 北京：中央文献出版社，2018：524.

② 本书编写组. 中国共产党第十九次全国代表大会文件汇编[M]. 北京：人民出版社，2017：11.

③ 中共中央文献研究室. 十八大以来重要文献选编(上) [M]. 北京：中央文献出版社，2014：234.

④ 中共中央党校(国家行政学院). 习近平新时代中国特色社会主义思想基本问题[M]. 北京：人民出版社、中共中央党校出版社，2020：66.

⑤ 中共中央文献研究室. 习近平关于实现中华民族伟大复兴的中国梦论述摘编[M]. 北京：中央文献出版社，2013：3-4.

⑥ 中共中央党校(国家行政学院). 习近平新时代中国特色社会主义思想基本问题[M]. 北京：人民出版社、中共中央党校出版社，2020：66-67.

深沉的根基在中国人民心中，必须紧紧依靠人民来实现。实现中华民族伟大复兴，不是哪一个人，哪一部分人的梦想，而是全体中国人民共同的追求；中国梦的实现，不是成就哪一个人，哪一部分人，而是造福全体人民。习近平同志强调，一切有志于这项伟大事业的人们都可以大有作为，都应“自觉把人生理想、家庭幸福融入国家富强、民族复兴的伟业之中，把个人梦与中国梦紧密联系在一起”①。每个人都是中国梦的参与者、书写者，共同享有人生出彩的机会；每个人向着梦想的不断努力，又都是实现伟大中国梦的一份力量。

中国人民的梦想同各国人民的梦想息息相通。中国梦是和平、发展、合作、共赢的梦。中国将在实现中国梦的过程中，同世界各国一道，推动各国人民更好实现自己的梦想。实现中国梦离不开和平的国际环境和稳定的国际秩序，离不开各国人民的理解、支持、帮助。在实现中国梦的进程中，“我们将始终不渝走和平发展道路，始终不渝奉行互利共赢的开放战略，不仅致力于中国自身发展，也强调对世界的责任和贡献；不仅造福中国人民，而且造福世界人民”②。中国的发展，是世界和平力量的壮大，是传递友谊的正能量。习近平同志指出：“中国发展必将寓于世界发展潮流之中，也将为世界各国共同发展注人更多活力，带来更多机遇。”③历史将证明，实现中国梦给世界带来的是机遇不是威胁，是和平不是动荡，是进步不是倒退。

实现中国梦，必须坚持中国道路、弘扬中国精神、凝聚中国力量。习近平同志在第十二届全国人民代表大会第一次会议上的讲话中明确提出，实现中国梦，必须走中国道路，弘扬中国精神，凝聚中国力量。④

必须坚持中国道路。中国道路就是中国特色社会主义道路。历史和现实告诉我们，道路决定命运，找到一条正确的道路极不容易。改革开放以来，中国共产党总结历史经验，不断艰辛探索，终于找到了实现中华民族伟大复兴的正确道路，这就是中国特色社会主义道路。中国特色社会主义道路，就是在中国共产党领导下，立足基本国情，以经济建设为中心，坚持四项基本原则，坚持改革开放，解

① 中共中央文献研究室. 习近平关于实现中华民族伟大复兴的中国梦论述摘编[M]. 北京：中央文献出版社，2013：15-16.

② 中共中央文献研究室. 习近平关于实现中华民族伟大复兴的中国梦论述摘编[M]. 北京：中央文献出版社，2013：70.

③ 习近平. 共倡开放包容 共促和平发展——在伦敦金融城市长晚宴上的演讲[M]. 北京：人民出版社，2015：7.

④ 中共中央党校(国家行政学院). 习近平新时代中国特色社会主义思想基本问题[M]. 北京：人民出版社、中共中央党校出版社，2020：68-70.

放和发展社会生产力，建设社会主义市场经济、社会主义民主政治、社会主义先进文化、社会主义和谐社会、社会主义生态文明，促进人的全面发展，逐步实现全体人民共同富裕，建设富强民主文明和谐美丽的社会主义现代化强国。这条道路的内涵与指向，与实现民族复兴的宏伟目标完全一致，高度统一。实践充分证明，这是一条适合中国国情，引导中国发展进步的光明大道，对实现中华民族伟大复兴的中国梦具有决定性意义。这条道路使中华民族大踏步赶上时代前进潮流，使中国人民和中华民族为世界和平与发展做出了越来越多的贡献。

必须弘扬中国精神。中国精神就是以爱国主义为核心的民族精神和以改革创新为核心的时代精神。人无精神不立，国无精神不强。中国精神就是凝聚中华民族力量的兴国之魂、强国之魂。伟大民族精神是中国人民在长期奋斗中培育、继承、发展起来的，其核心是爱国主义，其主要内容是团结统一，爱好和平、勤劳勇敢、自强不息，其具体体现为伟大创造精神，伟大奋斗精神、伟大团结精神、伟大梦想精神。正是凭着伟大民族精神，中华民族创造和发展了灿烂的中华优秀传统文化，为中国发展和人类文明进步提供了强大精神动力。历久弥新的伟大民族精神，是坚定“四个自信”的底气，是中国前行的根本力量。改革开放以来，党在领导人民进行的创新实践中，为中国精神注入了新的时代内涵，这就是以改革创新为核心的时代精神。中国特色社会主义道路的开辟，中国特色社会主义理论体系的形成，中国特色社会主义制度的不断完善，中国特色社会主义文化的不断发展，闪耀着这一时代精神的光芒。改革创新的时代精神，已成为中国特色社会主义最重要的品格，是中国特色社会主义具有蓬勃生命力的根本所在。在实现中国梦的新征程上，只有大力弘扬伟大民族精神和时代精神，使中国精神成为推动社会发展进步的内在精神支撑，成为增强全国人民团结奋斗的精神纽带、自强不息的精神动力，才能谱写中华民族伟大复兴的精彩乐章。

必须凝聚中国力量。中国力量就是中国各族人民大团结的力量。其中，中国共产党是核心力量。没有共产党这一马克思主义先进政党的领导，中国各族人民就没有主心骨，就难以形成凝聚力。凝聚中国力量，必须在中国共产党领导下，巩固和发展最广泛的爱国统一战线，把一切可以团结的力量团结起来，把一切可以调动的积极因素调动起来，充分激发每个人的进取心和创造力，充分调动各个社会阶层和社会群体的主动性和创造性。人民群众是主体力量，中国力量从根本上说就是中国各族人民团结奋斗的力量，就是十四亿中国人心往一处想、劲往一处使汇聚起来的力量。人民群众对美好生活的向往，对人生出彩机会的渴望，对梦想成真的追求，蕴含着无穷的奋斗潜力和创造活力。中华儿女万众一心、众志成城，实现梦想的力量就无比强大，每一个人为实现梦想的努力就拥有广阔空间，中华民族伟大复兴的中国梦就一定能够实现。

(二) 爱国主义教育专题内容

新时代爱国主义教育内容，主要有以下几个专题内容：爱国主义与中国道路；爱国主义与中国精神；爱国主义与中国力量；爱国主义与中国经验；爱国主义与国情教育、形势政策教育；爱国主义与文化认同；爱国主义与国家安全、国防教育；爱国主义与祖国统一。①

(1) 爱国主义与中国道路。中国道路就是中国特色社会主义道路。新时代爱国主义教育要深入开展中国特色社会主义教育。中国特色社会主义集中体现着国家、民族、人民的根本利益。要高举中国特色社会主义伟大旗帜，用党领导人民进行伟大社会革命成果说话，用改革开放以来社会主义现代化建设的伟大成就说话，用新时代坚持和发展中国特色社会主义的生动实践说话，用中国特色社会主义制度的优势说话，在历史与现实、国际与国内的对比中，引导人们深刻认识中国共产党为什么“能”、马克思主义为什么“行”、中国特色社会主义为什么“好”，牢记红色政权是从哪里来的、新中国是怎么建立起来的，倍加珍惜我们党开创的中国特色社会主义，不断增强道路自信、理论自信、制度自信、文化自信。

(2) 爱国主义与中国精神。中国精神就是以爱国主义为核心的民族精神和以改革创新为核心的时代精神。新时代爱国主义教育，要大力弘扬民族精神和时代精神。以爱国主义为核心的民族精神和以改革创新为核心的时代精神，是凝心聚力的兴国之魂、强国之魂。要聚焦培养担当民族复兴大任的时代新人，培育和践行社会主义核心价值观，广泛开展爱国主义、集体主义、社会主义教育，提高人们的思想觉悟、道德水准和文明素养。要唱响人民赞歌、展现人民风貌，大力弘扬中国人民在长期奋斗中形成的伟大创造精神、伟大奋斗精神、伟大团结精神、伟大梦想精神，生动展示人民群众在新时代的新实践、新业绩、新作为。

(3) 爱国主义与中国力量。中国力量就是中国各族人民大团结的力量。新时代爱国主义教育，要始终不渝坚持民族团结。民族团结是各族人民的生命线，巩固

① 依据中共中央、国务院发布的《新时代爱国主义教育实施纲要》(2019 年)。纲要共有六个部分、34 条，分三个板块。第一板块包括新时代爱国主义教育的总体要求和基本内容，第二板块包括新时代爱国主义教育的群体对象、载体手段和氛围营造，第三板块是新时代爱国主义教育的组织保障。

和发展平等团结互助和谐的社会主义民族关系，引导全国各族人民像爱护自己的眼睛一样珍惜民族团结，维护全国各族人民大团结的政治局面，巩固和发展最广泛的爱国统一战线，不断增强对伟大祖国、中华民族、中华文化、中国共产党、中国特色社会主义的认同。深化民族团结进步教育，铸牢中华民族共同体意识，加强各民族交往交流交融，引导各族群众牢固树立“三个离不开”思想，不断增强“五个认同”，使各民族同呼吸、共命运、心连心的光荣传统代代相传。

(4) 爱国主义与中国经验。中国经验就是在党史、国史、改革开放史中总结经验，传承和发展。新时代爱国主义教育，要广泛开展党史、国史、改革开放史教育。历史是最好的教科书，也是最好的清醒剂。要结合中华民族从站起来、富起来到强起来的伟大飞跃，引导人们深刻认识历史和人民选择中国共产党、选择马克思主义、选择社会主义道路、选择改革开放的历史必然性，深刻认识我们国家和民族从哪里来、到哪里去，坚决反对历史虚无主义。要继承革命传统，弘扬革命精神，传承红色基因，结合新的时代特点赋予新的内涵，使之转化为激励人民群众进行伟大斗争的强大动力。要加强改革开放教育，引导人们深刻认识改革开放是党和人民大踏步赶上时代的重要法宝，是坚持和发展中国特色社会主义的必由之路，是决定当代中国命运的关键一招，是决定实现“两个一百年”奋斗目标、实现中华民族伟大复兴的关键一招，凝聚起将改革开放进行到底的强大力量。

(5) 爱国主义与国情教育、形势政策教育。新时代爱国主义教育，要深入开展国情教育和形势政策教育。要深入开展国情教育，帮助人们了解我国发展新的历史方位、社会主要矛盾的变化，引导人们深刻认识到，我国仍处于并将长期处于社会主义初级阶段的基本国情没有变，我国是世界上最大发展中国家的国际地位没有变，始终准确把握基本国情，既不落后于时代，也不脱离实际、超越阶段。要深入开展形势政策教育，帮助人们树立正确的历史观、大局观、角色观，了解世界正经历百年未有之大变局，我国仍处于发展的重要战略机遇期，引导人们清醒认识国际国内形势发展变化，做好我们自己的事情。要发扬斗争精神，增强斗争本领，引导人们充分认识伟大斗争的长期性、复杂性、艰巨性，敢于直面风险挑战，以坚忍不拔的意志和无私无畏的勇气战胜前进道路上的一切艰难险阻，在进行伟大斗争中更好弘扬爱国主义精神。

(6) 爱国主义与文化认同。文化认同就是对中华优秀传统文化的认同。新时代爱国主义教育要传承和弘扬中华优秀传统文化。对祖国悠久历史、深厚文化的理解和接受，是爱国主义情感培育和发展的重要条件。要引导人们了解中华民族的悠久历史和灿烂文化，从历史中汲取营养和智慧，自觉延续文化基因，增强民族自尊心、自信心和自豪感。要坚持古为今用、推陈出新，不忘本来、辩证取舍，深入实施中华优秀传统文化传承发展工程，推动中华文化创造性转化、创新性发展。要坚守正道、弘扬大道，反对文化虚无主义，引导人们树立和坚持正确的历史观、民族观、国家观、文化观，不断增强中华民族的归属感、认同感、尊严感、荣誉感。

(7) 爱国主义与国家安全、国防教育。新时代爱国主义教育，要加强国家安全教育和国防教育。国家安全是安邦定国的重要基石。要加强国家安全教育，深入学习宣传总体国家安全观，增强全党全国人民国家安全意识，自觉维护政治安全、国土安全、经济安全、社会安全、网络安全和外部安全。要加强国防教育，增强全民国防观念，使关心国防、热爱国防、建设国防、保卫国防成为全社会的思想共识和自觉行动。要深入开展增强忧患意识、防范化解重大风险的宣传教育，引导广大干部群众强化风险意识，科学辨识风险、有效应对风险，做到居安思危、防患未然。

(8) 爱国主义与祖国统一。新时代爱国主义教育，要维护和推进祖国统一。要加强祖国统一教育，深刻揭示维护国家主权和领土完整、实现祖国完全统一是大势所趋、大义所在、民心所向，增进广大同胞心灵契合、互信认同，与分裂祖国的言行开展坚决斗争，引导全体中华儿女为实现民族伟大复兴、推进祖国和平统一而共同奋斗。推进祖国统一，必须坚持“一个中国”的原则，坚持“九二共识”。推进两岸交流合作，在两岸关系大局稳定的基础上，两岸各领域交流合作有着广阔空间。两岸双方应该为深化经济、科技、文化、教育等领域合作采取更多积极举措，提供更多政策支持，创造更加便利的条件，以拓宽合作领域，提高合作水平，产生更大效益，开创两岸关系和平发展新前景。促进两岸同胞团结。两岸同胞是命运与共的骨肉兄弟，是血浓于水的一家人，有着共同的血脉、共同的文化、共同的联结、共同的愿景，这是推动两岸关系相互理解、携手同心、一起前进的重要力量。兄弟同心，其利断金。两岸双方应秉持“两岸一家亲”的理念，顺势而为、齐心协力，心心相印、守望相助，巩固和扩大两岸关系发展成果。凡是有利于增进两岸同胞共同福祉的事情，我们都应尽最大努力做好。我们要切实保护台湾同胞权益，团结台湾同胞，维护好、建设好中华民族共同家园。

思考题

1. 谈谈你对民族团结的看法。
2. 谈谈你对文化认同的理解。
3. 谈谈你对中国梦的认识。

第八章 构建人类命运共同体

人类只有一个地球，各国共处一个世界。当今世界处于大发展大变革大调整的时期，和平和发展仍然是时代主题。构建人类命运共同体，提出了一系列新理念新主张新建议，是新时代中国对外工作的行动指南。

◎ 本章主要内容

一、共同体思想

二、人类命运共同体思想

三、人类命运共同体基础

◎ 教学目标

提高学习，认识共同体思想，了解人类命运共同体思想，认识构建人类命运共同体的当代价值。

第一节　共同体思想

构建人类命运共同体思想是一个科学完整、内涵丰富、意义深远的思想体系。本节的主要内容，有两个方面：一是共同体思想；二是马克思主义共同体思想。

本节教学目标：系统地认识共同体思想，一是认识西方历史上的共同体思想；二是理解马克思共同体思想的发展形式、发展规律和共同体理想。

一、西方共同体思想[①]

(一) 古希腊时期共同体思想

古希腊亚里士多德倡导的共同体思想[②]，有三种共同体：家庭、村落和城邦。在他看来，每一种共同体都是为了实现某种比生存或物质利益更高的目的而建立起来的。他认为，人类在生活上需要互相依赖，人更有乐于社会共同生活的自然性情，为了共同利益所以走到了一起。就个人以及社会全体说来，主要的目的就在于谋取优良的生活。这种优良生活就是经济和社会和谐以及政治幸福，每个人在共同体中都能发展出合乎伦理、充分成熟的自我。他认为，共同体有治者与被治者，只要治者能充分照顾和尊重公共利益，共同体就不会变质。共同体要有一视同仁的、对所有人都有约束力的法律，这一法律的基础就是优良生活所规定的“善”的观念。由于时代和社会生活范围的限制，亚里士多德没有也不可能考察其他共同体形式。他的学生亚历山大帝摧毁了城邦，创建了一个疆域从希腊延伸到印度的大帝国。新的帝国的创建提出了重新界定个人与共同体关系的任务。这时出现的斯多葛主义。这种哲学认为，人要依据自然而生活，强调天人合一，坚持人的平等，坚持人在一个超越现有政治边界的世界共同体中的成员资格。这一派认为每个人都是根据理性原则亦即自然法来管理的世界共同体的平等成员。动荡的时代使这一派产生了超脱现实、到彼岸世界寻求寄托的意识，产生了反政治的个人主义意识和宗教共同体意识，这种意识为后来新的共同体基督教的产生铺平了道路。

① 张战. 习近平人类命运共同体战略思想析论[J]. 高校马克思主义理论研究，2017(3)：47-53.

② [古希腊]亚里士多德. 政治学[M]. 吴寿彭，译. 北京：商务印书馆，1965：130.

(二) 中世纪时期共同体思想

随后基督教在欧洲取得了统治地位，用“对上帝的爱”建立起精神共同体。它对所有的人开放，不论信仰、国籍和性别，共同体中的每一个人都具有一种基本的平等性。13世纪，神学家阿奎那(Thomas Aquinas，约1225—1274)论证了教权高于政权，因为世俗政权除了丰裕的经济条件、维持和平、保持私有制外，不能给人类以“与上帝同在天国享受永恒的快乐”,所以人间的国王必须隶属于上帝在人间的总代表罗马主教。基督教共同体在欧洲的统治历经中世纪中后期的数百年，因其扼杀自由与科学，被后世历史学家称为“黑暗的中世纪”。资本主义生产方式的兴起侵蚀着封建统治的支柱基督教的根基。基督教内部的腐败也达到了极点。30年的宗教战争给罗马教皇以沉重打击。大大小小的君主国纷纷脱离教皇的控制而独立。基督教强调“四海一家”的观念被民族主义诉求代替。在新旧历史交替时期出现的意大利思想家但丁(Dante Alighieri，1265—1321)幻想建立一个世界帝国，重现古罗马人的荣耀。他认为，为了实现人类智能的全面发展，人类需要统一与和平，也需要统一治理，就像人类是按上帝形象造出来的，也应像上帝那样是个统一体。但丁的思想开了历史的倒车，但他关于君主和教皇的权力分置、政教分离的思想具有进步意义。

(三) 资本主义时期共同体思想

随着地理大发现和新航路的开辟，欧洲民族国家走上了对外殖民的道路，这一进程客观上推动了西方中心和外围世界体系的逐步形成。在对外扩张过程中，欧洲列强之间的矛盾和战争不断。作为现实的反映，西方政治思想进入了繁荣的阶段。德国古典哲学家康德(Kant，1724—1804)认为战争是国家间关系的主要形式，也是手段，大自然的目标就是通过战争摧毁或瓦解一切国家来形成新的共同体。各民族国家通过内部的整合，再加上外部共同的约定和立法，最后建立起有如公民共同体的这样一种状态，世界进入永久和平。康德认为这一导致永久和平的联盟是可能的也是可行的。首先要有一个强大而开明的民族建成一个共和国，为别的国家提供一个联盟结合的中心点，然后围绕这个中心点，别的国家和它联合并且遵照国际权利的观念来保障各个国家的自由状态，通过更多的这种方式的结合，联盟渐渐地扩大。欧洲联盟的成立部分地验证了康德的观点。两次世界大战促使欧洲痛定思痛，以法德为轴心走上联合的道路。但世界进入冷和平却是康德想不到的，如美苏在冷战时期的对抗[①]。黑格尔继承了康德世界公民观点之下的普遍历史观念，黑格尔强调了三种主要的共同体，即家庭、公民社会和国家。他认为国家决定公民社会。但他认为推动人类社会进步的是一种“世界精神”，怀有这一精神的国家是“世界历史性的民族国家”,精神就内在地隐含在这一民族的文化中。“世界历史性的民族国家”将其精神通过各种手段注入其他弱小民族，同时也将“真正的自由”这个普遍观念扩展到全世界。到那时所有矛盾在自由这一终极目标实现之时都将化解，人类进入“大同”。

二、马克思主义共同体思想

(一) 人类共同体发展形式

按照马克思恩格斯的共同体理论，人类共同体的发展大体会经历三种形式，即自然形成的共同体(总体上表现为一种“人的依赖关系”的“本源共同体”)、虚假的或虚幻的共同体(总体上表现为一种“以物的依赖性为基础的人的独立性”的资本主义社会共同体)、真实的或真正的共同体(总体上表现为个人自由全面发展的共产主义社会共同体)。按照马克思恩格斯最初对发达欧洲社会的考察，通过无产阶级国际主义联合革命与斗争，通过社会主义多国同时胜利，就可以建立起这种社会主义(共产主义)性质的共同体。然而，当巴黎公社革命失败之后，尤其是马克思恩格斯把目光转向对东方社会的研究以后，他们提出了无产阶级专政国家过渡阶段理论。根据这一理论，可以推断在他们确定的两种维度的国际主义之间也必然有一个过渡阶段，这个过渡阶段必然是无产阶级专政国家的国际主义。中国在21世纪，作为人民民主专政的社会主义国家，倡导的“人类命运共同体”，就是介于无产阶级国际主义和人类共同体意识之间的一种理念。

(二) 人类共同体发展规律

马克思发现，所有历史背后隐藏的推动力，实际上是物质的或经济的。马克思用物质力量来取代黑格尔的精神，用阶级来取代黑格尔的民族国家作为历史的载体。思想的历史除了证明精神生产随着物质生产的改造而改造，还证明了什么呢?只有理解了阶级动机和阶级关系，才能把握历史的目标和方向，因为历史是通过阶级冲突和变革而实现进步的。历史的目标，就是一个无阶级的实现公平正义

① [德]康德. 历史理性批判文集[M]. 何兆武，译. 北京：商务印书馆，1990：117.

的所有自由人的联合体。当前，全球化进程对全球治理提出了客观要求，人类的统一有了客观前提。

(三) 人类共同体理想

在《共产党宣言》中，马克思恩格斯将全世界无产者“阶级联合”思想和“自由人的联合”思想首次辩证统一起来，使社会主义实现了从空想到科学的转变。马克思恩格斯基于唯物史观对人类社会发展规律的揭示，确立了“两个联合”的思想，即确立了科学的“自由人的联合”的人类共同体理想，也找到实现这一理想的“全世界无产者联合”的现实路径。“两个联合”作为推动世界历史从自发走向自觉的实际行动和理想目标，必然要有相应的科学的价值观作为指导，马克思恩格斯为前一个联合所实际确立的价值观是阶级性质的国际主义，也即“无产阶级国际主义”，为后一个联合所倡导的价值观是共同体性质的国际主义，也即“人类共同体意识”。这两种价值观都是反映世界历史趋势和人类整体诉求的价值观，二者既前后相继又内在交融，共同构成马克思主义国际主义思想辩证发展的统一整体。

第二节　人类命运共同体思想[①]

习近平总书记提出的“构建人类命运共同体”，是全球治理的中国方案。本节的主要内容有两个方面：一是人类命运共同体思想的内涵；二是人类命运共同体的新型文明观。

本节教学目标：系统地认识人类命运共同体思想的来源和内涵，理解人类命运共同体思想的新型文明观。

一、基本内涵

“人类命运共同体”是在这一时代条件下，中国发展马克思主义的国际主义思想所提出的含有新内容的新名词，既为了区分于当今国际社会泛滥的国际主义思潮，也是为了在马克思主义国际主义思想体系中提炼出新的内容。

① 中共中央党校(国家行政学院). 习近平新时代中国特色社会主义思想基本问题[M]. 北京：人民出版社，2020：358-361.

(一) 思想的提出

人类命运共同体的理念是分享、合作、共赢、包容。2013 年，习近平在莫斯科国际关系学院发表演讲时提出：“这个世界，各国相互联系、相互依存的程度空前加深，人类生活在同一个地球村里，生活在历史和现实交汇的同一个时空里，越来越成为你中有我、我中有你的命运共同体。”[①]2015 年，习近平总书记在纽约联合国总部发表的重要讲话指出：“当今世界，各国相互依存、休戚与共。我们要继承和弘扬联合国宪章的宗旨和原则，构建以合作共赢为核心的新型国际关系，打造人类命运共同体。”[②]2017 年，在党的十九大报告中，习近平总书记提出：“坚持和平发展道路，推动构建人类命运共同体。”构建人类命运共同体思想，是一个科学完整、内涵丰富、意义深远的思想体系，其核心就是“建设持久和平、普遍安全、共同繁荣、开放包容、清洁美丽的世界”[③]。

中国共产党在十八大报告中对人类命运共同体的广义界定是“在追求本国利益时兼顾他国合理关切，在谋求本国发展中促进各国共同发展”。这里主要表达的是一种“立足国内，放眼世界的战略含义”。这表明在国际体系中各个国家的基本行为逻辑，既是国家利益的延伸，也是国际利益的延伸。人类命运共同体思想是 21 世纪初由中国共产党首先提出、倡导并推动的一种具有社会主义性质的国际主义价值理念和具体实践。它强调在多样化社会制度总体和平并存，各国之间仍然存在利益竞争和观念冲突的现代国际体系中，每一个国家在追求本国利益时兼顾他国合理关切，在谋求本国发展中促进各国共同发展，其核心理念是和平、发展、合作、共赢，其理论原则是新型义利观，其建构方式是结伴而不结盟，其实践归宿是增进世界人民的共同利益、整体利益和长远利益。

2014 年，国际社会联盟给“人类命运共同体”的定义。该组织在“人类命运共同体研究与发展项目”启动仪式的开幕词中说，“人类命运共同体”是强调“人类在追求自身利益时兼顾他方合理关切，在谋求自身发展中促进人类共同发展。人类只有一个地球，共处一个世界，应以人类命运共同体意识促进国家间、民族间、地区间、企业间、家庭间、个人间的和谐互助、共生共利共荣，以人类文明幸福发展的可持续为使命，建立起社会利益互惠机制。人类命运共同体是人们在共同条件下结成的最具同心力的集体，也是人类获得文明幸福及可持续发展的保

① 习近平谈治国理政(第一卷)[M]. 北京：外文出版社，2018：272.

② 习近平谈治国理政(第二卷)[M]. 北京：外文出版社，2017：522.

③ 中共中央宣传部. 习近平新时代中国特色社会主义思想三十讲[M]. 北京：学习出版社，2019：289.

障。”这一定义不仅延续了党的十八大的广义界定，而且对“人类命运共同体”的建构层次、范围、机制、使命和意义均做出了具体概括。但这一概念也有其不足之处，即它没有揭示“人类命运共同体”理念的内在本质。

(二) 思想的来源

人类命运共同体思想吸收了西方共同体思想。习近平总书记提出的“构建人类命运共同体”是全球治理的中国方案。人类命运共同体这一思想批判地借鉴西方共同体思想观点，如人类必须联合的观点、法治的观点、人民至上的观点等，也是对马克思恩格斯世界历史思想的时代回应。从理论来源看，人类命运共同体理念，是马克思恩格斯共同体性质的国际主义思想与中国历史文化传统中的“天下主义”“和合主义”相结合，在21世纪的中国土壤中生长起来的中国特色的国际主义。①

人类命运共同体思想承载着中国大同理想。习近平人类命运共同体思想，承载着中华民族的天下情怀和大同社会理想。中华文明和西方文明都有世界主义的眼光。中国古代就把整个世界称为“天下”,君位不为一家所私有，天下的人民都是平等的。《礼记·礼运》有载“大道之行也，天下为公”中国历代把治理天下当作责任和担当，认为职责。中国强调“协和万邦”的王道，不是“以力假人”的霸道。统治者要加强自身修养，“为政以德，比如北辰，居其所，而众星拱之。”(《论语·为政》)汉代贾谊认为“教者，政之本也；道者，教之本也；有道然后教也，有教然后政治也。”(《新语·大政下》)。中国历代封建统治者治理天下的最终目的是实现大同社会，让黎民百姓过上幸福日子。为维系与藩属国的关系，往往采用恩赐、王化、声教、和亲等怀柔和安抚政策，战争通常是不得已而为之。按照《礼记》，大同世界是权力和财产公有、按道德和才能选拔人才、人们讲信用、人人都有社会保障、自由而安全、劳动是第一需要的社会。也就是马克思设想的共产主义社会。

人类命运共同体思想承载着中华民族的道德力量。中国的世界主义强调道德力量并以各民族大融合为特点。习近平总书记在联合国日内瓦总部演讲中提到“无偏无党，王道荡荡”(《尚书·洪范》)就是强调以德治国。中国人认为治理天下以至天下太平需要一些条件，重要的是修炼好内功，修身养性，加强学习，通过格物至知、诚意正心、修身齐家，达到治国平天下的目标。儒家重礼制以规范人的行为，塑造社会公德，同时坚持“礼之用，和为贵”的准则，儒家认为礼崩

① 叶险明. 关于“新国际主义”的方法论辨析[J]. 教学与研究，2012(12)：17-25.

乐坏，社会就失序了。礼治就是要达到社会和谐的目标。《论语·学而》中“知和而和，不以礼节之，亦不可行也。”儒家思想为世界的和谐与共提供了有积极意义的资源。道家思想为防止冲突提供了“道论”，“自然无为”“有所为而有所不为”的道家思想提供了处理外物的原则。近代以来，康有为、孙中山等继承了大同思想并进一步进行阐释，使其有了民生主义、社会主义乃至国际主义的内涵。康有为把“天下为公” 解释为“夫天下国家者，为天下国家之人公共同有之器”。把“讲信修睦”解释为“国之与国际，人之与人交，皆平等自立，不相侵犯”，就是说地球人同住一个屋檐之下，都是一家人，人人都是平等，不相为害。康有为虽然写了《大同书》，但没有也不可能找到一条到达大同的路，唯一的可能是经过人民共和国到达社会主义和共产主义，到达阶级的消灭和世界的大同。实践表明中国不可能走上资本主义道路，因为中国是受帝国主义压迫的国家，资本主义强国不愿意看到一个和他们比肩而立的独立国家诞生在东方。不过，帝国主义在给全世界带来工业文明和市场经济的同时，促使了民族主义的觉醒。第二次世界大战后，一大批国家独立了。帝国主义的殖民统治客观上也推进了全球化的进程。如今，全球化是不可逆转的时代潮流，是生产力发展的必然结果和客观要求。全球化使得“天下”如此清晰地展现在人们面前。可谓“天下兴亡，匹夫有责”。

(三) 思想的内涵

人类命运共同体思想包含有政治、经济、文化、安全和生态等方面内涵，蕴含着在当代全球治理赤字的背景下，探求全球治理路径和中国方案。

(1) 人类命运共同体思想的政治内涵。在政治上，构建人类命运共同体要相互尊重、平等协商，坚决摒弃冷战思维和强权政治，走对话而不对抗、结伴而不结盟的国与国交往新路。人类历史上战乱频仍，生灵涂炭，教训惨痛而深刻。要和平、不要战争是各国人民朴素而真实的愿望。建设一个持久和平的世界，其根本要义在于国家之间要构建平等相待、互商互谅、互学互鉴的伙伴关系。大国要尊重彼此核心利益和重大关切，管控矛盾分歧，努力构建不冲突不对抗、相互尊重、合作共赢的新型关系。大国对小国要平等相待，不搞唯我独尊、恃强凌弱的霸道。国家之间出现矛盾、分歧和争端，要通过平等协商，以和平方式处理，以最大诚意和耐心，坚持对话解纷争、对话促安全。只有各国都走和平发展道路，各国才能共同发展，国与国之间才能和平相处。

(2) 人类命运共同体思想的经济内涵。在经济上，构建人类命运共同体要同舟共济，促进贸易和投资自由化便利化，推动经济全球化朝着更加开放、包容、普惠、平衡、共赢的方向发展。发展是第一要务，适用于各国，而人类命运共同体追求的是共同发展。要增强各国发展能力，归根到底要靠本国自身努力，各国要根据自身禀赋特点，制定适合本国国情的发展战略。要改善国际发展环境，各国要共同维护国际和平，以和平促进发展，以发展巩固和平。要创造良好外部制度环境，加强全球经济治理，健全发展协调机制，各国特别是主要经济体要加强宏观经济政策协调。要维护世界贸易组织规则，支持开放、透明、包容、非歧视性的多边贸易体制，推动建设开放型世界经济。要优化发展伙伴关系，最大限度地解决南北之间和地区内部发展失衡问题，让发展成果更多惠及全体人民，为世界经济全面可持续增长提供新动力。

(3) 人类命运共同体思想的文化内涵。在文化上，构建人类命运共同体要尊重世界文明多样性，以文明交流超越文明隔阂，以文明互鉴超越文明冲突，以文明共存超越文明优越。人类文明多样性是世界的基本特征，也是人类进步的源泉，多样带来交流，交流孕育融合，融合产生进步。不同文明凝聚着不同民族的智慧和贡献，没有高低之别，更无优劣之分。文明差异不应该成为世界冲突的根源，而应该成为人类文明进步的动力。要促进和而不同、兼收并蓄的文明交流对话，在竞争比较中取长补短，在交流互鉴中共同发展，使文明交流互鉴成为增进各国人民友谊的桥梁、推动人类社会进步的动力、维护世界和平的纽带。

(4) 人类命运共同体思想的安全内涵。在安全上，构建人类命运共同体要坚持以对话解决争端、以协商化解分歧，统筹应对传统和非传统安全威胁，反对一切形式的恐怖主义。当前，国际安全形势动荡复杂，传统安全威胁和非传统安全威胁相互交织，安全问题的内涵和外延都在进一步拓展，同时人类越来越利益交融、安危与共。在这种新形势下，各国应树立共同、综合、合作、可持续的新安全观。国家不论大小、强弱、贫富以及历史文化传统、社会制度存在多大差异，都要尊重和照顾其合理安全关切。各国要恪守尊重主权、独立和领土完整、互不干涉内政等国际关系基本准则，统筹维护传统和非传统安全。各国都有平等参与地区安全事务的权利，也都有维护地区安全的责任，要以对话协商、互利合作的方式解决安全难题。

(5) 人类命运共同体思想的生态内涵。在生态上，构建人类命运共同体要坚持环境友好，合作应对气候变化，保护好人类赖以生存的地球家园。人类可以利用自然、改造自然，但归根结底是自然的一部分，必须呵护自然，不能凌驾于自然之上。建设生态文明关乎人类未来。要解决好工业文明带来的矛盾，以人与自然和谐相处为目标，实现世界的可持续发展和人的全面发展。要牢固树立尊重自然、顺应自然、保护自然的意识，绿水青山就是金山银山。要坚持走绿色、低碳、循环、可持续发展之路，平衡推进2030年可持续发展议程，采取行动应对气候变化等新挑战，不断开拓生产发展、生活富裕、生态良好的文明发展道路，构筑尊崇自然、绿色发展的全球生态体系。

二、新型文明观

人类共处于一个相互依存又相互竞争的现代国际社会体系中，有着共同生存的命运、共同发展的命运、共同安全的命运等。这种“命运与共”的特性不是人类自古以来就有的，它完全是近现代社会的产物。确切地说，是资本主义生产和价值的双重全球化导致的普遍异化，使人类在国际体系层次上遇到了“同命相连”的潜在威胁，如核威胁、生态危机、能源危机、跨国疫情蔓延等。这些问题的解决已经超出了某个阶级或某类国家的能力范围，必须依靠世界各国人民同舟共济才能减缓和化解。

(一) 包容互鉴的新型文明观

“万物并育而不相害，道并行而不相悖”，是中国古代先贤对中华文明兼容并蓄的精辟之论。“一花独放不是春，百花齐放春满园”，是当前习近平总书记对世界文明互进共荣的精彩诠释。人类命运共同体承认人类社会各种文明的平等地位，树立各种文明包容互鉴的新型文明观。2014年3月27日，习近平总书记在巴黎联合国教科文组织总部发表的演讲中指出，“文明因交流而多彩，因互鉴而丰富”①。我们要秉持文明是多彩、平等和包容的态度与原则。不要用“文明冲突论”来试图制造文明之间的对立，不要用“普世价值观”来试图消解其他不同文明。他强调不同文明没有优劣之分，只有特色之别，只要不抱偏见，坦然接受文明平等的理念，就能理解文明互进和文明共荣的道理。就不同文明之间的关系来讲，唯有在竞争比较中取长补短，在交流互鉴中共同发展，才能成为增进各国人民友谊的桥梁、推动人类社会进步的动力、维护世界和平的纽带。②

① 习近平谈治国理政(第一卷)[M]. 北京：外文出版社，2018：258

② 习近平谈治国理政(第一卷)[M]. 北京：外文出版社，2018：258-262.

（二）结伴不结盟的新型交往观

“结伴而不结盟”意味着人类命运共同体是一个基于双赢互利的共同体，而不是基于零和自利的共同体。习近平总书记提出建构人类命运共同体就是希望各国都要建立平等相待、互商互谅的伙伴关系，能够基于自愿自觉形成一种自然聚合。结伴而不结盟，是要破除周边国家和少数大国对中国崛起的“修昔底德陷阱”的恐慌，是要对冲大国崛起的结构性矛盾观念。中国外交部长王毅说，中国主张要和平不要冲突、要合作不要对立、要公平不要强权、要共赢不要零和，我们着眼于构建以合作共赢为核心的新型国际关系，正在走出一条结伴而不结盟的对外交往新路。2021 年，我们已经同一百多个国家和地区组织建立了不同形式的伙伴关系，基本形成覆盖全球的伙伴关系网络。中国的朋友圈越来越大，我们的好朋友、好伙伴越来越多。[①]中国崛起了也不会成为国际冲突的制造者，中国这只醒来的巨狮，是一只文明、和平、可亲的狮子。

（三）以义为利的新型义利观

“国不以利为利，以义为利也”是中国新型义利观的核心要义。新型义利观，是改革开放以来尤其是党的十八大以来中国国际责任观的崭新表达方式，是中国传统“义利相兼”思想的当代发展。习近平总书记在韩国国立首尔大学的演讲强调，只有义利兼顾，才能义利兼得。只有义利平衡，才能义利共赢。王毅说，树立正确的义利观就是要在同发展中国家打交道的时候，坚持道义为先，更好地重视和照顾他们的需求。这传承了中国对外交往的优秀品格，也是社会主义制度的本质属性，成为中国外交一面重要的旗帜[②]。基于新型义利观，中国向世界承诺中国发展绝不以牺牲别国利益为代价，绝不做损人利己、以邻为壑的事情。中国也向世界倡议大国之间相处要不冲突、不对抗、相互尊重、合作共赢。大国与小国相处要平等相待。践行正确义利观就要义利相兼，义重于利。中国也强调新型义利观，不是只言义不言利，利仍然是义的基础，中国奉行国际主义不能违背国家核心利益。习近平总书记在党的十八届中共中央政治局第三次集体学习时表示，我们要坚持走和平发展道路，但决不能放弃我们的正当权益，决不能牺牲国家核

---

① 外交部部长就“中国的外交政策和对外关系”答记者问[EB/OL]. http://news. cnr. cn/special/2015lh/zb/wy/ 2015-03-08

② 王毅在十二届全国人大二次会议举行的记者会上就中国外交政策和对外关系答中外记者问[N]. 人民日报，2014-03-09(第 3 版).

心利益。任何外国不要指望我们会拿自己的核心利益做交易，不要指望我们会吞下损害我国主权、安全、发展利益的苦果。这一立场是对中国新型义利观底线意识最直接的表述。把握正确义利观，有利于我们不把“人类命运共同体”简单理解为中国牺牲、世界受益。

(四) 平等互信的新型权力观

长期以来，权力之争是国家间关系发展的主线。即使进入21世纪，对抗性思维仍不时出现。但和平、发展、合作、共赢已经成为时代的主流，当下各个国家都享有平等参与国际事务的权利，理应恪守平等互信的新型权力观。习近平总书记在博鳌亚洲论坛2013年年会上的主旨演讲中明确指出，“国家无论大小、强弱、贫富，都应该做和平的维护者和促进者。国际社会应该倡导综合安全、共同安全、合作安全的理念，使我们的地球村成为共谋发展的大舞台，而不是相互角力的竞技场，更不能为一己之私把一个地区乃至世界搞乱。”[①]2015年，习近平总书记在《俄罗斯报》发表署名文章《铭记历史，开创未来》进一步深化了平等互信的新型权力观。文章指出，第二次世界大战的惨痛教训告诉人们，弱肉强食、丛林法则不是人类共存之道。穷兵黩武、强权独霸不是人类和平之策。赢者通吃、零和博弈不是人类发展之路。和平而不是战争，合作而不是对抗，共赢而不是零和，才是人类社会和平、进步、发展的永恒主题。因此，“合则强，孤则弱”才是新型权力的真谛。

综上所述，“新型文明观”“新型交往观”“新型权力观”“新型义利观”为建构人类命运共同体提供了基本的价值观基础，它们是共同指向世界人民的共同利益、整体利益与长远利益。

第三节　人类命运共同体基础

中国倡导的“人类命运共同体”国际主义思想，就其理论来源和价值目标来看，是将马克思恩格斯共同体性质的国际主义思想与中国历史文化传统中的“天下主义”“和合主义”相结合，在21世纪的中国土壤中生长起来的中国特色的国际主义。

① 习近平谈治国理政(第一卷)[M]. 北京：外文出版社，2018：331.

一、基于和合主义传统

和合主义所追求的是要创造一种体现“人类价值”的国际交往行为①。和合主义的理性原则，是社会共有、权利共享、和平共处、价值共创②。中国传统的和合主义作为一种古老的千年文明的历史积淀，最具有说服力。20 世纪 50 年代，中国提出了和平共处五项原则。20 世纪末，中国进一步提出并完善了国际“新安全观”。党的十八大以来，中国倡导“人类命运共同体”意识，这些都是中国传统的大同思想与和合文化的延续。对人类命运共同体思想，国际社会更多的是基于中国传统的和合文化认同。我们在习近平总书记一次次外事活动的演讲中都可以听到他对中国“天下主义”与“和合主义”精粹思想的阐释，包括中国传统文化中“和而不同”“兼容并蓄”的外交伦理原则，包括“协合万邦”的外交目标与文化自觉，包括中国国际交往所彰显出来的大国责任本质。习近平总书记说，中国这头巨狮醒了，但这是一头“和平”“文明”“可亲”的狮子，这是对中国所具有的大国“和合主义”本质的最好诠释。

当前，中国倡导“人类命运共同体”国际主义思想，具有和合主义传统、中华历史文明积淀，是能够获得今天的国际认同的。人类命运共同体的国际主义思想虽然是一种进步的意识形态，但在 21 世纪资本主义世界体系主导的格局下，甚至可能被冠以“意识形态输出”之名。尽管如此，构建人类命运共同体的公道自在人心。

二、基于共同体理性

(一) 共同体自然理性

“人类命运共同体”强调的是基于“利益攸关”“同命相连”“共同发展”的自然聚合。能够基于价值理性共同护佑世界和平与人类社会发展，共同应对地区性与全球性危机，共同分享社会进步的福利与利益。“人类命运共同体”体现为“利益共同体”“安全共同体”“发展共同体”等共同体模式。中国倡导的“人类命运共同体”，强调建构真实的、平等的、互利的共同体，它在国家与国家之间建立的是一种平行结构的伙伴关系，不是中心—边缘结构的资本主义剥削链条关系，它是站在超越国家共同体的层次上。中国倡导“人类命运共同体”的核心理念之一

① 余潇枫. 国际关系伦理学[M]. 北京：长征出版社，2002：202.

② 余潇枫.“和合主义”：中国外交的伦理价值取向[J]. 国际政治研究，2007(3).

就是“结伴而不结盟”，这种伙伴关系强调基于“利益攸关”“同命相连”“共同发展”的自然聚合，其理念既高于建立世界政府的自由制度主义，更高于一切强调自利、自助、权力与自身安全的丛林法则。就其本质来讲，它表现出鲜明的社会主义性质。从社会主义的概念本身来讲，它既是一种意识形态，也实际代表着人类社会未来的历史发展方向，这种历史发展方向正随着生产力的发达、总体人类文明程度的提高、世界交往范围和深度的扩展，在21世纪表现为一种现实具象。这也即是为什么中国倡导的“人类命运共同体”能够吸引世界目光的根本原因，因为就其社会主义性质来讲，它代表未来。①

(二) 共同体的工具理性和价值理性

“人类命运共同体”的理论表现，它兼具国际主义的工具理性和价值理性。它倡导每一个国家在追求本国利益时兼顾他国合理关切，在谋求本国发展中促进各国共同发展，也就是说，人类命运共同体实际要打造的是“利本国”和“利他国”相统一的“利益共同体”；是本国安全也让他国安全的“安全共同体”；是考虑当代人发展，也不危及后代人可持续发展的“发展共同体”。这样的共同体不排斥工具理性，但坚持价值理性的引导作用。人类命运共同体的倡议，不排斥个别国家抱着工具理性的目的，参与到命运共同体中来。中国欢迎其它国家搭乘中国经济高速增长的便车，尤其对发展中国家和不发达国家更是如此。当然，中国更希望世界各国的人民能够“同舟共济”“权责共担”，能够基于价值理性共同护佑世界和平与人类社会发展，共同应对地区性与全球性危机，共同分享社会进步的福利与利益。正因为人类命运共同体兼具低层次的工具理性国际主义和高层次的价值理性国际主义，才使得它的倡导国在短短三年时间里结成了越来越大的朋友圈和伙伴网。②

三、基于社会主义性质

(一) 国际主义特性

人类命运共同体的理论本质是国际主义的，这种国际主义本身具有明确的社会主义意识形态特性。就当前的国际关系和国际社会整体而言，意识形态和国家制度的多样化是客观存在的，每个国家确立的国际交往原则和外交战略都打上了

---

① 李爱敏.“人类命运共同体”：理论本质、基本内涵与中国特色[J]. 中共福建省委党校学报，2016(2).

② 李爱敏.“人类命运共同体”：理论本质、基本内涵与中国特色[J]. 中共福建省委党校学报，2016(2).

该国该时代主导意识形态的烙印。国际主义本身是一种意识形态，就其最一般的意义而言，国际主义是指一定的阶级、政党、民族国家等关于国际社会承担责任和义务的观念。①

“人类命运共同体”的国际主义本质上不与美国的自由国际主义趋同，也有别于欧洲改良的国际主义，它是带有鲜明社会主义特性的国际主义。所谓“人类命运共同体”的超越性，只能说它主张超越冷战思维，摒弃意识形态挂帅，号召一种尊重多样化社会制度，强调“求同存异”“和而不同”的包容性的国际交往价值观。②人类命运共同体理念的倡导从追求人类理想共同体的视角，坚持和发展马克思主义国际主义时代性的努力，在我们追寻理想社会的路途中，人类命运共同体的倡导和行动，以另一种思维为“自由人联合体”创造契机。③

(二) 基于大国责任④

大国之大，根本上不在面积之大，经济实力之大，而在于国际影响力之大。真正持久的国际影响力，不是来自强权政治，而是来自一个国家的国际威信，而国际威信来源于一个国家的世界贡献与特殊责任⑤。所谓“国际特殊责任”，实质是一种积极的国际利他主义。习近平总书记在国际交往的多种场合将中国的国际特殊责任诠释为“世界梦”。他说中国梦是和平、发展、合作、共赢的梦，是奉献世界的梦，与世界各国人民的美好梦想相通。世界梦之所以不是虚幻的，而是真实的，是因为这个梦的本质是使命与责任，中国正通过一个个务实行动为世界人民在筑就这个梦想，世界人民有目共睹：一是坚定不移的走和平发展道路；二是打造更加完善的全球伙伴关系；三是积极引领和推动全球治理体系改革；四是构建“一带一路”的重要平台等。

当今世界处于大发展大变革大调整的时期，和平和发展仍然是时代主题。世界多极化、经济全球化、社会信息化、文化多元化深入发展，全球治理体系和国际秩序变革加速推进，各国相互联系和依存日益加深，国际力量对比更趋向平稳，和平发展大势补考逆转。同时，世界面临的不稳定和不确定突出，全球发展深层

① 叶险明. 关于“新国际主义”的方法论辨析[J]. 教学与研究，2012(12).

② 李爱敏. “人类命运共同体”：理论本质、基本内涵与中国特色[J]. 中共福建省委党校学报，2016(2).

③ 卢德友. “人类命运共同体”：马克思主义时代性观照下理想社会的现实探索[J]. 求实，2014(8).

④ 中共中央党校(国家行政学院). 习近平新时代中国特色社会主义思想基本问题[M]. 北京：人民出版社、中共中央党校出版社，2020：359-361.

⑤ 郭树勇. 论大国成长中的国际形象[J]. 国际论坛，2005(6).

次的矛盾尖锐，霸权主义、强权政治依然存在，保护主义、单边主义不断抬头，地区热点问题此起彼伏，传统安全问题和非传统安全问题复杂交织，国际社会正在面临治理赤字、信任赤字、和平赤字、发展赤字的四大挑战。人类发展与世界前途的中国方案主要有以下几个方面：一是建设持久和平、普遍安全、共同繁荣、开放包容、清洁美丽的世界；二是构建相互尊重，公平正义、合作共赢的新型国际关系；三是夯实构建人类命运共同体的人文基础。

(三) 构建人类命运共同体的发展平台

打造“一带一路”命运共同体。2013 年，习近平总书记分别倡导建立了“21 世纪丝绸之路经济带”和“21 世纪海上丝绸之路”，提出打造“一带一路”命运共同体，投资四百亿美元成立丝路基金，出资近三百亿美元发起成立亚洲基础设施投资银行，推动互联互通建设，支持沿线国家互利合作。“一带一路”建设以共商共建共享为基本原则，以亚欧非大陆为重点，同时延伸到大西洋、拉美和加勒比地区。丝绸之路经济带的建设重在贯穿亚欧大陆，包括六大经济走廊建设，即以中欧班列为标志的新亚欧大陆桥、中国中亚西亚经济走廊、中国蒙古俄罗斯经济走廊、中国中南半岛经济走廊、中国巴基斯坦经济走廊、孟加拉中国印度缅甸经济走廊。中国以“一带一路”为契机，开展跨国互联互通，提高贸易合作水平，推进国际产能和装备制作的合作，本质上是在世界经济持续低迷，广大发展中国家加快工业化城镇化，进而实现经济独立和民族振兴方兴未艾的背景下，中国顺应各国特别是广大的发展中国家促和平和谋发展的愿望，支持沿线国家推进工业化现代化和基础设施水平，不仅将有利于稳定当前世界经济局势，还将同各方开创发展机遇，谋求发展动力，拓展发展空间，实现优势互补、互利共赢。这在世界发展史上具有里程碑的意义。

将“世界梦”和“中国梦”联接起来。“一带一路”是新时代中国对外开放和经济外交的顶层设计。对中国而言，“一带一路”建设是发展起来的中国从全球视野出发，自觉统筹国内国际两个大局，全面谋划全方位对外开放，是更积极主动的姿态走向世界，保持经济持续健康发展的重要举措，它将“倒逼”经济发展方式的转变和经济结构的优化，维护多边贸易体制，加快自由贸易区战略，提升贸易和投资自由化便利化的水平，努力承担与中国能力和地位相适应的国际责任和义务。2013 年 10 月 24 日，习近平总书记在周边外交工作座谈会上的讲话中指出：“把中国梦同周边各国人民过上美好生活的愿望、同地区发展前景对接起来，让命运共同体意识在周边国家落地生根。”[①]2015 年，习近平总书记在联合国大会上宣布，中国决定设立为期十年、总额十亿美元的中国—联合国和平与发展基金，承诺加入新的联合国维和能力待命机制，建设八千人规模的维和待命部队。中国决定在未来五年内向非盟提供总额为一亿美元的无偿军事援助，支持非洲常备军和危机应对快速反应部队建设。党的十八大以后，中国在抗击埃博拉病毒、也门撤侨行动和尼泊尔强震救援等方面显示出伟大的国际利他主义精神。2020 年中国在抗击新冠疫情等方面，一如既往地显示出伟大的国际利他主义精神。这表明中国在倡导“人类命运共同体”方面说得多，做得更多。

中国不仅坚持自己走和平发展道路，而且把中国梦与世界梦联结起来，敞开胸怀欢迎各国搭乘中国快车、共享发展机遇。中国不仅自己要树立“人类命运共同体”意识，而且通过国际利他主义的典范力量，让“人类命运共同体”在世界范围普遍落地生根，牵引“人类命运共同体”意识在世界范围内持续生长。

思考题

1. 人类命运共同体的主要内容和当代价值是什么？
2. 在经济全球化时代，我们要如何构建人类命运共同体？

① 习近平谈治国理政(第一卷)[M]. 北京：外文出版社，2018：299.

参考文献

[1] 马克思恩格斯选集(第一卷)[M]. 北京：人民出版社，2012.

[2] 马克思恩格斯选集(第二卷)[M]. 北京：人民出版社，2012.

[3] 马克思恩格斯选集(第三卷)[M]. 北京：人民出版社，2012.

[4] 马克思恩格斯选集(第四卷)[M]. 北京：人民出版社，2012.

[5] 马克思恩格斯文集(第一卷)[M]. 北京：人民出版社，2009.

[6] 毛泽东选集(第二卷) [M]. 北京：人民出版社，1991.

[7] 邓小平文选(第二卷)[M]. 北京：人民出版社，1994.

[8] 习近平谈治国理政(第一卷)[M]. 北京：外文出版社，2018.

[9] 习近平谈治国理政(第二卷)[M]. 北京：外文出版社，2017.

[10] 习近平谈治国理政(第三卷)[M]. 北京：外文出版社，2020.

[11] 习近平. 论坚持全面深化改革[M]. 北京：中央文献出版社，2018.

[12] 习近平. 决胜全面建成小康社会，夺取新时代中国特色社会主义胜利——在中国第十九次全国代表大会上的报告十九大报告[M]. 北京：人民出版社，2018.

[13] 习近平. 共同构建人类命运共同体[J]. 求是，2021(1).

[14] 习近平. 中共中央关于全面推进依法治国若干重大问题的决定的说明[M]. 北京：人民出版社，2014.

[15] 习近平. 加快建设社会主义法治国家[J]. 求是，2015(1).

[16] 习近平. 加强党对全面依法治国的领导[J]. 求是，2019(4).

[17] 习近平. 推进全面依法治国，发挥法治在国家治理体系和治理能力现代化中的积极作用[J]. 求是，2020(22).

[18] 习近平. 领导干部要做尊法学法守法用法的模范带动全党全国共同全面推进依法治国[N]. 人民日报，2015-02-03(第 1 版).

[19] 习近平在联合国教科文组织总部发表演讲[N]. 人民日报，2014-03-28(第 3 版).

[20] 习近平主席在联合国教科文组织第九届青年论坛开幕式上的贺辞[N]. 人民日报，2015-10-27(第 1 版).

[21] 习近平向 2019 世界青年科学家峰会致贺信[N]. 人民日报，2019-10-27(第

1 版).

[22] 人民日报评论员. 在新时代发扬伟大五四精神——论学习贯彻习近平总书记在纪念五四运动 100 周年大会上重要讲话[N]. 人民日报，2019-05-01(第 1 版).

[23] 让青春在不懈奋斗中绽放绚丽之花——习近平总书记在清华大学考察时的重要讲话激励广大青年肩负历史使命坚定前进信心[N]. 人民日报，2021-04-20(第 1 版).

[24] 习近平在北京大学师生座谈会上的讲话[N]. 人民日报，2018-05-03(第 2 版).

[25] 习近平在知识分子、劳动模范、青年代表座谈会上的讲话[N]. 人民日报，2016-04-30(第 2 版).

[26] 习近平. 共倡开放包容 共促和平发展——在伦敦金融城市长晚宴上的演讲[M].北京：人民出版社，2015.

[27] 习近平在庆祝中国共产党成立 100 周年大会上的讲话[N]. 人民日报，2021-07-01(第 1 版).

[28] 中国共产党第十八届中央委员会第四次全体会议文件汇编[M]. 北京：人民出版社，2014.

[29] 中共中央文献研究室. 十八大以来重要文献选编(上)[M]. 北京：中央文献出版社，2014.

[30] 本书编写组. 中国共产党第十九次全国代表大会文件汇编[M]. 北京：人民出版社，2017.

[31] 中共中央文献研究室. 习近平关于实现中华民族伟大复兴的中国梦论述摘编[M]. 北京：中央文献出版社，2013.

[32] 中共中央、国务院. 新时代爱国主义教育实施纲要[R]. 2019.

[33] 中共中央宣传部. 习近平新时代中国特色社会主义思想学习纲要[N]. 人民日报，2019-07-26(第 6 版).

[34] 中共中央宣传部. 习近平新时代中国特色社会主义思想三十讲[M]. 北京：学习出版社，2019.

[35] 中共中央党校(国家行政学院). 习近平新时代中国特色社会主义思想基本问题[M]. 北京：人民出版社、中共中央党校出版社，2020.

[36] 本书编写组. 习近平总书记教育重要论述讲义[M]. 北京：高等教育出版社，2020.

[37] 中共中央文献研究室. 习近平关于青少年和共青团工作论述摘编[M]. 北京：中央文献出版社，2017.

[38] 中共中央党史和文献研究院. 习近平关于注重家庭家教家风建设论述摘编[M]. 北京：中央文献出版社，2021.

[39] 中共中央文献研究室. 毛泽东 邓小平 江泽民 论世界观人生观价值观[M].北京：人民出版社，1997.

[40] 中共中央文献研究室、中国人民解放军军事科学院. 建国以来毛泽东文稿(第六册)[M]. 北京：中央文献出版社，1992.

[41] 中国高等教育学会. 改革开放30年中国高等教育发展经验专题研究[M]. 北京：教育科学出版社，2008.

[42] 中华人民共和国国民经济和社会发展第十四个五年规划和2035年远景目标纲要(单行本)[M]. 北京：人民出版社，2021.

[43] 国家发展与改革委员会.《中华人民共和国国民经济和社会发展第十四个五年规划纲要》辅导读本[M]. 北京：人民出版社，2021.

[44] 高放、高哲、张书杰. 马克思恩格斯要论精选(增订本)[M]. 北京：中央编译出版社，2016.

[45] 费孝通. 中华民族多元一体格局[M]. 北京：中央民族学院出版社，1989.

[46] 郝维谦，等. 中华人民共和国高等教育史[M]. 北京：新世界出版社，2011.

[47] 顾秉林，王大中，汪劲松，等. 创新性实践教育——基于高水平学科建设的创新人才培养之路[J]. 清华大学教育研究，2010(1).

[48] 顾秉林. 创新是研究型大学的成功之道[N]. 中国教育报，2007-11-19(第6版).

[49] 刘海峰. 高等教育史[M]. 北京：高等教育出版社，2010.

[50] 刘宝存. 大学理念的传统与变革[M]. 北京：教育科学出版社，2004.

[51] 叶汝贤. 每个人的自由发展是一切人的自由发展的条件——《共产党宣言》关于未来社会的核心命题[J]. 中国社会科学，2006(3).

[52] 朱绍侯. 中国古代史[M]. 福州：福建人民出版社，2010.

[53] 曲士培. 中国大学教育发展史[M]. 太原：山西教育出版社，1996.

[54] 周益斌. 论我国现代大学的起源——从太学、大学和书院的关系说起[J]. 高等理科教育，2014(1).

[55] 赵明. 大学的逻辑[J]. 中国大学教学，2006(3).

[56] 蒋永清. 邓小平与中国博士后制度[N]. 中国组织人事报，2014-10-10(第1版).

[57] 陈向明. 从北大“元培计划”看通识教育与专业教育的关系[J]. 北京大学教育评论，2006(3).

[58] 赵新法. 立德树人——教育的根本任务[N]. 山东教育报，2012-12-27(综合版).

[59] 朱彤. 21 世纪的大学是什么样的——世界名校校长谈大学教育[J].今日中国，1998(12).

[60] 黄福涛. 外国高等教育史[M]. 上海：上海教育出版社，2003.

[61] 张家勇. 美国圣约翰学院通识教育实践模式[J]. 大学，2011(7).

[62] 宋文红. 欧洲中世纪大学：历史描述与分析[J]. 高等教育研究，2006(7).

[63] 周志宏. 学术自由与大学法[M]. 台北：台湾蔚理法律出版社，1989.

[64] 马连湘. 大学与区域经济社会发展的良性互动[J]. 中国高等教育，2007(11).

[65] 张步仁. 马克思主义人学研究[M]. 哈尔滨：黑龙江人民出版社，2005.

[66] 祝丽. 《共产党宣言》中的“自由人联合体”思想探究[J]. 社会科学前沿， 2021(2).

[67] 刘烨. 马斯洛的人本哲学[M]. 海拉尔：内蒙古文化出版社，2008.

[68] 陈冀平. 奋力推进新时代全面依法治国基本方略[J]. 求是，2018(1).

[69] 何勤华. 外国法制史[M]. 北京：法律出版社，1997.

[70] 杨心宇. 法理学研究：基础与前言[M]. 上海：复旦大学出版社，2002.

[71] 严成樑. 社会资本、创新与长期经济增长[J]. 经济研究，2012(11).

[72] 朱诗娥，等. 资本投入对不同收入阶层差异化回报研究——基于 CFPS 数据的微观经验分析[J]. 财经问题研究，2018 (11).

[73] 周文霞，等. 职业成功的资本论：构建个体层面职业成功影响因的综合模型[J]. 中国人力资源开发，2015(17).

[74] 周文霞，等. 人力资本、社会资本和心理资本影响中国员工职业成功的元分析[J]. 心理学报，2015(2).

[75] 陈乘风，许培源. 社会资本内生化的技术创新与经济增长模型[J]. 宏观经济研究，2017(9).

[76] 晋军. 外人成本与过度资本化：消极社会资本理论[J]. 清华社会学评论，2001(2).

[77] 万其刚. 依法治国基本方略的提出和发展[EB/OL]. http://npc.people.com.

cn/n/2014/1118/c14576-26046559.html.

[78] 董鲁皖龙. 扎根中国大地奋进强国征程——新中国70年高等教育改革发展历程[N]. 中国教育报，2019-09-22(第1版).

[79] 联合国教科文组织. 21世纪的高等教育：展望和行动世界宣言[R]. 1998.

[80] 联合国教科文组织国际教育发展委员会. 学会生存——教育世界的今和明天[M]. 华东师范大学比较研究研究所，译. 北京：教育科学出版社，1996.

[81] [德]康德. 历史理性批判文集[M]. 何兆武，译. 北京：商务印书馆，1990.

[82] [英]罗素. 中国问题[M]. 秦悦，译.上海：学林出版社，1996.

[83] [英]莎士比亚全集[M]. 朱生豪，等译. 北京：人民文学出版社，1978.

[84] [美]克拉克·克尔. 高等教育不能回避历史——21 世纪的问题[M]. 王承绪，译. 杭州：浙江教育出版社，2001.

[85] [美]亚伯拉罕·弗莱克斯纳. 现代大学论——美英德大学研究[M]. 徐辉，等译. 杭州：浙江教育出版社，2001.

[86] [美]波伊尔. 当代外国教育改革著名文献(美国卷)[M]. 吕达，等译. 北京：人民教育出版社，2004.

[87] [美]马斯洛. 动机与人格[M]. 马良诚，译. 西安：陕西师范大学出版社，2010.

[88] [美]杰瑞·伯格. 人格心理学(第七版)[M]. 陈会昌，等译. 北京：中国轻工业出版社，2000.

[89] [美]斯图尔特.“软”资产—从知识到智力资本[M]. 邵剑兵，译. 沈阳：辽宁教育出版社，2003.

[90] [德]鲍尔生. 德国教育史[M]. 滕大春，等译. 北京：人民教育出版社，1987.

[91] [日]佐藤富雄. 你嘴上所说的人生就是你的人生[M]. 黎苇，译. 吉林：文史出版社，2009.

[92] 《哈佛管理前沿》编辑组.知识管理[M]. 陈儒，等译.北京：商务印书馆，2009.

[93] [美]雷切尔斯. 道德的理由(第7版)[M]. 杨宗元，译.北京：中国人民大学出版社，2014.

[94] 胡适. 书院制度史略[J]. 东方杂志，1924 (3).

[95] 冯玉军. 寻找法治的力量：外国经典法律格言赏析[M]. 北京：北京师范大学出版社，2010.

[96] 岳英. 纽曼的大学理想及其与现实间的冲突[J]. 高等教育研究，2014(5).

[97] 宋晔，李明. 守望道德教育的神圣性——困境、溯源与出路[J]. 东北师范大学学报，2018(5).

[98] 宋晔. 道德教育神圣性的失落与回归[J]. 河南师范大学学报，2015(4).

[99] 窦竹君. 关于道德生活化的思考[J]. 河北学刊，2014(3).

[100] 公丕祥. 社会主义核心价值观研究丛书：法治篇[M]. 江苏人民出版社，2015.

[101] 任建东. 论道德的主体性本质[J]. 哲学动态，1993(9).

[102] 王永智. 形成向上向善的力量[N]. 光明日报，2019-06-10(哲学版).

[103] 杨德广. 加强形势任务教育增强当代大学生的使命感和责任感[J]. 中国高教研究，2005(6).

[104] 杨德广. 中国高等教育办学理念的八大转变[J]. 北京大学教育评论，2008(2).

[105] 朱银端.《易经》与通识教育[N]. 中国科学报，2013-08-01(第 7 版).

[106] 喻新捷.《群书治要》的治学之道[N]. 学习时报，2020-06-10.

[107] 教育部发展规划司. 2020 年全国教育事业统计主要结果[N]. 中国教师报，2021-03-03(第 2 版).

[108] 编写组.思想道德修养与法律基础(2018 年版)[M]. 北京：高等教育出版社，2018.

[109] 余思波. 中国大百科全书[M]. 北京：中国大百科全书出版社，2010.

[110] 顾明远等. 教育大辞典(增订合编本)[M]. 上海：上海教育出版社，1998.

[111] 宋涛.《资本论》辞典[M]. 济南：山东人民出版社，1988.

[112] 张战. 习近平人类命运共同体战略思想析论[J]. 高校马克思主义理论研究，2017(3).

[113] 叶险明. 关于“新国际主义”的方法论辨析[J]. 教学与研究，2012(12).

[114] 李启旺. 强化法治意识程序意识证据意识[N]. 中国纪检监察报，2020-12-31(第 7 版).

[115] 夏伟东. 道德本质论[M]. 北京：中国人民大学出版社，1991.

[116] 宋希仁.“道德的基础是人类精神的自律”释义[J]. 道德与文明，2000(3).

[117] 万俊人. 也说家教家风[N]. 光明日报，2014-03-18(第 3 版).

[118] 茅于轼. 中国人的道德前景[M]. 广州：暨南大学出版社，1997.

[119] 郭湛.社会公共性研究[M]. 北京：人民出版社，2009.

[120] 倪茂晋，等. 近 20 年青少年道德教育研究的现实脉络与演进特征——基于 CSSCI 来源期刊文献计量分析[J]. 中国青年研究，2021(1).

[121] 艾楚君. 新时代青年成长成才的基本遵循和道路选择——基于习近平总书记给青年群体 35 封书信的文本分析[J]. 中国青年研究，2021(4).

[122] 边燕杰. 华人社会的调查研究：方法与发现[M]. 香港：牛津大学出版社， 2001.

[123] 张瑞敏. 爱国主义六论[M]. 北京：人民出版社，2014.

[124] 孟宪承，等. 中国古代教育史资料[M]. 北京：人民教育出版社，1961.

[125] 朱绍侯. 中国古代史[M]. 福州：福建人民出版社，2010.

[126] 外交部部长就“中国的外交政策和对外关系”答记者问[EB/OL].http://news.cnr.cn/special/2015lh/zb/wy/2015-03-08.

[127] 王毅在十二届全国人大二次会议举行的记者会上就中国外交政策和对外关系答中外记者问[N]. 人民日报，2014-03-09(第 3 版).

[128] 王鑫. 刚建、笃实、辉光、日新其德——在北大哲学系 2018 届毕业典礼上的发言[EB/OL]. http://www.pinlue.com/article/2019/12/0720/339838806707.html.

[129] 余潇枫. 国际关系伦理学[M]. 北京：长征出版社，2002.

[130] 余潇枫. “和合主义”：中国外交的伦理价值取向[J]. 国际政治研究，2007(3).

[131] 李爱敏. “人类命运共同体”：理论本质、基本内涵与中国特色[J]. 中共福建省委党校学报，2016(2).

[132] 卢德友. “人类命运共同体”：马克思主义时代性观照下理想社会的现实探索[J]. 求实，2014(8).

[133] 郭树勇. 论大国成长中的国际形象[J]. 国际论坛，2005(6).

[134] 倪素香. 如何理解道德本质？[EB/OL]. https://theory.gmw.cn/2019-01/23/content_32398618.htm.

[135] 雷山漫. 法治思维的含义和特征[EB/OL].https://theory.gmw.cn/2019-01/23/content_32398549.htm.

[136] 金筱萍. 全面理解法律权利与法律义务的关系[EB/OL]. https://theory.gmw.cn/2019-01/24/content_32404569.htm.